HERMES

在古希腊神话中,赫耳墨斯是宙斯和迈亚的儿子,奥林波斯神们的信使,道路与边界之神,睡眠与梦想之神,亡灵的引导者,演说者、商人、小偷、旅者和牧人的保护神……

西方传统 经典与解释
Classici et Commentarii
HERMES

柏拉图注疏集
Platonis opera omnia
cum commentariis

刘小枫 甘阳●主编

论柏拉图对话
Über die Dialoge Platons

[德]施莱尔马赫 F. D. E. Schleiermacher | 著

黄瑞成 | 译

华夏出版社

古典教育基金·蒲衣子资助项目

"柏拉图注疏集"出版说明

"柏拉图九卷集"是有记载的柏拉图全集最早的编辑体例，相传由亚历山大时期的语文学家、数学家、星相家、皇帝的政治顾问忒拉绪洛斯（　）编订，按古希腊悲剧的演出结构方式将柏拉图所有作品编成九卷，每卷四部（对话作品三十五种，书简集一种，共三十六种）。1513年，意大利出版家Aldus出版柏拉图全集，被看作印制柏拉图全集的开端，遵循的仍是忒拉绪洛斯体例。

可是，到了十八世纪，欧洲学界兴起疑古风，这个体例中的好些作品被判为伪作；随后，现代的所谓"全集"编本迭出，有31篇本或28篇本，甚至24篇本，作品前后顺序编排也见仁见智。

俱往矣！古典学界约在大半个世纪前已开始认识到，怀疑古人得不偿失，不如依从古人受益良多。回到古传的柏拉图"全集"体例在古典学界几乎已成共识（Les Belles Lettres自上世纪二十年代始陆续出版的希法对照带注释的　以及Erich Loewenthal在上世纪四十年代编成的德译柏拉图全集均为36种+托名作品7种），当今权威的《柏拉图全集》英译本（John M. Cooper主编，*Plato, Complete Works*, Hackett Publishing Company 1984，不断重印）即完全依照"九卷集"体例（附托名作品）。

"盛世必修典"——或者说，太平盛世得乘机抓紧时日修典。对于推进当今中国学术来说，修典的历史使命当不仅是续修中国古代典籍，同时得编修古代西方典籍。中山大学比较宗教研究所属内的"古典学研究中心"拟定计划，推动修译西方古代经典这一学术大业。我们主张，修译西典当秉承我国清代学人编修古代经典的精神和方法－－精神即：敬重古代经典，并不以为今人对世事人生的见识比古人高明;方法即:翻译时从名家注疏入手掌握文本,考究版本、广采前人注疏成果。

"柏拉图注疏集"将提供足本汉译柏拉图全集(36 种 + 托名作品 7 种),篇序从忒拉绪洛斯的"九卷集"。尽管参与翻译的译者都修习过古希腊文,我们主张,翻译柏拉图作品等古典要籍,当采注经式译法(即凭靠西方古典学者的笺注和义疏本迻译),而非所谓"直接译自古希腊语原文"(如此注疏体柏拉图全集在欧美学界亦未见全功,德国古典语文学界于 1994 年开始着手"柏拉图全集:译本和注疏",体例从忒拉绪洛斯,到 2004 年为止,仅出版不到 8 种;Brisson 主持的法译注疏体全集,九十年代初开工,迄今未完成一半)。

柏拉图作品的义疏汗牛充栋,而且往往篇幅颇大。这个注疏体汉译柏拉图全集以带注疏的柏拉图作品为主体,亦收义疏性质的专著或文集。编译者当紧密关注并积极吸取西方学界的相关成果,不急欲求成,务求踏实稳靠,裨益於端正教育风气、重新认识西学传统,促进我国文教事业的新生。

刘小枫　甘阳
2005 年元月

柏拉图九卷集篇目

卷一
1 游叙弗伦（顾丽玲 译）
2 苏格拉底的申辩（吴飞 译）
3 克里同（程志敏 译）
4 斐多（刘小枫 译）

卷二
1 克拉提洛斯（刘振 译）
2 泰阿泰德（贾冬阳 译）
3 智术师（柯常咏 译）
4 治邦者（刘振 译）

卷三
1 帕默尼德（曹聪 译）
2 斐勒布（李致远 译）
3 会饮（刘小枫 译）
4 斐德若（刘小枫 译）

卷四
1 阿尔喀比亚德前篇（戴晓光 译）
2 阿尔喀比亚德后篇（戴晓光 译）
3 希帕库斯（胡镓 译）
4 情敌（吴明波 译）

卷五
1 忒阿格斯（刘振 译）
2 卡尔米德（彭磊 译）
3 拉克斯（罗峰 译）
4 吕西斯（贺方婴 译）

卷六
1 欧蒂德谟（万昊 译）
2 普罗塔戈拉（刘小枫 译）
3 高尔吉亚（李致远 译）
4 美诺（郭振华 译）

卷七
1 希琵阿斯前篇（王江涛 译）
2 希琵阿斯后篇（王江涛 译）
3 伊翁（王双洪 译）
4 默涅克塞诺斯（李向利 译）

卷八
1 克莱托丰（张缨 译）
2 理想国（王扬 译）
3 蒂迈欧（叶然 译）
4 克里提阿斯（叶然 译）

卷九
1 米诺斯（林志猛 译）
2 法义（林志猛 译）
3 法义附言（程志敏 崔嵬 译）
4 书简（彭磊 译）

释词（唐敏 译）

托名作品（唐敏 译）

目 录

中译本说明（刘小枫） …………………………………… 1
中译者导言（黄瑞成） …………………………………… 2

德文版编者说明 …………………………………………… 37
哲学史讲义：苏格拉底与柏拉图（1819—1823）
　第二个时期　从苏格拉底开始 ………………………… 42
　　引言 …………………………………………………… 42
　　第一阶段　体系化哲学的开端 ……………………… 42
　　第二阶段　苏格拉底哲学经柏拉图而初成 ………… 46
柏拉图翻译引论（1804—1828）
　第一部分第一卷 ………………………………………… 60
　　前记 …………………………………………………… 60
　　总论 …………………………………………………… 64
　　《斐德若》引论 ……………………………………… 93
　　《吕西斯》引论 ……………………………………… 110
　　《普罗塔戈拉》引论 ………………………………… 114
　　《拉克斯》引论 ……………………………………… 126
　第一部分第二卷 ………………………………………… 131
　　《卡尔米德》引论 …………………………………… 131
　　《游叙弗伦》引论 …………………………………… 134

《帕默尼德》引论 ……………………………………… 136
　第一部分之附录 ………………………………………… 150
　　《苏格拉底的申辩》引论 …………………………… 150
　　《克里同》引论 ……………………………………… 154
　　《伊翁》引论 ………………………………………… 157
　　《希琵阿斯后篇》引论 ……………………………… 160
　　《希帕库斯》引论 …………………………………… 164
　　《米诺斯》引论 ……………………………………… 167
　　《阿尔喀比亚德后篇》引论 ………………………… 168

　第二部分第一卷 ………………………………………… 171
　　《高尔吉亚》引论 …………………………………… 171
　　《泰阿泰德》引论 …………………………………… 183
　　《美诺》引论 ………………………………………… 192
　　《欧蒂德谟》引论 …………………………………… 201

　第二部分第二卷 ………………………………………… 207
　　《克拉提洛斯》引论 ………………………………… 207
　　《智术师》引论 ……………………………………… 217
　　《治邦者》引论 ……………………………………… 227
　　《会饮》引论 ………………………………………… 235

　第二部分第三卷 ………………………………………… 245
　　《斐多》引论 ………………………………………… 245
　　《斐勒布》引论 ……………………………………… 256

　第二部分之附录 ………………………………………… 263
　　《忒阿格斯》引论 …………………………………… 263
　　《情敌》引论 ………………………………………… 266
　　《阿尔喀比亚德前篇》引论 ………………………… 268

《默涅克塞诺斯》引论 …………………………………… 273
《希琵阿斯前篇》引论 ………………………………… 276
《克莱托丰》引论 ……………………………………… 279
第三部分第一卷 ………………………………………… 281
《王制》引论 …………………………………………… 281

附　录
施莱尔马赫的柏拉图翻译与注释 ……………………… 320

研究文献选目 …………………………………………… 335

中译本说明

在西方的柏拉图研究史上，施莱尔马赫是一位枢纽性人物，不仅奠定了柏拉图作品的现代德译本的基础，也深远影响了西方学界近两百年来的柏拉图解释。

不过，施莱尔马赫并没有写过一本名为"论柏拉图对话"的专著——眼下这部专著其实是施莱尔马赫翻译柏拉图作品时写的总导引和为三十一篇对话所撰导引（即概要）的合刊，还收入了施莱尔马赫的《哲学史讲义》中的"苏格拉底与柏拉图"一节，在当今流行的德文版柏拉图全集中，我们已经看不到这些导引。

中译本依据的是校勘-研究版（Meiner版），这个版本对勘过施莱尔马赫在世时亲自出版的两个版本，校勘精审。施莱尔马赫的德语是差不多两百年前的德语，尤其施莱尔马赫自己的体系哲学术语带有明显的艰涩个性，这给中译带来莫大的困难——黄瑞成教授为此付出了艰辛的努力，这部难得的译作难免而且也应该有自己的色彩，我们并未按通常的编辑规范来要求他的中译文风和术语译法。

刘小枫
2010年6月
中国人民大学文学院
古典文明研究中心

中译者导言

黄瑞成

德意志民族的古典学术史,可以追溯至"德意志使徒"(Apostel der Deutschen)圣博尼法茨。① 此后,卡洛琳王朝的文艺复兴运动(karolingische Renaissance),则将古典文化传布到了德意志大部分地区:卡尔大帝(Karl der Große)要求每一座教堂和修院设立学校与图书馆,用拉丁文传授"七艺",②通过收集、整理和抄录,保存了大量古代典籍。但德国古典学术的真正开端,则是文艺复兴运动伊始,由卡尔四世(Karl IV)所开启的"神圣罗马帝国"的"百年高等教育运动"。从14世纪中叶至15世纪末,"神圣罗马帝国"在德意志地区先后建立了十多所大学,成为延续至今的德国古典学术重镇。在这些大学中涌现出的第一批德国人文主义古典学者,所治文本校勘、注疏、翻译、辞典编纂等古典学问,先后

---

① 圣博尼法茨(Sanctus Bonifatius, 672/5—754/5),英格兰传教士,他在德国黑森州的富尔达(Fulda)等地所建立的修道院,成为德意志民族传习古典学术最早的知识机构。参见桑迪斯(Sir John Edwin Sandys)等编,《古典学术史》(A History of Classical Scholarship, London: Cambridge University Press, 1921),卷一,页468–470。

② 即语法、修辞、逻辑、算术、几何、音乐和天文。

涉及大部分重要的拉丁和希腊作家。① 然而,需要指出的是,德国早期的人文主义者延续了中世纪基督教的经院哲学传统,在希腊哲人中,重视亚里士多德超过柏拉图。

此后两百年间,相较于意、法、英等国,德国的古典学术在欧洲影响有限,而获得牛津、巴黎古典学者的承认,仍是德国古典学者的追求。到了18世纪,欧洲的古典学研究格局开始变化,随着德国"启蒙运动"的兴起,出现了一大批恰恰因为古典研究而成就斐然的启蒙哲人。② 进入19世纪,欧洲的古典学术格局完全改观,③如果说"双桥版"(Editio Bipontina)柏拉图文集的出版,④乃是德国古典学术领先欧洲古典学界的开端,那么,施莱尔马赫(F. D. E. Schleiermacher)的柏拉图翻译,特别是施莱尔马赫的柏拉图译著"引论",则成为古典思想、特别是柏拉图哲学已然深入德语思想的标志。

---

① 1348年,卡尔四世在帝国首都布拉格(Prag)建立"布拉格卡尔大学"(Karls – Universität zu Prag),他本人热爱古典学术,与文艺复兴运动的领军人物彼特拉克(Petrarch)长期保持书信往来,积极推动文艺复兴运动。参见《古典学术史》,前揭,卷二,页250-275。在神圣罗马帝国治下,先后建立了维也纳(Vienna, 1365)、海德堡(Heidelberg, 1386)、莱比锡(Leipzig, 1409)、卢汶(Louven, 1425)、弗莱堡(Freiburg, 1457)、巴塞尔(Basel, 1460)、慕尼黑(Munich, 1472)、图宾根(Tübingen, 1477)等大学。

② 如莱布尼兹(Leibniz)、盖斯内(J. M. Gesner)、克里斯特(J. F. Christ)、温克尔曼(Winkelmann)、莱辛(Lessing)、维兰德(Wieland)、赫尔德(Herder)等。

③ 如伍尔夫(F. A. Wolf)、洪堡(Humboldt)、歌德(Goethe)、施勒格尔兄弟(A. W. and F. von Schlegel)、施帕丁(Sparding)、施莱尔马赫(Schleiermacher)、海茵道夫(Heindolf)、贝克(I. Bekker)等。

④ 1781—1787年,德国双桥协会(Societas Bipontina),同时推出了斯蒂法努斯(Henricus Stephanus)版柏拉图著作和费奇诺(Marsilius Ficino)的拉丁文译本,计11卷,第一卷附有第欧根尼(Diogenes Laërtios)的生平介绍,单独出版的第12卷包括铁德曼(Dietrich Tiedemann)用拉丁文所作的柏拉图对话概述。

1804年，施莱尔马赫的柏拉图译著第一卷出版后，古典语文学者波克①随即发表评论说：

> 我们在此可以看到对希腊语和希腊传统的非凡洞见，看到最敏锐的语文学批评的全新结论；没有谁如此全面地理解了柏拉图，并告诉其他人将柏拉图作为柏拉图来理解。……
>
> 让我们为我们自己自豪吧，即使外国人会置之不理：因为，哪一个民族能像我们一样理解希腊方式呢？我们的近邻肯定做不到。②

受施莱尔马赫激发，在文本校勘领域最多产的德国古典语文学

---

① 波克(August Boeckh, 1785—1867)，19世纪德国古典学研究领域中"历史－古文物学派"的代表人物，与"语法－批评学派"的代表人物赫尔曼(Gottfried Hermann)同为伍尔夫以后两位最重要的德国古典学家。他上承法国古典学传统，既有理论上的广博视野，又有坚实的古典语文基础，治学深受伍尔夫影响，尤重古希腊，而在古希腊领域，又深受施莱尔马赫影响，尤重柏拉图，对悲剧亦有精深研究。1807年任教于海德堡大学，1811起任柏林大学"雄辩术与古典语文学"教授。参见《古典学术史》，前揭，卷三，页88－101。学生中影响巨大的有缪勒(K. O. Müller, 专治希腊神话与宗教)梅耶(Edward Meyer, 专治古代史)、舍费尔(Arnold Schaefer, 专治希腊演说家)等。

② 波克，"施莱尔马赫译《柏拉图文集》第一部分第一卷评论"(Renzension von *Platons Werke* von Schleiermacher. Ersten Theiles erster Band. Berlin, 1804)，见《海德堡文学年鉴》(*Heidelbergische Jahrbucher der Literatur* 1)，第五部，第1－3期(1808)，页81－121。转引自兰姆，"施莱尔马赫作为柏拉图学者"，黄瑞成译，见刘小枫、陈少明主编，《施莱尔马赫的柏拉图》，华夏出版社，2009，页29注释1。"施莱尔马赫翻译的《柏拉图文集》在诸多方面都是德语语文学复兴的最高标志，旋即成为判断其他柏拉图研究的标准。"(兰姆，"施莱尔马赫作为柏拉图学者"，同上，页29)参见如波克对豪斯德(P. G. van Heusde)的《判断柏拉图的决定性标准》(*Specimen criticum in Platonem*, Leiden, 1803)的评论，见《耶拿大众文学报》(*Jenaische Allgemeine Literatur－Zeitung* 6, no. 1)，1809年1－3月，页161－168(同上，页29，注释2)。

家贝克(Immanuel Bekker)①从1810至1821年,遍历法、意、英、德等欧洲各大图书馆,对比现存柏拉图手稿,辑成柏拉图文集并辅以拉丁译文和评注,对话卷目划分则依循施莱尔马赫。贝克将他的柏拉图文本题献给施莱尔马赫,称他是"柏拉图的重建者"(Friderico Schleiermachero - Platonis Restitutori)。②贝克的柏拉图文本校勘,反过来又裨益于施莱尔马赫随后的柏拉图翻译和修订,③成为古典学人良性互动之典范。

施莱尔马赫的柏拉图译著关于《斐德若》(Phaedros)的地位及作品排序,很快就遭到赫尔曼(K. F. Hermann)等人的批评,④但施莱尔马赫重视柏拉图作品的对话艺术形式的首创之功,得到赫尔曼的高度评价。⑤半个世纪以后,狄尔泰(W. Dilthy)重新发现了施莱尔马赫的柏拉图解释,证明施莱尔马赫的解释经得起时间的考验:

---

① 贝克(1785—1871),著名古典语文学家伍尔夫(F. A. Wolf, 1759—1824)最钟爱的弟子。1810年擢升为柏林大学语文学教授,施莱尔马赫也于同年出任柏林大学神学教授。贝克编辑校勘了除古希腊悲剧和抒情诗之外的几乎全部古希腊文献,拉丁文献中他只编辑了李维(Livy)和塔西佗(Tacitus),对古典语文学做出了重大贡献。他编辑校勘的古希腊文本中最著名的有柏拉图、阿提卡(Attic)演说家、亚里士多德、阿里斯托芬和25卷《拜占庭史论总集》(*Corpus Scriptorum Historiae Byzantinae*)。他的古典文本校勘参阅了当时欧洲存世的所有手稿,具有极高的权威性,比如他校勘的《亚里士多德全集》编码,为各国学者沿用至今。

② 施泰纳,"关于施莱尔马赫的柏拉图的论争",黄瑞成译,见《施莱尔马赫的柏拉图》,前揭,页70。

③ 参施莱尔马赫,"第一卷第二版前言"(Vorrede zur zweiten Auflage des ersten Bandes)见《论柏拉图哲学》(*Über die Philosophie Platons*, ed. Peter M. Steiner, Hamburg: Felix Meiner, 1996),页24。

④ 赫尔曼,"论柏拉图的写作动机"(Ueber Platon's schriftstellerische Motive),黄瑞成译,见《施莱尔马赫的柏拉图》,前揭,页287 - 306。

⑤ 参同上。

通过他,对古希腊哲学的认识第一次成为可能。因为古希腊哲学的中心人物就是柏拉图;然而,他之所以能够被重新理解,靠的就是深入研究其对话的内在形式及其相互关系。①

到了 20 世纪 20 年代,"第三波人文主义"(Dritten Humanismus)的奠基人耶格尔(Werner Jaeger),对施莱尔马赫的柏拉图译著同样给予高度评价:

这部作品意味着对最伟大的古希腊哲学的完美复兴,从而使整个德意志民族第一次分享到这份精神遗产。②

尤为值得一提的是,在 1939 年写成的短章"显白的教诲"(Exoteric Teaching)③中,政治哲人施特劳斯(Leo Strauss)这样评价施莱尔马赫的柏拉图译著"引论":

施莱尔马赫确立了柏拉图研究的模式,在此模式中,古典学问的传统仍然还受到注意,这种模式的基础是将柏拉图对话录的自然秩序等同于对这些对话的一系列阐释。当施莱尔马

---

① 狄尔泰,《施莱尔马赫生平》(*Leben Schleiermachers*. 1. Bd. hg. v. M. Redeker. 1. Halbbd. (1768 – 1802), Göttingen 1970 [*Gesammelte Schriften*. XII. Bd. 1. Halbbd.]),页 37。

② 耶格尔,《人文主义论文与演讲集》(*Humanistische Reden und Verträge*, Rom 1960),页 129。参见施泰纳,"关于施莱尔马赫的柏拉图的论争",前揭,页 67。

③ 关于成文日期,参迈尔,《施特劳斯的思想运动:哲学史与哲学家的意图》(*Die Denkbewegung von Leo Strauss*: *Die Geschichte der Philosophie und die Intention des Philosophen*, Stuttgart: J. B. Metzler, 1996),中译见迈尔,《隐匿的对话——施米特与施特劳斯》,朱雁冰、汪庆华等译,北京华夏版,2002,页 62,注 116。"显白的教诲",陈建洪译,见《古典政治理性主义的重生》,郭振华等译,北京:华夏出版社,2011。

赫引入这种模式时,仍然不得不详细讨论这样一个看法:在柏拉图的对话中存在着两种教诲方式,即显白的和隐微的方式。在讨论这个看法时,他对柏拉图的文学手法作了五或六点极其重要而切实的评论。就我所知,这些评论的精微之处至今仍无可出其右者,亦无可与之媲美者。①

20世纪50年代,主张所谓柏拉图的"未成文学说"(ungeschriebene Lehre)的"图宾根学派"(Tübingenische Schule)崛起,②矛头首指施莱尔马赫:

> 存在一种秘传的柏拉图的特别教诲……从古代到19世纪初一直被假定为理所当然的事实。而正是施莱尔马赫的权威,在短时间内使这一根底深厚的观点几乎完全被封杀。如今回过头来看,令人奇怪的是,施莱尔马赫——通过发现对话形式(Dialogform),模糊了书写与言辞(Schrift und Wort)的区别——在其柏拉图译著引论中用短短十页的篇幅,居然能够左右行家的意见逾一个世纪之久。③

且不论"图宾根学派"对施莱尔马赫的批评是否有理,既然施莱尔马赫"在其柏拉图译著引论中用短短十页的篇幅,居然能够左右行家的意见逾一个世纪之久",足以证明施莱尔马赫的柏拉图解

---

① 见"显白的教诲",同上。
② 由维朋(J. Wippern)编辑的《柏拉图的未成文学说问题:理解柏拉图的原则性哲学论集》(*Das Problem der ungeschriebenen Lehre Platons. Beiträge zum Verständnis der platonischen Prinzipienphilosophie*, Darmstadt 1972),用半个世纪的论文汇集交代了这个问题;亦参芬得利(J. N. Findlay),《成文与未成文的学说》(*The Written and Unwritten Doctrines*, London 1974)。
③ 克雷默(H. J. Krämer),《柏拉图与亚里士多德的德性》(*Arete bei Platon und Aristoteles*, Heidelberg, 1959),页18。

释的巨大影响力。

晚近,美国学者兰姆(Julia A. Lamm)在其《施莱尔马赫作为柏拉图学者》一文中指出:"关于施莱尔马赫的这一伟大成就,英语学界仍处于相对无知的状态。"[1]我想,这句话同样适用于汉语学界。面对施莱尔马赫这样一部自19世纪以来为诸多古典学者引为权威,且至今仍高居德语柏拉图译本销售榜首的译著,仔细揣摩施莱尔马赫的德语译文,必将大益于柏拉图作品汉译,而详细梳理施莱尔马赫译著"引论"中的柏拉图解释,对于汉语学界方兴未艾的柏拉图研究,意义尤为重大。

本文的任务是对施莱尔马赫柏拉图译著"第一部分第一卷"之前的"总论"(Einleitung, I 1)作评注式研究,从六个方面分析"总论"对柏拉图"对话–哲学"的总体看法:一、历史与著述;二、形式与内容;三、显秘之分;四、体例划分;五、真伪之辨;六、对话的内在关系和排序。

一 历史与著述(1、2 [2])

"总论"开篇,施莱尔马赫首先批评柏拉图的希腊文本惯常将第欧根尼(Diogenes Laërtios)《名哲言行录》[3]中的"柏拉图生平"放在前面的传统做法,说"只有对老传统的盲从,才会奉承一部毫无见

---

[1] 兰姆,前揭书,页17。

[2] 这里的数字指施莱尔马赫柏拉图译著第一部分第一卷1817第二版"总论"中的段落划分,参施莱尔马赫,"总论"(Einleitung, I 1),见《论柏拉图哲学》(Über die Philosophie Platons, ed. Peter M. Steiner, Hamburg: Felix Meiner, 1996),页25–69。亦参中译本"总论",页24–53。

[3] 《名哲言行录》(Leben und Meinungen berühmter Philosophen),写于公元前3世纪(H. S. Long版, Oxford 1964,德译本出自O. Apelt, 1921,第二版, 1967)。

地、粗制滥造拼凑起来的拙劣作品值得传抄"（页4）①。众所周知，第欧根尼的《名哲言行录》自古就是关于希腊哲人生平的权威文献，尽管其可靠性在古代已有人质疑，但施莱尔马赫如此严厉的判词，真可谓大胆惊人。

施莱尔马赫接着指出，滕内曼（Tennemann）在其《柏拉图哲学的体系》②前也附有一个"柏拉图生平"（Leben des Platon），但由于在第欧根尼之后，没有任何新的可靠研究问世，故而，腾内曼的做法亦属于"盲从老传统"。若联系到腾内曼此前不久出版的《柏拉图哲学的体系》在当时的德国古典学界的重大影响，以及下文施莱尔马赫称自己的"总论"是腾内曼此论著的"一个必要的补充"（Ergänzungsstück，页17）和"一个必要的对应物"（Gegenstück，页27）：既然连第欧根尼的《名哲言行录》也是"拙劣作品"，那么"传抄"第欧根尼的腾内曼又如何？

兰姆的研究指出：

> 至少有三个理由可以说明这部作品[即腾内曼的《柏拉图哲学的体系》——笔者]没有达到施莱尔马赫的批评之水准。第一，尽管滕内曼承认柏拉图的作品是唯一合法的资源，最后却声称，"在[柏拉图的]作品中，我们从头至尾也找不到他的哲学之整体"。由于对柏拉图没有体系表示怀疑，滕内曼的结论是柏拉图必定有一个"双重哲学"；他无法拒绝隐秘传统的观念，却不愿为其赋予新柏拉图主义的内容，而是为其赋予康德式的内容作为替代。第二，尽管他承诺就对话的真实性作出空前的考察，最后却接受了已被传统作为柏拉图真实作品的大部分对话。第三，尽管他开始打算排定一个严格的柏拉图对话

---

① 括号中的页码为"总论"第二版页码，见前揭，下同。
② 《柏拉图的哲学体系》（*System der Platonischen Philosophie*, 1. Bd., Leipzig 1792）。

的历史次序,但他的年代学讨论既简略也没有激发性。最后,滕内曼的主要贡献是他的柏拉图传记。①

施莱尔马赫开篇即痛批第欧根尼,又捎带批评腾内曼,可谓"开宗明义":他的柏拉图译著绝不盲从老传统。然而施莱尔马赫的批评究竟有何根据?

施莱尔马赫随即指出,"没有哪个称职的柏拉图作品的读者,能够抱有这样的想法:可望从不断重复和歪曲的细节或简扼答案中,为理解柏拉图的观念点燃一道亮光,能够照亮柏拉图的作品,即便这些细节和答案都是可靠的;相反,对于这样一位著作家,有头脑的读者应着手从作品本身中去发现观念(Gesinnungen)"(页4)。原来,施莱尔马赫认为理解柏拉图的关键是柏拉图的"作品本身",而非哪怕是"可靠的"柏拉图的生平细节。施莱尔马赫一反由"柏拉图生平"出发来理解"柏拉图思想"的庸常路向,反倒认为"我们能经常在柏拉图的著作中指出更为确切的内容,这些内容影射了某种人际关系的存在,即使不知道这些人际关系本身,我们也能猜得出"(同前)。施莱尔马赫甚至认为,连作为柏拉图重大的现实政治活动的"旅行",对于"确定其作品的写作时间和先后次序,也不会有特别的助益"(同前)。此论提出了一个重大的解释学命题——"面向文本本身":研究古代哲人,要依据其"著述"而非"历史(生平)",这才是施莱尔马赫开篇即明批第欧根尼,又暗批腾内曼的原因。

施莱尔马赫关于哲人的"著述"与"历史(生平)"之关系的主张,事实上回答了哲人与其"著述"的关系问题,也回答了哲人在"历史"中的"身位"问题。亚里士多德(Aristoteles)说,"哲人知道一切可知的事物","哲人应当施为,不应被施为,他不应听从他人,智慧较少的人应当听从他。"②可见,哲人虽然与"智慧较少的人"一

---

① 兰姆,前揭书,页44。
② 亚里士多德,《形而上学》,吴寿彭译,页4,北京:商务印书馆,1997。

道身处于"历史"之中,但哲人之为哲人,因其"知道一切可知的事物",从而超越了"历史",故而从哲人的"生平"出发,无法把握哲人的"身位"。哲人的"著述"作为哲人的"哲学行动",也必然从某种意义上超越了"历史"。因此,要认识哲人之为哲人,要把握哲人"著述"的内涵,必须从作为哲人"哲学行动"的"著述"本身出发,而不是从"历史"或哲人的"生平"出发。

然而,施莱尔马赫并不完全排除对"历史"的关注,相反,他认为:

> 如果能把握好分寸,就会朝目的更进一步,对柏拉图踏上其事业生涯时代的希腊人的科学状况,对标志哲学思想的术语之演进,对当时已有的此类著述及其可能的传播程度有所了解。(同前)

之所以如此,只因为这些方面与哲人的"著述"本身有密切关联,因此,施莱尔马赫认为应具备基本的哲学史常识。

二 形式与内容(3、6、7)

施莱尔马赫指出,在进入柏拉图的作品之前,"对柏拉图哲学本身,在此应有意暂时不予涉及,即便这样做很容易并且三两句话就能说得清楚"(页5),因为,"只有通过对其作品的直接和更为准确的了解,才可能使每个人获得关于柏拉图的精神和学说的独特理解"(同前)。施莱尔马赫的目的是要抛开迄今所有关于柏拉图哲学的先入之见,直接面对文本本身。这就意味着"将这位柏拉图更准确地作为哲学艺人(philosophischen Künstler)来结识"(页6)。

施莱尔马赫认为古代哲人中,柏拉图是遭到最普遍误解,甚至根本就没有得到理解的一位。接着,他未指名地评价了腾内曼的研究,认为他消除了绝大部分对柏拉图最严重的误解。然而,"即便最好的解释者,关于一篇柏拉图作品之意图的论说,是多么地粗疏或无法遮掩其不确定感,或注意到他们是多么轻而易举地对待一篇或全部作品的内容(Inhalt)与形式(Form)的关系"(页6-7)。所以,他认为腾内曼的研究尚未找到完全理解柏拉图的门径。

接下来一句话,我们有必要仔细对待:

> 那种满足看来还不是时候,它断言我们如今已然能比柏拉图理解自己更好地理解柏拉图;令人好笑的是,那种满足是想如此非柏拉图式地(unplatonisch)研究如此强调无知意识(Bewußtsein des Nichtwissens)的柏拉图,那种满足多半是自欺,……(页7)

施莱尔马赫这句话显然针对康德《纯粹理性批判》中的柏拉图解释,因为,在讨论柏拉图哲学的语境中最早提出"比柏拉图理解自己更好地理解柏拉图"的就是康德。[①] 我们知道,施莱尔马赫这篇"总论"写于1804年,而在1819年写成的《解释学》(Hermeneutik)中,施莱尔马赫提出了他的"解释学原则":

> [解释学的]任务应当这样来表述,'首先,与其原作者一样好地理解言辞,然后,比其原作者更好地理解言辞'(die

---

① 《纯粹理性批判》(Kritik der Reinen Vernunft, zweiter Teile, in Immanuel Kant, Werke in Zehen Bänden, Hg., Wilhelm Weischedel, Band 4, WB, Darmstadt 1968),页322[A314/B370];亦参,伽达默尔,《诠释学I:真理与方法》,洪汉鼎译,北京:商务印书馆,2007,页265-272。

Rede zuerst ebensogut und dann besser zu verstehen als ihr Urheber)"。①

尽管在"能比柏拉图理解自己更好地理解柏拉图"这一点上,施莱尔马赫与康德一脉相承,但施莱尔马赫认为,康德的柏拉图理解尚未达到"比柏拉图理解自己更好地理解柏拉图"的境界,认为康德的柏拉图理解是"非柏拉图式地研究柏拉图",因此,康德认为自己能比柏拉图更好地理解柏拉图的"理式(Idee)概念"乃是自欺。

"比作者理解自己更好地理解作者"这一由康德提出,经施莱尔马赫发扬光大的现代解释学原则,在伽达默尔手中成了可放诸四海的原则。② 康德此论尚有一个条件:"因为,作者对其概念未作充分规定,从而所思所想有违其原有的意图";③施莱尔马赫的解释学原则也有一个前提:"因为,我们对原作者的思想没有直接的了解,所以我们必须设法获知大量内容,原作者可能尚未意识到这些内容,除了原作者本人通过反思而成为自己的读者所意识到的内容";④伽达默尔却凭借一条来自马丁·路德(M. Luther)歪曲亚里士多德的所谓"证据"证明:"我们一定会比作者理解自己更好地理解作者这一原则是一条古老的原则——古老得有如科学批评一样。"⑤

不管如何解释此原则中的"更好","比作者理解自己更好地理解作者"或"比柏拉图理解自己更好地理解柏拉图"都意味着"今人比古人高明",意味着现代解释家比哲人柏拉图高明——这就是现

---

① 《解释学与批评》(*Hermeneutik und Kritik*, Hg. und El., Manfred Frank, Suhrkamp, Frankfurt am Main 1977),页94。
② 伽达默尔,《诠释学 I:真理与方法》,前揭,页269-270。
③ 《纯粹理性批判》,前揭。
④ 《解释学与批评》,前揭。
⑤ 《诠释学 I:真理与方法》,前揭;页270脚注46,47。

代解释学的历史主义本质。这种历史主义本质意味着现代解释学永远失去了理解哲人柏拉图、理解柏拉图哲学的可能性,因为"比柏拉图理解自己更好地"理解到的那个"柏拉图",就不是历史上的哲人柏拉图。荷尔德林(F. Hölderlin)称康德是"德意志民族的摩西",①施莱尔马赫作为现代解释学的奠基人,虽如此强调面对柏拉图"作品本身",竟也难免受到康德主义影响。显然,施莱尔马赫此论,与其所谓"柏拉图式地理解柏拉图"之间,存在不可调和的内在矛盾:因为,"柏拉图式地理解柏拉图",就是"像柏拉图理解自己那样理解柏拉图"。然而,颇令人不解的是,一生追求"像柏拉图理解自己那样理解柏拉图"的施特劳斯,在评论施莱尔马赫这篇"总论"时,对"比柏拉图理解自己更好地理解柏拉图"这样的现代解释学原则竟然未置一词。②

让我们回到施莱尔马赫的"总论":"想理解柏拉图哲学之整体,就必须懂得恰当评价柏拉图作品之结构关系中重要的有意而为(Absichtlichkeit),懂得尽可能去推测"(同前)。可见,将柏拉图作为"哲学艺人"来看待,深究作品的"内容"与"形式"的关系问题,关键在于抓住柏拉图本人的"意图"(Absichten)——而哲人的"意图"乃是哲人之为哲人的根本所在。③

施莱尔马赫认为他这里的研究就是"柏拉图式地理解柏拉图"的努力,因此绝不是"他人(显然首指腾内曼——笔者)以其他方式所作研究的可有可无的补充"(同前)。他指出柏拉图背离了习传的"系统式"和"片段式"这两种哲学传授方式,而采用了"对话式"(页8-9)。然而,就连"对话"这种"柏拉图的技艺之形式",也并非柏拉图的著述之要害,关键毋宁在于与此"对话"形式相应的"内

---

① 伯纳德特,《神圣的罪业》,张新樟译,见"中译本序"(刘小枫),页13-14。
② 参见上文页5注释③。
③ 迈尔,"施特劳斯的思想运动:哲学史与哲人的意图",丁耘译,见《隐匿的对话》,朱雁冰、汪庆华等译,华夏出版社,2002,页175-190。

容":"柏拉图认为各门学科的统一性和共同法则更为重要,并以此法则为首要努力方向"(页9),然而"这些内容极少被直白地说出"(同前),必须承认柏拉图"根本就没有平庸的意图,或者说有更为深远的意图"(同前)。

施莱尔马赫接着讨论了自古以来理解柏拉图及其作品"内容"的两种错误看法:其一,在柏拉图作品中"徒劳地寻找某种具整体性的事物,甚至寻找始终与自身保持一致,并贯穿了所有哲学思维和学说的首要原理(die ersten Grundzüge)"(页9 - 10);然而,柏拉图不是"合乎逻辑的哲人",而是"恣肆的辩证法家"(页10);他无意于建立一个理论大厦,而是"渴望反驳他人"(同前),通过论证对不同意图的要素加以综合。这种看法误解了柏拉图作品的"对话形式",迷惑于对话人物的说法中哪些是柏拉图的观点,从而错误地认为"对话形式"是柏拉图思想内容的"无用装饰","模糊而非澄清了思想"(同前)。施莱尔马赫认为最紧迫的是"将我们手中的柏拉图作品联系为一个整体"(页11),方能抛开关于柏拉图作品的饾饤琐屑,把握柏拉图作品之要旨。

关于柏拉图作品的另一种错误看法,是在柏拉图"哲学中区分秘学和显学"(einem Esoterischen und Exoterischen in der Philosophie)。这部分内容由于其意义重大,我们留待下一节"显秘之分"作专门讨论。

在批判了这两种错误看法后,施莱尔马赫进一步强调:柏拉图的全部作品是一个有机整体,每个部分都是一个"躯体"的"器官"或"骨骼"(页16),因此"在任何地方,形式与内容(Form und Inhalt)都不可分割,每一个句子(Satz)只有在它所处的位置上,并且在关系与限制中,如柏拉图所安排的那样,方能得到正确理解"(同前),只有这样才能贯彻哲人的"意图",从而向读者"展示"其思想,并"生动地激发并提升他们的思想"(同前)。施莱尔马赫认为"对柏拉图作品的分析性阐述是一个必要的补充"(页17),这样的"分析性阐述"是澄清柏拉图对话之整体的必由之路,"将每一篇对话不仅作为一个独立的整体,同时也在与其他对话的相互关系中来理解的时候,柏拉图本人也最终会被理解成一位哲人和艺人"(同前)。

就"形式"与"内容"的关系问题,还需要特别关注施莱尔马赫关于"书写"与"口传"的见解。他由柏拉图在《斐德若》中写下的对书写之不确定性的批判开始,引出了关于"书写"与"口传"之关系的讨论。施莱尔马赫首先复述了柏拉图关于"口头教诲"之优越性的论说,认为柏拉图在其口头讲述中不可能使用"智术式的长篇大论","相反,按照各种方式,不管是偶然抑或出于习传,无论是必然还是根据其本质,柏拉图的方法都是苏格拉底式的方法"(页18),而且在影响的深度和广度方面,超出了乃师。

然而,柏拉图何以要将他的哲学形诸文字?施莱尔马赫认为,柏拉图的"直接意图"是将他的著述作为"对于他们已经熟悉的思想的一种记忆"(页19)。为此,"对话形式作为对原初相互传达(gegenseitigen Mitteilens)的必要模仿,同样为他的作品所必需,也应该是其内在要求,正如对于其口头讲授那样"(页19)。因此,在施莱尔马赫看来,柏拉图的口头讲述也是"对话"而非"长篇大论",柏拉图的作品要模仿口头教诲,就必须采用"对话形式",所以,可以说柏拉图的对话作品是"形诸文字的对话",它与柏拉图口头教诲并无本质不同。

三　显秘之争(4、5、7)

施莱尔马赫认为,"以一种哲学中的秘学与显学之区分(einem Esoterischen und Exoterischen in der Philosophie)为根据,认为在柏拉图的作品中根本不存在柏拉图真正的智慧,或柏拉图真正的智慧只包含在隐秘的而又极难发现的暗示之中"(页11),这是关于柏拉图作品的另一种错误看法,他认为"就隐秘而难以发现的东西仅仅是相对的,而且对于任何人总会有隐秘而难以发现的东西而言,这一切只是由误解和糊涂的想法编织而成的、必须首先予以澄清的谎言"(页12)。看来,施莱尔马赫根本否定柏拉图哲学存在"绝对的显秘之区分",然而,正如施特劳斯所指出的那样,施莱尔马赫完全搞错了,①因为"显秘之区分"对于哲学具有决定性意义,或者说"显秘之区分"事关哲学之根本:

......着手研究柏拉图的伦理学和本体论之统一问题的人,很容易被视为那种——类比"柏拉图式的爱"——孤独地致力于"柏拉图式的劳作"的人:他并非真的在工作,他从事创造不是为了公开(Öffentlichkeit),其特立独行,若非唯有自己心知肚明,也终究只与三两知己心心相印。柏拉图式的劳作者与平庸保持距离,靠的就是一个词:隐秘(esoterisch)。隐秘(Esoterik)是一种——否定性的——对少数个体的精神性和社会性著述活动(Verfaßtheit)的规定。②

施莱尔马赫指出,在古希腊,因时代不同而有两种关于哲学的"显秘之区分":首先,这种区分指毕达哥拉斯学派的政治学说仅限于学派圈内,对学派之外则不予公开,换句话说,其政治学说在学派内外有秘、显之区分,究其原因,是因为当时哲学与政治密切牵连。施莱尔马赫此说不假,然而,他认为"此后这些情形在希腊人中间没有再出现过"(页12),却不能成立,因为我们知道,"哲学与政治"的

---

① 参见施特劳斯,前揭书。
② 参见同上;亦参马腾(R. Marten),"'秘学与显学'——或'对能表明真理的公开的哲学规定':以柏拉图和亚里士多德为例"("Esoterik und Esoterik" oder "Die Philosophische Bestimmung wahrheitsfähiger Öffentlichkeit", demonstiert an Platon und Aristoteles),见《哲学中的秘与显》(*Esoterik und Esoterik der Philosophie*, Hg. Helmut Holzhey und Walther Ch. Zimmerli, Schwabe & CO. Verlag, Basel/Stuttgart, 1977),页13。

关系问题恰恰是哲学之为哲学的核心问题,苏格拉底之所以成为哲人的典范,正因为发生在他身上的哲学的政治转向,这种转向标志着"作为生活方式的哲学"——政治哲学的诞生,"苏格拉底之死"雄辩地证明了施莱尔马赫此论之错谬。

第二种"显秘之区分",指在公开演说中可以说出和不可以说出的内容之区分,施莱尔马赫认为"屈尊"从事此类公开演说的人是"智术师和苏格拉底式哲人的混合"(页12-13),所指显然是希腊演说家。他进而认为,如此"显秘之区分"仅仅与演说的公开方式有关,而与内容无关。照此而言,如果不是因为演说的公开方式,或在不从事公开演说的情况下,比如在书写中,智术师、哲人或演说家就什么都可以说(写),这显然不符合历史实情,举例而言,亚里士多德与希腊演说家生活在同一时代,他本人虽不是演说家,然而其著述却有明确的"显秘之区分"。①

施莱尔马赫进而指出,柏拉图就处在这两个时代之间,所以,无法按上述两种"显秘之区分"来划分柏拉图的作品和哲学,"因此,必须承认柏拉图可能已将他最隐晦难解的智慧,如同其他内容一样,透露给他们了"(页13)。然而,施莱尔马赫接着却赞扬了按照第一种"显秘之区分"来看待柏拉图哲学的"所谓新-柏拉图主义者(Neu-Platoniker)",认为只有他们努力"严格遵循他的哲学学说,并通过对其哲学学说和以此学说为目标的、尽管非常谨小慎微的论说,做出具有内在关联的描述予以贯彻"(同前),这与他认为柏拉图哲学不存在"显秘之区分"的观点根本矛盾。

接下来,施莱尔马赫批评了"那些将隐微学说的不同之处,仅仅化约为反对多神教(Polytheismus)和公民宗教(Volksreligion)的论争"(页14)的做法,"因为,柏拉图关于多神教和公民宗教的基本原理,在其作品中清晰可见,所以人们几乎不可能相信,他的学生就此还需要其他教诲,而柏拉图则害怕将这些教诲公之于众"(页14)。

---

① 参马腾,前揭书,页24-30

施特劳斯认为施莱尔马赫此论站不住脚:

> "多神论和通行宗教"是一个意义暧昧的说法。如果施莱尔马赫使用更为显然的说法,即"相信雅典城所崇拜的诸神的存在",他便不能说柏拉图反对那种信念已经在其作品中被清楚地表达出来了"。①

施莱尔马赫又指出,既然有"秘学",就必须形诸隐秘书写,同样"显学"也必须形诸显白书写,方能为后人所知,施莱尔马赫的意思是说,"秘学"一旦形诸文字也就成了"显学"。施莱尔马赫这里涉及哲学的"显秘之区分"与"公开"的关系问题,然而,"公开"本身就存在"显秘之区分",所以,形诸文字为后人所知,无法抹掉"显秘之区分":

> 隐秘式(esoteric)公开(Öffentlichkeit)是瞬间,在此瞬间,言说只局限于自身,在此瞬间不行使判断:这是从看到说(von Sehen in Sagen)的过渡($\mu\varepsilon\tau\alpha\beta o\lambda\acute{\eta}$),从而也为能表明真理的公开奠定了基础。……
> 正如显白式(exoteric)公开不属于事件(Geschehen)之领域,而属于责任之领域,对于哲人而言,隐秘式公开并非真实物之单子(Monade),而是责任之根据。柏拉图的哲人有时候被称为神人(göttlicher Mann),然而,他不是神。哲人就是要冒(遭受)真实言说(wahren Logos)之危险而且敢于如此。②

施莱尔马赫接着引亚里士多德为证:如果柏拉图有"秘学",那么,亚里士多德必然以此"秘学"为柏拉图真正的智慧,或将此"秘

---

① 参见施特劳斯,前揭书。
② 参马腾,前揭书,页18-24。

学"作为批驳的对象,但在亚里士多德的著述中看不到这样的例证。施莱尔马赫认为,亚里士多德所听取的柏拉图的口头教诲与柏拉图作品中的内容并无二致。然而,施莱尔马赫没有意识到,亚里士多德的写作也有"显秘之区分",因此,施莱尔马赫以亚里士多德的著述为根据,无法得出柏拉图的哲学作品无"显秘之区分"的结论。①

关于柏拉图的哲学和作品的"显秘之区分",还需要关注施莱尔马赫下文(页19-21)关于"柏拉图的方法"的论说。施莱尔马赫认为,柏拉图的最终意图是"使仍然无知的读者接近知识,或至少必须特别保护无知者不要对知识产生空洞的幻觉"(页19),为此,柏拉图最主要的任务是"迫使读者要么自身内在地形成已确定的思想,要么必须完全确切地承认自己觉得什么也没有发现,什么也没有理解"(页19-20)。为实现此任务,柏拉图既不能直接表明目的,又必须为灵魂留下路标。柏拉图的对话作品正是运用"伪装"和"暗示",既为"那些真正并且主动探求的人"指明了方向,又"对漫不经心的读者"隐藏了智慧(页20):"仅仅在此意义上,我们才能够谈论秘学或显学,确切地说,这显明了读者所应具备的素质,据此,他们要么起而成为作品内在关系的真正听众,要么根本不是;或者,如果还要与柏拉图本人联系起来,那么,我们只好说,只有当面讲授才算是他的隐微行动,而著述只是他的显白行动"(页21)。

可见,施莱尔马赫只承认柏拉图哲学和作品在"形式"或"方法"上有"显秘之区分",而根本否认其在"内容"上有此区分。因此,尽管施莱尔马赫认为,"显秘之区分"标明了两类根本不同的听众:要么是"真正听众","要么根本不是",却混淆了作为"哲人"的

---

① 参见施特劳斯,前揭书。施特劳斯指出:"将他的《哲学伦理学》与《尼各马可伦理学》作一个比较,将可以说明这样一个原因:为什么他完全没有注意到初学者的德性与哲人的德性的差别,而这个差别正是显白教诲与隐讳教诲的差别的根据。"亦参马腾,前揭书。

读者与作为"初学者"的普通读者的区分。柏拉图的"秘学"与"显学"具有本质区别,因此,所针对读者也根本不同:"秘学"针对潜在的哲人,而"显学"只针对"初学者"。"初学者"只有发生具本质性的人格转变,方能成为"秘学"够格的读者。①

关于柏拉图哲学的"显秘之区分",施莱尔马赫还指出,"如果还要与柏拉图本人联系起来,那么,我们只好说,只有当面讲授才算是他的隐微行动,而著述只是他的显白行动"(同前)。表面上看起来,此论与图宾根学派关于柏拉图的"未成文学说"的说法没有两样,②然而,问题的关键仍在于:施莱尔马赫关于柏拉图哲学的"显秘之区分",只关乎"形式"而与"内容"无关(页 21 – 22),也就是说,对于对话中的柏拉图哲学本身,不能作"显秘区分";图宾根学派则认为,柏拉图的"未成文学说"作为柏拉图"口传秘学",与传世的柏拉图对话中的内容根本不同。

关于图宾根学派及其所谓"未成文学说"的批评,首推费勃(Rafael Ferber)的《哲人的无知:柏拉图何以未写下"未成文学说"?》。图宾根学派的"底气"就在于所谓柏拉图的"未成文学说"——作为关于"善"即最高本原的学说——才是"柏拉图真正的智慧",但费勃认为根本就不存在这样的"本原学说"或"最高智慧",因为哲人对于最高的智慧是无知的。按此逻辑,则"未成文学说"根本就不存在——尽管费勃没有明确说出这一结论。

施特劳斯在谈到柏拉图何以用对话体写作时说过:

> 为什么柏拉图以这种方式写作,很难说清楚。或许他怀疑存在本来意义的哲学学说。或许他与其导师苏格拉底一样,也

---

① 参见施特劳斯,前揭书。
② 克雷默,前揭书;亦参兰姆,前揭书,页 17;亦参费勃,《哲人的无知》,王师译,黄瑞成校,华夏出版社,2010。此书副书名为"柏拉图何以未写下'未成文学说'"。

认为哲学终究是关于无知的知识。①

问题的关键是：如果哲人拥有了"最高智慧"，哲人将不复为哲人，因为哲人是"爱智者"而非"有智者"——柏拉图"终究还是个'爱智慧者'(Philo – soph)"②。可见，柏拉图之所以采用对话体写作，正因为对智慧的追求只能通过对话——不管是口头对话还是书面对话；无论是现实的对话还是潜在的对话——来展开，只有对话才能够完美展现本身有"显秘之分"哲学，也只有对话才能成就哲人的追求。

由此看来，施莱尔马赫关于柏拉图哲学的"显秘之区分"的观点，得在始终以形诸文字的柏拉图对话作为柏拉图哲学的根本依据，认为柏拉图的口头讲授与柏拉图的书面对话并无本质不同；而施莱尔马赫失在否认柏拉图形诸文字的对话"内容"有"显秘之分"，从而混淆了"哲人"与"非哲人"的本质区别。图宾根学派则得在始终坚持柏拉图哲学有"显秘之分"，却失在根本否认形诸文字的柏拉图对话的重要性。施莱尔马赫与图宾根学派所共有的错误根源，就在于其对柏拉图哲学的"显秘之区分"与柏拉图的"对话式书写"之间的本质关联根本失察。

四 体例划分(7、8)

施莱尔马赫认为，正如在理想的状态下，口头讲授可以由哲学的"基本原理"过渡到关于特殊的"哲学科学"(philosophischen Wissenschaften)讨论，柏拉图对话"对哲学的阐述在同样的意义上由原

---

① 列奥·施特劳斯、约瑟夫·克罗波西主编，《政治哲学史》，李天然等译，河北人民出版社，1993，页30。

② 费勃，前揭书，页121。

初主导观念(Ideen)的初次激发,进展到对特殊科学的尽管不怎么完善的阐述"(页21)。以此为原则可以确定对话的次序及其内在关系,从而将柏拉图对话划分为"伦理学系列和自然哲学系列"(页22),然而,"这些对话都是统一按照其共同基础和法则来准备的,因此,不存在各自独立进行的柏拉图对话系列,而只有唯一一个囊括了所有问题的柏拉图对话系列"(同前)。

正是由此关于全部柏拉图对话之整体性的见解出发,施莱尔马赫认为以往关于柏拉图对话的体例划分,"部分只是毫无意义的消遣,部分企图根据传统的哲学划分进行系统的分类组合,部分则只见树木不见森林"(页22):首先,经由第欧根尼传给我们的忒拉绪洛斯(Thrasyllos)的四部曲(Tetralogien)组合,仅仅以柏拉图对话的"戏剧形式"为依据。施莱尔马赫认为四部曲划分的问题主要有两点:第一,它没有将悲剧的"每一个四部曲都以一部萨图尔剧(Satyrikon)结尾"(页23)的模式贯彻到底,即没有"将表现出最强烈的反讽和富于辞藻的辩论的对话放在对话四部曲的结尾"(同前);第二,四部曲划分没有考虑到"柏拉图在从学于苏格拉底的时候,就已经使他的某些对话为人所知"(同前),从而"把涉及苏格拉底的审判和苏格拉底之死的对话当成了早期对话,而把古人视为早期作品的《吕西斯》甚至《斐德若》远远移入了中期对话"(同前)。

关于柏拉图对话的体例划分问题,施莱尔马赫首批忒拉绪洛斯的"四部曲组合",与其将第欧根尼的"柏拉图生平"斥为"拙劣",可谓同出一辙。我们知道,柏拉图对话的"四部曲组合"甚至在忒拉绪洛斯之前"古已有之",[①]忒拉绪洛斯的划分自古以来被奉为权威,然而,正是由于受到施莱尔马赫的影响,"四部曲组合"在他之后被普遍抛弃。但19世纪以来,西方古典学界又逐步恢复了忒拉

---

① 参施莱尔马赫,《论柏拉图哲学》,前揭,页43脚注。亦参中译本"总论",页23。

绪洛斯"四部曲组合",①由伯内特校勘,如今视为权威柏拉图希腊文本的"牛津古典版"柏拉图文集(*Platonis Opera*, Oxford Classical Texts)就沿用了"四部曲组合"。然而,需要指出的是:如果至今我们仍然只能说"全部柏拉图对话构成了一个巨大的迷宫",那么,对柏拉图对话次序的任何形式的划分都只是权宜之计;如果说忒拉绪洛斯"四部曲组合"正确强调了柏拉图对话的戏剧特征,那么,施莱尔马赫批评忒拉绪洛斯的"四部曲组合",正是出于对柏拉图对话之整体性的正确认识。

在古代关于柏拉图对话体例的划分模式中,施莱尔马赫认为亚历山大的语文学家阿里斯托芬(Aristophane)的三部曲(Trilogien)分组法更为明智,因为他"将柏拉图本人已足够清楚地指出相互关系的对话,或者客观内容中包含这种关系的对话组成三部曲,其他所有对话则不予牵扯"(同前)。我们发现,施莱尔马赫此论正是出于他始终以柏拉图对话本身作为研究柏拉图对话次序的出发点。

也正因为如此,施莱尔马赫认为由第欧根尼传给我们的关于柏拉图对话的"辩证式(dialektischen)分类"也没有根据可言,因为这种划分的"目的在于分类而非组合"(页24),而唯有将对话分为"研究性和讲授性",对于我们了解柏拉图的"写作进程"才有所裨益(同前),"因为,研究性对话的确只可能作为理论表述的讲授性对话之准备"(同前)。另外,色拉努斯(Serranus)的会合说(Syzygien)仅有"参考价值",却与柏拉图的安排无关(页24-25)。而苏格兰人(Schotte)戈德斯(Jakob Geddes)的划分"也许根本不值一提"(页25)。施莱尔马赫进而谈到他的老师埃贝哈德(Eberhard)"将柏拉图的所有作品归结为其哲学具有的共同最终目标,这一目标独立于哲学本身之外,在于教育出身高贵的雅典青年成为有德性的公民"(页25-26)。施莱尔马赫认为埃贝哈德"如此宣称显然太荒唐

---

① 参刘小枫,"《柏拉图注疏集》出版说明",见《柏拉图注疏集》诸卷,华夏出版社,2003以降。

了","因为哲学必须首先确定公民德性(Tugend)究竟为何,这对于哲学本身而言却是一个过于次要的立足点"(页26)。施莱尔马赫认为"所有这些努力,还完全没有考虑到按照哲学的逐步发展来建立这些作品的自然次序"(页26-27)。

施莱尔马赫对埃贝哈德的批评表明,与否认柏拉图对话-哲学的"显秘之区分"一样,他完全忽视了柏拉图哲学的"政治哲学"本质。葛恭(Olof Gigon)在其《柏拉图与政治现实》中指出,"柏拉图的城邦首先是教育的城邦","城邦共同体能够、可以、也应当掌控个体教育以塑造完美的公民",

> 教育面对着ἄλογον[无理性]占统治地位的儿童和年轻人。通过施加适当的影响,可以将其塑造为有德之人。这种影响必须尽早开始。因为若耽误了时间,日后有赖于道德操练的共同体的持存,就只有靠强制措施来保证。暴力不过是权宜之计。所以柏拉图认为共同体本身要坚定不移地关注教育。所有事情都要一步一步付诸实施:首先按照其天性,其次通过教育性适应,最后通过其可能有的见识,使其走向德性。①

我们回到"总论"。施莱尔马赫进而评价了腾内曼的《柏拉图哲学的体系》对柏拉图对话的排序,认为腾内曼"第一次尝试以某种完整性,从各种留下痕迹的历史线索中钩沉出柏拉图对话的年代学次序"(页27)。施莱尔马赫认为他这里的研究是腾内曼的尝试的"必要的对应物(Gegenstück)",因为腾内曼的方法"完全依赖于

---

① 葛恭,《柏拉图与政治现实》,黄瑞成、江澜等译,华东师范大学出版社,2010,页14-16。葛恭(1912—1998),瑞士古典学家,对柏拉图、亚里士多德、西塞罗等古代哲人有精深研究,是亚里士多德希腊文标准版本Bekker本第二版的主要校勘者。葛恭学述详参刘小枫,《柏拉图与政治现实》"编者说明"。

外在标志",所以只能作为"我们完全内在的方法的自然检验"(同前)。施莱尔马赫指出,就柏拉图对话的"历史线索"而言,除《法义》(*Gesetze*)和少数几篇通过他人讲述的对话外,其他所有对话都涉及"苏格拉底生平"。然而,"柏拉图当然不会使自己原原本本地出现于对话的真实时间之中"(页28),因此,他总是"不合常规地超越真实的时间"(同前),问题的关键在于,"我们可以将苏格拉底的崇高威望,视为对话与其生活时代的距离之标尺,如果我们将对话设定为某一确定的系列,苏格拉底的崇高威望就会逐渐消失;甚至其他对话人物的选择,也是柏拉图对雅典和公众生活本身的兴趣之强烈程度的标志,这种兴趣也随着时间的推移而变得麻木了"(页28-29)。

施莱尔马赫将柏拉图在其对话中故意制造时间错误,与苏格拉底形象以及其他对话人物的选择联系起来,等于强调了柏拉图对话的文学特征,也表现出他在柏拉图对话体例划分问题上一贯强调关注柏拉图对话本身的立场。

五 真伪之辨(9、10)

施莱尔马赫将柏拉图对话的真伪划分,作为柏拉图对话排序的首要步骤。首先,他认为用某个既定的"标准"来判定柏拉图对话之真伪是完全错误的做法,因为,"由假定的柏拉图作品而来的观念(Idee)不能宣称这种假定本身的正确性"(页30)。稳妥的做法是不急于判定柏拉图对话之真伪。施莱尔马赫指出,由第欧根尼记录的忒拉绪洛斯的柏拉图对话目录,与阿里斯托芬的目录没有矛盾,不过晚近的校勘将《克莱托丰》(*Kleitophon*)和《释词》(*Worterklärungen*)判为了伪作,"这或许是唯一可疑的主题"(页23)。

施莱尔马赫指出,在古代作家的作品中混入伪作并不鲜见,所以柏拉图对话也不例外;但要随随便便将某些对话(特别是小对话)判为伪作,恐有失唐突,"正因为从来就有那些凭热情将真实的柏拉图传统作为一项事业保持下来的人,所以,要随随便便将他人的文字强加于柏拉图是不可想象的"(页31–32)。施莱尔马赫认为任何外在证据都不足以作为判定柏拉图对话真伪之标准,"但如果他们主要根据内在根据来判断,那么至少无法作出限定,相反,这些作品仍需要合理地接受后世的不断检验"。

施莱尔马赫的基本立场是:"每一篇作品都必须严格从自身的根据出发来证明它就是柏拉图的作品"(页33)。他认为甚至连亚里士多德对柏拉图的引述,也不能作为判定其为柏拉图真作的绝对标准,而只有"贯穿了亚里士多德大部分真作的一个柏拉图评价体系"才堪为柏拉图对话真伪判断的标准(页34)。由此被证实的对话可以作为"主干",其余的对话则是"枝叶"。施莱尔马赫将亚里士多德作为"柏拉图体系的首位评论家",从"真实性和重要性"两方面,首先确定了"第一等级"的柏拉图对话:《斐德若》《普罗塔戈拉》(Protagoras)、《帕默尼德》(Parmonides)、《泰阿泰德》(Teaitetos)、《智术师》(Sophist)、《治邦者》(Politikos)、《斐多》(Phaedon)、《斐勒布》(Philebos)、《王制》(Staat)、《蒂迈欧》(Timaios)、《克里提阿斯》(Kritias),由"第一等级"的对话出发便可以确定"第二等级"的对话,两个等级的对话之间是相互支撑的关系。

为此,施莱尔马赫提出要从三个方面对柏拉图文集中除"第一等级"的对话之外的其他对话作出考察,以辨别柏拉图对话之真伪:"语言特点""确定的共同主题范围""柏拉图习惯用于表达主题的方式"(页36)。关于"语言特点",施莱尔马赫认为"单从语言方面什么都确定不了。我们考虑问题可能往往依赖于浮泛印象而非我们为此找到的确切凭据,因此,思想更多取决于作品的结构(Komposition)而不单单是语言"(页37)。关于"确定的共同主题范围",他认为伟大的哲学艺人"或许有意为了某种预习而离开他熟悉的主题范围"(页39)。关于"柏拉图习惯用于表达主题的方式",

他认为"从本质上讲,柏拉图的形式是柏拉图的哲学传授观点的当然后果,所以,在哲学传授所及之处,柏拉图的形式随处可见"(页39-40)。

施莱尔马赫首要关注"对话形式",认为它是柏拉图对话不可或缺的模式,只因为柏拉图的对话作品是其口头讲授的模仿;其次,"表演化和戏剧化的特质"对柏拉图对话具有本质意义,这一特质"使得柏拉图对话中的人物和环境个性化","使柏拉图对话弥漫着美和优雅"(页40),"这种特有的形式在任何地方都未完全缺失,柏拉图即使在最不重要的研究或随机应变之处也会酌情应用这种艺术"(页40-41),据此可以判定不带"开场白"(Eingang)的对话都是伪作。

施莱尔马赫进而指出属于"柏拉图的形式之内在本质"的六个特点:(1)"出于劝请读者的灵魂自身产生思想之目的而作出的结构布局(Komposition)";(2)"常常从另外一点重新开始探究,而所有这些线索最终并没有汇聚到一个共同的中心";(3)"那些常常貌似随意或某一篇对话所具有的应受责备的松散行文,却完全是有意营造的";(4)"在较小的目标下隐藏着更大的目标";(5)"以某件事情为间接起点";(6)"概念的辩证关联(Verkehr),而在此关联中概念与整体以及原初观念(Ideen)的关系在持续发展"(页41)。——这就是施特劳斯《显白的教诲》中,所谓施莱尔马赫对"柏拉图的文学手法"所作的"五或六点极其重要而切实的评论"。① 施莱尔马赫认为,将上述"形式特质"结合起来,查明"内容"与"形式"在其中结成了正确关系的对话,构成了"第二等级"的柏拉图对话;反之,则属于无法确定其真伪的"第三等级"的对话。

如前所述,施特劳斯认为施莱尔马赫"这些评论的精微之处至今仍无可出其右者,亦无可与之媲美者"——施特劳斯一生如此公

---

① 参见上文页6。

开赞赏一个现代人,若非绝无仅有,也是十分罕见。施特劳斯此言所指,当然并非这些评论对于判定柏拉图对话之真伪有此价值。关于柏拉图对话之真伪,施特劳斯说:

> 被当作柏拉图的著作流传于世的,有35篇对话和13篇信札,并非所有这些著作在今天都被认为是真的,有些学者甚至怀疑这些信札没有一篇是真的。为了不使有争议的问题妨碍我们的介绍,我们将完全不考虑这些信札……①

既然施特劳斯明确指出,不考虑柏拉图信札是因为信札"有争议",却对柏拉图对话未明确表态,则不难猜测施特劳斯对传世的35篇柏拉图对话的态度:我们知道,施特劳斯称他的哲学研究是"柏拉图式的政治哲学研究"(Studies in Platonic Political Philosophy),②柏拉图居于施特劳斯政治哲学的核心,但在其一生的柏拉图对话疏解中,施特劳斯从未说过哪篇柏拉图对话是伪作。然而,通观施特劳斯的柏拉图对话疏解我们会发现,施莱尔马赫在此提出的"柏拉图的形式之内在本质"的六个特点,以及柏拉图作品的"对话形式"和"表演化和戏剧化的特质",是施特劳斯贯穿始终的关注点。可以毫不夸张地说,施特劳斯所谓"柏拉图式的政治哲学"就寓于由施莱尔马赫所揭示的形式与特质之中,这些形式与特质作为诗术和修辞术位于柏拉图哲学的核心。

---

① 《政治哲学史》,前揭。其实早在1939年,施特劳斯就在致克莱因的信中表示:"我现在深信,所有的柏拉图书信(包括第一封)都是真实的。"参见《回归古典政治哲学》,朱雁冰、何鸿藻译,华夏出版社,2006,页312。

② 克罗波西,"前言"(Foreword);潘格尔(Thomas L. Pangle),"引言"(Introduction),见施特劳斯,《柏拉图式的政治哲学研究》(*Studies in Platonic Political Philosophy*, University of Chicago Press 1986)。

六　对话的内在关系和排序（11、12）

施莱尔马赫在其"总论"中所要完成的最后一个任务，是"对柏拉图作品内在关系的首要基本原理及由此而来的作品排序，大体上就全部对话之整体作出暂时性的概括"（页44）。他认为澄清柏拉图对话的内在关系，对于研究柏拉图哲学具有"基础意义"（页45）。

首先，施莱尔马赫探讨了《王制》《蒂迈欧》和《克里提阿斯》三篇对话的地位及其内在关系：第一，这三篇对话因为"只包含一种客观而又科学的描述"（同前）而与其他所有对话区别开来；其次，这三篇对话"最成熟和老来严肃之内在特质"及其"并不完美的情形"，决定了它们处于全部柏拉图对话的"最后位置"（同前）；第三，这三篇对话中的科学描述，以此前所有对话为基础。正是由这三篇对话结为一个不可分割的整体的"内在关系"出发，施莱尔马赫证明《法义》成书必定在这三篇处于"最后位置"对话之后，从而证明《法义》是柏拉图最晚的作品。尽管施莱尔马赫将《法义》作为"第一等级"的对话来看待，却视其为"次要对话"（页46），与此同时，他认为《治邦者》只是《王制》的"直接准备"（同前）。然而，施特劳斯在其柏拉图研究中却首推《王制》《治邦者》和《法义》，认为柏拉图的政治学说为人所知，主要靠这三篇对话。[1]

施莱尔马赫进而高度评价了《王制》，认为它"显而易见以所有不属于这一等级的对话为前提，这座宏伟的大厦仿佛在其地基中砌入了所有那些壮丽的拱顶石的最后一块，并建基于其上。进入这座大厦前，如果谁只关注这些拱顶石本身且眼界为

---

[1] 《政治哲学史》，前揭，页30-31。

其所局限,则会对这些拱顶石的目的毫无预见,而认为它们没有意义而且尚未完成"(页46-47)。由此出发,他认为反对上述关于《王制》《蒂迈欧》和《克里提阿斯》三篇对话的地位及其内在关系的看法,必定认为柏拉图对话的写作次序是从"简单原理"过渡到"综合描述"(页47)。为反驳此看法,施莱尔马赫提出关于"柏拉图神话"的重要观点:首先,"后来在其科学形式中予以表现的内容,常常以神话的方式(mythisch)加以预见"(同前);其次,"以神话的方式出现,不但完全符合柏拉图激发读者自身的思想生成这个主要意图,确认这一点是我们整体排序的基础,而且本身已然清楚地证明:柏拉图坚定不移地认为,真正的哲学思考(Philosophieren)必定不始于综合描述,而是以简单原理为开端"(页47-48);第三,"柏拉图神话是由一个基本神话逐步发展而形成的,是由神话转型为科学,对于作品的正确顺序这是一个新证据,在正确的顺序中可以最清楚地看到柏拉图神话的形成发展过程"(页48)。施莱尔马赫在随后的"《斐德若》引论"中具体阐发了上述观点。①

在其《哲学史讲义:苏格拉底与柏拉图(1819-1823)》(*Geschichte der Philosophie. Vorlesungen über Sokrates und Platon* [*zwischen 1809 und 1823*])中的"第二阶段:苏格拉底哲学经柏拉图而初成"部分,施莱尔马赫进一步指出:

> 认识的双重方向指向统一性(Einheit)和整体性(Totalität),而在后者中又指向自然哲学(Physik)和伦理学。所有内容在柏拉图那里都得到了某种有分寸的表达。没有什么东西本身是完全分离的。在《蒂迈欧》(*Timaios*)中,自然哲学以伦理学为开端,而伦理学最终又回复到了自然哲学。这两者都依赖于辩证法,反过来,辩证法除了与两个真实目标之一相联系,不存在其他情

---

① 《论柏拉图哲学》,前揭,页69-92。详见中译本"《斐德若》引论"

形。尤其具有希腊特点是,他借助神话而不放弃诗(Poesie)。没有谁比他更为高超,并最终将两者完全结合起来。因此,除非对神话的本质保持清醒,便不懂得该如何弥补若非面面俱到便不可能的对绝对统一性的理论表达,这是对一种具体的、因此也是对统一性与整体性之关系的理论表达。这种神话本质和所有学科的相互交错使表达变得复杂。①

我们知道,古代晚期,经新柏拉图主义者解释,神话成为需要剔除柏拉图哲学之外的内容。② 现代以后,德国浪漫派首开古代神话研究,其旗帜性刊物就名为《雅典娜神殿》(Athenaeum),施莱尔马赫就身处注重神话研究的浪漫派圈子。③ 在"总论"中,施莱尔马赫曾提到"我们的埃贝哈德在研究柏拉图神话及其哲学目的时的探索"(页46),众所周知,埃贝哈德正是施莱尔马赫在哈勒(Halle)大学求学时期的哲学老师。然而,施莱尔马赫上述关于柏拉图哲学与神话(诗)的关系问题的精辟见解,可谓发前人所未发,开现代"柏拉图神话"研究风气之先:19世纪以来,"柏拉图神话"逐渐成为柏拉图对话-哲学研究的核心主题,④施莱尔马赫关于"柏拉图神话是由一个基本神话逐步发展而形成的"观点,尤其成为后世"柏拉图

---

① "施莱尔马赫的哲学史讲稿的抄件文本,出自1819—1823年间。已补充进抄件文本的施莱尔马赫准备此讲稿的手稿,可以追溯到1812年,此后又不断作了修订。"参施泰纳(Steiner)"编者按",见《论柏拉图哲学》,前揭,页LX - LXI,页8 - 9。亦参中译本"德文版编者说明",页3。

② 参见马特,《柏拉图与神话之镜》,吴雅凌译,华东师大出版社,2008,页11。

③ 再比如谢林(F. W. J. von Schelling)的神话研究。

④ 参见马特,《柏拉图与神话之镜》,前揭,"参考文献:19世纪末以来的柏拉图研究及相关研究",页374 - 378。

神话"研究所遵循基本原则。①

我们回到施莱尔马赫的"总论"。在讨论了三篇他认为属于晚期作品的"描述性对话"之后,施莱尔马赫进而将《斐德若》《普罗塔戈拉》和《帕默尼德》三篇对话确定为最早完成的作品:首先,"这三篇对话与描述性对话形成对照,首先是年轻所固有的特质"(页48);其次,"在这几篇对话中到处都可以发现早就涉及其余对话的内容"(页49);第三,这三篇对话具有"一种几乎独一无二的整体结构上的相似性"(同前)。施莱尔马赫认为"最重要的是它们更为内在的形式,因为,这三篇对话显示出关于此后所有著作建立于其上的内容的最初预设:关于作为哲学技术(Technik)的辩证法,关于作为哲学固有对象的理式(Ideen),以及关于知识的可能性与条件"(同前)。

施莱尔马赫认为这三篇早期对话与其后的"次要对话",共同构成了柏拉图对话的"基础部分",这些"基础性对话"的特点是"实践性"与"理论性""明确分离"(页49-50),而前述"描述性对话"的特点则是"实践性"与"理论性""始终合一"(页49)。他认为居于这两类对话之间的对话为"间接对话,因为它几乎全部是由对立面的并置为开端的"(页50),从而将全部柏拉图对话分成了三个部分,各自包括前述相互支撑的"第一、二等级"的对话,以及"就真实性而言这些对话的价值极为不同"(页51)的"第三等级"的对话。他将此"第三等级"的对话作为各部分对话的"附录(Anhängen)",但没有排除它们是柏拉图真作的可能性。按此,也根据施莱尔马赫柏拉图译著目次,我们可以尝试将全部柏拉图对话排序如下(施莱尔马赫未译出的四篇对话用[ ]标出):

---

① 同上,"前言:忒弥斯:在神圣的门槛上"(页3-37)关于"柏拉图神话与柏拉图哲学"关系的描述,与上述施莱尔马赫的观点完全契合;作者在页198还直接引述了施莱尔马赫关于"柏拉图神话是由一个基本神话逐步发展而形成的"观点。

基础性对话

第一等级:《斐德若》《普罗塔戈拉》《帕默尼德》

第二等级:《吕西斯》《拉克斯》《卡尔米德》《游叙佛伦》

第三等级:《苏格拉底的申辩》《克里同》《伊翁》《希琵阿斯后篇》《希帕库斯》《米诺斯》《阿尔喀比亚德后篇》

间接对话

第一等级:《泰阿泰德》《智术师》《治邦者》《斐多》《斐勒布》

第二等级:《高尔吉亚》《美诺》《欧蒂德谟》《克拉提洛斯》《会饮》

第三等级:《忒阿格斯》《情敌》《阿尔喀比亚德前篇》《默涅克塞诺斯》《希琵阿斯前篇》《克莱托丰》

描述性对话

第一等级:《王制》[《蒂迈欧》][《克里提阿斯》][《法义》]

第二等级/第三等级:[《法义附言》]

结 语

扬岑(Jörg Jantzen)在其"施莱尔马赫的柏拉图翻译与注释"(Zu Schleiermachers Platon – Übersetzung und seinen Anmerkungen dazu)一文中指出:

> 施莱尔马赫的翻译几乎就是原作用古希腊文表述的思想的德语翻版。……然而,更值得注意或尤为特别的是一种不严谨的态度,人们就是以此态度来对待施莱尔马赫译本的:无数次再版几乎每一次都可靠地回到了施莱尔马赫的文本,但差不多总是将施莱尔马赫的引论和注释删除。很明显,编者认为这

些内容过时了，当然也就忽略了一点：正是通过这些内容，施莱尔马赫详细表述了他对文本的理解，并证明了这种理解的合法性。①

施莱尔马赫为他翻译的31篇柏拉图对话分别所作的"引论"，乃至柏拉图对话翻译本身，正是"总论"中提出的上述观点的具体运用。② 施莱尔马赫认为"激发读者自身的思想生成"乃是柏拉图对话－哲学的"主要意图"（页47），两个世纪以来，他的柏拉图译著和"引论"成为哲人柏拉图"（不啻是）激发德意志民族自身思想生成"的桥梁——哲人的这一意图通过施莱尔马赫而达成。

我们知道，柏拉图哲学的精髓正在于"我知道我一无所知"，这是苏格拉底表达终其一生的哲学探究的基本自我认识。③ 身处古希腊民主政治现实中的哲人的教诲，相较于古今中外其他哲人的教诲，对于同样身处民主政治现实中的我们具有特殊的重要性。因此，我们需要像施莱尔马赫的柏拉图译著和"引论"这样的桥梁，需要一场专注于柏拉图对话－哲学的"经典与解释"运动。

然而，如何解释经典？扬岑在评价施莱尔马赫的柏拉图研究对我们的启示时说：

---

① 《论柏拉图哲学》，前揭，页 LI - LII。亦参中译本"附录"，页287。

② 施莱尔马赫没有译出《蒂迈欧》《克里提阿斯》《法义》和《法义附言》四篇对话，当然也没有为这四篇对话写下"引论"，但从施莱尔马赫的柏拉图译著"总论"和其他"引论"关于《蒂迈欧》《克里提阿斯》和《法义》的只言片语中，我们可以得知他关于这三篇对话的基本看法。他也未译出传世的13封柏拉图书简以及7篇托名柏拉图的作品，而只在《斐德若》"引论"中提到《书简七》，并在"总论"中只有一次提到托名著作《释词》。

③ 参《苏格拉底的申辩》(20c4 - 23c1)，见《游叙弗伦、苏格拉底的申辩、克力同》，严群译，商务印书馆，2003，页54 - 58。

只有文本而非别的什么才是哲学的源泉和表达,根据康德的命令(Diktum),则无法了解这些文本,我们还必须补充一句来反对康德:这些文本也不是历史性的。因为历史资料是流传下来的文本,必须予以把握、理解、注疏、解释,由此以求直接领会哲思。①

---

① 《论柏拉图哲学》,前揭,页 LII。亦参中译本"附录",页294。

德文版编者说明

施莱尔马赫的柏拉图解释，1804年首次发表于其柏拉图译著第一版。施莱尔马赫翻译的《柏拉图文集》第一部分第一卷，含《斐德若》(*Phädros*)、《吕西斯》(*Lysis*)、《普罗塔戈拉》(*Protagoras*)、《拉克斯》(*Laches*)四篇对话，由雷默(Georg Andreas Reimer)在柏林的 Realschulbuchhandlung 出版。1805年接着出版了两卷：第一部分第二卷含《卡尔米德》(*Charmides*)、《游叙弗伦》(*Euthyphron*)、《帕默尼德》(*Parmenides*)，以及附录：《申辩》(*Apologie*)、《克里同》(*Kriton*)、《伊翁》(*Ion*)、《希琵阿斯后篇》(*Hippias. Das kleinere Gespräch dieses Namens*)、《希帕库斯》(*Hipparchos*)、《米诺斯》(*Minos*)、《阿尔喀比亚德后篇》(*Alkibiades II*)；第二部分第一卷含《高尔吉亚》(*Gorgias*)、《泰阿泰德》(*Theätetos*)、《美诺》(*Menon*)、《欧蒂德谟》(*Euthydemos*)。第二部分第二卷含《克拉提洛斯》(*Kratylos*)、《智术师》(*Sophist*)、《治邦者》(*Politikos*)、《会饮》(*Symposium*)，出版于1807年，第二部分第三卷出版于1809年，含《斐多》(*Phädon*)、《斐勒布》(*Philebos*)，以及附录：《忒阿格斯》(*Theages*)、《情敌》(*Nebenbuhler*)、《阿尔喀比亚德前篇》(*Alkibiades I*)、《默涅克塞诺斯》(*Menexenos*)、《希琵阿斯前篇》(*Hippias. Das größere Gespräch dieses Namens*)、《克莱托丰》(*Kleitophon*)。

可见，三十篇对话出版了在柏拉图名下流传下来的大部分成文作品。柏拉图名下还有一些对话,施莱尔马赫认为是伪作。① 从1817 年开始,由译者修订的第二版陆续出版,到 1828 年新出版的第三部分、准确地说是第六卷《王制》,这个版本未竟而终(第一部分第一卷:1817,第一部分第二卷和第二部分第一卷:1818 年,第二部分第二卷和第二部分第三卷:1826,由雷默出版)。所有各卷都包含对每篇对话的内容广泛的注释,第二版也对这些注释做了修订。对话《蒂迈欧》(*Timaios*)和《克里提阿斯》(*Kritias*),《法义》(*Gesetze*)和《法义附言》(*Epinomis*),还有《书简》,施莱尔马赫都没有翻译。1855 年第三版重印了第二版,未加修订。

道普森(William Dobson)已于 1836 年仅将施莱尔马赫的引论和选择的部分文本注释译成了英文,却未作进一步解释。1973 年,弗拉斯托斯(Gregory Vlastos)主编的系列丛书"柏拉图和亚里士多德的哲学"(The Philosophy of Plato and Aristotle)再版了这个版本。

1919 年,康拉德(Heinrich Conrad)主编的"古代经典作家"(Klassiker des Altertums)丛书出版了《柏拉图作品选:施莱尔马赫德译》(*Platons Ausgewählte Werke. Deutsch von Schleiermacher*),由慕尼黑的 Georg Müller 出版社刊印,包括施莱尔马赫的引论,却没有包括注释。

盖瑟(Konrad Gaiser)编辑的《柏拉图形象:柏拉图理解十论》(*Das Platonbild. Zehn Beiträge zum Platonverständnis*, Olms in Hildsheim 1969)重印了全部译著的第一篇总论(I 1)的第三版(页1 – 32)。

施莱尔马赫柏拉图译著的最新版本,包含他的引论,却未包含注释,1984 – 1989 年间由东柏林的科学院出版社(Akademie – Ver-

---

① 因为它们是伪作或至少来源可疑,除《申辩》(*Verteidigungsrede*)和《克里同》(*Kriton*)外,施莱尔马赫将这些对话放在第一部分第二卷和第二部分第三卷中。

lag)出版。这个版本原计划出版一个像斯蒂法努斯(Henricus Stephanus)首次编辑的《柏拉图全集》(Corpus Platonicum)那样的完整译本,所以应当包括施莱尔马赫未曾翻译的真作和伪作。这个版本的最后一卷原打算详尽描述施莱尔马赫对柏拉图的接受,却未能进一步实施。

这里重印的文本,依据目前可以得到的第一版。"古代哲学史讲稿"(Vorlesungen zur Geschichte der alten Philosophie)这一小部分内容,引自《施莱尔马赫全集·第三部分:哲学著作》:"第四卷第一部分:施莱尔马赫遗著,论哲学","第二卷第一部分:哲学史",由里特尔(H. Ritter)据施莱尔马赫遗著手稿编辑,1839年由雷默再版。此卷恢复了"论苏格拉底"(页80 – 85)和"论柏拉图"(页97 – 111)。这个文本的脚注为当时的编辑所加。由此版"前言"可知,施莱尔马赫的哲学史讲稿的抄件文本,出自1819 – 1823年间。已补充进抄件文本的施莱尔马赫准备此讲稿的手稿,可以追溯到1812年,此后又不断修订。眼下这个版本重印了这个文本,以作为施莱尔马赫的分析性 – 系统性解释的开端之见证。

主要关注点在于这些引论,它们依假定的时间顺序排列对话。

这个版本作为校勘研究本(kritische Studienausgabe),无法代替历史 – 校勘本(historisch – kritische Edition),但可以发现,这个版本通过虽然无足轻重却时时出现的改动,记录了第二版与第一版的差异,这种差异有时候完全具有决定性意义。第二版(B)与第一版(A)相对应的文本异文和文本差异,用小写字母标出,置于文本当页脚注([中译按]中译本将第二版即B版的改动放在【】中,第二版对第一版的词序调整以及大量虚词损益,无法在中译文中反映出来,故不另行标明)。同样,编者的少数说明性注释,则以 * 标出([中译按]中译本全部置入脚注,以[Meiner版编注]标明)。

谨慎采用现代正词法,即保留音干(Lautstamm)。大小写和依照有效言辞的标点法,严格予以保留。段落起首的留白同样保留;页码转换放在竖线之间标明,比如[A45/B46]([中译按]中译本放在［］中）。文本印刷错误则直接予以纠正。通过疏排对句子成分的强调，一仍其旧（［中译按］比如 Z u e r s t,在中译本中通改为楷体）。

在第一版中，施莱尔马赫大多将希腊名物的写法拉丁化，但仍不统一，这里则根据经过统一的第二版予以订正（比如，A：Phädros 和 Phaedros，B：Phaidros；或 A：lakedämonisch，B：lakedaimonisch）。所有柏拉图对话的篇名和施莱尔马赫引用的其他作品的名称，编者都置于引号之中了（比如，Aristophanes "*Wolken*"［中译按］中译全部置入《》，如"阿里斯托芬，《云》"）。

哲学史讲义:苏格拉底与柏拉图
(1819—1823)

第二个时期
从苏格拉底开始

引 言

[80]在所有哲学流派中,此一时期与较早一个时期的区别,显而易见都表现在所有哲学分支(Disziplinen)的关系之中。这个区别转而表明:当前已不再有个别哲学天才占据支配地位,而是出现了思辨性的头脑(Geist),并意欲囊括哲学领域之整体。在如此之多的显著变革中,可以将臻于完满的苏格拉底哲学分为三个时期:柏拉图时期,廊下派(stoisch)时期和新柏拉图主义(neuplatonisch)时期。这三个时期的特质,可通过描述而变得清晰。而此前则是一个未竟阶段。因为,由此未竟阶段开始,哲学按照一种新的原则来奠基,所以,哲学还必须始终缓步前行。这一阶段的内容是苏格拉底和与其密切相关的苏格拉底学派,还有苏格拉底死后昙花一现的一些派别,这些派别都未获得成熟之特质。这就是要讨论的次序。

第一阶段
体系化哲学的开端

I. 苏格拉底

[81]接下来的一切都与苏格拉底有关,这是历史实情;有价值的一切都出自他的学派。他本人作为体系化哲学的始作俑者,该如何来评价,则理当做出解释。表面上看,情况却与此完全对立,因

为,这些哲学学科的联合,在他那里根本就没有表现出来,尤其是科学的东西几乎都与他无缘。他之所以获得了这样一个地位,的确只是不可思议的意外或纯粹个人的嗜好使然。因此,表面上的矛盾只能由他作为最初开端的地位而得到解释。全部哲学的精神和特质就在他身上,而出自实践与现实的东西则微乎其微。他的精神绝不啻是一种大众化的、非科学的精神。然而,却很难确定这种精神本身为何。人们习惯于认为柏拉图笔下的苏格拉底是不真实的,只有色诺芬笔下的(xenophontischen)苏格拉底才严格符合史实。只要我们首先十分清楚地区分了,柏拉图是如何让苏格拉底从伦理(ethisch)和自然(physisch)两方面作哲学思考的,我们便很难否认他的苏格拉底形象具有戏剧化的真实(mimische Treue),就好像苏格拉底是另外一个人。其次,色诺芬(Xenophon)完全不科学,他只是一个注重实际的治邦者;因此,他最轻而易举地摆脱了科学问题,他的居鲁士(Kyros)形象从真实方面也没有给出什么重要理解;归根到底,对于理解苏格拉底的原创性(Originalität),色诺芬的独创性(originell)不足。就这种不确定性而言,亚里士多德(Aristoteles)的清晰证明富有助益。[82]他将对德性(Tugend)的哲思归于苏格拉底(这一次,亚里士多德没有针对柏拉图的党派性偏见,并对其做出了较为恰当的判断),还将通过教学法(methodische)来发现科学的首要原理也归于苏格拉底。这两方面从整体上将苏格拉底引向上述内容(das obige),引向认识之观念(Idee der Erkenntnis)乃是一种表象(eines vorgestellten)的立场,引向使这一观念获得普遍承认之努力,而所有阐述的内容,首先需要如此来建构:要能使所有阐述的内容由此建立起关系。认识之观念的本质,对于苏格拉底是完全清楚的,他紧紧抓住了两个标志,而不管认识之观念是否就寓于表象之中;他清楚地看到认识之观念乃是某种属于人之存在的更高潜能,这种潜能在所有研究中都必定会显现出来;同时,他将普遍唤醒人们的认识视为属己的职分。这就是苏格拉底固有的哲学-历史观(philosophisch - historische Ansicht)。由此哲学-历史观出发,方才可以理解我们从历史的角度在他身上发现的所有东西。

首先,苏格拉底本人少有科学成果。他被生计过早拖入了社会职业活动,以便为自己获得当时已有的实用知识;尽管他不否认与阿那克萨戈拉(Anaxagoras)和帕默尼德(Parmenides)有过接触,只是没有进而真正走上那条路罢了。认识之观念的运用,始终是他的任务,他只想为原理(Prinzip)作准备,进而推动其现实应用。他如此深信不疑的或许是:科学将通过他的努力而达成,而并非他可以自己创造出真理。由此得到了第二点,在他的整体意向(Tendenz)中,伦理事物占有重大优势。这就像一种本能,人因这种本能而属于自然,科学本能也因此首先俯就自然:纯粹的自我意识,首先仅仅通过生命的这一特点而被唤醒,由此,人证实了他自由的此在(Dasein)对自然的支配地位。[83]所以,苏格拉底必定因此受到激发,进而坚持,直至回复到哲学的自然方面。或许这实际上无关紧要,如果人们能够以当时手头的伊奥尼亚人(Ionier)的著述作为基础来创作苏格拉底式对话,那么在苏格拉底抵达伦理学的原理时,这些对话几乎会非常确定地回复到思辨性的自然哲学(Physik)的原理。但只有他洞悉了这一切,因此必然受到公众的限制,他知道这一点。不过,如果他反感自然物,就像色诺芬和亚里士多德所报告的那样,或许就有些奇怪了。在此,柏拉图以其对苏格拉底的陈述的见证加入了论辩,就像对阿那克萨戈拉的改良,也得到了色诺芬尽管不太严格但却真实的证据支持。对于苏格拉底而言,自然哲学(Physik)的科学开端就是其目的论。如果色诺芬也在一定程度上误解了自然哲学,那并非是在后来的低级意义上而言的,因为,他恰恰看到了自然之于认识的相应性(Angemessenheit),就像自然之于道德论说的相应性;自然哲学以自然与人的绝对和谐原理为出发点,以自然中的人这样一种存在的观念为出发点,按此,人是小宇宙,所以对自然的理解应当从人出发。我们可以在《斐勒布》(*Philebos*)的一个段落([中译按]见《斐勒布》30a – e)中,非常清楚地看到这一点,在此,通过对普遍理智(allgemeine Verstand)的归纳而证明了世界灵魂

(Weltgeist),这个段落作为真正苏格拉底式的内容,也可以在色诺芬的著述中找到。正如辩证法被苏格拉底视为政治的技艺,视为自觉的、真正的哲学技艺,这不过表明,他并没有从总是事后才出现的内容中提出理论,由此,我们也可以理解第三点,即他的反讽(Ironie),以及第四点,他间接的对话式方法。他的对话式方法无他,不过是他的认识之观念与真正的明察之缺席共生,而完全的知识为何,他不知道。因此,所提出的每一个原理,对于他而言,其[84]价值都不甚明了,只是当他运用认识之观念来把握每一个原理的时候,他才第一次经验到这种价值。对其他事物表面上的认识,只是一种无知(Nichtwissen),由此他第一次提出要付诸实验(experimentierend)。所以这种反讽对于他非常自然,但也差不多只是他所固有的,因为,反讽准确地点出了面对智术派的(sophistischen)主观智慧(Doxosophie),即正在觉醒的自我意识的要害。他始终如一的间接的对话式方法,就源自这些特征,他以此方法在表象中获得了认识;一方面,一场这样的对话,必定依然保留了每一个矛盾的每一种构成,另一方面,一场这样的对话,对于认识的原理及其每一种运用,也必然是启发式的。因此,以什么主题为出发点,对于他而言并不重要。所以,他的社会生活变得越来越明确,首先在于,即第五点——他在理论与实践两个方面与智术师(Sophisten)论战。他从一开始就已然是他们真正的对立面,他们身上渗透了符合实践的认识和能力之储备,却思想贫乏,相反,苏格拉底所拥有的观念没有那样的储备。在此情况下,存在这样一种意识:若没有他所拥有的观念,就不可能发现真正的知识,这一点表现为揭露智术师之无知的坚定努力。在伦理和政治方面,同样的问题也出自思想态度,他由此揭露了智术师绝对的不高尚和以自我为中心(ungesellig)。我也将苏格拉底对民众宗教(Volksreligion)的亲近(Anhänglichkeit),视为一种几乎没有科学根据的争辩,至少视为相互对立的一个方面。这种亲近既不是虔诚(Deisidämonie),因为,在苏格拉底纯粹通过教学法作自我表达之时,神明(θεῖον)总是在场;这种亲和也不是伪善,因为我们发现,他的褒奖之辞如此之少;而完全义无反顾地屈从于魔鬼(Teufel)之人,必定会表现出最大的蔑视。相反,在此有关于神话与思辨之关系的完美判断:[85]与非科学事物建立关系的人,甚至会同时用神话形式为非科学的事物赋予观念(Idee)。第六点是他对所有民众阶层,尤其是青年人的激发。因为,只有以这种方式,他才能使认识之观念具有激发作用,从而能够立即首先在伦理和政治上发挥作用;要如此发挥作用,很少不是通过对某一门科学的修养,而恰恰很少通过参与城邦治理(Administration)。——至此,仍然是他的灵异(Dämonion)在起作用。这种灵异不是个体性情(persönlicher Charakter),也不是随便哪一种特性(Art)之表征,而是如此敏捷地做出道德判断的真实领域,这些判断无法追溯至清晰的基础,所以,苏格拉底并没有将这些判断归于他固有的自我(Ich);比如,对某个行动之后果的预想;对于单个人而言,就是受到吸引或使之感到厌恶(Angezogen – und Zurückgestoßenwerden)。

第二阶段
苏格拉底哲学经柏拉图而初成

I. 柏拉图其人

[97]欧克里德(Eukleides)①谨慎地描摹了苏格拉底辩证法的高超技艺,安提斯蒂尼(Antisthenes)则充满激情,但仅限于苏格拉底伦理学说否定性的一面。柏拉图则明智与激情兼而有之,他深入了苏格拉底之整体。他所理解(丝毫没有怀疑)的、进而由 $\acute{\epsilon}\pi\iota\sigma\tau\acute{\eta}\mu\eta$ [认识]与 $\delta\acute{o}\xi\alpha\ \acute{\alpha}\lambda\eta\vartheta\acute{\eta}\varsigma$ [真实的意见]的区分得出的认识之观念,必定

---

① [中译按]这里指"麦伽拉学派"的创始人 Eukleides von Megara(约前450—380),与"柏拉图学园派"后学、"几何学之父"Eukleides von Alexandria(约前360—前280)不是同一人。

能够发挥作用,而这个区分首先奠定了一个前提:在每一次区分中,必定有原理存在。由此,他也能够将精神助产术(die maieutische Methode)引向完善。他运用精神助产术的意图同样不仅是科学的,而且还针对思想态度。他在这两方面都继承了苏格拉底。正是在后一方面,他的基本意图在于对各个阶层的个体加以改善,与此不可分割的是,用这些原理对统治者加以教育,使新的政体(Staatsformen)得以出现。所以,他也从事过职业活动,把它看得高于一切(多次献身于叙拉古[Syrakus]),只是结局(Fortsetzung)不同。随着对群众的偶然作用而来的,是对一个上流圈子更为确定的影响。民主越盛行,上流圈子必然显得越高贵。柏拉图学派中出军队统帅和演说家。他多次接近了他的政治目的,复又远离了它,直到最终放弃了希望,并以书写方式留下关于城邦的图像。按照这一明确目的,建立了形式特殊的柏拉图学园,并由此形成了来自苏格拉底的柏拉图式的生活方式。

[98]他首先按照苏格拉底的方式对所有内容做了总结,并被视为第一个有体系的哲人。由此出发也一定会发现他的所有特质。认识的双重方向指向统一性(Einheit)和整体性(Totalität),而在后者中又指向自然哲学(Physik)和伦理学。所有内容在柏拉图那里都得到了某种有分寸的表达。没有什么东西本身是完全分离的。在《蒂迈欧》(*Timaios*)中,自然哲学以伦理学为开端,而伦理学最终又回复到了自然哲学。这两者都依赖于辩证法,反过来,辩证法除了与两个真实目标之一相联系,不存在其他情形。尤其具有希腊特点是,他借助神话从而不放弃诗(Poesie)。没有谁比他更为高超,并最终将两者完全结合起来。因此,除非对神话的本质保持清醒,便不懂得该如何弥补若非面面俱到便不可能的、对绝对统一性的理论表达,这是对一种具体的、因此也是对统一性与整体性之关系的理论表达。这种神话本质和所有学科的相互交错使表达变得复杂。但表达仍须按照既定的学科来进行。

人们习惯上将这三重划分归于色诺克拉底(Xenokrates),①但这种划分显而易见已包含于柏拉图的作品之中了。严格的表述属于自然哲学和伦理学,如果人们愿意承认智术师(Sophist)靠不住的话,至少在所有领域都要以辩证法作为基础,在此三位一体(Triplizität)中,显示出一种完全的自足。这样一种划分绝非什么新发明,因为当人们看到这种划分时,它已经在那儿了。人们说,柏拉图在辩证法上追随爱利亚学派(Eleatiker),在自然哲学上追随毕达哥拉斯学派(Pythagoreer),在伦理学上追随苏格拉底。倒不如说,他在伦理学上追随毕达哥拉斯学派,在自然哲学上追随伊奥尼亚学派(Ionier),因为,苏格拉底主义(Sokratismus)贯彻于所有领域,并不局限于某一学科。

辩证法与智术(Sophistik)直接相关。因为要对付智术之堕落,[99]只能通过将先前的辩证法之本能提升到意识当中。在反逻辑(Antilogik)中,某种联系显然是错误的。为了发现谬误,人们必须运用真正的推理技艺。柏拉图称其为辩证法,因为思与言(Denken und Reden)永远无法分离,而且任何论辩都是生动的对话。柏拉图将辩证法分为两个方面:了解什么可以或不可以联系在一起;了解如何才能进行区分或综合。他很少强调这样一些规则,它们只关涉已有联系的内容在最终形式(schlußform)中的正确发展,因为,要是哲学的天赋被开发出来,那么它自会熟能生巧(Fertigkeit)。

智术师的根本错误联系,是把令人快乐的东西与好(angenehmen und guten),把认识与感知(Erkenntnis und Wahrnehmung)视为一回事。柏拉图首先寻找这种错误联系的基础,即认识与感知的不同。他在此发现了这个不同:认识不受真假区分的影响,感知却受其影响,这样一来他便达成了所需要的纯粹形式上的反驳。正因为如此,认识对象是永恒的,而感知对象是可变的,它受对立面的约束。这自然而然引向了存在与生成(Sein und Werden)之间的爱利

---

① [中译按]色诺克拉底(前396—前314),古希腊哲人和数学家,公元前339年接替斯彪西波(Speusippus)掌管柏拉图学园直至去世。

亚式的对立。在相互对比这些对象的时候,便过渡到了自然哲学。作用之关系(Verhältnis der Operationen),在人身方面(zum Teil physisch)也是确定的,因为,认识只运用灵魂本身,而感知则将躯体(Körper)用作工具(Organ)。然而,真正的辩证在于,如果不能出现一个更高的、属于认识领域的要素,那么从感知,即 $αἴσθησις$ 中,甚至连意见(Urteil),即 $δόξα$,也无法得到,因为,感知是 $ἄπειρον$[非经验性的],而只有认识才给予确定性。

智术师的第二个能耐是,在关于其他事物的意见(Urteile)中,[100]抹煞主体的统一性和稳定性,而且做出了矛盾的表述:非存在者能够被言说;一等于多。(柏拉图为了从总体上应对反逻辑[Antilogien],在 $καθ'αὑτά$ [事物本身]中,也在双重的 $πρός\ τι$ [事物之间的关系]中做了区分,①由此澄清了一事物与完全相反的事物在何种程度上是相称的):柏拉图着眼于概念本身,也着眼于对象,尤其致力于清除智术师的上述做法。与此同时,他首先界定了存在者本身之领域,在这一领域完全没有对立,没有非存在者;然后,他界定了单个事物之中构成对立的领域,这种对立将存在者一分为二,它本身以 $ταὐτόν$[同]与 $θάτερον$[异]相对立的方式表现出来。这也是所有概念之间的普遍组合形式。最后,在这些组合形式之下,是处于作为变化的运动与作为恒久的静止框架内的经验性的真实对立。

所有这一切(即在智术师的能力领域)柏拉图是这样安排的:他确定了1)存在本身(das Sein an sich),存在中没有对立,也没有与其相对立的非存在者(nichtseiend)。爱利亚学派的基本原则适用于这一点:否定性的事物不存在,用否定性的事物无法说明任何东西。2)分有的存在(das geteilte Sein),所有类概念彼此不同。他以

---

① [Meiner 版编注]可惜关于这个双重的 $πρός\ τι$ 我未能进一步在抄写的讲稿中找到如下出自1823年的一个抄本中的内容:"从他用 $πρός\ τι$ 所标示的概念中,柏拉图对这些概念作了特别划分,这些划分容许或多或少对概念的本质有所增减。"

ταυτόν[同]与θάτερον[异]、事物本身与其他事物相对立的方式,描述了分有的存在,这里可以看到他关于麦伽拉学派(megarischen)辩证法的观点。一事物在何种程度上是ταυτόν[同一个事物],就会在何种程度上不包含多样性,而仅仅表现在是其所是的不可分割的整体性之中;但只要它包含不同的部分,就会有属于它的种种对立。这首先针对的是并列概念,只要[101]它们处在一个更高的概念之下。所有这一切仍然局限于认识领域,因为谈论的是主语概念(Subjektsbegriffen),尚未涉及感知领域。在每一领域,这些用语恰恰构成了概念所有的普遍组合形式之整体,这些概念只能陈述某种单一性(Einerleiheit)或某种差异性(Verschiedenheit)。在此,柏拉图从根本上将自己与麦伽拉学派区别开来,他由此超越了某些概念领域而扩展了认识。他将经验(empirischen)对象的领域,即经验(Erfassung),置于这一前提之下,并根据运动和静止的总体框架对经验做出解释。这构成了感知领域,而感知总是某种ἄπειρον[非经验性的活动],因此,在概念与判断的不确定性上悬而未决,对象与真实的、尽管本身分有了存在的领域无关,由此可见,用καθ' αὑτό[事物本身]来表述的所有概念,都是指向感知领域的真正的主语概念;而πρός τι[事物之间的关系]则构成了感知范围的谓语概念之领域。这些概念有其真理性,只要它们能够独立于所有感知而回复到由ταυτόν[同]与θάτερον[异]所表述的领域。①

[101]通过他的辩证法的这些基本特征,表明了反对智术派的立场,就像一与多(Einheit und Vielheit)可以结合,从而显明了否定性原理的相对性。然而,还有另外一个反对意见,它出自所有认识都不可避免的主观性,这与认识的普遍有效性主张构成矛盾。问题

---

① [中译按]据 Meiner 版编者按,这一段内容出自同一个抄本,但未收入《施莱尔马赫全集》。如果将这段话收入正文,则页码[101]应标在此段话中间;如果不收入正文则页码[101]应标在下一段话开头。中译本将这段话收入正文,并保留不将其收入正文时的页码位置。

的解决,根本依赖于认识之物与可认识之物间存在和谐的自然(physischen)理论,然而,柏拉图根据教育的步骤,纯粹以辩证法证明了这一点,即教育并非生成了什么,而是引发了本来已然存在的东西。这与生成和存在(Werden und Sein)之关系完全是同一种关系,只是柏拉图仅对其做了间接的、神话式的阐述,他将这个永恒的、由原初的直观(Schauen)所引出的熟知(Einwohnen)称为 $\mu\nu\eta\mu\eta$ [记忆],记忆指向此前在时间中已然熟知的内容,但所有人对这个共同的原初世界的熟知是同一个熟知,这里便出现了原型与摹本(Urbild und Abbild)的关系问题。然而,这些辩证法原理如今仅作为避免错误的规则[102]和论战的武器而闻名,因此还迫切要求真理性,但却只是被随意地解释和编排。进而言之,即便没有这些关系,这些辩证法原理也可以证明自身值得推崇,例如,作为反映现实的完美的镜子,它们适合于哲学的形式方面,而且还同时包括了所有直观(Anschauung)原则,因此完全是思辨性的。第一个区分提出了关系复多性中的本质唯一性,这样它试图成为彻底的区分,同时设定了一项需要完成的任务,即任何 $\kappa\alpha\vartheta'\ \alpha\dot{\upsilon}\tau\acute{o}$ [事物本身]都必须通过所有 $\pi\rho\acute{o}\varsigma\ \tau\iota$ [事物之间的关系]来构成一个完整的系统,由此,任何本质唯一性复又成为限定的整体性或关系整体性,这样事物本身也能够根据 $\tau\alpha\upsilon\tau\acute{o}\nu$ [同]与 $\vartheta\acute{\alpha}\tau\epsilon\rho o\nu$ [异]来研究,因此,统一性与整体性复又成为事物的整体图像。正因为如此,与 $\pi\rho\acute{o}\varsigma\ \tau\iota$ [事物之间的关系]相对照,任何 $\kappa\alpha\vartheta'\ \alpha\dot{\upsilon}\tau\acute{o}$ [事物本身]都是一个 $\ddot{o}\nu$ [在者],但若与其他某个 $\kappa\alpha\vartheta'\ \alpha\dot{\upsilon}\tau\acute{o}$ [事物本身]相比较,便进入了 $\tau\alpha\upsilon\tau\acute{o}\nu$ [同]与 $\vartheta\acute{\alpha}\tau\epsilon\rho o\nu$ [异]的领域。这里毋庸置疑有对个体的承认(Anerkennen des individuellen),因为,作为存在者,个体事实上(an und für sich)没有对立面,正如人们可以说: $\pi\rho\acute{o}\varsigma\ \tau\iota$ [事物之间的关系]无所不包。通过区分,柏拉图运用种种讽刺方法,将随机性的事物与自然事物完全区分开来。如果我们仔细考察,在自然事物中必定还存在着亚种(Unterarten)。全部自然事物都通过所有认识的必然的内在关系而被揭示出来,这个内在关系作为苏格拉底的方法之原则我们已然熟知。柏拉图学派的辩证法练习，非常出色地指向这一内在关系，也因此指向自然之系统性。此外，在他对 ἀνάμνεσις［回忆］与 μνήμη［记忆］做出区分，并将此记忆追溯到一次先前的看的时候，对于他而言，这个先前的看必然已成了另一个事物，在这个先前的看之中并没有事物与表象之间有争议的不同。这样，除了［103］概念的统一性与事物的多样性之关系——在此关系中，事物仅仅与 ἀνάμνησεον［回忆］的多样性相对应，ἀνάμνησεον［回忆］本身将一切与某个或同一个 μνήμη［记忆］联系在一起——存在与认识之间也确立了根本的统一性，并在辩证法自身的领域，从形式上对这种统一性做了描摹。柏拉图还间接地证实了这种统一性：就认识是一种行动，也是一种显现（ein erscheinendes）而言，具体的存在（das Sein）也必然是一种消极（ein leidendes）而非绝对的存在，它可以反转，因此，永恒的认识只与绝对的存在联系在一起。他还主张对立面的统一是一种绝对的统一，就像 θεός［神］与 ἀγαθόν［好］超越了 οὐσία［本质］与 ἐπιστήμη［知识］。按此方式，他的辩证法在自然和伦理两个方面，不仅为人们揭示了作为现实之镜的形式特点，而且还揭示了关于绝对统一性或关于神的观念（Idee der Gottheit）的启发式原则，在关于自然和伦理问题的表述中，柏拉图始终仅以此原则为前提。在所有这些方面，柏拉图仅仅表现为对苏格拉底的科学式延续。因为，柏拉图不仅已将其方法与概念的总的内在关系联系在一起，并将概念的统一性视为事物的多样性之所必需；而且看来，他一方面纯粹通过辩证法来唤醒，另一方面通过目的论获得了神的观念，而目的论仅仅是形式与质料（formalem und realem）之间的不完全分离（Scheidung）。由自然方面出发而发现了关于神的观念，表明存在一种必然，正如任何希腊哲学必然是有神论的，因为，有神论正是通过反对怀疑论的反哲学（Antiphilosophie）的纯粹论辩而涌现出来的。同样必然的是哲学的胜利。因为，对于自然解释和道德准则而言，必须求助于作为他者的神，对于目的而言总是糟糕的事情，对于科学而言则是屈尊。

正如辩证法全部指向自然哲学：要正确理解自然哲学，我们还必须从［104］辩证法开始，更确切地说，从理式论（Ideenlehre）开始：即概念的统一性，同时还有真正的实在（wahre reale Sein）与事物的多样性相对；而原型与摹本相对（das urbildliche zu dem abbildlichen）。这同一个事物（dieses selbige），在第一重关系中被进一步称为εἶδος［理型］，在第二重关系中被进一步称为ἰδέα［理式］，这同一个事物正是自然本身的创造性力量（produktive Kraft der Natur），对于正在生成的现象之构成（Bildung），它是παράδειγμα［图式］，从自然角度看，它是真实的ὄν［在者］。亚里士多德说，是赫拉克利特的（herakleitische）河流将柏拉图引向了理式论，因为，如果认识存在，那么除了正在生成的事物，必定还有其他事物存在，但确定的创造性之统一永不改变，赫拉克利特（Herakleitos）未能看到这一点。然而，我们同样可以正确地说，是阿那克萨哥拉的同素体（Homöomerien）将柏拉图引向了理式论。因为，如果确定的存在之形式（Formen des Seins）——柏拉图接受了这些形式——在现象中并未作为πάντα ὁμοῦ［复多之同一］完全显现出来，那么，这些形式必定在别处获得其存在，即在其中得到理解。由此出发是理式（Idee）理想的一面，而由此理想的一面又可以得出理式现实的一面，通过辨别这两个方面，柏拉图就可以在赫拉克利特和阿那克萨哥拉之间做出更高的综合。这就是柏拉图之所以能摆脱片面性的原因。因为，行动（Aktivitäten），即谓词（Prädikate），也是某个καθ' αὑτό［事物本身］，谓词有理式（Idee），正如主词（Subjekten）也有理式。就像在原型（Urbildlichen）中，存在和同一个认识具有本质上的同一性：因此对摹本的基本直观是，在生命形式中精神与物质完全一致，其中νοῦς［理智］作为灵魂（Seele）是精神的一面，而物质作为肉体是现实的一面。在实际意识中，不可能有对生成与存在之关系的纯粹认识，而只可能有某种概然性的论说，因为，可传达的认识本身，就存在于形成中的事物的形式之中。所以，关系本身作为生成及其表现，只可能在［105］κοσμοποιία［创造］的形式中找到。因此，所有对自然的描述完全是神秘的。好比原型与摹本已然是充满了艺术鉴赏味道的表述的一个例证(individuelle)：这种模式(Typus)普遍占有统治地位，而神(Gottheit)表现为塑造者(bildend)，世界表现为被塑造者(das gebildete)。对原材料几乎不可避免的虚构，就是按照这种模式来构想的。正是由原型与摹本的区分可以认识物质，因此，尽管物质作为原材料被认为微不足道，但作为摹本的承载者却是永存的。相对于范型(Paradeigma)之主动性，物质具被动性，因为，在对立的全部领域，主动与被动(Tun und Leiden)的对立是最高的对立。柏拉图因将此拟造的、无质性的物质视为永恒而遭诟病，然而，这种物质毫无内涵，因为在真实存在的任何一点上，理想之物与现实之物的非共在(Nichtzusammensein)是不存在的。神(Gott)之外的永恒与 νοῦς [理智] 完全一致。因为，神接过了 νοῦς [理智]，并将其作为灵魂(Seele)植入了物质，而这个 νοῦς [理智]并非神本身，所以，这两个组成部分是最初的、只是无法再作为生成来描述的、原初统一之分化，世界由此成了一个被赋予理性的、具有持久生命力的存在。就 νοῦς [理智] 的 οὐσία [本质] 作为纯粹的存在与生成的存在之同一(Identität)，即作为理式之整体性与生成的活生生的关系，通过单一与复多的连接被置于对立领域而言，灵魂(Seele)就是 νοῦς [理智]。身体似乎成了原始物质，它排除了有规则的形式，统一成为一个球。如果绝对存在之形式永恒，那么，生成之形式就是摹本，因而时间在此就只是神秘的生成之物。这种时间仅仅伴随着运动，由此，世界的统一性就必然转化为天体(Sphären)之整体性。在灵魂与身体的系统性的共同运动中，灵魂与身体的统一中的这些天体就是[106]生成的神灵(die gewordenen Gottheiten)。世界灵魂绝不仅仅是天体的运行轨迹(Bahn)，①而是现实生命中精神原则的全部发展之同一(Identität)；世界灵魂也不是一种复多的统一，而是一种真正的统一，这种统一性根本无法分离。柏拉图的数(Zahl)的确指

---

① [Meiner 版编注]1823 年的抄本中写道："不仅仅是天体的轨迹结构中的驱动原则。"

向不同的发展进程,数不流动,每个数大小不一,且按照毕达哥拉斯的(pythagoreischen)单双数(geraden und ungeraden)原理,明显分成了两个系列,即全部有阴阳两性的对立。柏拉图列出了身体中的四种元素,尽管并非易事,但在后来的理解中,他还是放弃了这些元素从质上讲可以结为一体的看法。构成方式(Gestalt)决定了这些元素的特征,然而其质性之不同(qualitative Differenz)仍然是模糊的,因此,这些元素在表现形式(Ausdrückung der Form)之前,已经有着相似的多样性,而原初的建构则表现出完全无规律的世界形成过程的一个较早阶段。由形式来赋予特征,从两个标准三角形中产生,以及由此得出的关于三个软性的(unstarren)部分相互过渡的解释,都不是毕达哥拉斯式的,而只是进而由此传达一种直观,致力于在无规律的世界形成过程中发现规律性。柏拉图很可能只看到了质性(Qualität)与形式的绝对和谐,所以,质性的作用就像尚不理解之物那样模糊不清。然而,每一单个天体又是整体之图像,因此,在单个天体上,必然存在生命发展的统一。这种偶然的、次属的生命就是人类,而动物则出自由 νοῦς [理智]而来的人之废弃物(Abfall)。

[107] 柏拉图没有视动物为完全自主,也没有剥夺动物的 νοῦς [理智],因此,他也没有像恩培多克勒(Empedokles)那样拔高动物的地位。人的灵魂与世界灵魂完全一致,这并非指人的灵魂本身在多少(Mehrheit)方面与世界灵魂一致,而是说人的灵魂的本质是理性(Vernunft),其表现却是科学(Wissenschft)与正确表象(Vorstellung)的统一。所以,人的身体也来自天体的身体,由许多元素构成,这些元素却仍以其固有的方式有所调整,因此,这里可以看到恩培多克勒的理论与阿那克萨哥拉理论的综合。身体是单个世界动物的(Welttieres)会死的、纯粹的产物,身体生长附着于(auf)单个世界动物,由世界动物的灵魂(Weltseele)①塑造,并来自世界动物的

---

① [Meiner版编注]1823年的抄本:"作为地球(Erde)的建构原则的世界灵魂的工作。"

身体(Weltleibe)。然而,ζῷον κατὰ μερός[动物这个部分]与世界 ζῷον[动物]的不同,在于前者需要外在器官。动物的灵魂借助这些器官必然与αἴσθησις[感知]相联系,因此,动物的灵魂与身体本身一样,也是会死的,然而,动物的灵魂只与来自外在器官的东西相联系。但在柏拉图看来,身体和灵魂不是真正的实体(Substanzen),与身体相分离的灵魂,作为与世界灵魂同类的存在者,还必然与某个身体相连,相反,身体作为由世界躯体生成的单一体,则复归于全体:因此,会死的灵魂本身不是实体,灵魂只是与身体共在的灵魂。正因为如此,《蒂迈欧》与《斐多》(Phaidon)是一致的。νοῦς[理智]的全部力量只与生命的理式(Idee)联系在一起:所以,靠νοῦς[理智]的表现(Erscheinung),无法完全度量νοῦς[理智]的力量,因为力量是一种生成(Werden),在瞬[108]间(Augenblick der Zeit),物质并不受νοῦς[理智]支配。就物质是痛苦的根源而言,这仅仅意味着在任何生成物中,物质都是否定性因素。然而,在此,柏拉图似乎看到了某种肯定性的因素,正如我们必然从他与欧克里德的论辩中,从爱利亚学派的基本原理中得出:没有纯粹的否定之物。柏拉图将物质的反作用视为必然原因,并因此将他关于身体的理论划分为生理学(Physiologie)和疾病分类学(Nosologie)。前者与感性学说(Sinnenlehre)相关,完全是恩培多克勒式的。柏拉图生理学的特点是按照灵魂的三种能力,即肝脏的预感-预言能力和高贵器官的预定能力(Bestimmung),将身体划分为三个栖所(Höhlen)。当然,柏拉图首先用自然科学的方法研究了疾病分类学。痛苦就是由疾病分类学向([中译按]原文在此分段)伦理学(Ethik)的过渡,并引向好之本相(Grundidee des guten)。这种绝对的好就是神(Gottheit),它超越了所有理想的和现实的好。然而,好作为整体性与统一性之同一,由《斐勒布》中所提出的五个要素构成,快乐(Lust)无非只是单个生命现象与生命之本相在球体中构成和谐。在其他地方,好之理式又被描述为与神(Gott)相似,因为世界的形成就是和谐,每一个要素本身完全是为了所有要素,只不过快乐仅仅与单个生命相关。① 因此,对于柏拉图而言,伦理教育已经有了神性(göttlichen)与灵性(dämonischen)的分层,而灵性教育则针对人。对于柏拉图而言,神性的生命完全是一种普遍的生命,是真正希腊式的(hellenisch)和古阿提卡式的(altattisch),在整个城邦(Staat)出现了 νοῦς [理智]对物质的全面塑造(Durchbildung)。作为[109]宪法(Konstitution)来解释的形式(Form),完全与宇宙起源说相类,在城邦之外,所有其他伦理形式都是构成性的(elementarisch)。在城邦之中,根本存在着依性情(Temperamenten)对人所作的划分,然而,柏拉图只看到了两种性情: σωφρονάς [头脑健全的性情]和 ἀνδρείους [男子气概的性情]。② 就其相互交错而言,伦理特质只有两种;某种 κακία [卑鄙]与之完全分离。柏拉图却清楚地看到,纯粹的不动心(Indifferenz)不会出现,他的首要任务是防止两种伦理特质的分离,部分靠生育(Zeugung)来接近不动心,部分靠教育使每个人熟悉相反的原则。此外,按照 νοῦς [理智]的逐步实现,可以从根本上将人划分为两类:有认识和有正确表象的人,支配这些人的是 θυμός [血气],即符合理性的球形的可调整性(Regbarkeit des Gefühls für die Vernunft);还有为大众所牵扯的人,只有欲望和不正确的表象才适合于这些人。因此,头一类人的科学(Wissenschaft)对于后一类人而言,必须成为普遍的,即头一类人必须统治,他人的 θυμός [血气]对于所有人都必须成为普遍的,也就是说,头一类人必须为了教育的进展而激发热情来反对所有的反动,最终,必须通过劝说后一类人,使其与大众的同源关系(Verwandschaft)对城邦成为普遍的。在此,生育和教育归根结底必须专注于对全体的改良,然而,物

---

① [Meiner 版编注]后来施莱尔马赫注释说:"这是在调和犬儒论(Kynismus)和快乐论(Hedonismus)的矛盾。"

② [Meiner 版编注]后来施莱尔马赫注释说:"Σωφροσύνη [头脑健全]是冷漠的和忧郁的性情,只不过忧郁的性情完全放弃了自我,而 ἀνδρεία [男子气概]是暴躁的和乐天的性情。"

质明显被当成了一种最低等级的、不断反复的生育力量。生育开支由有知者掌控的婚育所(Ehestiftung)来解决。为此，并不必然需要妇女组织(Weibergemeinschaft)，然而，设立妇女组织若能达成某个结果，也与柏拉图不矛盾，因为，他在世代关系(Geschlechtsverbindung)中[110]没有看到个人(das individuelle)，他对家庭的伦理观念也毫无见地。理性的普遍性将通过宪法来实现，没有人会谋求革新，因为，每个人都拥有其欲求之物，这一点已然蕴含于宪法之中了。单个人的优异(Tüchtigkeit)和平衡，按照灵魂的训练不可没有身体的原则，将通过毕达哥拉斯学派的体操来达成，这个原则差不多是义务学说的独特先兆。柏拉图的德性学说是从一种广为人知的四重性(Quadruplicität)出发的，就任何学说都会有其他某些的学说与之相反对而言，起初，他明显只是将德性学说(Tugendlehre)视为不同的学说。最终的解释在《王制》(*Republik*)中，因为，正义(Gerechtigkeit)消失于明智(Bosonnnenheit)之中，而且与勇敢(Tapferkeit)合一，所以，只剩下正义与智慧(Weisheit)作为存在与生成之对立面。由所有这一切，澄清了先前聚集于苏格拉底主义之中的全部内容，然而，真正的知识方面还存在更为明显的缺陷，正因为如此，思辨与诗的形式之间有着牢不可破的关联。若日后对真知的爱好，与某个真正的思辨天才果真达成了一致：那么，这个天才必定已经达至完善(Vollendung)。然而，如果由单个人所构成的群众一下子逼迫太甚，群众便会压制思辨天才。从来没有哪个首先对一大帮从事实践的群众产生影响的人，会是一位真正的哲人。柏拉图的学说因此而与众不同。过分思辨的人，落后于现实事务，最终必然形成某种空洞风格(Art von der Leerheit)。过分现实的人，则迷失于现实之丰富，受此多样性支配，思辨本身对于这些人而言不过是现实之一端，这便是老学园派(älteren Akademikern)与亚里士多德之间的对立之所在。然而，他们之间的统一，部分在于对共同的苏格拉底观念(Ideen)的固守，部分在于他们[111]共有的柏拉图式的生活方式；他们的政治倾向，就是与高贵的人(vornehmen)和僭主的贵族式联合。

柏拉图翻译引论

(1804—1828)

第一部分第一卷

前 记

任何人都将轻而易举地看到这里的翻译所依循的基本原则;为此基本原则作辩护,一方面毫无必要,另一方面徒劳无益。然而,关于所有或单篇译作所适用的方法,译者倒非常乐意聆听业内艺术批评家(Kunstrichter)的指点,也会尽可能采纳有说服力的建议。翻译期间,我手头没有其他现代语言译本。关于唯一一部包括了全部柏拉图作品的德语译本,①根据已有的看法,【就译者的目的和理解而言】,②我能够期待以资利用的地方很少。而涉及现有单篇对话译本的内容,一方面,我认为柏拉图全部作品的译者有责任[AIV/BIV]不应或不愿予以承认,出于许多理由,即便有什么难得的发现,也必须置之不理;另一方面,我觉得这里抄一点、那儿抄一点,有忽略译文之统一和破坏风格(Haltung)之一致的危险,而译文统一和风格一致,为这样一部完整的柏拉图译作所必需。对于某些不怎么出色的尝试,我日后自会特别加以对待,因此不会秘而不宣。

关于不同版本之异文,我只选取了负有盛名的文献,诸如古

---

① [Meiner版编注]这部施莱尔马赫之前的"包括了全部柏拉图作品的德语译本",指出自克劳刻(Johann Friedrich Kleuker)之手的《柏拉图文集》(*Werke von Plato*, 6 Bde. Lemgo 1778 – 1797)。

② [中译按]【】中的文字为"第二版"中施莱尔马赫修订时增补的内容,下同。

典版本的异文、斯蒂法努斯(Stephanus)的推测、斐奇诺(Ficin)的译本和科拉里的注释(Eklogen des Cornar),①如果觉得有必要对我的选择做出说明,仅在此情况下会做出特别提示,【而就实际做了考据性修订的对话,我也会提及。关于我本人的文本校勘尝试,最终只会指出对[BV]翻译有实际影响的内容。因此,我要提请注意的是:】语法上的小问题,不在此列,在此完全予以忽略,这些内容对于翻译毫无考据价值。但另一方面,作为译者,我将依循某些推测,为了自己的需要必须找到办法,但作为编者,我不但不将其纳入文本,而且完全不予提及,或仅根其谨慎地予以提及。译者的朋友施帕丁(G. L. Spalding)和海茵道夫(L. F. Heindorf)发现的正确译法和对错失的警示,【对翻译】贡献良多(Viel Verdienste)。

  这些引论和注释绝不要求[AVI]成为一种评注(Kommentar),相反,应当特别只对柏拉图对话的内在和外在关系做出非常必要的说明,它们部分应支持单篇对话中的那些观点,部分应阐明较不熟悉对话内容的读者可能不大理解的内容。如果[BVI]较为重要的对话的"引论",在此方面的确能做出非常详尽的探讨,那么接下来就会简单得多,若读者先熟悉译者的观点,并假定赞同译者的观点

---

  ① [Meiner版编注]这里的"斯蒂法努斯的推测"指由人文主义出版家斯蒂法努斯(Henricus Stephanus)出版的柏拉图对话第一版中的划分,内附导言出自塞拉努斯(Serranus[中译按]即 Joannes Serranus,又名 Jean de Serres[1540—1598],法国加尔文宗胡格诺派教徒,他将柏拉图对话译成拉丁文,并附有导言,于1578年由斯蒂法努斯在巴黎出版,此版本的卷目、页码和分栏,为后世柏拉图研究所通用)之手。这里的"斐奇诺的译本"指1482年在佛罗伦萨(Florenz,1602年Frankfurt新版)出版,由斐奇诺(Marsilius Ficino)翻译的柏拉图拉丁文译本;这里的"科拉里的注释"指1561年在巴塞尔(Basel)首次出版的科拉里(Janus Cornarius)的柏拉图对话注释。这些注释于1771年在莱比锡(Leipzig)由菲舍尔(J. F. Fischer)单独出版。

的话。译文编码指斯蒂法努斯版柏拉图文本的页码,双桥版编者①也附有同样的编码。

施莱尔马赫
施托尔珀,1804 年 4 月

第一卷第二版前言

尽管十二年后才要求我为新版之目的对拙译第一卷加以校阅,但或许仍为时过早。[BVII]也许我应在全部翻译完成后,再以更高的兴致和技巧来着手修订译文;也许我手头应得到更多的批评文字,到目前为止,这样的批评还非常之少;也许批评对这些译文根本不愿赐教,或人们想不合常规地将批评留待全部作品完成之后。对此,我吃不准,另外,我也满足于修订经重新审阅而发现的问题,尤其是贝克(Bekker)的友好提醒教给我的内容。

我曾希望通过慕尼黑科学院(Müchner Akademie)举办的有奖征文,②就我认为对我的工作并非完全微不足道的问题获得更大

---

① [Meiner 版编注]这里未具名的"双桥版编者",即双桥协会(Societas Bipontina),该协会同时推出了斯蒂法努斯的版本和斐奇诺的拉丁文译本计 11 卷(Zweibrücken,1781—1787)。第一卷附有拉尔修(Diogenes Laërtios)的生平介绍。单独出版的第 12 卷包括铁德曼(Dietrich Tiedemann)用拉丁文所作的柏拉图对话概述。

② [Meiner 版编注]慕尼黑皇家科学院此次"有奖征文"刊登于 1813 年的《专题报告文集》(*Denkschriften*,München,1814,页 XXXII 以下)中:

> 新近,柏拉图的著述与学说成为语文学和哲学研究的主要主题,而此类研究的成果,一定程度上有赖于查明柏拉图著述的真实性及时间次序,因此科学院"语文学-历史学部"认为,首先专注于上述主题乃科学之所需,科学院自当鼎力相助,并诚邀柏拉图专家解决下述难题:

的教益,然而,在科学院连给出的征文范例(Beispiel)也对我的努力根本未曾提及的情况下,我所希望的教益就更是无所谓偏见了。可惜的只是我的译本似乎没有获得成功。与此相反,阿斯特(Ast)先生新近——我不知道[BVIII]追求那种褒奖是否值得鄙薄——在其专著中将他关于柏拉图作品的观点弄得众人皆知,①当我接到这本专著的时候,本卷的大部分译文已经送交出版商了。因此,尽管值得我关注的内容很有限;我仍要毫不犹豫地暂且做出解释:阿斯特的划分看上去偏离了我的划分,②我觉得不重要,因此不打算改变我自己的划分,关于现存对话的次序及真实性问题,阿斯特的评论不足以使我有所改变。或许日后有机会进一步阐明这一问题。

柏林,1816 年 10 月

凭内在和外在的根据,可以确定有多少被归于柏拉图名下的作品,有理由认为其真实性不可靠,或可直接判为伪作,而被承认为真实的作品,其写作的前后时间次序又如何。

"语文学–历史学部"不大清楚,就此主题已有人凭其洞见和博学说过什么;但此类说法有的只涉及此问题的一个方面,有些说法不彻底,因此我们认为,迄今已有的研究对于解决我们所关注的问题差不多只是一个准备,并进而相信以一项新的、更为全面的整体研究,必将更易于达成我们所期待的成果。……1813 年 3 月 28 日。

1816 年的《专题报告文集》,页 XXIV 以下,对入选征文作了评论。

① [Meiner 版编注]"阿斯特的专著"即《柏拉图的生平与著述》(*Platons Leben und Schriften*,Leipzig,1816)。

② [Meiner 版编注]阿斯特在《柏拉图的生平与著述》中将柏拉图的作品分为三个时期:1)苏格拉底作品(Sokratische Schriften),写于苏格拉底生前(《普罗塔戈拉》《斐德若》《高尔吉亚》《斐多》);2)对话作品,于苏格拉底死后写于麦伽拉(Megara)(《泰阿泰德》《智术师》《治邦者》《帕默尼德》《克拉提洛斯》);3)晚期的科学作品,或更确切地说,晚期苏格拉底–柏拉图作品,是前两个时期的综合(《斐勒布》《会饮》《王制》《蒂迈欧》《克里提阿斯》)。

总 论

[A/B4]柏拉图作品的希腊文版本,习惯于将第欧根尼(Diogene)著名文集①中的柏拉图生平介绍放在前面。可只有对老传统的盲从,才会奉承一部毫无见地、粗制滥造拼凑起来的【拙劣】作品值得传抄。然而,滕内曼(Tennemann)在其《柏拉图哲学的体系》前所附的"柏拉图生平"(Leben des Platon)中,已通过比较在其他文献中发现的零星而分散的内容,对第欧根尼和其他古老的柏拉图生平介绍做了整理;【既然】此后既无有价值的、较为深刻的研究问世,也未发现有根据可望对我们的研究有所推进:所以,最好对那些希望就此主题获得教益的读者给予指点。进一步的探讨没有多大必要,因为,没有哪个称职的柏拉图作品的读者,能够抱有这样的想法:可望从不断重复和歪曲的细节或简扼答案中,为理解柏拉图的观念[B4]点燃[A4]一道亮光,能够照亮柏拉图的作品,即便这些细节和答案都是【可靠的】;相反,对于这样一位著作家,有头脑的读者应着手从作品【本身】中去发现观念。而涉及柏拉图生平【较为重大的】事迹的内容,即便正好反映了那些更为准确的关系,由认识那些关系还可能获得对他的某些篇章的透彻理解,这些事迹也永远处在我们【后世的】探究之外,以至于有谁想就此问题提出任何猜想都是一种冒险,而我们能经常在柏拉图的著作中【指出】更为确切的内容,【这些内容影射了某种人际关系的存在,即使不知道这些人际关系本身,我们也可能猜测得到】。而且,甚至连他生平中较为著名的事件,即他为人所称道的旅行,能准确查出的详细内容也非

---

① [Meiner 版编注]拉尔修(Diogenes Laërtios)的生平介绍,见《名哲言行录》(*Leben und Meinungen berühmter Philosophen*),写于公元前 3 世纪(H. S. Long 版,Oxford 1964,德译本出自 O. Apelt,1921,第二版,1967)。

常之少,因此,要通过这些内容来确定其作品的写作时间和先后次序,也不会有【特别的】收获,我们最多能偶尔大概确定:在何处,那些旅行打断了他的著述。所以,在此类零星猜想或许能发出微光的地方提出这些猜想会更好。

如果能把握好分寸,就会朝目的更进一步,对柏拉图踏上其事业生涯时代的希腊人的科学状况,对标志哲学【思想(Gedanken)】的术语之演进,对当时已有的此类著述及其可能的传播程度有所了解。[B5]因为,在这些方面,毫无[A5]疑问,【不仅】尚有很多内容,【能比以往】更准确地予以区分,还有【一些】全新的内容有待研究,【而且或许还会】提出问题,这些内容对于研究此主题的专家也绝非无关紧要,人们到目前为止还根本没有思考过这些问题。只是要在此全面探讨此类研究中全新的和没有把握的问题并不合适;但探讨此范围内的某些问题还是可能的,比如作为注释,或作为对过去的假设的反驳性思考,都比留待相关的特殊场合来探讨更为妥当。总的以及众人皆知的内容,在关于那一时期的哲学史主题的德语著作中已得到描述,这对于为阅读柏拉图作品做准备至关重要,可免于在黑暗中摸索,以致从一开始就完全错过了理解和评价作品的合适的历史观察点。因为,【这些作品】到处充满了与早先或同时代的所有事件的公开或隐秘的关系。同样,谁如果对哲学语言的贫乏状况没有足够的认识,从而不能觉察柏拉图在何处或如何受到哲学语言的限制,又在何处难以对哲学语言做出拓展,那么,尽管在最引人注目的地方,他也必然会误解柏拉图。

对柏拉图哲学本身,在此应有意暂时不予涉及,即便这样做很容易并且三两句话就能说得清楚,而在此对他的作品做出[B6]新阐发的全部最终[A6]目的,在于只有通过对其作品的直接和更为准确的了解,才可能使每个人获得关于柏拉图的精神和学说的独特理解,这样的做法或许是全新的,或至少要更为周全。这样做的最终目的,若要避免遭到严重反对,最好预先向读者有所交代。对于到目前为止还不熟悉这些作品的人,其他人关于作品内容的说法以及由此得出的结论,已经教给了他某些东西,他会以这些东西的意义为根据,因此,要尝试忘掉这些东西;但出于本人对作品的认识而已然有了见地的人,通过他在这里看到的对作品内在关系的阐述,很快会觉察到,在何种程度上他的观点也需要加以修正,或至少将这些观点更好地联系起来,使其变得更为厚重和获得统一性,这也需要像一直以来所发生的那样,将这位柏拉图更准确地作为哲学艺人(philosophischen Künstler)来结识。因为,在很多方面,自古以来的所有哲人中,没有谁像我们的柏拉图那样,有权利抱怨普遍遭到误解或根本就没有得到理解。尽管其中最严重的误解,绝大部分已被新近非常可敬的、有价值的努力所消除;但如果谁注意到即便最好的解释者,关于一篇柏拉图作品之意图(Absichten)的论说,是多么粗疏或无法遮掩其不确定感,或注意到,他们是多么轻而易举地对待一篇或全部作品的内容(Inhalt)与[A7]形式(Form)的关系,便足以发现一些迹象[B7];即使运用全部更进一步的观点,也根本无法为完全的理解奠定基础,对于我们运用自己不充分的辅助办法可望达到的这种完全的理解,至今尚未找到门径。所以,那种洋洋自得看来还不是时候,因为,令人满意的情形,意味着我们已经能比柏拉图理解自己更好地理解柏拉图,令人好笑的是,洋洋自得的人想如此非柏拉图式地(unplatonisch)研究如此强调无知意识(Bewußtsein des Nichtwissens)的柏拉图。这种洋洋自得多半是自欺,因为,想理解柏拉图哲学之整体,就必须懂得恰当评价柏拉图作品的结构关系中重要的有意而为(Absichtlichkeit),懂得尽可能去推测。就此而言,一项研究,比如眼前的研究,尤其不应成为其他人以其他方式所作研究的可有可无的补充,而必须在其获得成功的程度上对理解柏拉图做出贡献。这种理解每个人靠自己就能明白;因为,没有人会否认,在哲学领域要彻底理解某个志趣相投的思想家,除了一般性困难,就柏拉图而言,出于固有的原因,还在于他完全背离了哲学传授的习常方式。通常所谓哲学的绝大部分内容都【非常】[A8]乐意采用【两种习常方式】。第一种,【人们称其为系统方式,因为它】将整个哲学领域划分为更为特殊的科学,并将其特殊材料【或部分】献给了整体的每一个确定部分,其中每一个部分都好像按照平面图由房间和楼层构建而成,这样一来,谁只要记忆和手指还管用,尽管并非毫不费力,他至少能无误地重测或描摹出建筑物之整体,由此很容易对整体如何发表看法,就像观察者所模仿和理解的那样。因为,这座建筑物往往造得如此糟糕,而且各部分往往随意【划分】,而它还算吸引人的外表好像很坚固,也有条理,所以【人们认为】,理解单个部分本身,以及理解某个部分与建筑物的其他部分之关系,都很容易,但为此作者必须通过必不可少的查证来给予清晰说明。第二种片断方式并不罕见,也没少为人们所喜爱,这种方式对整体只作个别研究,但由这种不连贯的片断,人们很难搞清楚它们是否就是整体中的部分,或只是随意分离出来的或有违常理的部分,尽管如此,这种方式还想使哲学为人们所理解。虽然,根据事物的本性,其中的不严密和令人费解再自然不过了,因为,人们就其立足的中心和位置已无法达成一致:所以,此项工作必然会造成轻而易举和准确无误之假象,因为,它已预先命定了其目标,并且是朝正对着目标的方向来进行的。【按照这种理解】,[A9/B9]对话式(dialogische)【讨论(Behandlung)】也没少被使用,有人还沽名钓誉,成了柏拉图的出色仿效者,或许比柏拉图更苏格拉底化、更聪明,【但除了具有这种不拘一格的讨论方式的一层松松垮垮的外衣,对柏拉图的技艺之形式(Kunstform)】却一无所知。谁如果被辅助手段败坏了,而此辅助手段看来是由这些方式所提供的,那么,他必定会发现柏拉图的一切都稀奇古怪:要么空洞无聊,要么神秘莫测。尽管将哲学划分为各门学科,对于柏拉图并不是什么新鲜事,在很大程度上,人们甚至可以将他看成这些学科的始作俑者,但是他的作品中还没有哪一篇特别局限于某一门【学科】。相反,由于柏拉图认为各门学科的统一性和共同法则更为重要,并以此法则为首要努力方向,所以,各种任务以完全不同的方式彼此缠绕在了一起。谁如果因此想将【这些】作品消减为片断,他必定难以发现作品真正的内容是什么,这些内容极少被直白地说出,所以,【他】必须悄悄承认,此人([中译按]即柏拉图)看来并没有只对某个主题做出详尽讨论的平庸意图(Absicht),相反,【他】要么根本就没有平庸的意图,要么有更为深远的意图。[B 在此分段]

　　所以,关于柏拉图和他的作品,自古以来就有两种错误看法。一种看法在他的著作中徒劳地寻找某种具整体性的事物,甚至寻找始终与自身保持一致,并贯穿了[B10]所有哲学思维和学说的首要原理(die ersten Grundzüge);然而,在柏拉图的著作中,所有事物事实上[A10]都摇摆不定,【而且】某一部分很少与其他部分有确定关系,【甚至】往往彼此矛盾;因为,与其说他是一个合乎逻辑的(folgerechter)哲人,倒不如说是一个恣肆的辩证法家(Dialektiker),与其说他有能力或有意建构一个独具特色、基础稳固的理论大厦(Lehrgebäude),倒不如说他渴望反驳他人,在论证自己命题的地方,他会将【不同意图的】相反学说中的这种或那种要素综合起来。【第一种看法】恰恰以歪曲方式表明其【对柏拉图作品】全然无知,主要由于作品的形式导致对感受的基础产生误解,从而不是通过判断来寻求这一基础,而是将这一基础变成了已然判定的事物。对这种轻视问题的观点,的确没有必要详加评说,它无法摆脱内在于其中的反驳它的充分证据。因为,尽管它对作品中的矛盾和不一致感到不满,却无法证明对个别内容已经有了正确理解;【或者说】由此产生了那些令人费解的研究,比如就这样那样的主题,柏拉图通过哪些人物表达了其本人的看法?【由于】这个问题假定,他的对话形式差不多只是其思想表达的一般方式的无用装饰,对话形式模糊而非澄清了思想,所以,这样的问题也只有对柏拉图完全无知的人才提得出来。因此,这种看法毫无根据也毫无建树,相反,将整个问题放在了一边,所以很容易为事实所驳倒,[B11]但如果能将【我们手中的柏拉图】作品联系为一个整体,那么,通过这些作品[A11]便可以理解单篇作品及其中包含的学说。由此看来,

【敦促】做出这样一种努力,的确非常紧迫,因为,大多数对柏拉图作品做出如此糟糕判断的人,仍然无法抑制对柏拉图的敬佩。除了作品,目前我们对柏拉图的伟大与卓越尚无其他方向性证据:所以,上述对柏拉图作品的看法与其对柏拉图的敬佩无法协调一致;而敬佩的对象几乎没有别的内容,无非是微不足道的语言和创作(Dichtung)之美,或某些所谓的优美段落或警句格言,这些内容,如果不是毫无价值的话,也全都完全无关宏旨,所以,如果这些人想继续保持崇拜,必定希望在柏拉图那里发现较目前更多的内容。因此,另外一些人多半会凭同样不怎么正确的判断,只凭良好的愿望,部分由柏拉图本人的只言片语,部分由广为流行的传统来做出评价,这种传统出自古代,以一种哲学中的隐微和显白之区分(einem Esoterischen und Exoterischen in der Philosophie)为根据,认为在柏拉图的作品中根本不存在柏拉图真正的智慧,或柏拉图真正的智慧只包含在隐秘的而又极难发现的暗示之中。这种事实上根本无法确定的想象,有各种各样的形式,他们或多或少抽空了柏拉图作品[B12]的内容,却在隐秘学说中寻找作品中几乎不存在的柏拉图真正的[A12]智慧;是啊,大量的讨论被用于确定柏拉图的哪些作品是隐微的,哪些又是显白的,以便了解对于他真正的秘密智慧,至少可以从哪里找到一些蛛丝马迹。且不论这种说法是否具有真理性,就隐秘而难以发现的东西仅仅是相对的,而且对于任何人总会有隐秘而难以发现的东西而言,这一切只是由误解和糊涂的想法编织而成的、必须首先予以澄清的谎言。[B 在此分段]

因为,那些关于隐微和显白的【说法(Vorstellungen)】需要接受批评性审查,而且这些说法在不同时代有不同含义。确切地说,在最初的毕达哥拉斯学派(ersten Pythagoreern)那里,这种区分已直接涉及【被称为】隐微主题的内容,在其最亲密的关系圈子之外他们不会分享此主题。人们猜想,占据了隐微之位置的主要是毕达哥拉斯学派的政治学说(System),而非其无疑有缺陷的形而上学思辨。

但在当时,哲学与政治见解、学派与实践中的结交(Verbrüderung),都以某种方式联系在一起,而此后这些情形在希腊人(Hellenen)中间没有再出现过。相反,后来【人们】称为隐微主题的内容,【首先】仅指在公开演说中不能说出[A13]的东西,有一些人作为智术师(Sophisten)[B13]和苏格拉底式哲人(socratischen Philosophen)的混合,屈尊从事此类公开演说。因此,隐微和显白【的区分】直接关涉公开演说方式,而只间接地因为其他缘故才关涉演说内容。柏拉图恰恰处在这两个时代的正中间;然而,若想在这两个时代的意义上,将隐微与显白概念运用于柏拉图的作品和哲学,从而将其划分成两个部分,【却要处处保持谨慎】。因为,如此运用概念的人,本身不可能选择后一种含义,由于【他们的出发点是】作品整体上很难理解,因此,【必须承认】柏拉图可能已将他最隐晦难解的智慧,如同其他内容一样,透露(anvertrauen)给他们了。然而,就前一种含义而言,关于柏拉图的哲学,在可信赖的朋友圈子之外,他有意不予提及或只是闪烁其词地予以提及;所以,要么必须严格遵循他的哲学学说,并通过对其哲学学说和以此学说为目标的、尽管非常谨小慎微的论说,做出具有内在关联的描述来予以贯彻,要么至少通过某种历史线索,为柏拉图的哲学学说给出无足轻重的证据。所以,在此观点的辩护者当中,所谓新-柏拉图主义者(Neu-Platoniker)永远最值得赞扬,因为他们是真正就前一种努力做出尝试的人。而【其余的人】大概不懂得对此做出阐述。因为,如果他们抛开了神智论的(theosophisten)内容,又不想把某种柏拉图不可能持有、甚至他的[B14]作品会反对的自然科学知识归于柏拉图,或许他们在哲学领域将一无所获,[A14]就哲学而言,在这些作品中,若直截了当或根据原理,一个判断也找不到。那些将隐微学说的不同之处,仅仅化约为反对多神教(Polytheismus)和公民宗教(Volksreligion)的论争的人,事实上完全取消了隐微学说的存在。或者,他们将隐微学说的不同之处弄成了一种合法的隐藏(Verwahrung),这种隐藏根本就没有充分的理由;因为,柏拉图关于多神教和公民宗教的基本原理,在其作品中清晰可见,所以,人们几乎不可能相信,他的学生就此还需要其他教诲,而柏拉图则害怕将这些教诲公之于众;或者,他们将隐微学说的不同之处弄成了一种平庸的发明(Veranstaltung);乐于关起大门高声嚷嚷,在公开场合却【大气也不敢出】。同样,很少能找到支持【柏拉图的学说有隐微与显白之区分的观点】的可靠历史线索。因为,如果隐微与显白之不同只关涉内容,而且隐秘教诲应当以同样的方式包含于隐微书写之中,就像较为一般的教诲包含于显白书写之中那样,那么,首要而且最不可或缺的,必须是以某种形式使得那些作品能够通过某种方法为人所知,就像眼前这些作品一样,要不然,全部努力都将是徒劳,这不是任何人真正想要的结果。进而言之,这又是怎么一回事:亚里士多德毋庸置疑是致力于对真正的柏拉图[B15]哲学做出真实评判的人,作为从学柏拉图多年的圈内弟子,没有什么能对他完全隐藏起来,但他从未引用过其他材料[A15],也未表明以对这些作品的隐秘理解作为自己著述的基础。相反,他处处完全毫无偏见地只引用【眼前】这些作品,有时也会使用其他【偶尔佚失或】可能的口头教诲,但在这些地方,绝对不存在【我们现有的】其他作品中没有听说过的,或完全偏离了这些作品的内容。因此,如果这些作品中根本没有或仅仅根据一种隐秘的设计而包含着柏拉图的真实学说,那么,尤其考虑到亚里士多德反驳他老师的方式,如果违背实情而仅仅与一个影子搏斗,他如何能够避免柏拉图真正的追随者最尖刻的指责呢?

　　为了准确揭露这些错误理解及其原因,为了使陷于错误之中的人觉醒和承认,将柏拉图作品的哲学内涵条分缕析地阐发出来,使得此内涵的各个部分脱去其背景牵连,最大可能地抛开外在形式(formlos)而展现出来,的确是一件值得嘉许的事情。如果他们能认识到真正的成果,并借助文献相信这些成果的确源于这些作品,那么,他们就必须承认,没有发现这些成果,问题只在于自己,而为另外某种已佚失的柏拉图的宝贵智慧扼腕叹息或想入非非也是徒劳。[B16]因此,通过这种方法,对柏拉图作品的错误怀疑同样会烟消云散,对柏拉图的无知也将进一步大白于天下。是啊,[A16]可以确定的是,愿意彻底而全面地完成这一任务的人,必定会对柏拉图本人获得同样程度的理解。同样确定的是,对柏拉图的其他理解由此既不会变得轻而易举,也不会被推进;相反,即便专心致志于就此做出最佳阐释的人,也只能获得臆想的(eingebildete)知识,因此只会离真正的知识更远。因为,愿意将躯体的每个器官与骨骼挑选出来,从而与其他肢解开来的相似部分作比较,无疑可以准确认识某个躯体的整体特征(Natur),但对于哲学事务而言,同样的做法只是所要满足的最基本条件:那些【仅仅】对部分予以展示并加以比较的人,还是无法获得关于整体固有特性的知识。所以,他们绝不会认识柏拉图哲学;因为,在任何地方,形式与内容(Form und Inhalt)都不可分割,每一个句子(Satz)只有在它所处的位置上,并且在关系与限制中,如柏拉图所安排的那样,方才能够被正确理解。然而,他们对哲人本人还是缺乏了解,但至少哲人的意图(Absicht)将得以贯彻,由此,不仅他本人的思想向他人得到了生动展示,而且会生动地激发并提升他们的思想。因此,[B17]对柏拉图作品的分析性阐述,是一个必[A17]要的补充(Ergänzungsstück),①我们先前的研究在远为完满方向上只走了一小段,人们应当将这些若不加以分解,便会像通常那样非常可悲地杂乱交织在一起的组成部分,按照其本来的内在关系联系在一起,所谓组成部分并非各种观点,而是每一篇著作,它们作为越来越完满的表达,逐步发展了柏拉图的观念(Ideen),因此,在将每一篇对话不仅作为一个独立的整体,同时也在与其他对话的相互关系中来理解的时候,柏拉图本人也最终会被理解成一位哲人和艺人(Künstler)。

---

① [Meiner版编注]施莱尔马赫将他的翻译和解释,视为对腾内曼的《柏拉图哲学的体系》的一个补充。

然而,是否存在这样一种关系,承担这样一项任务或许并无不当,成功的可能性是否非常大:这些问题,由柏拉图本人通过其作品及其意图(Absichten)为我们给出的一流构想(Vorstellung),可以得到最好的澄清,对此构想,我们将很快在《斐德若》(Phaidros)中听到他的说明。在相当轻描淡写地处理这个问题的时候,他抱怨用书面方式来传达【思想】总有不确定性:读者的心灵是否能自动跟上书面传达并真正获得思想,或是否通过对字词的表面理解,只会获得空洞的幻觉,好像明白了本来不明白的事情。所以,就此用力太多是愚蠢之举,而较为正确可靠的做法,只有口头的生动教导。然而,写作必须冒不确定之风险,写作的目的是为了对著作家和[B18]对著作家已经有所了解的人有用的内容,而非为了可能对著作家尚一无所知者有用的内容。[A18]口头教导如此高的优越性究竟何在,它的基础又在哪里,愿意思考这些问题的人,必定会发现,在口头教导中,老师和学生处于当下生动的相互影响之中,老师可以时时把握学生理解【或不理解】什么,若学生未能理解,则可对其理解活动予以帮扶;之所以具有这样的长处,正如每个人所看到的那样,在于口头教导以对话形式为基础,对话形式为【正确】生动的教导所必须。与此相关,柏拉图说,口头论说永远能得到其父亲(Vater)的支持和辩护,不仅能抵御别有用心者的反驳,而且能抵御无知者的愚顽,但书面论说对任何进一步的问题都无法做出回答。由此已顺便澄清了,认为柏拉图可能在他的口头教导中利用了长篇演讲中所使用的智术(sophistischen Methode)的人,在多大程度上放弃了就柏拉图说一个字的所有权利,因为,根据柏拉图自己的说法,智术对于他而言意味着完全背离了口头论说的长处。相反,按照各种方式,不管是偶然抑或出于习传,无论是必然还是根据其本质,柏拉图的方法都是苏格拉底的方法,尽管就不断调适的相互影响和对听众心灵的深入影响而言,[B19]柏拉图的确如此广泛地采用了乃师的方法,但不仅就教育辩证法,而且就其直观的丰富和范围[A19]而言,学生超过了老师。在这种情况下,尽管有人抱怨他使用了智术,但柏拉图从成年(der ersten Männlichkeit)到年迈,写下了如此之多的作品:因此很明显,他必定努力使自己的书面教诲尽可能做到最好,也必定获得了成功。因为,如果我们仅考虑作品的直接意图就会明白,写作对他及其追随者而言,应该是对于他们已经熟悉的【思想】的一种记忆:所以,柏拉图认为,所有思想(Denken)完全都是自觉行动(Selbsttätigkeit),对于他而言,对后天之所得的记忆,也一定是关于原初获得方式的记忆。正因为如此,对话形式作为对原初相互传达(gegenseitigen Mitteilens)的必要模仿,同样为他的作品所必需,也【应该】是其内在要求,正如对于其口头讲授那样。当然,对话形式绝对无法穷尽柏拉图的方法之全部,因为,在柏拉图时代和后世,这种形式常常被用于哲学目的,却没有一点柏拉图的精神和柏拉图使用这一形式时的伟大判断力。如果我们承认,甚至在他的当面讲授中——在他的书面模仿中更是如此,柏拉图的确也想使仍然无知的读者接近知识,或至少必须特别保护无知者不要对知识产生空洞的幻觉,那么,从这两个方面看,柏拉图最主要的[B20]任务必定是,从一开始就这样来展开每一项研究或如此来筹划:迫使读者要么自身内在地[A20]形成已确定的【思想】,要么必须完全确切地承认自己觉得什么也没有发现,什么也没有理解。为此,需要不直接说出或不直白地写明研究目标,否则很容易使许多只有达到这个目标才会罢休的人掉进陷阱。要使灵魂(Seele)按照必然性来探求这一目标,并沿着能够找到这一目标的道路前行。首先,要使灵魂对其无知状态有完全清醒的意识,从而使其不可能自愿停留于无知。其次,要么用矛盾编织一个谜团,唯一可能的解法是已确定的【思想】,而且,往往以完全陌生和偶然的方式给出某些暗示,只有那些真正并且主动探求的人,才能够理解并找到这些暗示。或者说真正的研究需要伪装,不是用面纱来遮盖,而是用某种协调一致的皮肤来伪装,这层皮肤对漫不经心的读者,而且只对这些人,隐藏了真正应觉察和知道的内容,仅仅使专心致志的读者敏感并澄清了内在的相互关系之含义。或者,在需要阐明整体的时候,仅仅用没有内在关联的寥寥数语予以暗示,对此方式了然于胸的人,能轻而易举地补充并将其[B21]联系起来。这几乎是柏拉图[A21]成其所愿或避其所难而屡试不爽的技艺。或许,仅仅在此意义上,我们才能够谈论隐微或显白,确切地说,这显明了读者所应具备的素质,据此,他们要么起而成为作品内在关系的真正听众,要么根本不是;或者,如果还要与柏拉图本人联系起来,那么,我们只好说,只有当面讲授才算是他的隐微行动,而著述只是他的显白行动。因为,在口头讲授中,如果一开始充分确定听众能够跟随他的思路,那么,他的确会完美无瑕地表达自己的思想,如果听众首先将哲学科学的更高原则和相互关系放在心上,他或许还能够按照共同建构的基本原则,与听众一道有规律地阐明特殊的哲学科学(philosophischen Wissenschaften)。与此同时,在他的作品中,对哲学的阐述在同样的意义上由原初主导观念(Ideen)的初次激发,进展到对特殊科学的尽管不怎么完善的阐述;这样一来,在上述前提下,必须确定这些对话的自然次序和必要的相互关系。因为,除非预先确定的影响得以实现,他便无法进展到另外一篇对话,所以,作为某一篇对话的目的予以完成的同一个主题,必须成为另外一篇对话的起点[B22]和基础。如果柏拉图以对某些哲学[A22]科学的分别阐述为终点,那么,其前提是他也必须对每一门科学本身都逐步做出阐述,我们也必须将对话分为两个不同的系列,即伦理学系列和自然哲学系列。但由于柏拉图将两个对话系列作为一个相互关联的整体来加以阐述,而且,他特别将其作为根本关联而不可分割的整体来思考,所以,这些对话都是统一按照其共同基础和法则来准备的,因此,不存在各自独立进行的柏拉图对话系列,而只有唯一一个囊括了所有问题的柏拉图对话系列。

重新恢复对话的本来(natürliche)次序,如每个人所看到的那样,其意图与迄今为止所有尝试确定柏拉图对话次序的努力完全不同,这些努力部分只是毫无意义的消遣,部分企图根据传统的哲学划分进行系统的分类组合,部分则只见树木不见森林。由第欧根尼

(*Diogenes*)根据忒拉绪洛斯(*Thrasyllos*)①流传给我们的四部曲(Tetralogien)组合,明显仅以这些对话的戏剧形式为依据,正是戏剧形式使忒拉绪洛斯做了如此排列,正如肃剧诗人的作品要按照雅典(Athenischen)节日庆典本身的要求来安排那样;这种组合纯粹随机地将对话糟糕地加以排列,并无知地做了处理,因此,通常根本搞不清楚这样组合的[B23]理由究竟为何。甚至连相似性也未得到贯彻,因为,正如[A23]每一个四部曲都以一部萨提尔剧(Satyrikon)结尾,那么,就应当将表现出最强烈的反讽和富于辞藻的辩论的对话放在对话四部曲的结尾,但事实上所有这样的对话都被汇集在了两个四部曲里。这样的做法,同样很少顾及由来已久而本身也极为可能的传说:柏拉图在从学于苏格拉底的时候,就已经使他的某些对话为人所知;因为,若非如此,怎么会把涉及苏格拉底的审判和苏格拉底之死的对话当成了早期对话,而把【古人视为早期作品的】《吕西斯》甚至《斐德若》远远移入了中期对话呢?唯一有头脑的地方,或许在于把《克莱托丰》放在了《王制》前面,作为从所谓研究性和貌似怀疑的对话,向直接教导和表达式对话的合理过渡,但在此过程中荒谬可笑的是,如此疑窦百出【的一篇对话】,竟然会吹嘘它激发了独一无二的思想。比较而言,阿里斯托芬(Aristophane)②的三部曲(Trilogien)分组法要更为明智,尽管它也做了同样的比较,但至少阿里斯托芬不想让全部对话都服从于这种思想游戏,而只将柏拉图本人已足够清楚地指出相互关系的对话,或者客观内容中包含这种关系的对话组成三部曲,其他所有对话则不予牵扯。这两种尝试可以证明,柏拉图[B24]作品的真实次序如此快就不为人所知

---

① [Meiner 版编注]将柏拉图对话划分为"四部曲",在亚历山大星相学家忒拉绪洛斯之前已有之,参见 A. Lesky,《希腊文学史》(*Geschichte der Griechischen Literatur*, 2. Aufl.),页589。

② [Meiner 版编注]我们只通过《名哲言行录》(III, 6)了解到,语文学家阿里斯托芬将柏拉图对话划分成了三部曲。

了,而只留下一点蛛丝马迹,也可以证明亚历山大的(Alexandrinischen)语文学家①擅长运用的那种校勘方法,[A24]对于找到哲学作品的正确次序之原则是如此糟糕。表面上看起来更少,但如果没有,却绝不会更好的是著名的、关于对话的辩证(dialektischen)分类,这也是由第欧根尼未表明的作者留传给我们的,这些版本习惯于为标题附加上关于每个人物的格言【根据此分类,每一篇对话版本都有副标题】,尽管这种尝试乍看上去根本不适合,因为,它的目的在于分类而非组合,并【涉及】一些内在【特征】,而这些【特征】并没有权利表明,这种分类就代表对话的本来次序。唯独将对话分为研究性和讲授性这一总的分类,如果得到正确理解,的确能够至少大致就柏拉图对话的写作进程给予指点,因为,研究性对话的确只可能作为理论表述的讲授性对话之准备。但进一步的分类,不仅完全是非辩证的,即对一些对话只根据研究形式来分类,对其他对话又只根据主题来分类,而且,后一种方法还根据不同哲学学科(Wissenschaften),对作品完全非柏拉图式地(unplatonisch)做了次序排列,结果甚至连柏拉图本人明确结合在一起的对话,比如《智术师》和《治邦者》,《蒂迈欧》和《克里提阿斯》,也割裂开来,更不要细说其他那些完全怪异的论断了。依循同一种非柏拉图式的基本原理的,还有色拉努斯(Serranus)的会合说(Syzygien),②这种分类[B25]与柏拉图的安排完全无关,对想了解柏拉图关于某些主题的看法的人,在他要寻找决定性段落的地方,会合说至多能[A25]充当以资参考的指南,尽管如此,对于柏拉图作品的次序安排而言,只能说这种分类非常糟糕和漏洞百出。除上述分类方法之外,几乎没什么好谈的了,或许得提到苏格兰人(Schotte)戈德斯(Jakob Ged-

---

① [Meiner版编注]"亚历山大语文学家"特别指公元前3和前2两个世纪,在亚历山大从事古希腊语文教学活动的大多数学者。

② [Meiner版编注]塞拉努斯的Syzygien(字面意思是"共同起作用")是斯蒂法努斯版(参注释2)给出的解释。

des)的尝试,以及【我们的】埃贝哈德(Eberhard)①在研究柏拉图神话及其哲学目的时的探索。前者也许根本不值一提,似乎在很多方面人们不认为他有多大功绩,他甚至要求后世翻译者应按照他的设想来排列柏拉图对话。然而,这种情况无论如何也不可能发生。因为,此人的全部发现就在于某些柏拉图对话相互阐发,他由此理由出发,就每一篇对话写了一些最贫乏的文字(Zeilen),这些文字空洞无物,好像他几乎未在任何地方深思熟虑地探究到柏拉图的意图。但即便所有情况能更好一些,即便最重大的无知表现以及对某些段落的误解根本不存在:又怎么能根据相互解释来确定对话次序呢?或者,按照相互解释,哪一篇对话在前所依据的法则又是什么？就埃贝哈德的研究而言,他的做法是将柏拉图的所有作品,归结为其哲学所具有的共同的最终目标[B26],这一目标独立于哲学本身之外,在于教育出身高贵的雅典青年成为有德性的公民。就此,尽管柏拉图有非常清楚的表述[A26],但仍难以确定这一目标是否应当同时就是柏拉图全部更高思辨活动的创造基础,显然,如此宣称太荒唐了,而且不顾在一个圆圈里打转,因为,哲学必须首先确定公民德性(Tugend)究竟为何,这对于哲学本身而言却是一个过于次要的立足点。如果这种说法意味着柏拉图独立于那个特殊目标而创立了其哲学,他的哲学必定已成为前提,他的作品却与那个最终目标相关,而且是按照这个目标在每一种环境之下的要求来完成的:那么,这或许是对曾经谈到过的作品的显白特征的最强烈表达。同时,按照这种看法,柏拉图的哲学作品可能只构成了一个教育系列,或不如说是一个论辩系列,在此系列中,由于作品与外部环境和事件的关联,所有内容或许只是偶然的,此系列就像一串珍珠,仅仅是由作品任意串联起来的,这些作品脱离了其有机位置,在其目的完全失效的情况下,成了无用的装饰;同样没有多大价值的是,有人认

---

① [Meiner 版编注]"我们的埃贝哈德",即施莱尔马赫在哈勒(Halle)求学时期的哲学老师埃贝哈德(Johann August Eberhard, 1739—1809)。

为柏拉图只是毫无意义地时而使其认识的这一部分为人所知,时而又使另一部分为人所知,或者使其反对其他哲人的观点为人所知。所有这些努力,还完全没有考虑到按照哲学的逐步发展来建立[B27]这些作品的自然次序。然而,[A27]与迄今为止的所有研究特征完全不同的是,腾内曼的《柏拉图哲学的体系》至少第一次尝试以某种完整性,从各种留下痕迹的历史线索中钩沉出柏拉图对话的年代学次序;因为,这的确是一次批评性的努力,是由像这部作品的作者那样的历史研究家所做出的颇有价值的努力。但这样做的目的,不在于通过这种方法找到柏拉图作品真正具本质性的关系,而仅仅在于大致划定时间范围,以免在描述成熟完美的柏拉图哲学时,将早期的不完善性掺杂其中。可对于这一任务而言,我当前的研究尤其是一个必要的对应物(Gegenstück):对于腾内曼的方法或许也是如此,因为,他的方法完全依赖于外在标志,如果唯独他的方法可以普遍使用,并在另外两篇对话之间为任何一篇柏拉图对话确定位置,那么,这种方法是对我们完全内在的方法的自然检验。所以,两种研究方法得出的结果,或许不一定全然协调一致,因为,一篇作品的外在构成从属于外在和偶然的条件,而非从属于作品的内在发展,这种内在发展仅仅是内在而必然的后果;由此很容易产生小偏差,所以,内在早已存在的东西,[B28]后来会变成另一种外在东西。但就偶然条件的影响而言,这些条件很难逃脱专注的眼睛,如果[A28]我们完整拥有两个系列,并可以对其做出准确比较,那么,这两个系列就必然会通过全面协调一致而最好地相互证明其真理性。然而,通过这种方法我们很难发现确定的关节点,相反,对于大多数对话必然处于其间的极限点,我们的发现是相当不确定的,对话常常只从一个方面给出了最为表面的内容。因为,严格说来,历史线索不会超出苏格拉底生平,所有对话都涉及苏格拉底生平,除了《法义》(Gesetze)和少数几篇柏拉图通过他人来讲述的对话,在这些对话中柏拉图使用了较晚的日期,但他并没有总是利用这一优点,为我们留下更为清楚的线索。尽管柏拉图偶尔容许自己使用的年代错误,激起了对某些更进一步的历史说明的期待,所以,我们或许希望柏拉图更频繁地犯下此类错误;但考虑到通过随后修正对话的位置或许可以找到事实真相,这些微不足道的收获又变得非常可疑,因为,柏拉图当然不会使自己原原本本地出现于对话的真实时间之中,他能够很容易使自己不合常规地超越真实的时间。或许还存在这种方法未曾使用过的辅助手段。所以,我们可以将苏格拉底的崇高威望,视为对话与其生活时代的距离之标尺,[B29]如果我们将对话设定为某一确定的系列,苏格拉底的崇高威望就会逐渐消失;甚至[A29]其他对话人物的选择,也是柏拉图对雅典和公众生活本身的兴趣之强烈程度的标志,这种兴趣也随着时间的推移而变得麻木了。可是,这一切都受到诸多限制,以至于每一次有把握的运用,都可能使问题变得棘手而非富有教益,由此得出的结论也不会确定什么,相反,只会使可能性略微有所增加罢了。所以,通过这种方法,可能很难比一部作品以值得赞赏的节制运用这种方法之所得有更多的收获,尽管那部作品并非总是以正确的前提为根据。但至少可以肯定,由对柏拉图作品之相互关系的内在考察所得出的结论,既不会证明也不会驳倒出自那些历史暗示的内容,因为,这样的努力只会确定作品的次序而无法确定确切的时间点。但这种考察也必须尽可能求得帮助,以确定几个时间点,通过这几个时间点使作品的次序与外部事件协调起来。

如果我们想从无序之现状中重构出柏拉图作品的本来次序,就必须首先确定哪些作品是柏拉图的真作,哪些又是伪作。因为,否则这样一种具有[B30]确定性的尝试如何可能?更不用说将某些异质内容混入柏拉图作品,[A30]强行将伪作与真作混为一谈了。在完全错误的眼光下,真作又怎么能够显现出来呢?或者提出一种要求本身作为标准,并【相当】苛刻地认定,与作品的内在关系不相符合的作品不可能属于柏拉图,这样做可以容许吗?恐怕很难有人对此表示赞同,没有谁看不出,这是对需要依其他根据来回答的问题的一种完全片面的决断,也没有谁看不出,由假定的柏拉图作品而来的观念（Idee），不能宣称这种假定本身的正确性。事实上，大多数人并不期待就柏拉图作品的真实性获得完满答案，他们认为这是远未解决的问题，除了针对几件小事的无足轻重的疑问，关于这些疑问，谁采纳或拒绝都无关紧要。以我们古已有之的柏拉图【版本】的权威说法为根据的那些人，会做出这样的判断。这种权威说法与第欧根尼所记录的忒拉绪洛斯的目录完全一致，只不过晚近的校勘从我们的文集中抽出了《克莱托丰》，而《释词》（Worterklärungen）①也不在目录中，这或许是唯一可疑的主题。是的，对此文集我们还有一个更好的见证，即已提到过的语文学家阿里斯托芬，他[B31]所排定的目录，第欧根尼也亲眼见过，【如果】第欧根尼【发现】某处与忒拉绪洛斯的目录有矛盾，他应该不会对我们保持缄默。但一项[A31]周密的校勘如何能够完全满足于那些权威，而丝毫不顾及由自身感悟而发的疑问呢？因为，除了少数几位诗人，在相当数量的出自古代的某些著作家的作品文集中都混入了伪作，所以，如果偏偏柏拉图的作品例外，那就是怪事，尤其因为校勘家较少致力于哲学作品。但柏拉图的情况有些特殊，就此方面的重要性，看来尚未做出正确估价：古代文本校勘家（Kunstrichter）已经将相当数量的小对话作为伪作排除于他们发现的文集之外了。显而易见，这些对话在柏拉图的其他作品当中，占据位置必定已相当久远了，否则就根本不需要做出特别校勘以剥夺其位置。如果有地道的学者当时记录下来的关于这些对话不真实的证据，其篡为真作就不可能发生；也正因为从来就有那些凭热情将真实的柏拉图传统作为一项事业保持下来的人，所以，要随便便将他人的文字强加于柏拉图[B32]是不可想象的。那么，这些校勘家接受某些对话同时又否弃某些对话的根据究竟是什么？如果可以说，[A32]就所

---

① [Meiner 版编注]希腊文 ὅροι，拉丁文 definitiones，伪称是关于柏拉图作品关键词的定义（参 J. Burnet 编《柏拉图文集》[*Platonis Opera*] Bd. V, 1. Aufl. 1907）。

有未遭否弃的那些对话,他们有出自最接近对话创作时代的人承认这些对话的足够充分的证据,那么,不关心日后出现真伪混淆情况,而且每一次引用都有其理由的同时代人的沉默,并不成其为否弃单篇或全部对话的理由,就此很容易做出错误判断。同样,还有种种可疑性反对所用证据的充分程度,因为,已有更多的证据一再告诉我们,归于柏拉图名下的作品本身,在古代被语文学家和博学之士纳入真作范围是多么早。但如果他们主要根据内在根据来判断,那么,至少无法做出限定,相反,这些作品仍需要合理地接受后世的不断检验。所以,尤其对勤勉于柏拉图的读者,会碰到针对某些判断的疑点,问题在于这些语文学家和博学之士的校勘,是否并未从某个受到严格限制的历史角度出发,或者是否他们也许并未完全准确地运用正确的原则,以至于保留了一些本当否弃的内容。有两个方面特别激发了这种疑问。首先,当时被否弃的对话与当时被采纳的对话并没有断然[B33]分离,相反,从内容或结构和论述方式来看,两类对话相互非常接近。其次,[A33]在这些权威被普遍接受的时代,针对《情敌》(*Erastai*)和《希帕库斯》(*Hipparchos*)的著名质疑中尚有怀疑的理由,或许只需要将这些理由移植到更好的批评土壤之中,对其进一步做出显著扩展,并使其在其他更多地方结出成果。如果对柏拉图文集之真实性的信赖就这样被动摇,那么,任何对研究此问题有一点能耐的人都必须承认,每一篇作品都必须严格从自身的根据出发来证明它就是柏拉图的作品。就此,除了回复到证据,不可能有其他办法;就上述内容而言,有理由怀疑:除了亚里士多德的证据,我们是否还有其他有效证据。但同时,对亚里士多德也有各种疑问,部分因为有些以他的名字命名的作品的可疑性,这些文集中也夹杂着他人的文字,部分因为糟糕的文本状况,其中充满了比迄今人们所注意到的远远要多的异文,最后,部分也因为他的引述方式,他常常只提柏拉图对话的题名而不提作者,或者在我们期待柏拉图的地方他提到却是苏格拉底。但语文学意识却希望确切地搞清楚,在此亚里士多德是否心里想的就是柏拉图,或者他提到的[B34]对话是否属于柏拉图,这种意识必须在较高的成熟度上证明自身,不仅要全面,而且[A34]还特别要避免兜圈子,避免将关于亚里士多德引述内容的判断,建立在此前认定的关于柏拉图对话本身的判断之上。所以,亚里士多德作品中任何随意的引述,并不少见而又几乎多余和用作装饰的引述,都不能作为证明某一篇柏拉图对话之真实性的证据。唯一能够摆脱这种窘境的是贯穿了亚里士多德大部分真作的一个柏拉图评价体系,通过一定的研究,任何人都可以很容易学会区分这一评价体系的各个部分。所以,在我们发现这一评价体系运用于出自我们现有的柏拉图作品的某些段落,或运用于这些段落所清楚包含的思想之处,便可以确定地得出结论:亚里士多德认为这些是柏拉图的作品,但正如偶尔所发生的那样,他不必举出这些作品本身的名字,而只笼统地提到柏拉图或苏格拉底云云。如果要更准确地相互区分,则会超出我当前引论之范围,也没有必要,因为,对于两类作品的外行,他们的疑问还没有强烈到需要这样做的地步,而内行会激烈地反对所得出的结论;以这样的方式我们便不会丢掉大部分作品的真实性之确切证据,也不会丢掉柏拉图主要作品的哲学内涵之确切证据。这是[B35]所有进一步研究必须依赖的批评基础,事实上也不需要[A35]更好的基础。因为,如此证实的对话构成了一个主干,而其他对话只是这个主干发出的枝叶,后一类对话之间的密切关系是判定其同源的最好标志。同样,对于排定对话次序这第二重任务而言,根据事物的本质,所有基本关系的内在要素,在【主干】对话中必定已经给出了。因为,柏拉图体系的首位评论家,①必定首先毫无例外对此体系的最重要发展了然于胸,所以,我们也一定能够在他最确信的作品中看到这种发展。这样,我们从真实性和重要性两个方面,将《斐德若》《普罗塔戈拉》《帕默尼德》《泰阿泰德》《智术师》和《治邦者》《斐多》《斐勒布》和《王制》,还有《蒂迈欧》和《克里提阿斯》联系在

---

① [中译按]"首位评论家"指亚里士多德。

一起,作为第一等级的柏拉图对话。这样,我们就有了一个确定的出发点,由此便能够进一步通过双重努力来确定其他对话的真实性和查明其应有的位置;第二等级的对话可以与第一等级的对话一道得以确定,这两个等级并没有因其相互关系而取消对方,相反以各种方式从根本上相互支撑,正如下面的研究可望指明的那样。

那么,第一重任务,即考察我们现有文集中的其他对话是否可能属于柏拉图,[A/B36]并非没有难度,因为,我们可以从那些已确定的对话中得出的关系特征,是由更多的特色和标志所构成的,因此,要将所有柏拉图作品按同样的方式全部连接在一起,看来是不合适的,也很难确定哪些【特征】应首先予以关注,或应当为每一个特征确定怎样的级别。但在此特别要考虑三个问题:语言的特点;确定的共同主题范围;柏拉图习惯用于表达主题的方式。就语言而言,若能就作品之由来,从中得出任何一条证据,则正是眼下的研究所需要的。但如果考察其中的哲学部分,在【尚需判断其是否属于柏拉图的】作品中会发现一些对话,它们所处理的主题并非科学,而仍然属于思辨范畴;其他对话则直接从【毋庸置疑】真实对话中选取了其主题,而且明显受到相同思维方式的激发,因此,不可能在其中发现后人的手脚,如果有可能的话,这些对话也只会出自某个忠实地依循老师足迹的学生或模仿者之手。然而,就语言的真正对话部分而言,很难首先从当时的共同财富中区分出苏格拉底学派特有的[B37]作品,[A37]并进而从中完全分辨出柏拉图的特点。或考虑到,长久使用此种笔法的人所使用的语言必然赢得了巨大的空间,进而考虑到同一时代使用同一种方法的作品佚失严重,以及最后,如果必须将长久以来被否弃的小对话包括在已判定的对话整体之中,考虑到价值和内容的巨大差异,谁敢自诩对古希腊有充分的了解,可以【如此确定地】判断这些小对话中的任何表达本身【不是柏拉图的,所以他敢于否弃这些小对话】? 相反,可以肯定,似乎是他人文字的内容,或缺乏固有特色的内容,即已失去别致特色的对话方式,都无法使长久以来受到尊重的作品因为语言而被判为伪作。因此,就是在没有这些缺陷的作品当中,即使不用在语言上表明自身,有些作品也根本不可能属于柏拉图;所以,单从语言方面,什么都确定不了。【因为,我们考虑问题可能往往依赖于浮泛印象而非我们为此找到的确切凭据:因此,】思想更多取决于作品的结构(Komposition)而不单单是语言。其次,当我们【根据第一等级的对话的内容来】判断其他作品之真实性的时候,情况也是如此。[B38]因为,可以用两种方式来做这件事情。要么,人们坚持认为,没有哪一篇柏拉图作品会与被认可的那些作品的内容[A38]相矛盾。但这样一来便剥夺了柏拉图的一项权利,即其他任何人都拥有的权利:在其做出公开解释之后,修正或改变其观点的权利;人们会毫不迟疑地承认,在当今的哲人看来,如果柏拉图从走上其教学生涯甚至更早的时候开始,一直都是这样思考问题的,那一定是太奇怪了,以至于若无最强有力的证据,便无法叫人相信。要么,【如果】人们愿意较少关注所有单个观点之间的一致,而主要关注内容的特质和重要程度,并建立起这样的原则:任何柏拉图作品都必须具有同样的重要性,也要与那些对话一样关涉哲学的整体观念;但这样一来,人们或许忘了,外在诱因很容易使一位著作家写出异样而有局限性的作品,若没有外在影响,这样的作品在同一个著作家完全自由的行动中是不可能产生出来的。老实说,没有理由要求这些随机应变之作也应展示属于著作家更高境界的思想,即使表现出这种思想痕迹的地方,也是偶然的而且可有可无的,不足以作为其出自这位著作家的确切证明。同样十分明显的是,每一类技艺的每一位大艺人,都常常超出其原有的创作之外而有所作为,[B39]行家当然或多或少可以在其中发现这些艺人的风格品质,但它们不属于刻画艺人本身[A39]特征的作品之列,也不会推进其伟大的艺术意图,甚至在这些作品中艺人或许有意为了某种预习而离开他熟悉的主题范围,或离开他本来所使用的方法。在我们研究的柏拉图文集中,仅从这一观察角度看,明显有更多著述可以归于柏拉图;就这些著述而言,要从内容之琐碎特征或处理内容过程中的个别偏离来确定它们是否属于柏拉图,若依此类推或许很容易出错。【这些困难清楚地表明,我们不可单就内容或语言做出判断,相反,】必须找到将【这】两个方面结合起来的第三种或更稳妥的方法,即将形式和结构(Komposition)结合为一个整体。因为,最清楚地表现在语言之中的东西并非细节,而是已经与结构结成密切关系的语言的整体腔调(Ton)和固有的特色(Farbe)。在我们抛开那些更高等级作品的内容而进行的研究中,这些腔调和特色同样会表现出其主要特征。这些特征的大部分内容使我们对柏拉图的形式有了正确概念,但我们不可首先通过类比从更大量的作品中抽象出柏拉图的形式,就像由内容和语言做出判断那样,因为,无法对这种类比的有效性[B40]之限度做出确切判断;相反,从本质上讲,柏拉图的形式是柏拉图关于哲学传授的观点之当然后果,[A40]所以,在哲学传授所及之处,柏拉图的形式随处可见。因为,形式不过是那种方法论理念的具体实施,我们由柏拉图关于作品产生影响的方式的首要原理中,得出了这种方法论理念。所以,柏拉图的这种特质,使我们有理由去寻找贯穿于其作品中的内在关系,也向我们表明,哪些内容揭示了判断作品真实性的确切标准,所以,两重任务的解决出自一个共同的根据。上文已将对话式表述作为柏拉图的形式之外表,也作为其几乎不可或缺的模式来看待,只因为对话式表述通过将那些意图生动地串联起来,模仿了总有确定主题的口头讲授,但还有另外一个特别塑造了柏拉图对话的特质,即那种表演化和戏剧化的特质,这一特质【能】使人物和环境个性化,而且,人们普遍认为它使柏拉图对话弥漫着美和优雅。他的大部分没有争议的作品清楚地告诉我们,即使在最沉迷于对象之处,他也没有忘记将这一特质混入其中,正如另一方面,几乎毫无例外的是,在内容较少通向最深沉的思辨之严肃态度之处,他将最大限度地容许这一特质存在。[B41]由此,我们完全可以得出一个结论:这种特有的形式在任何地方都未完全缺失,柏拉图即使在最不重要的研究或随机应变之处[A41],也会酌情应用这种艺术。而且毋庸置疑,对于每一位读者的感受而言,要表明自古以来被否弃的柏拉图对话是非柏拉图的,这一点至为关键;正如那些古老的批评性判断的正确基础在于,除了以开场白(Eingang)的表述方式,当然只是非常粗浅地对问题有所表达的对话,所有不带开场白的对话都不属于柏拉图。而下述一切都属于柏拉图的形式之内在本质:出于劝请读者的灵魂自身产生思想之目的而做出的结构布局(Komposition);常常从另外一点重新开始探究,而所有这些线索最终并没有汇聚到一个共同的中心;那些常常貌似随意或某一篇对话所具有的应受责备的松散行文,却完全是有意营造的;此外,在较小的目标下隐藏着更大的目标;以某件事情为间接起点;概念的辩证关联(Verkehr),而在此关联中概念与整体以及原初观念(Ideen)的关系在持续发展:在全部真实的、具有某种哲学内涵的柏拉图作品中,一定会发现这些内容是必不可少的。同时十分明显的是,这一特征只有与内容之重要程度联系起来,才能完全显明自身[B42],在此我们首先发现,围绕柏拉图的两项任务,即鉴别对话真伪和确定某一篇对话的位置,[A42]是如何彼此支持和相互发明的。因为,在一篇以其语言表明自身属于柏拉图,或明确处理柏拉图主题的对话中,这种形式(Form)越是完美地展现出来,则不仅它是真作的可靠性越大,而且因为所有这些艺术既可以追溯到此前的对话,又预示着此后的对话,所以越容易确定它从属于哪一篇主要对话,或居于哪些对话之间,以及在柏拉图哲学的哪一个发展阶段上是澄清问题的一个关节点。反过来也一样,越容易确定一篇对话在其他对话序列中的位置,则必然会越发清楚地通过那些辅助手段来表明这种关系,这篇对话也就越加确定地属于柏拉图。因此,柏拉图的内容和柏拉图的形式在其中结成了正确关系,而且,柏拉图的内容和柏拉图的形式足够明确的这些对话,构成了第二等级的柏拉图对话,即便没有【同时】支持某些对话的相当有效的证据,这些对话也能通过其与第一等级对话的亲缘关系来充分地证明自身。然而,一篇内容勉强符合形式的对话在形式方面越有缺陷,其真实性必定越发可疑,因为,与此相应,特别是柏拉图特质的其他要素必然［B43］更不易被清晰地察觉。也因为在这样的对话中，思想本身极少透露柏拉图的精神实质，语言也少有机会［A43］展现其全部的力量与美，而力量与美主要与结构布局之特点相关。所以，随着作品形式失去了清晰性，对作品真实性的确信在所有方面都会同时消失，并进一步走向不确定和怀疑【之境地】，也越难相信：能轻而易举并自然而然地由所有个别概念和特殊意见，回复到其重大的基本原理的柏拉图，会以不同方式提出哲学领域的任一主题，而在此领域的每个主题都应按上述方式来处理，因为，若不达成他的某个已知的目的，柏拉图必然会无谓地陷于强词夺理之处境。因此，一个迫切的任务是，为这样的对话找到其如何可能属于柏拉图的特殊证据，至少必须找到有优势的可能性，以使其没有理由被否弃。但即便权衡起来仍摇摆不定，而且问题也根本不可能得到解决，这种持续的不确定也不会使柏拉图作品的次序编排者（Anordner）陷入困境。因为，这种类型的对话绝不会属于他将要排定的对话序列，即使其真实性得到确认，情形也只可能是：某个特殊的目的或固有的原因使得如此不同的作品得以存在，所以，它们无论如何［B44］只可能是应景之作，从根本上讲【，与当前的研究关系不大】。因此，所有［A44］能够归属于【柏拉图作品的次序编排者】所寻求的相互关系的作品，其真实性都容易确定；而所有关于其真实性的研究根本无法得出结论，或只能根据其他情况来确定的那些对话，都属于对次序编排者而言关系不大的第三等级的对话，我指的不仅是由于误解而被认为可疑的那些作品，而且是柏拉图文集中不属于哲学领域的那些对话，按照同样的原则，其真实性无法利用其他作品来加以判断。

因此，有权几乎从一开始就对柏拉图作品的内在关系加以探究，并将这些作品排放在本身有可能稍稍偏离柏拉图写就的对话次序的顺序之中；这样的做法要避免冒险，关于某一篇对话之真实性的确切判断，就必须向未来时代保持开放，或向更犀利的探究能力和更好地武装起来的鉴别力保持开放。因此，剩下来的问题就仅仅是,如方才对作品真实性的标志和由此而来的柏拉图作品间的种种关系所作的勾画,对柏拉图作品内在关系的首要基本原理及由此而来的作品排序,大体上就全部对话之整体做出暂时性的概括。因为,要详细说明每一篇对话与[B45]另一篇对话如何啮合(eingreift)在一起,必须有待于特别的引论来加以解释;这里所能给出的只是[A45]对基本思想的说明,这些思想对于整体研究思路具有基础意义。[B 在此分段]

接下来,我们首先优先选取柏拉图较为重要的作品来加以研究,正如已提示过的那样,完全可以找到这些作品的内在关系的主线:有些作品只包含一种客观而又科学的描述,故此首先与其他作品区别开来,它们是《王制》《蒂迈欧》和《克里提阿斯》。传统,还有最成熟和老来严肃的内在特质——尽管这几篇对话有高下之分,甚至联系起来看,这几篇对话并不完美的情形,都一致决定了这几篇对话处于最后位置。这些科学的描述,以此前完成的研究为根据,所有对话或多或少都致力于这些研究:尤其是关于认识、特别是哲学认识的本质,关于每一篇对话都涉及的科学观念(Idee)的适用性,关于人自身,以及关于自然的探究。从时间上看,很可能在《王制》和《蒂迈欧》之间有一个较大的间隔期;然而,这并非认为,在此间隔期柏拉图撰写了留给我们的其他作品中的某一篇,甚至是与其他作品有内在关系的某一篇,如果[B46]要这样考虑,则应排除《法义》,因为,在时间上,我们有[A46]《法义》成于《王制》诸卷之后的明确证据。但《王制》诸卷与《蒂迈欧》和《克里提阿斯》是一个不可分割的整体,如果有人说《王制》作为专门研究伦理和政治的作品,无疑要晚于为研究德性(Tugend)的本质及其可教性以及好的理式(Idee des Guten)而写的那些对话,但《王制》的写作无疑又大大早于接下来为《蒂迈欧》作准备的那些对话,这些对话试图解决理式寓居于事物之中的问题,以及我们认识自然的方式问题:根据上文的研究,这种说法所能表达的内容不仅是非柏拉图的(unplatonisch),而且是以对那些准备性作品的最大的无知为根据的,在这些作品中根本不存在对上述内容的割裂,相反,可由此得出结论说,正如《智术师》是《蒂迈欧》的准备,《治邦者》的内容是《王制》的直接准备,而《治邦者》的写作时间绝对早于《智术师》,《智术师》成为一篇独立的对话有赖于《治邦者》,实际上它只是《治邦者》的一个部分。在真正的描述性作品中,作为最早完成的一篇,《王制》显而易见以所有不属于这一等级的对话为前提,这座宏伟的大厦仿佛在其地基中砌入了所有那些壮丽的拱顶石的最后一块,并建基于其上。进入这座大厦前,如果谁只关注这些拱顶石本身[B47]且眼界为其所局限,则会对[A47]这些拱顶石的目的毫无预见,而认为它们没有意义而且尚未完成。因此,如果不容许以任何方式将《王制》与随后补充的《蒂迈欧》和《克里提阿斯》相分离,那么,反对三篇作品有共同地位的人,必定认为柏拉图的确已预先设定了完整的描述,只是随后才展开了关于原理的初步研究。但所有内容,包括描述性作品本身处理这些原理的方式,以及准备性著作研究这些原理的方式,还有关于柏拉图的思维方式和精神的每一种可能设想,都非常反对采取这样一种颠倒顺序,以至于就此根本毋庸赘言,而只需提请每个人说出他将按此顺序阅读哪些对话,然后任其对此颠倒方式和可怜的辅助手段有自己的感受,那么对此前的描述毫不知情者,【必然会】着手向原理回复的研究,从而【割裂】与原理的所有自然关系。对于如此阅读对话的人而言,不可避免的绝不是他徒然寻找的那种相反的关系(Rüchweisungen),而是表明了相反顺序的另外一种关系。希望不会有人否认,整体上,情况或许与此顺序是一致的:按此顺序,后来在其科学形式中予以表现的内容,常常以神话的方式(mythisch)加以预见。因为,仅以神话的方式[B48]出现,不但完全符合[A48]柏拉图激发读者自身的思想生成这个主要意图,确认这一点是我们整体排序的基础,而且本身已然清楚地证明:柏拉图坚定不移地认为,真正的哲学思考(Philosophieren),必定不是以综合描述而是以简单原理为开端的。真正对柏拉图有更深入研究的人会发现,柏拉图神话是由一个基本神话逐步发展而形成的,是由神话转型为科学,对于作品的正确顺序这是一个新证据,在正确的顺序中可以最清楚地看到柏拉图神话的形成发展过程。因此,将描述性对话放在最后阶段,从各方面看都极为必要,所以,如果能找到《王制》的撰写早于某一篇准备性对话的有根据的历史线索,我们关于柏拉图的判断必然会陷入最严重的矛盾,进而一筹莫展于无法与柏拉图的伟大智能协调一致,但没有人找到过这样的历史线索,当然也不会找到。正如这些描述性对话毫无疑问属于晚期对话,从另一方面看,其余对话中有些明显属于最早写成的对话,也只有它们属于第一等级的对话,即《斐德若》《普罗塔戈拉》和《帕默尼德》。这三篇对话与描述性对话形成对照,首先是年轻所固有的特质,尽管这种特质在前两篇对话中很容易[A/B49]看出,但在后一篇对话中也逃不过聚精会神的眼睛。此外,正如其余对话以这几篇对话作为前提,反过来,在这几篇对话中到处都可以发现早就涉及其余对话的内容;即便只关注个别思想,在所有这几篇对话中,这些思想【仍然显现出了最初的光芒和年轻人初出茅庐的笨拙】。进而言之,【这三篇对话】尽管并不像【三篇晚期对话①】那样构成一个有意人为的整体,却以一种几乎独一无二的整体结构上的相似性,以许多相同的思想和独特关系,最密切地联系在一起。但最重要的是它们更为内在的形式,因为,这三篇对话显示出关于此后所有著作建立于其上的内容的最初预设:关于作为哲学技术(Technik)的辩证法,关于作为哲学固有对象的理式(Ideen),以及关于知识的可能性与条件。这三篇对话与紧随其后的【次要】对话一道构成了柏拉图对话基础部分。其他对话则填充了基础部分和建构性对话(Konstructiven)之间的间隔,这些建构性对话逐步讨论那些原理的适用性,讨论了哲学认识与同时适用于两门设定的实在(reale)科学,即伦理学(Ethik)和自然哲学(Physik)的普通认识之间的区别。就此而言,这些填充间隔的对话也处在描述性对话和基础性对话之间,

---

① [中译按]指《王制》《蒂迈欧》和《克里提阿斯》。

在描述性对话中,实践性与理论性始终是合一的,而在基础性对话中实践性与理论性[B50]却前所未有地明确分离[A50]。这些填充间隔的对话因而构成了柏拉图对话的第二部分,这一部分通过一种特殊的甚至有难度的人为性(Künstlichkeit),在个别对话的构型中,同样也在其渐次展开的相互关系中显明了自身,我们可以称此部分为间接对话,因为它几乎全部是由对立面的并置为开端的。所以,在此可以将柏拉图对话划分为三个部分,这样一来,每一部分本身要按照已有的特征来排序,而经过全面考虑,第二等级的对话也会占有属于它们的位置。【只不过】就更进一步的排序而言,并非所有方面都具有同样的确定性,还有两个问题需要考察,即理式展现(Ideenentwicklung)的自然进程,以及某些特殊的影射和指涉。对于第一等级的作品而言,第一个问题完全具有决定性意义,而第一个问题在任何地方都不会与第二个问题相抵触。因此,在第一部分对话中,辩证方法的发展是占支配地位的主题,这里指的首先是《斐德若》,最后是《帕默尼德》,它们一方面是辩证方法最完美的运用,另一方面是通向第二部分对话的过渡,因为,第一部分对话已对理式与事物的关系做出了哲学思考。在第二部分对话中,对知识与认识过程的解释是占支配地位的主题,《泰阿泰德》毫无疑问处于顶端,这篇对话提出了知识的根源问题,《智术师》【连同附属于它的《治邦者》】处于中间地位,《斐多》和《斐勒布》[B51]结束了第二部分,是过渡到第三[A51]部分的两篇对话:《斐多》以其预先形成的结构接近了自然哲学,而《斐勒布》因其处理好的理式已接近了整体上具有建构性的描述,并过渡到了直接对话。第二等级对话中的次要对话的排序,整体看来并不完全确定,一方面,它们大多是主要对话本身的扩展,正如第一部分对话中《拉克斯》和《卡尔米德》与《普罗塔戈拉》之间的关系,在这些对话中我们只能追随某些不完全确定的暗示;另一方面,可能它们大多是更重要的对话间的过渡,正如第二部分对话中《高尔吉亚》《美诺》和《欧蒂德谟》,同属于由《泰阿泰德》过渡到《治邦者》的前奏:因此,我必须满足于尽可能准确地从各个侧面获得的可能性。第三部分除了《法义》不包括其他次要对话,不仅就其与重要的对话三部曲的关系而言,而且就其本身而言,尽管包含丰富的哲学内容,我们也必须称其为《法义》,并认为它只是一篇次要对话,尽管如此,根据其篇幅及其真实的柏拉图来源,它无疑属于第一等级的作品。最后,关于这些对话,我们从排序的观点确定了一个共同的第三等级,尽管就真实性而言这些对话的价值极为不同,但可以划分它们以作为三个部分的附录(Anhängen),要么,根据[A/B52]历史或内在的暗示,只要它们是柏拉图对话,就可以确定其大体位置,要么,通过与各篇对话的对比,将特别有助于就这些对话做出判断。因为,这些对话应该有自己的权利,通过提供能够被扼要说出一切,对其加以澄清,并对其写作缘由做出更为确定的解释。

《斐德若》引论

[A/B55]通常这篇对话还有一个副标题:《或论美》(Oder vom Schönen),有时候还被称为《论情爱》(Von der Liebe)或《论灵魂》(Von der Seele)。很多柏拉图对话都有这样的副标题,毫无疑问是后人偶然添加上去的,而且几乎普遍产生了误导读者的不利效果,对于哲人的意图(Absicht)和作品之内涵而言,有些作用十分有限,有些则提供了完全错误的观点。【问题的关键是,这篇对话所附加的副标题,差不多普遍被认为表明了对话的真实主题】,从而被翻译和引用;但因为情爱与美的主题只出现在这篇对话的一个部分当中,所以,公允地讲,它们不可能是这篇对话固有的主题。然而,仅仅删除这些诱人的副标题,远远不足以使读者回到真正的公允,因此,要尽可能清楚地展现柏拉图首篇对话的【书写方式(Bildungsweise)】,这篇引论就必须[A/B56]大胆地做出或许有些超乎寻常的详尽论述。

这篇对话除了文辞华美的引言,整体上由两个长度相当、初看上去却又完全不同的部分构成。第一部分包括三篇情赋(Liebesreden),一篇出自吕西阿斯(Lysias),主张男孩应当偏爱较为冷淡和情感不狂热的人,而非使人心迷意乱和充满激情的有情人(Liebhaber);另外两篇情赋出自苏格拉底:第一篇是补充性演说,这样的演说通常与面对法庭质询时就某一事实做出辩护意义相当,另一篇则与此相反,是为此前遭到严厉斥责的充满激情的求爱者(Bewerber)辩护的反驳演说(Gegenrede)。而第二部分,让我们暂且使其尽可能处于不确定状态,它包括随演说展开的针对演说术(Redekunst)的具体处境而发的种种评论,以及关于演说术固有的基本原理的暗示,而有关这些内容的全部技术性探究,再也没有回复到演说所处理的主题。由此粗略勾画,每个人都已然能够发现,不但这个【特殊的】情爱问题(erotische Frage),而且连情爱本身(Liebe)也根本不可能是柏拉图的主题。因为,在两种情况下,都将以最糟糕的方式毁了这部显然以极大的努力写就的美好作品,也完全违背了一条规则:作品必须被塑造成一个鲜活的生命体,它必须有一个与其精神相适应的躯干,其各个部分也必须协调一致。因为,在这两种情况下,第二部分[B57]整体上只可能是临时凑合上去的稀奇[A57]古怪的附加物,特别由于其所处的位置,本身所产生的影响只可能最大限度地使人的注意力偏离这一主题。但如果情爱本身(Liebe)是柏拉图的主题,那么,对这个主题(Zweck)的处理真是糟糕极了。不消说,前两篇情赋仅仅着眼于愉悦和利益,对爱人(Liebenden)的关系做了探讨,相反,最后一篇情赋对此关系做了伦理和神秘化的论说,如此不同的论说,看来已能轻而易举地引向关于情爱本质的真实争端,引向情爱的更高活动(Wesen),但接下来关于演说(Rede)的评论毫无见地,也未弥合相互对立的观点。可见,如此疏忽处理的主题不可能是这篇对话的主题,接下来所能做的,就只有将重心全部放在第三篇情赋的内容之上,这篇情赋只对情爱做了一定程度的探讨,而对话所展示的所有内容在很大程度上都在谈论关于灵魂的本质及其前身（vorzeitigen Dasein）的神话，以及美的更高意义和巨大影响，但接下来的内容很奇怪地陷于混乱，如果我们只想由这三篇情赋的主题出发来理解对话之整体的话，不用想，这就是跑题。

［B58］相反，如果我们对第二部分加以比较，而非为第一部分［A58］大伤脑筋，则会发现第二部分探讨的主题是艺术（Kunst），所以，应根据其论述和艺术价值而非其讨论的主题，来看待第一部分中的三篇情赋；由此出现了一项与此前相反的努力，从而将整篇对话的主要目的，放在能够澄清第二部分主题的内容之上，即在其中得到正确表述的关于演说术的真正本质的内容之上。有几个人已经理解了这个看法，苏格拉底本人至少有一半真实的解释支持这个看法，他表演那些情赋只是作为范例，若抛开其中所使用的正确方法，剩下的内容就只能视为开玩笑（Scherz）。据此，我们应当自始至终首要关注这些情赋所遵循的范式（das paradigmatische），还必须力求理解这些情赋与第二部分提出的理论之间的全部关系之整体，这一理论根本上由下述三点构成：首先，柏拉图想澄清演说术的固有职分为何。正如由第二部分所贯彻的规则和出自那个最古老的学派（［中译按］指智术派）的最著名的【演说家】（［中译按］指吕西阿斯）的情赋可以清楚地看到，这种艺术是当时的艺人和艺术教育家惯常使用的艺术。通过智术使听众神魂颠倒，在个别地方又【用狂热的方式】激［B59］发听众的情感，这就是演说术的全部目的，好比一个有根本缺陷而又单调乏味的创作指南［A59］，附加着无用的次属部分和技术术语，一些差不多仅仅以语音语调（den Wortlaut und die Wortfülle）或如何吸引人的眼球和出风头为指向的语言运用规则，构成了其全部秘密；艺术因此完全失去了立场（Haltung）。而迄今对艺术本身有效的所有这些规则，都被柏拉图斥为技巧（Rang technischer Handgiffe），他还揭开了智术派演说家的老底：这些想说服别人的人，自己都不知道真实和正确的东西是什么；他以此表明，要真正说服人，也就是迫使他人信服某些思想和判断，即便在任何

情况下都不涉及真理,也应该有能使艺术实至名归的确定性,即需要蒙蔽和解蔽(Täuschung und Enttäuschung)的能力,也就是关于言辞外观(logischen Scheines)的艺术,这种艺术本身又只可能以对更高概念之下的类似概念做出综合的科学方法为根据,同时也以对概念分歧的认识为根据,因此,辩证法(Dialektik)才是修辞术(Rhetorik)的真正基础,只有关涉修辞原理的内容才真正属于艺术。第二点与此更加密切地联系在一起,即所有那些用来冒充艺术的技巧(Künsteleien),都是从诉讼活动或公民集会活动中借来的,目的之所向也是[B60]这些活动,所以,这些技巧的卑微价值可谓昭然若揭,因为,它们仅仅表现为个别方法[A60]而不能作为艺术领域之整体。因此,柏拉图认为,说话的艺术(die Kunst zu reden)不仅在诉讼和公民集会中,而且在书面作品和口头讨论中,不管是科学活动还是公民活动,甚至在司空见惯的社交运用中,完全是同一种艺术。通过超出迄今为止过于狭隘的边界,对包括每一种言辞传达(Logische Mitteilung)在内的范围加以拓展,一方面消除了对修辞术的某些指责,并迫使其更为深入地探索适用于所有应用领域的修辞术原则;另一方面,未来的艺人在此过程中会发现,对于他差不多刚刚创作的艺术类型(Gattung),总有一个巨大的原型(Urbild)浮现在眼前,他本人会服从这个原型的严格要求,而在众人看来本可以拒绝此要求。但也正因为这种范围拓展,使迄今为止意义上的修辞术差不多被毁了,所以,柏拉图似乎有先见之明,他消除了对其毁掉修辞术并使修辞术变得不可捉摸的指责。至少现代人很容易将这样的指责强加于柏拉图,他们为此项研究带来了关于柏拉图根本憎恨艺术的大谬不然的说法。尽管修辞术被认为依赖于辩证法,但恰好通过揭示意图,柏拉图甚至能利用辩证法在更高意义上将修辞术建立为一门艺术。真正的[B61]艺术在他看来也正是一种实践,由此实践他又可以提出一门真正的科学,或者如我们惯常所说的那样,能够提出一种[A61]理论:柏拉图就如此区分艺术和无艺术技巧的制作(Verfertigen)。但在他看来,只有通过将辩证地运用艺术的专门概念所描述的有秩序的多样性，与出自方法和主题范围的内容，以系统和详尽阐述的方式联系在一起，一门科学才能产生。因此，他要求修辞术应对所有不同的论说方式加以盘点，而每一种论说方式都应针对所有不同的灵魂类型，由此来确定在特定情况下，每一种论说如何能够也必须以艺术方式来建构。

由此观点出发，这篇对话的大部分内容无疑会得到更为正确的理解。首先很清楚，至少对于柏拉图如此生动的结构布局，举例有其必要性，这些范例可能是完整或近乎完整的演说，为了完成这些范例，自然应将其放在理论部分之前并采用某种虚构手法。但为了有助于比较，柏拉图需要一个用通俗而非辨证的方法完成的范例，这并不亚于需要自己的范例；倘若他想表明每一场合的特殊目的对整体论述之影响，同时使论述产生那种言辞外观，从而神不知鬼不觉地由［B62］一个矛盾引向另一个矛盾，柏拉图就必须在举出自己的范例之后，转而达成完全相反的意图。之所以提请任何人都不可出于偏爱苏格拉底的第二篇情赋而忽视其第一篇情赋［A62］，是因为只有通过最仔细的比较才能正确理解两篇情赋。由此将会清楚地看到，两篇情赋按照其意图各有完全不同的特色：也就是说，其中一篇情赋的言辞完全倾向于合理而又平凡的生活智慧，此外，其表达也是韵律的堆积，因此毫无深意，还冷冰冰的，这必定会营造出一种情感，将人引向对激情的鄙视；与此相反，另一篇情赋中有振奋人心的东西，它赞颂美与最高的德性观念具有同等地位，说明美与永恒无限的事物密切联系在一起；它还有要求宽容肉欲而不隐瞒这种宽容的做法；这样一来，年轻而高贵的灵魂必定会变得富有想象力，这种想象力就好比刚刚从诗术学校学成的生机勃勃的希腊男孩的想象力。毫无疑问，要证明任何时候都事先对能够激发某个灵魂转向某物的方式加以估计多么有必要，应该没有比这种并列更好的方法了。由此观点出发，当然还将表明：这些范例可以从某个属于哲学的题材中取得，因为，柏拉图在其特有的领域最惯常使用这类题材，也因为，不仅有必要通过事实来证明修辞术的拓展超越了公民事务之范围[B63]，而且有必要帮助建立适当的标准，以便对[A63]较为狭窄的公民事务领域与较为广阔的修辞术领域作比较，而哲学作品的辉煌演说就存在于此广阔领域。如果柏拉图打算以给出一个具体的范例为出发点，尽管此类范例本身已然符合修辞术之法则：我们可以不冒风险地说，从他当时的知识和博学程度来看，柏拉图的选择实在很有限。因为，智术师的炫耀演说（Prunkreden）过于轻浮，柏拉图如果带着上述看法和原则与其比较，不可能赢得荣誉，而且一旦修辞术与智术开始分离，演说的篇幅越长则丧失声望越多，所以，除了吕西阿斯的情爱演说，可供柏拉图选择的其他例证不多，而与出自高尔吉亚的诗术学校的某个演说家相比，吕希阿斯因为某种缜密成了更够格的对手。

不过，在此首先引人瞩目的，必定也正是上述看法之不足。柏拉图为什么要用这样一种自我约束的法则，完全违背自己的方法来限制自己呢？在对话者相似或合适的独特条件下，柏拉图不是常常让他的对话者说出其从未说过的话吗？说出这样的话会妨碍他以随便哪个人的名义编排一篇演说，[B64]除非他发现了一篇有关某个主题的演说，对此主题他不仅自己真有兴趣，而且[A64]这一主题正好与这篇对话的直接目的关系最为切近。因为，爱（Liebe）恰恰是一个道德主题，而且在此探讨爱对于苏格拉底而言根本具有申辩（apologetisch）意味，他因爱在不体面的意义上遭到指控，这对于某个第二级的次要目的或许已经足够充分了，对此类次要目的，我们在引子、过渡和各种隐射中到处都没少碰到；但像这些演说那样，如果某一主题内容要【与整体】建立这种关系，就必须找到其与对话整体的中心思想之间的必要联系。如果中心思想仅仅是修正修辞术之观念，那么，选取爱与美作为演说主题，对此目的而言纯属偶然。但这正是柏拉图的方式，是他的艺术才智的成功之处，在其伟大而又丰富的形式中，没有一处败笔（leer），他从不凭偶然行事或盲目专断做出决定，相反，他的所有文字【必定】都恰如其分，完全切合其主题。所以在此，在他所规定的原则得到最细致表现之处，我们怎么可以忽视这种才智呢?

由此已然表明,这种看法还不是正确的看法,它并非来自可由以统观全局,并表[B65]现出个别部分的正确形式和内涵的唯一要害(Punkt),相反,我们必须寻找另一种能够将全部内容更为准确地联系在一起的看法。【然而,还有其他理由不容许我们止步不前】。[A65]因为,难道柏拉图的首要意图,仅仅是写一篇讨论修辞技巧的文章吗?这与他作为著作家的其他意图能够以某种方式协调一致吗?或者准确地说,类似的作品根本不会再有,《斐德若》因此绝无仅有,可以说差不多就像这位哲学艺人的一件几乎无足轻重的作品?尤有甚者,就连上述看法依据的立场所由出的对话的第二部分,仍然疑难重重。具体而言,对话第二部分不仅通篇讨论第一部分的内容——爱与美,而且讨论了【内容之】形式,尤其讨论了修辞术。第二部分所有讨论修辞术的内容,突然又扩展到诗术(Dichtkunst)和治邦术(Staatskunst),因为,它们也属于艺术;没有人看不出来,连修辞术本身也是作为范例来建构和研究的,谈论修辞术本身和谈论所发表的演说差不多一样,除在此必须表明的更高法则之外,其他所作所为简直就是儿戏。按此方式,我们由表面进入了核心,但由于核心本身旋即又成了表面,我们应继续努力直至整部作品最为内在的灵魂,这个灵魂无他,正是那个更高规则的完美实现(Inbegriff),即自由思考的艺术[B66]和教育传授的艺术,或者说辩证法。在此,所有其他内容都是为此艺术或辩证法作准备,以便通过揭示其表现在一个著名细节中的精神,以苏格拉底的方式发现辩证法,而在此细节中,专门的科学形式一方面得到公认,另一方面也容易指出。然而,不仅柏拉图想对我们赞美辩证法是其他派生技艺之根源,而且尽管我们愿意承认【在其他所有艺术中】都存在辩证法,但辩证法本身可以说远远超越了每一种艺术并且完全是神性的,学习和实践辩证法绝不是为了其他艺术,而是为了它本身,为了神圣的生活。但辩证法的原初主题是理式(Ideen),因此,柏拉图投入全部最高的爱之热情来描述理式,因此,辩证法的主题就是哲学本身,柏拉图在此赞美其为最高主题和所有高贵和美的事物的基础,他明确要求对辩证法的赞美得到普遍承认。正因为哲学在此不仅表现为内在状态,而且根据其自我表达和传授之天性,将哲学由内部传达出来的冲动(Trieb)必然会进入意识并表达出来,这种冲动无他,正是【那】真正神圣的爱,它高居于所有其他事物之上推动其活动,而哲学则根本超越了那些满足于赢得某种快乐或某种利益的次级艺术。因为,那种冲动少有的满足必定是艺术[B67]或刻意为之的明智(Besonnenheit)之后果,所以,冲动本身表现为一种原初的力量,永远激荡在有教养的卓越的人的灵魂中,时刻在外面寻求它的对象,[A67]因此,他也表现为激情和神圣的灵感(Eingeistung)。由此,所有问题都得以解决,也证明了作品真正的统一,这种统一显明了一切,使一切充满生气,也将所有内容结为一体。

这一目的如果联系其得以达成的方法来考察,不可更改地决定了《斐德若》作为最早写成的柏拉图对话之地位。由此,我们已然可以立即得出结论:在哲学表达中,哲学冲动意识和哲学方法意识,要比哲学主题([中译按]即理式)意识远为深刻有力,而哲学主题只能以神话方式来表现:一方面,对于辩证表达而言不成熟,另一方面,在一定程度上【因过于强大的哲学冲动和方法意识而】受到抑制。这才是真正符合自然的首要状态,一个值得尊敬而善于深思、本人又已然受到艺术激发的苏格拉底门徒,必然会因为乃师的教诲方式而进入此状态。因为,冲动和方法这两者是所有柏拉图对话中恒久不变的要素,能够最大限度地激发情感,但对于哲学【主题】,他只是一件一件去描述,并不加选择,也不刻意将其联系为整体。然而,后来随着哲学对象更为清晰地向他展现出来,他的所有创作活动都运用此方法并为其带来荣誉,柏拉图变得较少以[B68]在此所使用的方式,将哲学方法本身如此程度地作为其创作的核心。此外,对于本身已[A68]表明足以指向某个新获知的好(Gut)的事物,柏拉图有巨大的、几近于鲁莽和夸夸其谈的爱好,这种爱好只是为了发现首要原理,比起随便哪一篇对话来,在运用这一方法上,《斐德若》证明少有巨大成就。相反,《斐德若》以各种方式转而指向柏拉图先于哲思的诗化尝试。因为,能恰如其分地评价柏拉图的人,不会认为柏拉图只在年少轻狂时才作诗,恰恰相反,对诗他向来严肃,而且早就关注艺术对人的灵魂所产生的全部影响。所以,尽管【苏格拉底的论说本身表面上毫无艺术性可言】,但他所拥有的用于说服和激发情感的力量,对于柏拉图而言必然具有伟大而又无与伦比的威力,并使他充满了敬重和爱。在此处境中,在自然地指向哲学与艺术的内在(von Natur)统一的情感下,这种力量通过哲学与艺术的关联得以表现出来,这种关联同时包含着对柏拉图从艺术过渡到哲学的解释和辩护。然而,他直接选取并非自己的艺术的修辞术作为例证,首先可以这样来理解:因为,修辞术超过诗术之处在于它以说服为目的,也因为,除了智术师和演说家想通过卖嘴皮子(leere Empirie)来实现的东西外,柏拉图[B69]无法找到更为接近的东西与苏格拉底就此通过辩证法之科学所获之成就作比较。

然而,谁若想确定这篇作品的写作时间,如果[A69]与唯一真实的整体之核心准确相关的这类理由并不充分,就让他特别根据表明作品之年轻特征的无数证据【进一步】去查证吧。这些证据首先在于作品的整体风格和色彩(Art und Farbe)。这篇对话具有富于辞藻、炫耀优越与高超的强烈倾向,不仅首先没费多大力气就战胜了设定的对手,随后又能不断超越,而且为了使哲学本身获得荣光和赏识,对其大加赞美,因为,哲学将人们【惯常】赞美和赏识的【所有】事物远远抛在了后面;这首先部分在于作品之内容;但在柏拉图的作品中,内容与演示(Ausführung)以此方式处处相互依赖,年轻的气质始终存在,作品的结构设计带有这种气质,并逐渐上升,最终达到目空一切的地步。我们首先看第二篇情赋,这篇情赋给吕西阿斯以毁灭性打击,其次看那篇反驳演说,它更为有力地击垮了前两篇情赋;我们会发现柏拉图如何通过这些演说,相继为所驳斥的命题做了辩护,炫耀似地将智术师的巨大成功据为己有;在此,部分是有充足材料支撑的刻意的自我夸耀,其中排除了所有与演说本身直接矛盾的细节,而将自我夸耀放在前面只是作为对话的准备阶段;[B70]部分是申辩式对抗,这种对抗甚至没有因为苏格拉底而拒绝爱若斯(Eros)之名或采用更委婉的名字,相反,在为了平安和幸福而作的祈祷中竟然以爱(Liebe)[A70]作结尾。接下来的讨论视这篇情赋中最美的东西为儿戏,并将这篇情赋连同第一篇情赋贬得一文不值;然后是对吕西阿斯的嘲弄挑衅;接着是针对早期修辞家的有趣论辩,内容庞杂,几乎要造成混乱,而且不留情面地嘲笑了他们努力中的成功方面,因为,这些方面并非出于正确的原则,尽管这个论辩很详尽,但柏拉图后来或许认为这样做毫无必要,而这种详尽又以博学使某些内容变得富丽堂皇;最后,作为卖弄辞藻之顶点,是对所有著述和所有雄辩演说的真正苏格拉底式的突出蔑视。甚至从外在形式上,年轻的精神状态,由于每一次间歇后次要主题的重新活跃,也由于无法全然摆脱矫揉造作之非难的对话之生动性,最后,由于过度庄重(Gebrauch des Feierlichen),偶尔甚至由于对话而非论说部分的某种转折之笨拙,而暴露了自身。

就这样,作品本身的历史迹象进而完全协调起来,按我的说法,关于对话发生(spielt)的时间,这些暗示没有留下任何疑问。尽管想由此找到某种证据或许是枉然,而除了表明在某一时间点之前不可能撰写此作品的少数情况外[B71],要从历史陈述中就柏拉图作品的写作时间得出结论,的确是愚蠢之举,如果我们非要承认[A71]阿忒纳厄斯(Athenaios)①的看法,即斐德若绝不可能是苏格拉底的同时代人。因为,对敢于持有此种观点的著作家而言,没有什么不可能的事情,而且,对他而言,任何失当也不会过分。并非柏

---

① [中译按]阿忒纳厄斯是主要活动于公元 2 世纪和 3 世纪之交的希腊文法修辞家,有柏拉图式对话体作品《宴饮哲人》(*Deipnosophistae*)流传后世。

拉图似乎有义务保证一种历史的真确性,或者,他似乎绝不能有违背时间次序的情形;相反,对于他而言,对话被放在距撰写相当遥远的某个时间,对话细节很可能出自假设,可能记忆有误和疏忽,或许为了收到切实效果而有意牺牲了历史真实。但这只是一种情况,另一种情况必定与这篇对话的情形一样:将两个人组合成一个角色(Person),谁都知道这个角色在历史上根本不存在。然而,促使柏拉图如此行事的原因究竟是什么?因为,斐德若的随便某个癖好对于对话毫无价值可言,理由是雅典青年中不乏吕西阿斯的年轻密友和崇拜者,被委以斐德若这个角色的每一个青年,都有可能发表过《会饮》中的斐德若所发表的演说。那么,使这同一位不大可能的对话者也出现在《普罗塔戈拉》中的原因又是什么?在这篇对话中,他只是作为沉默的旁观者,增加了群众的数量而已[B72]。所以,我们不打算接受阿忒纳厄斯的说法,除非他能告诉我们某些更为确切的关于斐德若的信息,如此[A72]未经证实的指责,应该不会妨碍我们进一步研究手头这篇对话,好像有可能从对话的历史情境中得出结论似的,这种看法的前提是,这篇对话以某种非常确定的方式论及两个非常著名的人物——吕西阿斯和伊索克拉底(Isokrates)。第八十四届奥林匹亚赛会初年(Ol. 84, 1),①十五岁的吕西阿斯游历到图里乌姆地方(Thuriern),据狄俄尼修斯(Dionysios)记述,第九十二届奥林匹亚赛会初年,四十七岁的吕西阿斯回到雅典,从那时候起,他作为有崇高威望的演说家崭露头角。在斐德若关于吕西阿斯能够谈论一些人们承认的情形——吕西阿斯在他的同时代人中文笔最精——之前,如果我们容许再过几年,那么这次对话应该不会早于第九十三届奥林匹亚赛会。但可以肯定,对话不会晚于这个时间,因为,年龄远远超过五十岁的吕西阿斯应

---

① [Meiner版编注]"第八十四届奥林匹亚赛会初年"大约是公元前444年;关于日期对照可参《古代文化研究实用百科全书》(RE,[中译按]即 *Realenzyklopädie der classischen Altertumswissenschaft*)卷IX,A,页2460及以下。

该不会再不知廉耻地描述和张扬情事,正如二十二岁的伊索克拉底,如果年龄远远超过三十岁,是不会被叫作青年的。此外,珀勒马科斯(Polemarchos)当时还健在,据普鲁塔克(Plutarchos)和十大演说家生平作家记载,这个人后来于政治混乱中丧生。这些证据都直接指向对话可能发生的时间:但若详细考察,由此可更进一步得出结论:对话的写作不可能更晚,因此[B73]很清楚,当时柏拉图做苏格拉底的学生时间还不长,他此前不可能以这种方式来写作,而[A73]《斐德若》是他来自苏格拉底的热情的第一次爆发。因为,首先每个人的感受会告诉他,柏拉图引述吕西阿斯情赋的方式产生效果的前提是:这篇情赋对《斐德若》的读者而言【记忆犹新】;若非如此,这样做不仅显得笨拙,而且难以想象柏拉图怎么会想起这篇情赋。如果我们进一步考虑到他对待吕西阿斯如此苛刻,以至于自身要担负最严重的不公正之指责,那么,他后来关于吕西阿斯的评价就会以一篇老掉牙的、早已被更为完美的作品超越的文字为根据。进而言之,提及珀勒马科斯转向哲学又是为了什么?因为,如果他在此次对话后不久便死了,那么,后来以他作为卓越的例证就有困难。为撰写对话,在那些陈述中谈论最多的是对话末尾出现的关于伊索克拉底的预言,这个预言不可能以回顾的方式说出,预言他将远远超越迄今为止的所有【演说艺人(Redekünstler)】,并达成更高的创作类型。因为,这位演说家后来的成就完全符合柏拉图的期望,所以,老早之前做出预言至少有些可笑;但如果伊索克拉底后来未能实现这一期望,那说明柏拉图[B74]要么有意叙述了一个错误的苏格拉底预言,要么存心将此预言错误地强加给了苏格拉底。但似乎这个预言牵涉到一个想法,这个想法在对话的[A74]很多段落差不多都有表达:柏拉图以预言的方式热切呼唤建立一所以辩证法为原则的雅典修辞术学校,以对抗堕落或易于堕落的西西里(sikelisch)修辞术学校;而且如果有可能,他希望为此获得吕西阿斯的支持,后者被认为居于两者之间。如果我们由此观点出发来看待此处引证阿那克萨哥拉、伯利克勒斯(Pelikles)和希波克拉底(Hippokrates)的方式:则这种推测将获得有力支持,而且,这种难免关切自己城邦利益的想法,只可能归于柏拉图的青年时代。

然而,与所有这些从完全不同的要点汇聚到这同一个结论的理由相反,腾内曼(Tennemann)提出《斐德若》的撰写很晚,差不多在柏拉图著述的最后阶段。因为,关于埃及的(ägyptisch)故事,尽管我们没有理由与阿斯特一道对谚语式的套话(Redensart)作推测,① 但柏拉图本人就此为我们给出了一个相当清晰的暗示:这个故事是他自己编的,为了编这个故事,他根本没必要到过那个地方,正如他不会真从忒腊克取来了《卡尔米德》中提到的忒腊克人的(Thrakisch)书籍连同其中包裹的哲学。至于第二个理由,即《斐德若》中关于书写之效果的说法,与柏拉图《书简七》中关于同一主题的说法之间的相似性,【腾内曼】本人不认为[B75]《斐德若》中的表达适用于作为《书简七》讨论基础的[A75]特殊处境,所以,他并不认为《斐德若》是柏拉图在造访小狄俄尼修斯(Dionysios)之后才撰写的。他只是笼统地认为,由书写引来的麻烦必定先于《斐德若》中的表述。但就此说法,根本没有线索可寻;《书简七》的情形或许如此,所以,其中对比真正鲜活的口头哲学传授而贬低书写,本身完全可以理解为对苏格拉底不著文字的辩护,理解为苏格拉底教诲方式的激发,当时柏拉图对于在书写中模仿这种教诲方式已不抱希望,然而此后,他仍然学着去模仿,而并未止于相信哲学更进一步不可传授,但同时如我们所知,他从一开始就非常清楚:哲学不可当作历史来学。然而,或许那位著作家([中译按]指腾内曼)事实上在其所提出的根据后面还有另外一个根据,因为,他只承认这样的著述属于早期作品:与苏格拉底直接相关,但其中仍然缺乏柏拉图所特有的要素;而《斐德若》中有如此多的柏拉图因素,所以他相信,

---

① [Meiner版编注]参见 F. Ast,《论柏拉图的〈斐德若〉》,前揭,页144以下。

这样一篇大作从其内容看只符合晚期作品之特征。但每个内行或有亲身经验的人必定承认，[B76]真正的哲思并不以任何特殊问题为出发点，而是至少从关于整体的想象出发；与人的个体性情一样，其思维方式和世界观之特点[A76]，必定能够在其真正开始自由自主地表达之初找到。既然如此，为什么柏拉图哲学的传授就不能以同样的方式为开端呢？我们不妨相信，柏拉图有一阵子并不单纯是一个过得去的学习者，而且还是这样一个著作者：我们一定能够在其作品的相互对立的写作方式之间找到一个确定分期，但没有人能做到这一点。因为，柏拉图哲学整体的萌芽就在《斐德若》中，这是不争之事实，但这些萌芽的未成熟状态【同样】十分清楚，这种不完满特征也表现在对话的间接（indirekt）进行中，而对话的间接进行又体现了柏拉图的高超手法，由于对话后半段未曾中断的进程如此清楚，行家们经过准确考察，有望就对话的确切地位达成一致。

在此，为确定《斐德若》的地位而引证的根据中，将《斐德若》标举为柏拉图的第一部作品的古老传统，由于问题的重要性而没有可能是有理由的。因为，第欧根尼和奥林匹俄多洛斯（Olympiodoros）并没有为此古老传统找到可靠证据。相反，他们所说的内容倾向于支持一种猜测：老早以前，人们就已经以此为前提了，从而推卸对这篇对话的指责[B77]——比如，对话的语言是否局限于纯粹的散文体；或是否只因为其年少，所有研究就完全可以获得谅解。后一项指责明显指情爱[A77]问题；而前一项指责，符合一位古代艺术大师狄俄尼修斯（Dionysios）直言不讳的批评。然而，此类问题究竟具有何种特征，我们最好通过进一步的努力来获得澄清，即为这篇作品的个别部分进一步做出一些初步说明。

狄俄尼修斯称赞了引言部分，未对其中的自然描写表示不满，而认为其文风朴素平实，作为苏格拉底学派所特有的文风，柏拉图的成功是一流的。斐德若向苏格拉底叙述的第一篇情赋，狄俄尼修斯认为它明显是这位著名演说家的作品，对此应该没有人会提出异议，尽管有一位英国语文学家有所警戒，但他或许也相信这一点。

如果我们有更多吕西阿斯论说情爱的资料,那么,我们就能够就《斐德若》的艺术特征与吕西阿斯的其他论说的关系做出更好的判断。这篇情赋本身并不值得过分赞赏。因为,个别命题的构造之单调,以及命题的连接方式,糟糕到了几乎无法迻译的程度,不确定的表述差不多总容许有多种含义,这对于解释者而言是一个重负。如果吕西阿斯的其他论说与此类似[B78],那么,整体而言尽管并非缺乏思考,但从根本上讲,对修辞术的拓展是失败的尝试。苏格拉底的第一篇情赋,进一步对吕西阿斯的原则做了更为准确的思考和[B78]彻底展现。在此,狄俄尼修斯指责放在前面的对缪斯(Muse)的祈唤犹如晴空霹雳,这种对纯正散文体的破坏,是了无趣味的诗术之运用(Dichteln);狄俄尼修斯进而指出,当苏格拉告诉斐德若,他不会对接下来的任何内容感到惊奇时,他本人也几乎承认这篇情赋是文辞华美却毫无深意的高调言词和酒神颂歌(Dithyramben),因为,他此刻所言差不多已经是酒神颂体了。关于祈唤缪斯,我们可能认为,这种轻松自如地引出话题的方式或许有些矫揉造作,但【若着眼于整体结构,】谁也难以否认其散文体裁。相反,柏拉图绝不想因对其言辞的酒神颂体特征称奇而自责。因为,谁若留心出现酒神颂体特征的段落,很容易会发现,这一特征并未以任何方式涉及诗术之灵感;相反,柏拉图只不过想表明他与吕西阿斯的韵律(Rhythmos)之分野,这绝不会对他自己造成不利。在吕西阿斯那里,所有段落转折形式单调,一段和另一段同样被割裂为对题(Gegensätze),整篇情赋充斥着同一个调子。与此相反,在柏拉图那里,韵律逐级上升,所以,他要从远处讲起的时候,[B79]就用短句一笔带过,而当论述由普遍走向一般时,语句则会进一步展开和做出划分,直到演说家抵达要害时,围绕这一要害在看上去缓慢[A79]旋转的段落中盘旋,并驻足于此。尽管如此,至少对于我们而言,这些段落完全是散文体的(prosaisch),正如这个形容词([中译按]指 prosaisch)完全出自哲学而非诗的主题领域。【所以,要弄清狄俄尼修斯仅严格关涉音步(Wortflüsse)的责难究竟有几分根据,应该说只有希腊人的耳朵才具有优势,因为,很明显,柏拉图所依据的理论不同于狄俄尼修斯。但对于就此并无深入研究的我们而言,]表达之完满事实上只可能到达不受限制的论说(ungebundene Rede)这个极端边界,在此方面,柏拉图无疑有意炫耀辞藻。然而,归根到底,苏格拉底的第二篇情赋中最重要的内容是那个广为传颂的神话(Mythos),为此,这篇对话中的其他内容往往被不公正地置于其次,从而使我们无法完全正确地理解这个神话本身。因为,我们所接触到的爱(Liebe),很大程度上过于抽象、过于狭隘,爱的很多内涵都被忽略或开了玩笑。但至少有一点很清楚:这是一个具有基础性的神话,其余进入柏拉图哲学之整体的内容都由此神话发展而来,因此,主题内容越到后面,越是由神话转入[B80]科学(das wissenschaftliche),但其余内容却变成了更加朴实生动的神话。所以,看来柏拉图这里很明显采用了将神话织入其描述之中这一优势。这一切在此无法得到证明,而必须通过下文来证明自身。就【神话】本身的内容而言,在此还无法确切解释其中的比喻性内容[A80];尤其难以解释的是,在此具有根本性的宇宙结构学(kosmosgraphisch)想象,因为,神话本身完全处于自然与超自然之间。就此问题,比哈内(Heyne)①曾告诉我们的那个发现更为精确的解释当然更受欢迎,哈内认为这个神话中的马是从帕默尼德那儿借来的,但靠查考文献残篇,我们很难确证这一点。因为,比喻的一致性既不在于形象本身,更不在于将形象以同样的方式运用于对象。进而言之,柏拉图关于灵魂的划分是从帕默尼德那儿借来的,这一断言大概比这位学者想说的要远为丰富。在承认不了解细节的同时,可以概括地说:这个神话的种种想象方式似乎是彼此建构的,而且因为更多的表达源自神秘仪式(Mysterien),所以,更为全面地认识这些神秘仪式,或许能最大限度地帮助我们解释这个神话。因此,更

---

① [中译按]即 Christian Gottlob Heyne(1729—1812),德国古典语文学家和考古学家。

为准确地了解毕达哥拉斯的哲学论断(Philosophemen)，或许既不是解读诸神学说(Götterlehre)的钥匙，也很难作为认识人类灵魂的钥匙，因为，柏拉图的回忆(Wiedererinnerung)学说很难解释为出自毕达哥拉斯。此外，这个神话的大部分内容，只是用以增强整体之壮美、使这一比喻的各部分更紧密地结合在一起的附属物。因此，我们必须小心在解释中不要涉入细节太甚，而应该仅仅满足于正确理解柏拉图本人通过这篇文章本身所要表达的哲学含义。作为一个相当直接却又很少受到关注的结果，可以引证的是：每个人的性情(Character)都不是在生命进程中形成的，而是一开始就寓居于每个人之中了。现实的存在者并不在天上而在天外：铁德曼(Tiedemann)之所见，在此观点中找不到位置。但考虑到人或多或少都为永恒(Ewigen)所渗透，所以，要详尽谈论地上的人的不同使命(Beruf)，或许最难说得清楚。因此，如果在相当可观的异文(Leseart)分歧后面，并未隐藏更大的错误，那么或许这一部分之整体属于装饰，对此我们不必深究。总之，要足够全面地搞清这一问题是不可能的：这篇情赋的所有内容的表达和运用从修辞角度来看究竟有多全面？所以，甚至在我们常常发现不可遏制的幻想之处，这幻想就像柏拉图艺术的野马(Roß)[B82]，会引出更高的智慧，柏拉图也更加表现出其艺人的全部深思熟虑。或许这一诗作在细节上会将人进一步引向一个陌生领域，如狄俄尼修斯甚至将某个段落与品达的(pindarisch)一段话放在一起作比较，即便如此，整体行文仍然完全属于散文体。因为，某个形象，比如这篇情赋中的形象，首先用寥寥数笔勾勒出其轮廓，进而根据需要一步步加以描绘[A82]，这对于一篇诗作而言是无法容忍的。

　　关于对话的第二部分，在已然做出概括讨论之后，除了这一点，再没有什么进一步要说的了：尽管对话第二部分的发展并不充分，但它仍然是由亚里士多德开启的、更为丰富的修辞术的源泉，亚里士多德受益于这篇对话良多。这些评说只不过解释了某些细节，所以，读者将不会驻足于这篇美好而又充满智慧的作品之门厅而止步不前。

《吕西斯》引论

[A/B173]一个很不可靠的传说,将这篇对话作为柏拉图最早的一篇对话,尽管第欧根尼并没有告诉我们,讲述这个传说的人是谁,但这至少说明,这篇对话是在苏格拉底生前写成的。然而,证明这篇对话是真作的证据,或许比证明《斐德若》是真作的证据更具可靠性;因为,《斐德若》的可靠性仅仅基于内在根据,故而表明这种可靠性源于批评性推测(kritische Mutmaßung);但《吕西斯》却以一个事实传统为依据,也就是说,以苏格拉底见到柏拉图对他的描述之后的惊呼为依据。然而,对确定这篇对话的位置而言,这个证据还算不得名副其实的证据,而只有相互关系才足以确定其位置,即使这种相互关系得不到历史证据的支持。具体而言,就《吕西斯》的内容看,在柏拉图的所有对话中,它只与《斐德若》和《会饮》相关,因为,《吕西斯》的全部内容就是友谊与爱的本质和来源问题,而友谊与爱也是《斐德若》形式上的第二或次要主题,但在《会饮》中,友谊与爱形式上是首要而又具支配性的主题。然而,很明显[A174],谁也不会[B174]轻易将《吕西斯》排在《会饮》之后,因为,不仅后者所讨论的主题直接明了,甚至到最后一笔都显而易见,而且《会饮》根据最广泛而又最全面的关系对主题做了研究。所以,《吕西斯》的辩证笔法(dialektische Züge)很难装饰《会饮》的描述:但如果这种装饰本身作为一个整体是在《会饮》的描述之后做出的,则毫无艺术性可言也没有意义,因为这样一来,谁都将提前拥有《吕西斯》所提出的问题的答案。假如《吕西斯》这篇对话是一项毫无意义的辩证法演练,则很难与日后变得更为卓越的大师扯上边。所以,接下来要探讨问题的仅仅是《吕西斯》先于还是晚于《斐德若》。后者在阐发了爱的来源并对其做出详尽解释的同时,的确又具决定性地讨论了那个根本问题([中译按]即修辞术)。所以,在

此情况下，任何人都会认为：与《会饮》的情形一样，将《斐德若》放在《吕西斯》前面违背了既定的原则，因为，《吕西斯》只不过对同一主题做了怀疑论式的研究。只不过熟悉柏拉图《会饮》的人，自然不会忽略其中的巨大差别；但其他不熟悉柏拉图的《会饮》的人，用不着预先关注这篇对话也一定会明白这一巨大差别。因为，关于爱之由来的看法，在《斐德若》中只有神话式的表达，若想以此方式来澄清一个早已被纳入辩证法领域的问题，或许不仅与柏拉图作品中最广为承认的[A175/B175]类比和这位著作家的任何哲学观念相悖，而且本身就是亵渎和无用之举；因为，想使神话要素重新回到研究由以出发的辩证法基础之上的人，反倒可能使神话要素变得歧义百出而不可捉摸。就此尚需进一步做出说明，也许能使很多人有更为确切的理解。具体而言，《斐德若》中对问题的处理缺乏普遍性，因为，的确还存在其他并非纯粹出于哲学或纯粹出于肉欲的友谊，纯粹出于哲学的友谊正是《斐德若》所要表达的主题，而纯粹出于肉欲的友谊是问题的起因；然而，其他这些友谊在何处发生了偏离，对于它们的解释可以达到什么程度，《斐德若》却没有一处给予解释。与此相反，《吕西斯》中的论说对友谊的解释完全具有普遍性；一项如此完全具有普遍性开端，却因为其神话式描述而未能得出确定答案的研究，尽管涉及主题内容的一个方面，但若想进一步展开并得出结论，则纯属无稽之谈，我们只能将这样的研究归于一个漫不经心、下笔毫无头脑的作家，柏拉图可绝非这样的作家。因此，绝不能认为《斐德若》是由《吕西斯》发展而来的，每一个如此解读《斐德若》并渴望解决《吕西斯》的辩证法疑问的人，必定觉得《斐德若》这篇对话荒谬可笑；所以，很明显，《吕西斯》介于《斐德若》和《会饮》之间。可以进一步问：《吕西斯》距离这两篇对话中的哪一篇更近，可否[A176/B176]视其为《斐德若》的补充或《会饮》的积极准备。尽管《吕西斯》接近《会饮》是由于其更具普遍性和多样性的研究方法，但不必考虑其他只有通过研究《会饮》才能完全理解的根据，在《吕西斯》中根本匮乏柏拉图在《斐德若》与《会饮》之间撰写了这篇对话的任何迹象。完全由《斐德若》和《吕西斯》本身出发来看，后者毫无疑问处在《斐德若》之后最靠近《斐德若》的位置上，几乎可以只将《吕西斯》当成《斐德若》的附录，或者对《斐德若》的一种经过扩展的辩证法式的解释。因为，《斐德若》以神话方式表明爱的基础在于两个人志同道合（Identität des Ideals），而《吕西斯》则以辩证的却又间接的方式，更进一步地表明了这一点。《吕西斯》的方式所包含的相属与同源概念（Begriff des Angehörgen und Verwandten），比志同道合更为丰富，尽管《吕西斯》提到此概念时如此不确定，以至于只有参照《斐德若》方能理解此概念。《斐德若》的方式使所有其他主张都陷入矛盾之中。因为，志同道合看上去是最终的也是柏拉图真正维护的主张，这只是表面现象。相反，对当初的观点——友谊的基础是相像——的怀疑方法也被运用于所有其他主张，此方法乃解决全部问题的关键，对于将《斐德若》中的暗示放在心上的人，此方法必定会为他揭示一切。因为，如果每个人都将自己局限于外在个性和感性需求，那么，这种相像不过是无用的相像；相反，[A177/B177] 对处身于众人之中同时对众人的精神生活的可能性感兴趣的人，则会扩展其此在（Dasein），使其超出外在个性和感性需求的局限；在此过程中，每个人只会处处碰到与其相属和同源之物，它们不会与每个人原本的追求相冲突。相像之暗示也在于对好之无用性（Unnützlichkeit des Guten）同样表示怀疑，因为，好并非恶（das Böse）之解药，好就是为了好本身。

然而，亚里士多德似乎尚未理解这些暗示。亚里士多德对柏拉图作品中的辩证法和论辩术（Polemik）的误解完全可以原谅，因为，亚里士多德的同类艺术具有更为粗糙的结构，是毫无光彩的大杂烩。但在这样简单的情况下，似乎问题的澄清有赖于认识到，亚里士多德或许尤其对柏拉图早期作品的内在关系缺乏了解。因为，在他的伦理学作品中有很多段落表明，《吕西斯》就摆在他眼前，所有这些段落表明，他将柏拉图表面上的不确定性当成了实情，而且相信，柏拉图只不过无法将自己解脱出来而已，因为，柏拉图一方面忽略了友谊与爱慕（Zuneigung）的区别，另一方面，将友谊的三种形式搞混了，所以，不可避免自然会陷入矛盾，每每将只具有某一种友谊形式的东西，转接到其他友谊形式上。但《吕西斯》的每一位读者一定知道，柏拉图是如何促使我们注意那种区别的，只不过［A178/B178］他使用了间接方式，因为，这篇对话相当大的篇幅都在致力于对此区别作辩证式描述；也一定知道，柏拉图如何坚决拒斥所谓功利式的友谊，然而辩证地看，功利式的友谊无疑完全正当，因为，这种功利绝不是而且任何时候都不是为了自己，相反，尽管很偶然，却总是为了对方。

还有更进一步的细节同样表明，《吕西斯》的撰写非常早，差不多紧接着《斐德若》。所以，我们可以在《吕西斯》中看到比如生硬的过渡、松散随意的联系、偶尔选取例证过于谨慎，所有这些让我们强烈地感觉到一个新手的笨拙。所以，关于情赋和希珀塔勒斯（Hippothales）的故事的内容，似乎进一步暗示，吕西阿斯的情赋很有可能出于柏拉图不赞成这位名人的态度。

在概观这篇对话之后，再罗列对话的全过程或许是多余之举，所以，每个人必须自己判断：个别段落所为何来；为了抵达问题的核心，这些段落必须按照怎样的规则来进行。【有些辩论细节在这篇对话中隐而不显，每位读者都要好好推断；比如我们十分有把握地觉得，柏拉图如果不是想彻底否弃友谊概念的自然科学运用，至少也想将其与友谊概念的伦理学运用彻底区分开来。】因此，谁也不会［B179］忽略：将内（das Innere）外（Form）结合在一起的次要目的，即肉欲式地对待爱人，如何不仅通过零星对话而达成，并相当巧妙地［A179］织入了全部对话，而且除了几处较生硬外，整体上非常容易，由于这些生硬之处很容易避免，故而恰恰表明此乃新手之所为，这一点我们由附属内容之丰富和通篇材料充斥着夸夸其谈可以得见。值得注意的是这篇短小对话提出其基本原理的方式，这些基本原理是理解和判断柏拉图作品的必要开端。一方面,这篇对话是下述观点毫无根据的一个突出例证或首当其冲的例证:柏拉图根本不想就研究的对象确定什么,在未揭开谜底前,他总是为此研究抹上怀疑色彩,因为,对于他在另外两篇对话中加以确定的研究对象,柏拉图在这篇对话中遵循了同样的方法,所以,有心的读者在看上去完全可疑的内容中很容易发现确定的结论。另一方面,这篇对话也是柏拉图能够轻而易举为对话加入细节的例证,这些细节本身看上去完全是辩证的,却与没有它们便不可思议的事物具有必然联系,这些细节就像行星,它们从更大的恒星那里借来光线并围绕这些恒星运动。这篇对话作为例证同样表明,如果我们不能正确把握某些对话与其他对话的关系,[B180]便无法理解这些对话的外表;如果我们要理解这些对话的内容,或想确定它们是不是柏拉图的手笔,首先必须尝试确定它们与主要对话的距离及其运行轨迹。[A180]关于《吕西斯》,如今很难有人表示怀疑,就其真伪提出过于严苛的批评;的确,几乎没有人会认为有必要对其表演式的戏剧化内容提出指责,这些内容具有如此美好的举止,又富有柏拉图的特征。

就这篇对话的人物没什么好说的,也没有迹象表明某一桩真实发生的事件是对话内容或外在形式的基础。

《普罗塔戈拉》引论

[A/B217]当时作为希腊青年的导师出现的人中间,最有名的首先要数在所有论辩-演说家中,因其技艺(Kunst)所依之原则而最值得哲人研究的普罗塔戈拉(Protagoras),他本人在古代也被尊为哲人;其次是博学而又精通历史-古代和富于艺术-记忆的希琵阿斯(Hippias),还有主要因其在语言上的贡献而被引述的普罗狄

科(Prodikos),①此人虽不怎么重要,却产生了整体影响;再次是这些智者(weise Männer)的朋友和仰慕者,即雅典出身最高贵的(edelst)少年,他们之所以闻名或因为乃父,或因为后来本身成了将军、民众领袖或诗人,比如伯利克勒斯的儿子们,还有伯利克勒斯监护的阿尔喀比亚德(Alkibiades),再如克里提阿斯(Critias)、阿伽通(Agathon),以及其他虽然只是沉默的旁观者,却增强了对话整体之壮丽辉煌的那些人;还有这篇富丽堂皇的对话连同苏格拉底及其准备推荐给普罗塔戈拉作弟子的少年②一道介绍给我们的这些人。还有雅典最辉煌奢华的[A218]世家[B218]即卡利阿斯(Kallias)家族:卡利阿斯是雅典最富有的公民,他与伯利克勒斯交好,卡利阿斯的母亲与希珀尼科斯(Hipponikos)离异后,伯利克勒斯成了她的第二任丈夫,卡利阿斯还与阿尔喀比亚德结为姻亲,因为后者娶了他的妹妹希帕莱特(Hipparete),③卡利阿斯作为智术师最热心慷慨的保护人而著名,也因此被滑稽作家(Komiker)讥笑,他的挥霍无度使得这个家族差不多自梭伦(Solon)时代就享有的辉煌走到了尽头。这些都是参与对话的贵胄名流,苏格拉底在对话开头就对一位朋友细数了这些人;对他们的历史不必预先了解更多,因为,所有这些人,特别是卡利阿斯,在对话中反映得非常清楚而确切,所以,这篇对话是获知这些人的个性最重要的第一手资料。

不过,这伙人是如何聚在一起的,却是不容忽视的问题,因为,这篇对话在古代即遭到指责,说他的作者以最难以置信的方式将如

---

① [中译按]即Prodikos of Ceos,生活在公元前5世纪下半叶,以语言研究著名,除了柏拉图的《普罗塔戈拉》,色诺芬的《回忆苏格拉底》(*Memorabilia*)和柏拉图的《会饮》也都曾提到他,相传著有《论人性》(*On the Nature of Man*)和《赫拉克勒斯的抉择》(*The Choice of Heracles*)等。

② [中译按]即阿波罗多洛斯(Appollodoros)之子希波克拉底。

③ [中译按]Hipparete是Hipponikos的女儿。

此多的名人编入了这篇对话,严重违背了时间次序及其准确性。具体而言,有好多地方表明,柏拉图构思这篇对话不会早于第九十届奥林匹亚赛会。所以,对话未提及卡利阿斯的父亲希珀尼科斯,而普罗塔戈拉就住在卡利阿斯家里,后者俨然是一家之主;希珀尼科斯的确死于第八十九届[A/B219]奥林匹亚赛会初年的得罗斯(Delisch)战役。更为确定的是,佩菜克拉底(Pherekrates)有一部谐剧《野蛮人》(die Wilden)在第九十届奥林匹亚赛会前一年上演,这部谐剧是为了装点第八十九届奥林匹亚赛会最后一年举行的勒耐节(Lenäen)而作。① 阿忒纳厄斯以此为不移之论,并据此指责柏拉图犯了两个错误:首先,自伯罗奔半岛战争爆发以来,除了第八十九届奥林匹亚赛会初年伊萨库斯(Isarchos)②治下的休战时期,伯罗奔半岛人(Peloponeser)希琵阿斯在其他时间不可能驻足雅典;与此相反,达歇(Dacier)却在其"《普罗塔戈拉》译者导言"③中尝试为柏拉图辩护。其次,在第九十届奥林匹亚赛会初年,柏拉图不能说普罗塔戈拉三天前第一次来到雅典,因为,欧波利斯(Eupolis)的谐剧《谄媚者》(die Schmeichler)提到,普罗塔戈拉在第八十九届奥林匹亚赛会第三年就到过雅典。不过,就第一点,有人还是会同意达歇的观点,而就第二点,不采纳一个谐剧诗人的证据,因为,后者也会与柏拉图一样允许虚构,这样一来,问题还是没有得到解决,因为,还有更多不容置疑的证据,以各种方式反对将对话确定在这一年并抬高这篇对话。令人奇怪的是,这些证据在阿忒纳厄斯那段怀有敌意的文字中却未曾提及【,尽管他在别处婉转提出了这些证据】。

---

① [Meiner版编注]勒耐节(Lenäen)是婚姻之月(Gamelion,约在公历一月至二月)举行的一个阿提卡迪奥尼索斯节(Dionysosfest),参《古代文化研究实用百科全书》,同前,卷XII,2,页1935及以下。

② [中译按]前424—前423年雅典执政官。

③ [Meiner版编注]参《柏拉图文集》(Les Œuvres de Platon, Bd. 5, Paris 1771),页97及以下。

首先,苏格拉底还被普罗塔戈拉当作一个年轻人来对待,而且,苏格拉底自己也这样称呼自己,这在他去世前二十年是不可能的。其次,[B220]在阿忒纳厄斯[A220]所认为的时间仅一年之后就做了将军的阿尔喀比亚德,却被称为毛头小伙子;在这一届奥林匹亚赛会期间被加冕为肃剧诗人的阿伽通,也被称为小男孩。最为确定的是,伯利克勒斯据说还在世,还有他死于瘟疫的儿子们也在场,可见,对话的日期被推到了第八十七届奥林匹亚赛会第三年之前。这样一来,与后面这个时间相符合的,只是许多与对话的关键内容根本无干的小人物,比如阿伽通和伯利克勒斯的儿子们,所以,很明显,柏拉图对此心知肚明,他刻意要如此编排。但关于对话发生较晚的那个证据,可以问的是:佩莱克拉底的谐剧在阿忒纳厄斯提到的那次表演之前是否表演过?如果表演过,那么,其形式与阿忒纳厄斯提到的那次表演一样还是不够完整?因为,柏拉图在此特别提到勒耐节上的表演;①如果柏拉图出于疏忽把佩莱克拉底谐剧的上演移植到他实际写作这篇对话的时间,这是不可想象的。同样,如果人们不想认为对话的时间就在第八十七届奥林匹亚赛会第二年,希珀尼科斯当时作为将军去攻打塔纳格拉人(Tanagraier)了,是否有必要认为希珀尼科斯已经死了,他是否就不可能出远门了,或许就在波提达亚(Potidaia)前线军中?但无论如何,我们宁可认为,柏拉图刻意将一个对于自己的计划并非不重要的场景,而非那些微不足道的场景,放进了一个[B221]错误的时间,如此一来,便可以将佩莱克拉底的《野蛮人》确定在这一时间[A221],以免此编排与历史完全不相干,同时,使无法清楚表达内容变得更见扑朔迷离。因为,柏拉图找不到比卡利阿斯家更适合于此场景的地方了,或许欧波利斯的《谄媚者》是作如是想的缘由和如此自由编排的诱因。对柏拉图而言,同样必要的是将时间提前,在此较早的时间,这些智者真正血气方刚,从而能汇聚雅典,【此辈热切求知的】少年尚未投身

---

① [中译按]参《普罗塔戈拉》(327d)。

于城邦和战争事务。而且让垂垂老矣的苏格拉底与智术师展开这样一场竞赛，或为了苏格拉底的反讽之目的，让柏拉图不乏崇敬的普罗塔戈拉处于其真实的老年时光，或许有违柏拉图的仁者之心。但普罗塔戈拉这里言过其实地赞美其年高的话，还有苏格拉底贬低自己年轻的方式，并非不是柏拉图有意嘲笑那些或许说他本人年轻的人所持有的标准。因为，第九十二届奥林匹亚赛会开始时，普罗塔戈拉在由拉蒙努斯人安提普丰（Antiphon der Rhamnusier）促成的城邦变革中被逐出了雅典，大概在放逐中死去，有些人说享年七十岁，还有人说九十岁。[B222]如果要在其中寻找确切答案，那么，虽然柏拉图在《美诺》中明确支持第一种说法，我们还是要说，普罗塔戈拉在五届奥林匹亚赛会前[A222]，对将近四十岁的苏格拉底吹嘘自己年高，可真有些大言不惭。【所以，如果人们认为时间上的矛盾永远不可能解决，那么，我仍然要坚持较早的时间，因为，较早的时间符合这篇对话的特点，柏拉图想将读者切实置于较早的时间之中，而从较晚的时间中，或许只是无意间混入了一些内容作为装饰。因为，简单满足于不同时间相互混淆太不负责任，这并非古人的手法和心意。】

现在到了以研究内在关系来取代探讨较不重要的外在条件的时候了：这篇对话相当复杂，或许并不像所吹嘘的那样已得到深入理解。区分这篇对话的不同部分，或按行文次第来描绘每个细节的内容，的确非常简单；然而，谁如果认为由此即可明了对话整体之内涵，并溢言结构次第简单易懂，那么，除了不正当地做出这种最糟糕的假设——认为这篇对话根本没有秩序井然之观念，他很难有其他判断，相反，会认为这篇对话无统一性可言，毫无艺术见地，所有内容都是碰巧从之前的对话内容中编造出来的。与此相反，如果谁不想忽视很多内容错综复杂地交织在一起的对话整体之目的与理念，他一定会较为准确地摸索到所有细节之间的[B223]内在关系，目前应初步将读者引入此内在关系。（一）首先，苏格拉底设法通过对智术师的本性及其真正的技艺的怀疑式研究，引导一位渴望结识普罗塔戈拉的年轻人反思其意图。在一篇根据提出的请求而作的、关于智术之范围与古老的简短报告中,普罗塔戈拉本人间接从不同观点出发,推进了关于智术师的本性及其技艺的研究。在此报告中,普罗塔戈拉一方面表明了他关于智术行当的公开见解,另一方面得出,[A223]智术本身非常古老,但并非出自最古老的先贤(Weisen),而是出自诗人和艺人。但就这门技艺根本未阐明任何直接和确定的内容,直到苏格拉底在一小段对话中从他的回答中得出了这样的结论:普罗塔戈拉教导的主题正是公民德性(bürgerliche Tugend)。(二)接着,苏格拉底在随后的谈话中只不过随意通过例证和概括式表述确立了一个前提:公民德性不可教。为此,普罗塔戈拉一方面用一则关于人类起源和群居生活的神话作为反证(Gegenbeweis),另一方面,在更进一步的讨论中,他设法使苏格拉底提出的这些普通行事方式转而支持他自己的主张。(三)根据普罗塔戈拉的提议,在关于炫耀辞藻的[B224]演说与对话之区别的一些预先警示后,苏格拉底将对话与德性是一(Einheit)还是多(Mehrheit)的问题联系起来,并迫使认为德性是多的对手使正义(Gerechtigkeit)与虔诚(Frömmigkeit)相抵牾;接着,当普罗塔戈拉进退维谷之时,苏格拉底有礼貌地中断了对话,并迫使他在第二个回合中承认明智(Besonnenheit)与见识(Einsicht)必定是一回事;最后,关于正义做了同样的证明,而普罗塔戈拉有意粗暴地打断了谈话线索,转而发表了一段冗长却完全是经验性的关于好的本质的讨论。(四)由此,自然引出了[A224]关于对话之本质的新解释,同时应当引入一个新的竞争协议,因为,这些贵族青年的兴趣越来越浓厚,想将问题变成正式的哲学竞争,而普罗狄科和希琵阿斯也找到了以自己的方式简短发言的机会。就选择一个裁判的提议,苏格拉底也发表了他自己的看法:说话要简明扼要,而首先必须严格遵循对话(dialektisch)程式。(五)根据苏格拉底提出的条件,现在普罗塔戈拉成了提问者,在引入的一首西摩尼德斯的(simonideisch)诗之后,关于德性的讨论得以继续,但普罗塔戈拉愿意采用的方式根本没有确定目标,只不过想使苏格拉底陷于矛盾之中;然而,苏格拉底作为应答者首先不仅击退了普罗塔戈拉,而且与普罗狄科展开了一场有趣的[B225]小战斗;但之后,在进一步论说中,苏格拉底本人解释了这首诗,并将所有邪恶都出自错误这个前提作为所有先贤共同的主张,并插入了由斯巴达人和克里特人(der Lakedaimonier und Kreter)的处世之道所引出的哲学结论;最后,严肃地采用下述主张作为结论:从诗人们的论辩中,不可能得出任何确定观念。(六)由此,对话终于得以重新推进,现在苏格拉底这一方成了提问者,并作为提问者[A225]进一步表明:德性就是一(Eine),就是知识(Erkenntnis),就是科学(Wissenschaft),也就是说,德性之所为正是知识。首先,苏格拉底表明勇敢(Tapferkeit)就是知识和科学,在接受普罗塔戈拉表面上似乎有道理的指责之后,苏格拉底假意承认:除了享乐不存在好,若有享乐则无痛苦,因为很简单,全部德性无非是算计和权衡之科学。这样一来,苏格拉底自己将揭示一个矛盾:一方面,普罗塔戈拉的确认为德性可教,却拒绝承认它是科学;另一方面,苏格拉底本人却努力证明了这一点,即便他的目的与此相反,是要否定德性可教的任何可能性。

由此对细节的简短介绍一定足以表明:上述这些平常观点,就其未能概括对话之整体,[B226]而只不过符合对话之一部分而言,实际上完全无效。也就是说,有些观点如造型艺术惯常所作的那样,割裂了本不可分割的内容,而将目光完全集中于被认为能为整体增色的部分,集中于接连不断的、的确让这篇对话的读者钦佩不已的反讽。无疑显而易见的是,柏拉图在此大规模地以具有高度自我意识的精湛技艺,展现了他本人的反讽天赋,[A226]所以,那些对柏拉图的滑稽剧(Mimen)造诣及其与谐剧(das Komische)的近似给予极高评价的人,很可能认为运用这些反讽,或者说运用人们认为的对于智术师的诛心之论,乃是《普罗塔戈拉》这篇对话的主要目的。尽管这里无法确定柏拉图本人是否会和他的某些赞美者一样,或在相同意义上,评价这篇对话至少如其表现出来的那种完美性,但有两点是确定的,也足以对上述观点做出纠正。一方面,凡夫俗眼在此所看到的,无论就柏拉图的全部作品而言,还是就这篇特殊对话而言,远非最高类型的反讽,而不过是次要的戏剧式的反讽,即便在通常如此少有反讽性的现代人中间,这样的反讽在现代人名下也并不少见。另一方面,对特定人物的原创性和行事方式的模仿,只不过是努力[B227]正确地表现谈话者,这已然决定了应该谈论什么内容,也因此决定了那种反讽式模仿在柏拉图的作品中可能通篇都是,而当与苏格拉底式智慧和观念的敌手们谈论某些主题时,这种反讽式模仿就真的出现了,它不是空洞的装饰,而属于抵达事情本身的手段,目的是使得对话整体内涵之真理变得清楚明白,并通过小心清除所有不自然和过分装饰的内容来显明真理。也正因为如此,不可将这些不自然和过分装饰的内容视为首要或本来目的,但一方面由于这些内容不可能避免,另一方面,哲学的意图要么必然处于这些内容之下,要么完全失去,然而若无此哲学意图,柏拉图的伟大作品就不可能建构起来。相反,其他人太过热衷于真正的宝藏,甚至连幸运的探索者,也因为他们不知道宝藏究竟何在,而执着于所提出的某个问题,好像在此要解决的问题是德性之可教性(Lehrbarkeit),抑或是德性之统一与复多问题,因为,只知其一不知其二的人必然摇摆不定。这种做法之不足在于,由此观点出发,这篇对话中的某些部分根本无法得到理解,譬如对话提及的关于智术与哲学的两个推论,还有关于西摩尼德斯那首诗的全部讨论就是如此;【进而言之】,与上述问题密切相关的那些努力本身也没有进展,相反,总是以某种奇怪的方式重新从头开始,而且几乎不着边际。[B228]简而言之,对话整体之目的,怎么可能是某一项研究呢?对话末尾才半是反讽、半是真实地论及此项研究,为了得出此项研究之结论,这样的做法真是糟糕透顶也完全搞错了。

然而,如果谁不仅关注这篇对话中的这个或那个问题,而且关注所有内容,关注我们至少会忽略的、柏拉图著作中到处随意插入的线索,关注不同章节中的形式(Formen)转换,关注这些章节之中[A228]或之间尽管主题多样却不断重复的内容,那么他将在这场关于形式与方法的争论中认识到对话整体的主要意图,即宣告苏格拉底的对话形式与所有表现出来的智术派的形式形成对照,甚至不排除关于诗人的评论段落,赞扬和推崇苏格拉底的对话形式是任何真正的哲学传授的固有形式。如果站到了这个真正的中心点上,我们首先将完全确定地看到,这篇对话是如何通过重重关系与《斐德若》最为密切地联结在一起。因为,正如《斐德若》表明了哲学思维方式之内在精神,《普罗塔戈拉》则揭示了哲学思维方式之外部特征,以及如何评判冒充的外部特征。此外,《斐德若》把关于传授冲动的(mitteilenden Triebes)描述织入了方法研究,尽管这种冲动不是那种常见的、出于虚荣而进一步传播被错误地称为真正的知识而实际上是空言的冲动,[B229]而是那种欲借助观念(Ideen)来塑造灵魂,从而将其他所有问题都建立在作为全部苏格拉底哲学之基础的伦理(das ethische)之上的冲动。同样,《普罗塔戈拉》的主题是关于满足此冲动之可能性的问题,此主题必定以不同的方式显现出来并形成比较,这样一来,《普罗塔戈拉》的内容无一例外都是关于传授伦理的讨论,而伦理主题恰恰使得德性之可教性问题获得了意义。是啊,甚至连对话整体之外在构型,[A229]这两篇对话也表现出引人瞩目的相关性,在《普罗塔戈拉》中,按照当时的实际状况,采取了竞争的形式;这样的形式的确更为生动,因为,比起与演说家的关系,智术师与哲人的关系更近,所以,《斐德若》中的论战倾向在《普罗塔戈拉》中得以继续和升级。所以,由此出发,《普罗塔戈拉》这篇对话之整体以及每一个细节所处的位置变得清楚明白,这种差不多从其他任何【角度】看仅仅是环形的运动,其实是优美而和谐的进程。可以说,通过形式之对比,智术派的方法之缺陷变得越来越明显,而且在具体例证中表现得尤为清楚:炫耀辞藻的演说之所为,如此随意地远离了事物的核心;按照这种方式,讨论双方就可能在未取得一致意见的情况下,将如此之多看上去美好的内容简单抛弃;与此相反,对话形式如此容易揭示每个主题的意义,究明分歧[B230]之所在,如果某一部分根本没有意义,则查清原初的错谬之所在;与此相应,通过从各个侧面不断变换对主题的解释,原因越来越清晰地展现出来,智术师因此无法获得更好的方法,并满足于建构更为糟糕的方法,这种原因就是真正的哲学冲动的缺席、卑鄙的野心和意图,智术师首先是为了这些目的才施行智术的。这种协调一致[A230]必定会发生影响,与所有艺术美(Kunstschöne)一样,尽管尚不能认识这种协调一致的本质,但它在很大程度上必定是所有读者在这篇对话中获得高度满足的源泉。普罗塔戈拉的第一篇演说立即暴露了他的自负和贪婪,在其感到满足的第一场对话中,他用明智之对立面来反对知识,所以,在应该对德性做出区分,从而首先看到理论与实践之区别的时候,他本人却毫无感觉。【然而,如果这是柏拉图有意捏造此人迟钝,那真是够没趣的。但这种描述的确针对柏拉图及其同时代人亲眼所见的事实,而不管这个人是普罗塔戈拉还是其他某人。因为,那个哲人也不是苏格拉底本人,而是他那派人的代表。同样,】可以进一步发现,关于快乐和好[B231]之间的区别,【普罗塔戈拉的】情形也好不到哪儿去。当苏格拉底向他揭开矛盾的时候,我们得知:普罗塔戈拉对教育他人的首要条件,对他用以教导其他人的好之观念,压根儿就没思考过。我们还同时认识到:普罗塔戈拉必定离那种方法仍有多远,这种方法的唯一目的是使哲学的学子获得自我意识,并迫使他们自己做出思考。这同时证明了这种方法就是对话方法:它将所有这一切摆在他们眼前,并引出那些决定性要点,供其肯定抑或否定。忽视这种方法,证明普罗塔戈拉是这样一个人:他对道德真理一窍不通,也从未追求过道德的终极目标。表明这一点并检验是否真能找到公理(das Rechte),[A231]是苏格拉底就论题做出种种人为的辩证转换的目的,只有对柏拉图式的方法一无所知的人,才会错误地认为这是矫揉造作和诡辩。相反,如果我们将此与《斐德若》的做法作对比,则会发现,《普罗塔戈拉》中的这些内容是柏拉图作为哲学艺人取得进步的清楚证据。因为,我们在《斐德若》中发现了间接的处理方式,这种方式似乎形成了柏拉图所有、特别是间接传达的对话的本质特征,在这篇对话的整体编排中,这种间接处理方式相当普遍,但在具体内容中又非常不足;在《普罗塔戈拉》中,这种间接处理方式在具体内容中的运用并不比整体运用少,[B232]所以,《普罗塔戈拉》已然是一部用写作来模仿栩栩如生的现实对话的完全成熟的作品。《斐德若》中提出的欺骗和不欺骗的原则,在《普罗塔戈拉》中得到了十分勤勉的运用:在某一技艺方面已有了长足进步的青年才俊,或成长中的此技艺方面的大师,在其演练中孜孜以求所有适当的机会,以便在行家面前展现其侦察到的秘密。

《普罗塔戈拉》不仅推进了实用的辩证法和对真正的、较《斐德若》中得以深化的哲学艺术形式的赞美式认可,而且推进了《斐德若》中的科学内容。然而,德性就是应用于行事或抉择的知识,从而邪恶[A232]永远只是认识谬误(Irrtum),这个命题,尽管柏拉图在此做了严肃探讨,却并未确定其意涵,也没有作为他本人的观点而提出,相反,他容许其处于不确定状态,从属于一张网:柏拉图将那些尚未抓住好的真实理式的人卷入了这张网,这张网一方面是对所有主题的完全反讽式的处理;一方面是与那种完全非苏格拉底式和非柏拉图式观点——好无非是随心所欲——的联系,好的真实理式很容易陷入这种联系;一方面只是由此进一步将对于德性而言可能是知识和科学的内容,回溯到[B233]度量-算术(Meß-und Rechenkunst)。但至少我们可以在其中找到一些暗示,从而首先更为严格地确定必须先行确定的知识概念本身。苏格拉底发现自己表面上的矛盾如此明显:他否认德性之可教,却又主张德性就是知识;考虑到《斐德若》中关于理式(Ideen)的讨论,这个矛盾激发人们思考知识与传授的关系。与赫拉克利特学派(Heraklitisch)有关的生成与存在的(Werdens und Seins)对立具有类似特点(Abzweckung),尽管对于《普罗塔戈拉》而言,这种对立具有反讽性。同样,关于德性之统一与复多的次属问题,只不过是更为普遍的关于一与多的研究的一个特例,或者好比特殊事物分有了理式这样的情形。如此一来,[A233]在此理式论已然开始由神话领域过渡到科学领域,而且通过所引证的原则,《普罗塔戈拉》超越了其直接目的,为随后更多的柏拉图作品埋下了伏笔;尽管如此,由此已然表明,《普罗塔戈拉》比其他所有详尽讨论这些问题的对话要早。

然而,我们绝不能如有些人好心称赞的那样,将普罗塔戈拉叙述的神话算作柏拉图式的神话;相反,如果它根本不属于普罗塔戈拉本人,那么,尽管没有证据来证明,[B234]但柏拉图运用神话的方式表明,至少这个神话绝对是按照柏拉图的精神创作的。因为,哲学思考尚未超出直接的感性经验的粗糙创作方式必然如此,所以,人的理性天赋(Anlage)被认为是对其有缺陷的身体构造的补偿,而正义和羞耻被认为是感性生活之辅助,而且是人后来才具备的两种德性。神话的证明力之所以表现得十分雄辩,是因为柏拉图不知道(wußte)为上述观点提供其他证明,同时,他未能根据需要使关于理由的讨论变得可知,因为,他本应解释的内容并没有与解释进程建立关联,而只是被引证为宙斯(Zeus)的绝对命令。奇怪的因此还有他有意采取的写作方式,似乎在模仿普罗塔戈拉。[B234]苏格拉底关于西摩尼德斯的诗的看法,我们只有以这个片段为根据,苏格拉底的看法应该说也是对匹塔科斯(Pittakos)格言的批评,所以,绝不能简单视其为笑谈。但我们至少还有一篇公认属于西摩尼德斯的诗,与《斐德若》中引用的克里奥布洛斯(Kleobulos)的格言形成论争关系,这首诗的言述方式和风格与《普罗塔戈拉》中引用的那首显然类似,而克里奥布洛斯本人也属于七贤。

《拉克斯》引论

[A/B321]从属于《普罗塔戈拉》的篇幅较小的柏拉图对话中,《拉克斯》要数头一篇,因为它如此接近《普罗塔戈拉》,不过是后者的一个附录或最后一部分内容的延伸。具体而言,探讨勇敢的正确概念是《拉克斯》的首要任务,而关于勇敢的讨论在《普罗塔戈拉》中与全部德性之统一或复多问题的争论有关。在《普罗塔戈拉》中,主张德性之复多的普罗塔戈拉,通过几个例证陷入了困境,但由于一个表面上有利于他的假象,普罗塔戈拉举出保留下来的勇敢作为不同于其他四种德性之相似的特例,因为勇敢本身与所有德性不同,甚至在经验中也往往见到勇敢与其他德性相分离。与此相反,苏格拉底表明:如果我们认识到,勇敢总是表现为大胆(Mut)和果断(Kühnkeit),而这两种品质获得勇敢之名,是因为它们与专门知识和判断联系在一起,那么,专门知识和判断本身就可以将勇敢与鲁莽和冒失区别开来,也因此,勇敢这种[B322]德性结果成了[A322]爱打小算盘式的机灵(berechnende Klugheit)。如其所表明的那样,普罗塔戈拉用一种本身无价值和不相干的方式来反对苏格拉底的证明,对此,苏格拉底明显只不过暂且予以容忍,因为沿着这条路走下去,或许只会使普罗塔戈拉完全远离眼中的目标。为此,苏格拉底开启了研究的另外一个方面,同时表明:在快乐就是好这一前提下,人们可以将不快作为通向快乐的手段,因此,可以说勇敢不过是对眼前的不快对应着远处的快乐的估量,所以,勇敢是一种度量术(Meßkunst),是聪明(Verstand)和机灵。如此来处理普罗塔戈拉关于德性之可教这一主要疑问,便是这篇对话的结论;但这个疑问显然未能详尽阐述勇敢之德性,而且仍极不和谐,也未得到解决,所以,柏拉图很难就此罢休。因为《普罗塔戈拉》的第一项研究未竟而终,第二项研

究的前提根本不是柏拉图自己的；此外，与现代读者的情形一样，当时的读者也很可能错误理解此前提。【这篇短小的解释性对话的意义正在于此：】《拉克斯》中讨论勇敢的内容，与《普罗塔戈拉》研究的问题直接相关，目的是由柏拉图本人的观点出发，更为准确而详尽地阐明这些问题。因此首先，果断之表现未能穷尽勇敢概念，勇敢概念［B323］也超出了原本［A323］所谓恐惧之领域，对种种不快甚或快乐的抵制，恰恰属于勇敢之德性，所以，坚定不移更能表现勇敢之特性。如此修正重复了《普罗塔戈拉》的第一项研究，得出的结论是：一方面，并非任何坚定不移都属于勇敢，另一方面，为达成某个目的或结果而精心算计，也算不上勇敢；在道德上判断某种行为是否勇敢，既不能靠坚定不移之程度，因为过于坚定应受责备，也不能靠机灵之程度。总之，不可认为勇敢就是身体刚强，否则连动物都要说它们勇敢了，传达了柏拉图观点的尼基阿斯（Nikias）毫无疑问会反对这种看法。但为了避免制造混乱，出自《普罗塔戈拉》的第二个问题最初没有被采纳，直到快乐与好可以划等号这个前提被取消，从而将快乐与好区别开来。为此，的确没有比预言术（Wahrsagekunst）更好理解的比较点了。因为很明显，如果所有德性（alles Sittliche）只是快乐的度量术，那么建构德性的知识，就只可能是对后果及其实际的快乐价值的预见。由此可知，好的知识与此完全不同，从而首先表明：就勇敢应该是关于好的知识而言，它［B324］不可能是与其他德性不同的［A324］特殊德性，因为，可能对德性做出划分的唯一理由，不在道德事务考虑之列；如果人们着眼于概念的日常含义，那么据此，即根据出自时间的理由，可能对德性做出划分。由此证明了这样一个结论：德性不可分，产生一种德性的力量，也必然产生其他所有德性。在关于勇敢概念的研究如此被推进的同时，《普罗塔戈拉》中提出的更高的伦理的概念（Ideen），不仅通过反驳与其相对的概念而得到清晰的证明，而且真正变得更为突出，尽管这正如同一等级的柏拉图对话通常所表现的那样，也符合这些对话的基本原则,只不过《拉克斯》中的做法无迹可寻,故而只有被引上了这条路,从而在任何时候都能自己发现细节的人,才能找到这些蛛丝马迹。因为,拉克斯(Laches)毫无恶意地将道德智慧的本质说成是灵魂的和谐,是知识与生活协调一致,这是正确理解柏拉图的德性理论的钥匙,这可能意味着德性就是认识(Erkenntnes)或一种知识(ein Wissen)。附带提到的这些内容,并非唯一值得一提的例证,即对如下耳熟能详的主张做出极大限制的例证:柏拉图总是通过苏格拉底来传达他的观点,要不就通过那些突出为最有智慧者并主导对话的人来传达他的观点。【因为,既非这些人所说的一切都是柏拉图的意思,相反,柏拉图也让[B325]主导对话的很多人从其他人的观点出发来说话,以便揭露他人观点中隐藏的矛盾;亦非只有主导对话的人所说的正确观点才是柏拉图的观点,】其实,柏拉图容许其他人毫无矛盾地说出的那些内容,还有细心的读者很容易通过其表达口气来辨别的内容,也都是柏拉图的意思。

  对话的很多主要内容,的确因为其外在表达方式而做了变通,但这种偏离还不至于使任何人对其所表达的内容与《普罗塔戈拉》的关系判断错误。还有好多解释和赞扬对话式方法的内容,我们记得这正是《普罗塔戈拉》的一个主题;而在其他内容中,还有一个非常清晰的、或许为反对《吕西斯》和《普罗塔戈拉》中的错误理解而提出的解释:【这样一篇对话的】意图,绝不可能仅仅是向他人指出其无知,而指出他人无知的人竟然不自知;因为,这毫无疑问正是尼基阿斯指责拉克斯这种做法令人不齿的那个段落的意思。同样,主张不管训导者(ber Belehrende)是否年轻或籍籍无名,都必定没有什么区别,这是柏拉图为其对待吕西阿斯和普罗塔戈拉的方式所作的自我辩护【;其他针对那些认为年高就会带来见识的人的说法,同样也是柏拉图的自我辩护】。促使柏拉图对话的读者关注这些细节并非多余之举,因为一方面,这些细节更进一步显明了柏拉图对话之间的相互关系,[B326]另一方面,读者根据这些细节可以及时知道应恰如其分地评价柏拉图的意图(Absichtlichkeit)。

这种普遍存在的与《普罗塔戈拉》的联系,无可置疑地确保了《拉克斯》在柏拉图对话系列中的位置,尽管亚里士多德在其[A326]讨论勇敢的伦理学论著中并未明白地提到这一点。这没有什么好奇怪的,也不可能引起任何怀疑;因为,对于全盘否定柏拉图关于好还有德性的观点的亚里士多德而言,就柏拉图关于个别通俗的德性概念的处理,尤其是柏拉图对此类概念的反对意见多费口舌,纯属多余之举。但无论如何,《拉克斯》中所有的外在表现完全是柏拉图式的,部分内容完全可以由其与《普罗塔戈拉》的关系来解释,所以,就任何方面,任何人都不可能留有疑问。次要内容之丰富,发言者之转换,沉默者之在场,都是《普罗塔戈拉》的继续。关于人物的选择,阿里斯泰德(Aristeides)之子吕西马霍斯(Lysimachos)和修昔底德(Thukydides)之子美勒西亚斯(Melesias),很长一段时间被刻意用来与伯利克勒斯形成平衡,这与《普罗塔戈拉》中第一次提出的看法完全相称:这些伟大的治邦者仍然无能胜任教育他人之技艺。很明显,近乎滑稽地描写好心却又无能而乏味的老年,是为了维护年轻人,从而指明对年轻人的指责如何毫无价值,因为,完全变老之后,大多数情况下,如果没有其他可引以为自豪的事情,[B327]就会像吕西马霍斯对待苏格拉底那样,习惯于居高临下地把成年人当孩子来对待。选择其他人物,看来意图很简单,是为了推卸一种指责:似乎柏拉图的苏格拉底只知道洋洋得意于反驳小年轻和智术师。所以,尽管这里有年轻人,却保持沉默,而真正的对话者是来自那个阶层的一流的德高望重之人,苏格拉底与他们探讨按常理他们应该有见地的问题,具体而言,就是与军队统帅讨论勇敢。在这些人中间,拉克斯作为苏格拉底的战友及其勇敢的见证人,可以被选来颂扬苏格拉底。但就尼基阿斯,普鲁塔克曾谈到他根本反对鲁莽和野心,却因为在战争中的侥幸成功而掩盖了其天性之怯懦,他尤其适宜为关于勇敢的特殊见解辩护,这种见解更多将勇敢作为见识和智力问题来看待。只是关于武器技艺问题的过于详尽的讨论,以及相当优美却不怎么恰当的、关于名不见经传的施泰西劳(Stesilaos)的镰枪(Sichelspeere)的讨论不好理解;除了说这是过于幽默,要为其给出其他解答恐怕很难,正如《斐德若》中所说的那样,任何文章必定都是各种成分之混合。

第一部分第二卷

《卡尔米德》引论

[A5/B3]在日常生活中表现出来的所有特殊德性中,如苏格拉底在《普罗塔戈拉》中所列举的那样,可以说讨论得最不够的德性要数明智(Besonnenheit)。一开始,明智被近乎开玩笑似地描述为与智慧(Weisheit)别无二致,接着,在讨论明智与正义(Gerechtigkeit)的关系时,因为害怕讨论的结果,普罗塔戈拉顾左右而言他。因此,非常自然,《卡尔米德》这篇对话是《普罗塔戈拉》的第二个分支,正如《拉克斯》中讨论勇敢的情形,一方面,反驳了作为一般意义上的特殊德性的明智概念,另一方面,在一种更高的意义上对明智做了全新解释。就第一个方面,《卡尔米德》做了详尽讨论:人们通常认为,明智德性之本质就在其中的外在行动之特殊表现,【既可能是一种不完善,也可能是一种完善,因此,绝不适合于形成一种伦理上的概念之统一性(Begriffseinheit)。】犹豫不决的谨慎(Bedächtigkeit)和害羞(Verschämtheit),如苏格拉底所证明的那样,都不可能是明智之德性,苏格拉底本人肯定它们都是对明智的庸常解释,人们视其为无耻(Unverschämtheit)[B4]和暴[A6]躁(Heftigkeit)之对立面。在《拉克斯》中,较少正式谈论与勇敢相符合的现象,即果断和坚定。与此相反,《卡尔米德》对《拉克斯》详加讨论的内容——即主张不能用划分对象的方法来确定特殊德性,相反,对于每一种德性,我们只需要回复到好之整体——只是一笔带过。但关于确立严格的概念,可能只是浮现在某些读者眼前的一个

假象:似乎柏拉图的态度谨慎而又怀疑。因为,就概念之确立,柏拉图称这种单一而又不可分的德性为明智,这足以表明:早在那种认为明智乃是灵魂真正健康的怀疑式研究之前,而且就此在另外一个段落中,他坚决要求克里提阿斯(Kritias)保持前后一致。谁如果由此联系到这个共有的主张,即在不知道为何要明智的情况下,没有人会是明智的;与此同时,联系到苏格拉底毫不反驳地容忍克里提阿斯就自我认识提出的看法,他就不可能根据《拉克斯》和《普罗塔戈拉》而依然对柏拉图的观点抱有怀疑。我们也将听凭有正确理解的读者来决定:不考虑在《普罗塔戈拉》中【用 Besonnenheit 来翻译希腊词 Sophrosyne[明智]所带来】的小小优势的情况下,是否在我们的语言中有【比 Besonnenheit】更适合表达柏拉图思想的词汇。西塞罗[B5]将 Sophrosyne 译为 Mäßigung[节制]完全不可取,西塞罗用这个词的时候眼前是亚里士多德而非[A7]柏拉图。

苏格拉底由明智乃是自知的解释出发,过渡到明智乃是关于有知与无知的认识,乍看上去,可能有些强词夺理和诡辩。但如果自知是关于完善或不完善、有德或无德的知识,如果德性就是一种知识,而这种知识必须被正确理解为前提,一种【柏拉图】不可能不厌其烦地重复的前提,那么,自知当然就是一种关于有知或无知的知识。【然而,正是通过此过渡,以及通过这种为辩证与伦理之分离作序言的研究方式,将关于明智这一特殊概念的讨论,】与关于伦理之本质的通俗讨论联系了起来,这种通俗讨论遍及所有这些对话,而推进这种通俗讨论,正是将《卡尔米德》合理地放在《拉克斯》之后的原因。因为,好与快乐的区分在此已然被确定为受认可的前提,所要求的知识与行为在伦理领域的统一,通过研究与好本身有区别的好行为而得以推进,但首先是更高的知识与特殊的、经验性的知识之间的区分进一步得到阐明。结论部分,不仅重复了[B6]与《拉克斯》联系在一起的预言家的例子,而且这个预言家为无所不知[A8]且能对全部有知者做出判断的预言家所超越,因此,任何人都不能忽略实践性知识与技艺性知识的区分。知道人有知与知道人知道什么这两种知识之间的区别,以及认识就其本身有能力使其自身成为认识对象而与感知截然不同,还有关于相对与绝对的暗示,都是这篇对话极为引人瞩目的可圈可点之处。

所有关于明智的通俗解释,都穿上了寻求关于明智的新解释的外衣,这正是《卡尔米德》独具之特色,这篇对话也因此在一定程度上已经接近柏拉图第二阶段作品之虚构特点;《卡尔米德》通过进一步更为充分的努力来把握知识,从而相较于迄今为止的所有作品,它不仅为《帕默尼德》,也为《泰阿泰德》做好了准备,并再次由理论与实践的表面上的分离出发,而这种分离在《普罗塔戈拉》与《帕默尼德》中引人瞩目。谁如果感到《卡尔米德》清楚涉及《普罗塔戈拉》的内容尚嫌不足,那么,这种联系必定使他确信《拉克斯》与《卡尔米德》正是属于这一阶段的对话。因为要不然,就会很自然地认为这些篇幅较小的对话,乃是《王制》诸卷中更大篇幅地描述正义的预演和前奏。但倘若如此,一方面,就会匮乏对于智慧的相应描述;另一方面,[B7]很明显,关于伦理概念,那部更大篇幅的作品([中译按]指《王制》)就会以另外一种[A9]立场而非这些【篇幅较小的】对话为基础。所以,只有按照眼下这一系列对话中所写下的内容,正确理解了伦理之本质的读者,才不至于搞不清关于正义和智慧的正确描述,相反,他会由《拉克斯》和《卡尔米德》中阐明的内容出发,按照柏拉图本人的意思来构建关于正义和智慧的正确描述。

有一种非常特殊的情况与这里提出的关于明智的解释相关,这种解释的内容是:明智就是每个人都做自己分内之事。这种解释并不像前述解释那样司空见惯。即便有些智术师或许会这样解释明智,从而赋予这种施用于统治者与被统治者的德性以完全不同之内涵:这样的解释仍不充分,以这样一种方式也无法表明,人们可以得出结论,说柏拉图的意图是要反驳这种解释。相反,谁若注意到对这种解释的轻易放弃,注意到不同寻常的挖苦式的强调——苏格拉底以此方式来宣告这种解释来自克里提阿斯,就会发现这里隐藏着某种特殊暗示,就会禁不住想到克里提阿斯的私人关系,或许他想以此为理由通过对抗柏拉图来介入城邦事务,或许他想以类似的方式臭名昭著地警告苏格拉底放弃其学说,[B8]柏拉图讥笑这种方式根本不可靠。这些猜测[A10]与这篇对话写作的大致时间完全吻合,很容易将对话的写作放在混乱时期;因为,在克里提阿斯死后,柏拉图就不会再将此暗示放在心上,也因为,我们必须立即在此寻找柏拉图的辩护意图。卡尔米德的性情与色诺芬的描述一致得异乎寻常,所以,这样的比较无法完全保证我们的著作家的戏剧式描述具有真实性。

《游叙弗伦》引论

[A53/B51]虔敬(Frömmigkeit)同样是《普罗塔戈拉》提出的德性的一个部分,作为讨论虔敬概念的对话,《游叙弗伦》也与《普罗塔戈拉》联系在一起。只不过若与《拉克斯》和《卡尔米德》比较,《游叙弗伦》显然属于非常次要的作品,因为,不仅其贫乏的外表与前两篇对话之丰富与华美对比起来十分不利,而且其内容相较于前两篇对话也不怎么好。因为,我们既无法指出在《游叙弗伦》中关于最普通的伦理观念有何修正,而且,即使我们愿意深究构成研究的直接主题的个别概念,也无法找到细心的读者足以明了作者意图的间接暗示;相反,其目标之局限性,还有对主题的纯粹怀疑式的处理【,皆昭昭然】。【柏拉图对话的本质要素在这篇对话中连影子都看不到,这】很容易使人怀疑,【我们研究的】这篇对话是否属于那些[A54]被否认是柏拉图作品的对话;这种怀疑为行文中的很多[B52]细节所加强,而这种行文没有显示出一位已证实和成就的大师,倒显示出一个小有成功并因此而自鸣得意的模仿者,他想拔高其由较为简单的辩证法和一种相当肤浅的反讽得来的恰如其分的收益。要消除上述怀疑,【取决于接下来能提出多少理由。】首先,

《游叙弗伦》所包含的辩证法的内容尽管不如《卡尔米德》全面，却恰恰既是《普罗塔戈拉》的延伸，也是向《帕默尼德》靠近和为其作准备。这尤其适用于解释表明概念本质的内容与表明概念的某种关系的内容之间的区别，适用于追溯语言习惯用法的起源，柏拉图接着针对上述区别的标志，对语言的习惯用法做了详尽考察。此外，在其他柏拉图作品中，虔敬概念从四个主要德性的行列中消失了，但在《普罗塔戈拉》中虔敬概念仍属于四主德，因此，在其他作品中对虔敬的特别暗示完全必要，如果找不到这样的暗示，则必须假定这样的暗示本来是存在的(als verloren gegangen)。尽管后来的对话包含个别关于虔敬之本质及其与诸德性之关系的肯定性表述；但对于我们的著作家柏拉图而言，隐蔽的内容从来都先于公开而不加掩饰的内容；甚至连那些肯定性表述，也都与《游叙弗伦》中纯粹否定性的[A55]结论直接联系在一起。最后，还必须考虑到，这篇对话[B53]的写作时间毫无疑问处于苏格拉底被起诉和定罪之间，在此处境中，柏拉图几乎不可避免必须将另外一个目的，与对虔敬概念做出辩证解释之目的联系在一起，另外，这个目的即是以自己的方式就同一主题为遭到起诉的老师作辩护。呜呼，或许处境越险恶，这种辩护意图就越容易淹没当初伦理上的辩证意图，所以，柏拉图忽视了按照其惯常方式在怀疑式讨论中混入解释性线索【，尽管如此，我们也不能说柏拉图不忠实或完全否定了自己】。所以，由此不可否认的目的之交织，尽可能彻底揭示普通概念的迫切努力，还有其撰写之草率，都解释了这篇小对话受到指责的不可否认的缺陷【；但因为我们没有任何线索出自某个苏格拉底门徒之手——他的构思和写作像这篇对话那样具有柏拉图的特点，也不好将这篇作品放在后来的真正模仿者的时代，所以，我还是不敢冒险对这篇对话下决定性的谴责式断语】。

【因此，如果我们进而认为这篇对话是柏拉图的作品，那么，尽管】一方面由于次要目的占了上风，而使这篇对话具有太多纯属于应景之作的特点,【但】另一方面,若将其从【附属于《普罗塔戈拉》的】对话系列中排除出去,却不能说并无失当,虽然在此对话系列中,若《游叙弗伦》不涉及苏格拉底,可能会更好地完成其使命,但【如果我们对其报以宽容,那么,】这篇对话仍可算入此对话系列。

将游叙弗伦作为对话伙伴,完全采用了《拉克斯》的方式:苏格拉底也是与著名的行家里手周旋。游叙弗伦这个人,如其本人的言谈所表明对那样,是一个非常 [A56] 有名而有些可笑的人物,大概是一个预言家,他假装擅长神圣事务,大胆维护出自古代诗人之口的正确信仰观念。看来,此人与柏拉图《克拉提洛斯》中的游叙弗伦是同一个人。恰好在苏格拉底遭起诉之当口,使此人作为对手与苏格拉底接触,并使其因执着于虔敬而做出不当之举,这绝非柏拉图随意之所为。很明显,游叙弗伦起诉乃父,带有真正的大事件之特点(Gepräge),尽管这个事件或许是从其他时代或人物那儿借来的。讨论问题的方式,差不多可与《拉克斯》中关于镰枪的故事类比;只不过游叙弗伦的诉讼更为切合主题,由于显而易见的辩护意图,更为详尽的讨论和更为寻常的回溯,都不可视其为缺陷。

《帕默尼德》引论

[A87/B85] 谁不知道,柏拉图的《帕默尼德》从前被多少人赞为最神秘的神圣作品,其中隐藏着只有极少数人才能理解的、最崇高的智慧之秘密宝藏。不过,在这一幻象日后被如此轻而易举地消除之后,这种没有根据的抬高(Erhebung)已经由假定其正确转向对其做出谴责,一切只不过以另外一种方式重新变得令人无法理解。或者,尽管并非不可理解的是:一个具有柏拉图的头脑和哲学智慧的人,要么不应该关注会将其引入矛盾的言辞之多义性,因为如此一

来,他为世人(Welt)留下了这些矛盾,却又如此忍心不给出解决矛盾的办法;要么他会比所有他反复驳斥过的智术师更可恶,把不明就里的读者当猴耍,甚或膨胀到如此危险之程度,以至于通过无聊的解释和令人反感的思想方式来引出所要传达的内容。预先考虑这些指责和不同说法,并[B86]打算将其部分或[A88]全部解决掉,对于将读者引入这篇对话而言,可能比任何做法都会增加其困难,尽管对于很多人而言,这篇对话在很多方面可谓令人生畏。因此,对看上去正确的观点加以简略盘点也许更可取,或许可以证明这种做法足以为判断其他观点提供尺度。

人们普遍假定《帕默尼德》属于柏拉图的晚期作品,但这样做的理由几乎不可能是别的,除了人们不愿意用这篇思想深奥的作品来为柏拉图的年轻时代增色,所以,读者或许很容易同样仅仅暂时容忍相反的假设,并认为《帕默尼德》从属于《斐德若》和《普罗塔戈拉》。正如《斐德若》只是一般性地激发了哲学的爱欲(Trieb),并颂扬了哲学的机能(Organ)即辩证法,《普罗塔戈拉》却人为地将内外结合起来,提出哲学的爱欲和智术的欲望(Kitzel),以及由两者中引出的方法作为例证,因此,《帕默尼德》显然是有规律地出自《斐德若》的结果,同时,作为补充和对应物,《帕默尼德》从另外一个方面完成了《普罗塔戈拉》所开启的内容。在《帕默尼德》中,哲学的爱欲被认为是传授性的(mitteilend),但这篇对话的表述,却与合理地先于传授的严格研究有关;不管《帕默尼德》如何单纯关注真理,而不理会任何次要目的和对于任何后果的恐惧,它的出发点必定是这个假设:科学认识是可能的,要通过合理的进程来探索。因此,这篇对话中也不缺乏真假之对立,一方面,这种对立表现在芝诺(Zenon)身上,他专注于一个确定的目标,专注于反驳他人,但对于不被容许的手段(Waffen)并非没有清醒认识,而读者诸君却被不知不觉地引向了当时广为人知的芝诺的那些文章(Bücher);另一方面,这种对立也表现在苏格拉底身上,他的思想进展还不够远,由于青年人的慌张,自身还受到局限。但柏拉图并不想责备亦师亦友的苏格拉底,这一点,我们一方面【由柏拉图在其较早的对话中赋予苏格拉底对辩证法的崇尚可以见得;】另一方面,由柏拉图在其早期对话以及这篇对话中描述苏格拉底尚处于其早期思想未成熟阶段可以见得。然而,这一提示或许有两个目的:其一,指责那些仅仅致力于伦理的苏格拉底门徒,他们认为只有这样做才算这位智者真正的学生;其二,为一些人提供线索,这些人或许忽视了《普罗塔戈拉》和从属于它的对话中的辩证意图和思辨性暗示,从而可能将柏拉图和那些仅仅致力于伦理的苏格拉底门徒混为一谈。对一方,这种对比只是予以暗示;而对另一方,虽然《帕默尼德》中的个别表达十分直白,但整体上则不动声色地加以描述,如此将得出了这么多令人吃惊的结论的研究进行到了末尾,并严格遵循着既定的方法。关于所选取的哲学研究的例证,与《普罗塔戈拉》一样,《帕默尼德》尝试运用了正确划分[A90]概念的[B88]学说;这足以说明,为何《帕默尼德》选取道德哲学(Philosophie der Sitten),并将全部问题回溯到德性之可教性。出于同样的理由并以同样的精神,在描述严格的研究时,应该将关于概念之相互关系的学说放在前面,因为,只有通过相互关系而非割裂才能真正拓宽认识。与此完全一致,在《帕默尼德》中,自然哲学居于支配地位,自然哲学的最高问题,即事物的可认识性成了核心问题,所有内容在很大范围内都围绕此核心问题运转。这种写作取向和内在结构的一致性,表现出未加改变的思想状况和同样的见解,没有人会看不出这一点。【我真正的主张是,《帕默尼德》出自与《普罗塔戈拉》同样的思想倾向和年轻的思维方式,而非柏拉图刻意要撰写《帕默尼德》以与《斐德若》和《普罗塔戈拉》相对比,恰恰最不可将此做法归于这位年轻的著作家,因为,当时最年轻的著作家往往最老到、最具反思性。我们认为,比起那两篇对话,《帕默尼德》的确更是关于科学的历史性认识和更加多样的哲学技艺的操练;但这些内容的表现方式同样很年轻,并且是借年老的帕默尼德之口来讲述的。】

[B89]然而,事物的可认识性问题,一方面直接依赖于概念的持久性(Haltbarkeit und Beharrlichkeit),依赖于概念与对象本身的关系,这是《帕默尼德》的第一个部分主要讨论的问题,此部分远不止是对话之引言。但正如我们所熟知的那样,在目前译成的大多数对话中,只是通过间接提出这个问题的几个难点,讨论了与可变事物相分离而自在的概念。但这里[A91]不是解决关于柏拉图本人的理式论的奇怪争论的地方,就好像可以确切认为这篇对话就是其理式论之所在。就这篇对话而言,能够确定的看来只是:如果我们只关注帕默尼德用来总结针对概念之假设作出阐述的那些【言辞】,那么,所谓理式的实在化(Hypostasierung der Ideen)就绝不是这里所讨论的主题,也不是苏格拉底所要实现的目标。而就此主题在其他地方所做的讨论,也只能放到那个地方【来加以考虑】。因为,如果我们并非不正确地从根本上将柏拉图看成是神圣著作家之先驱,那么,柏拉图与这些人的相同之处尤其在于:如果我们想判断被归于他的那些学说是否就是他自己的,就必须将每一种表述都放在其自身所处的位置上,并且放在那种相互关系中来考察。然而,帕默尼德表达其疑问的例证非常值得一提,因为,这些例证[B90]涉及尽管未加系统研究却非常值得注意的概念区分:首先是最容易受制于原初(urbildlich)观念的道德概念(sittlichen);其次是物理概念(physischen),其对象总是自然之再造(wiederkehrenden Bildungen der Natur),而且,只有通过观察才能显现出来;再次是其对象并无确定存在(Dasein)的概念,这些概念只反映了自然整体之一部分或自然力的瞬息万变作用;最后是仅表明关系的概念,以及最终反过来[A92]可以由其获得认识概念(Begriff der Erkenntnis)的那些概念。不忽视这些不同特征的人,不会轻而易举地认为,柏拉图的目的是反驳某种【关于真理和概念持存(Bestehen der Begriffe)的】特殊构想方式(Vorstellungsart),而不管这是帕默尼德还是苏格拉底的构想方式;相反,他会清楚地看到,柏拉图从根本上强调的是困难,对于打算从总体上回答

我们感知到的现象之外的概念(Begriffe),必然具有怎样的存在或实存方式(Art von Seine und Realität)问题的每一个人,这些困难会为其制造种种障碍。这里当然不是解决这些困难的地方,因为,通过为解决这些困难做准备,【从《泰阿泰德》开始的】一系列对话都致力于上述问题。但柏拉图恰恰表明了他是如何研究这些问题的:他通过已告诉我们的或自己感到满意的[B91]彻底研究,也未能解决这些问题,或者解决这些问题有赖于更深刻的见地和更高的哲学技艺;柏拉图并未表明他希望向读者揭示的那些内容。对于上述问题有深入思考的人,不难设想最高的哲学任务,这一任务就浮现在柏拉图眼前,而完成这一任务是摆脱上述困难的唯一出路,即在某处找到思想与存在的原初统一,并从中引出人与思维世界的直接联系,在《斐德若》中初步以神话方式予以表达的关于原初观察和重新回忆的学说,解释了这种直接联系【,一种更高等级的认识与此相关,凭借这种直接联系,认识在此得以从低级的关系概念层次中突显出来】。

[A93]就与苏格拉底的表述相关联的第一部分而言,如果有人就现实中的个别事物说出某些矛盾言词,也乏善可陈;相反,令人钦佩的人恰恰是能运用概念本身说出这些内容的人,与此相关的正是作为对话整体之枢纽的第二部分。因为,在帕默尼德为苏格拉底的要求——用概念进行研究——补充了另外的方法规则后,他让别人说服自己,用一个例证来解释这些规则,并以反复而周密的方式来证实一个假设。为此,帕默尼德本人非常自然地选取同一性(Einheit)来表明:同一性存在与否,会为同一性和其他概念造成什么后果,而[B92]柏拉图也认为同一性这个概念对于整篇对话具有重大意义。尽管帕默尼德根本没有为此而自告奋勇,却使自己陷于奇怪之境地,就其所选取的概念说了种种相互矛盾的话。整个研究分成了四个部分,由同一性存在与否之假设,以及由此为同一性和其他概念造成的后果构成,而每一个部分都得出了两个相互矛盾的结果。对同一性和其他概念的研究,通过相互联系的双重概念系列来

展开,旋即表明:所有这些述词(Prädikten)都不适用于此双重概念系列中的任一概念,相反,两个相互对立的述词却适用于这些概念;在更多情况下,还有更为奇怪的矛盾堆积。那些结论[A94]之整体与特殊的个别论证同样使大多数人相信,此项研究之整体是明白无误的诡辩(Trugschlüssen),对于其他不可能相信这些内容出自柏拉图的人而言,这只不过是柏拉图有意给出的错误辩证法之例证,或完全是借帕默尼德之口说出他对帕默尼德和芝诺的反驳;对此整体有全面把握的人,绝不会赞成这些论证。然而,同时就对话之整体做出解释,弄清对话所叙述的所有内容,根本不属于这里所要完成的任务;在说出了这里所能说的内容之后,如果还需要[B93]进一步说明什么,至少需留待其他场合。但在此还可以就下述内容略加勾画。首先,或许要思考帕默尼德明确肯定了苏格拉底的要求,并着手研究概念,从而将同一性从总体上作为概念加以研究。因此,这一观察点不容忽视,我们由此或许可以更容易对某些细节做出解释。同样清楚的是,从整体上看,之所以得出相互矛盾的结论,首先因为存在(Sein)具有多种含义,因而确定概念的根据也有多种。正因为如此,第二部分与第一部分具有本质关联,要不然只会看到最外在的松散关系,因为,只会注意到存在的种种含义及其相互关系,以及这些含义与[A95]概念的关系。因此,的确不可否认的是,要根据同一性概念的种种潜在特征(Potenzen)来研究它;不过,一方面,这并不意味着要离开概念;另一方面,柏拉图也在相关地方清楚地表明,细心的读者不会出错,谁也不能假定柏拉图的目的就是欺骗。但不可否认的是,如果概念要用这些看来完全不适用的述词来表达,那么,我们认为下述问题尚无定论:离开了对象的此在(Dasein)是如何属于概念的,[B94]属于概念的又是怎样的此在。我们认为应尽一切努力,通过辩证方式逐步解决这些问题。这对于【解释】大部分内容应该说已经足够了。但仍需进一步思考的是,有意为之的最充分的讨论与最具迷惑性的辩论,可以由此加以区别;真正有序的推论,可以用远为简单的方法获得;关于一(Eins),再深入的探究也不会有什么特别的发现,这一点帕默尼德本人也反复予以强调。这些部分何以如此安排的意图并不是要得出结论,而是论证本身,正如在研究的不同部分反复表现出来的那样,通过论证,柏拉图想[A96]以自己的方式使读者关注某些关系概念(Beziehungsbegriffe)的本质。沿着对话的所有曲折变化来追寻这一次要目的,以了解柏拉图究竟如何为此铺平道路,又如何由一个解释指向另一个解释,非常有益。这些概念对柏拉图而言是非常重要的主题,他以各种方式做了必要研究,以便正确显明这些概念的内涵:我们由《卡尔米德》的一个段落可以明了这一点,其中,柏拉图将概念作为重要而又困难的主题来加以讨论,以研究是否或什么样的概念本质上只与自身相关,或只与其他概念相关。

就关注一(Eins)之特性的推理所固有的过程而言,不容忽视的是:[B95]同一性是所有概念的共同形式,柏拉图往往称这些概念为同一性;进而,由此辩证观点出发,既要关注同一性与其他所有概念的对立,若非如此,同一性就不可能真正持存,又要关注相互对立的个别结果。然而,不打算首先努力而又准确地对研究中相互对立的阶段加以比较,进而对所有阶段中处理相似段落的方式一一加以比较的人,不会轻易满足于遵循为此目的而共同合作的各种观点和假设。细心的读者尤其会注意到在第一阶段末尾做出的、通过对立面的统一来建构知识的、最古老的哲学尝试。只有少数人[A97]能猜测到这种方法之古老,在这种微不足道的、与我们如今的做法完全类似的哲学尝试中,而非在柏拉图的很多更伟大的描述中,只有少数人会认识到伟大的辩证和思辨精神。然而,尤为引人注目的是研究过程中发展出来的两个概念:一个概念就在方才完成的尝试中,另一个概念假定一(Eins)是非存在者(Nichtseiend),即瞬间概念或【无限短暂的】时间中的事态之概念,与大(Massen)这个概念【或空间上充满】之概念。在这篇对话中,这两个概念是柏拉图有能力运用的、他的哲学的基本特征所固有的方式——更高的思辨与辩证思维联系在一起——之结果，[B96]有人错误地认为，这是将思维与认识混为一谈。尽管大这个概念与所有探讨根本抵牾，但是大【——我们权且这样称呼它——】这个概念被发现及其被把握和描述的方式如此值得赞赏，因此几乎无法设想，一个没有为此对话做出某些贡献的哲学批评家，【还没】怎么就此发表意见，就在此阶段止步不前，就好像进一步纠缠于这张松散的诡辩之网让他感到厌恶。我们应该想到，对不感兴趣的主题感到左右为难的人，通过彻底解决所谈论的难题，或许会有【使人惊奇的】收获。尤其是认真的读者必定会首先注意到从非存在的(nichtseiend)同一性之前提中得出的所有[A98]推论，连帕默尼德本人也明确指出了作为研究的必要补充的这一部分内容。再举出更多尽管并不重要的例证并不难，但必须抵挡住诱惑。对话研究的内容，差不多每一点都能发出全新的研究系列之萌芽，【由于】不断增长的多重含义而容许不断做出展望，所以，有些读者或许会起自己考察和解释对话中的研究内容，以分享其中的思想，而非满足于关于此研究的不充分报道；这篇奇怪的辩证艺术作品[B97]，相对于那些象征性的、富有内涵的诗作(Dichtungen)，就如同哲学创作与诗的创作之间的相似性之程度；这些诗作以不算过分的故事(Märchen)之名，以没有人知道如何才能探明的丰富和深刻，描述了事物的内在构造和世界的真实历史；或许有些共同思考和共同创作的读者，偶尔会发现连作者本人也不曾发现的特殊关系。

对于眼前这篇对话，【正如对于那些诗作，】我们至少还没有达到保证能够全面理解其所有细节之程度，其原因仍在于我们尚不了解某些极为可能的关系。譬如，对我们大为光火的那些内容，谁能说它们与芝诺那些文章中的段落没有干系？如果我们将芝诺留给我们的文章，与《帕默尼德》中更多在我们看来肤浅而又带有诡辩色彩的段落[A99]加以比较，便可以想到某些同样的情形。对此线索加以追踪，是一项有价值但在此不宜进行的工作。柏拉图对作为辩证法家(Dialektiker)的芝诺评价极高，并在此采纳了他的方法,这一点柏拉图说得足够清楚了;然而,同样确切的是,正如柏拉图在这篇对话中所流露的那样,他并没有同样重视芝诺的哲学天赋。正如他在另一处论及爱利亚学派的地方,并没有专门讨论芝诺,而只视其为[B98]帕默尼德的支持者(Anhang)。关于更高思辨领域的描述与帕默尼德哲学究竟有何特殊关系,尤其是失去了同一性的世界,是否与建立在同一性之上并化为同一的世界对立,要弄清这些问题,就应当对帕默尼德提出的理性世界与幻象世界(Vernunftwelt und Scheinwelt)的对立关系做出新的阐述和奠基;要准确做到这一点,我们拥有的爱利亚智者残存的诗篇真是太少了。要细究证据的确很困难;因为,帕默尼德属于最早被误解的爱利亚智者,我们必须信赖的辅助手段仍然极不完善可靠。柏拉图本人虽然拥有更多与通常所认为的资料来源无关的材料,只是他没有考虑到在这篇对话中帕默尼德会因为同一性所引出的矛盾而陷于自相矛盾。如果柏拉图当时对帕默尼德缺乏尊重,从而容许自己如此[A100]反对帕默尼德,说明他对帕默尼德的尊重要比对普罗塔戈拉和高尔吉亚的尊重更少;这样的做法,恐怕必定会伴随着最恶作剧式的反讽之例证。然而,我们应该如何评价某些表述,根据这些表述我们发现柏拉图对其早期关于帕默尼德的看法并不满意,可以说这些表述最多意味着,柏拉图一开始对帕默尼德的尊重不如其应得之尊重高。此外,足够清楚的是,柏拉图让帕默尼德[B99]完全按照他的想法来说话,某些特有的辩证风格是从他那儿借来的,因此,全部方法毫无疑问也应归于他。然而,在此寻找柏拉图关于帕默尼德思想体系的总体评价,完全是不当之举。绝不能认为整部对话就是柏拉图对帕默尼德的总体评价,即便我们愿意假定柏拉图在创作这篇对话的时候,对爱利亚哲学已有了定见。相反,帕默尼德由以出发和为此引导这场对话的主要想法是:他是尝试从辩证法出发,闯入更高哲学领域的第一人。

柏拉图的努力足够明显地暴露了他想将历史上的帕默尼德与

苏格拉底联系在一起,并从作为辩证法之父的帕默尼德身上引导出他在苏格拉底身上予以赞美的辩证法。因此,这种明显的努力是想将这场对话描述为真实发生的事件,并使其真实性无可置疑。因为要不然,这场对话对于柏拉图则无关痛痒,尽管有好事者会嘲讽地问他是从哪儿知道这场对话的,因为,苏格拉底绝不会在这么多年之后复述这场对话。这场谈话,或更好一些,苏格拉底与帕默尼德的某一次会面可能有多久,就此我想我们不可能根据其他条件来确定。因为,这在当时并非没有可能;相反,问题仅仅在于,帕默尼德〔B100〕何时到过雅典,这场谈话发生在第八十届奥林匹亚赛会期间的可信度究竟有多大。然而,毫无疑问,如果这场对话是虚构,柏拉图容许自己这样做;尽管他容许自己虚构这样一场违背事实的对话,但他要么很可能让对话处于模糊不清的状态,要么【,如果他想将这场对话描述为好像真有其事,那么,】他有更大的自由来做出规定,而非给予帕默尼德以合适的年纪;这样的规定无疑更有利于他自己。如果柏拉图既不知道对话是如何进行的,也猜不出对话可能会如何进行,那么,他为什么要这样确定地来描写呢?抛开对话的真实性不谈,而设想柏拉图明显企图使对话具有历史根据,这是我们所提倡的一种情况,对此,迄今尚无人表示怀疑,尽管通常的观点就此总是责备柏拉图荒谬【,而我并不认为他有错。】因为,重述对话的克法洛斯(Kephalos)是谁?他碰到的格劳孔(Glaukon)和阿德曼托斯(Adeimantos),还有从他那儿听来这场对话的安提丰(Antiphon),他们是谁?一提到克法洛斯,每个人首先会想到吕山尼亚(Lysanias)的儿子,即吕西阿斯的父亲,也〔A102〕是由外邦移民来的雅典居民。但吕西阿斯的父亲通常被认为是一个叙拉古人(Syrakosier),这个人来自克拉左美奈(Klazomenai)吗?但无论如何,要认为他是另外一个人是有困难的。因为,此人可以作为中介人将这场对话传下来,以便在柏拉图的时代重述这场对话;〔B101〕这也是一个前提,即必须与一个过去的老人扯上关系,为此他还必须众人皆知。那么,毫无疑问,这个人必定是吕西阿斯的父亲克法洛斯。但他来自克拉左美奈的说法又从何而来,每个人可自行由下面两种情形来确定,这两种情形表明只有唯一一种可能性。要么,这是柏拉图的虚构,但为什么要虚构呢?是为了避免西西里(sikelisch)人出于好奇而追究柏拉图对话的内容吗?这意味着小题大做(Das hieße aber etwas schweres und arges unternehmen um ein geringeres und leicht ganz vermeidliches Übel zu heilen)。【那么,引入克拉左美奈人,便可以由一(Eins)联想到理性(Vernunft),可以由一以外的事物联想到阿那克萨哥拉的混沌(Urgemenge)吗?但一方面,这样做更吸引人的眼球,另一方面,却不必将克法洛斯本人说成是克拉左美奈人,相反,应该说他在克拉左美奈有异乡朋友。】要么,叙拉古人克法洛斯在迁居雅典前,在克拉左美奈居住过一阵子,柏拉图提及这件事,一定程度上强调此事并非人人皆知。但这只是次要问题。关键问题是,格劳孔、阿德曼托斯和安提丰是谁?每个人都会说,前两人是柏拉图人尽皆知的兄弟,而安提丰是柏拉图不怎么有名的异母兄弟,出于【只有这篇对话】予以提及的柏拉图的母亲佩丽克蒂内(Periktione)与普利兰佩斯(Pyrilampes)的二度婚姻,尽管后者不可能是她本人的那位著名的舅父,即伯利克勒斯的朋友。然而,[B102]这些猜测难道只有可能性吗?由于克法洛斯的不确定性,[A103]绝不能说柏拉图的兄弟在描写克法洛斯已年迈的《王制》中是年轻人,到了这篇对话里,克法洛斯方才迁居雅典,他们就殷勤为他尽力。相反,或许克法洛斯是远为年轻的另一个人,这样我们便可以解释此难题:柏拉图为了表现对话之真实性,让一位克法洛斯来叙述对话,而他是从柏拉图自己的兄弟([中译按]指安提丰)那儿听来的【;所以,柏拉图很直接就能知道这场对话】。然而,更为奇怪的是:柏拉图一个年轻的兄弟([中译按]指安提丰)作为正在成长中的小伙子,会直接从一位亲耳听到过这场对话的人那儿听过这场对话,他似乎是这个耳证人(Ohrenzeugen)的情伴,而且他在苏格拉底早年就已成人了。这样考虑问题的人会承认,要相信这些荒诞的事情没那么容易,而这样的做法乃是将这场柏拉图想保证其真实的对话【和会面】变成童话。我们还是让柏拉图摆脱这位制造麻烦的异母兄弟,普鲁塔克和普罗克洛斯(Proklos)也是从这段话中知道柏拉图这位异母兄弟的;我们宁愿相信:我们不知道格劳孔和阿德曼托斯是谁,除非老格劳孔(Glaukon der ältere)和卡莱什罗斯(Kallaischros)还有一个兄弟叫阿德曼托斯,柏拉图的哥哥小阿德曼托斯的名字就是从他那儿来的。关于[B103]外在条件,我们说得已经过多了,就对话本身,我们还有一些内容需加以探讨。

值得一提的是,这篇对话有一个如此奇特地中断了的结尾,人们很可能会怀疑这是不是真正的结尾。因为,对这样一个讨论结果做出总结,并按此用[A104]一种简单肯定就对话整体做出总结,就像对话本身中反复出现的肯定那样,显得如此不成比例和幼稚,根本不配为柏拉图的对话。谁若回忆起《普罗塔戈拉》中的研究,也是以一种矛盾表白作为整篇对话的结论,他同样会期待《帕默尼德》的末尾有一个类似的矛盾表达和关于有必要作更进一步研究的明确表白。如果原本有这样一个结尾,那么,很难设想它是如何佚失的,因为,做了如此艰辛的努力来彻底研究这篇对话的人,的确不会拒绝为对话添加一个令人愉快的小小表白。因此,除了柏拉图在写作扫尾阶段,由于某种外在原因而中断了很长时间,几乎不可能设想其他原因;或许此后他没有再补上结尾,是因为他心里至少已经有了关于其他对话的草案,而这些对话肯定可以通过其他方式来【接近】同样的目标。上述外在原因,如果假设应更为确切,则可以说:要么,因为柏拉图在苏格拉底殁后逃往麦伽拉(Megara)[B104],要么,柏拉图由麦伽拉出发开始了第一次旅行。后面这个原因【我认为最可接受】。因为,如果柏拉图在苏格拉底被判处死刑的动荡时期完成了这篇对话,尽管这种假设本身不可信,那么,在麦伽拉没有什么会妨碍他为对话添上最后一笔。但很有可能这篇对话就是在麦伽拉[A105]写的,在柏拉图这次逗留期间,由此地方而得名并主要致力于辩证法的麦伽拉学派的构建,肯定不会不受到柏拉图的影响。不可接受的是，如果谁想为这部作品做更有说服力的辩护，打算为这篇对话目前的结尾提出更为重要的假设（譬如：这篇对话最好的部分和最正确的说明的确佚失了；或者本来的第二部分和第一部分是联系在一起的），那么，按照辩证研究能更为准确地解释理式论（Ideenlehre）。因为，如果到目前为止的研究让我们确信《帕默尼德》是《普罗塔戈拉》的对应物，尽管《帕默尼德》并非没有提高，可以说柏拉图的一篇作品相较于另一篇作品的进一步提高比比皆是，那么，我们完全可以在作品中，比如《帕默尼德》中，发现与另一篇作品，比如《普罗塔戈拉》，相符合的特征，而不必再作任何努力。但如果谁尚不能确信这一点，接下来的内容就是为他准备的，对于不熟悉［B105］柏拉图的读者，下面会为其证明这些内容。针对概念理论（Theorie von Begriffen）提出的疑难，在柏拉图哲学中恰恰是通过准确比较更为纯粹的、更高的认识与经验，进而通过关于原初直观与回忆的学说来解决的；【由《泰阿泰德》开始，】柏拉图用一系列对话研究了这些主题。如果柏拉图在《帕默尼德》中已经完成了这些主题研究［A106］，那为什么所有这些对话处理这些主题中的每一个主题的时候，好像这些主题根本未曾研究过？如果《帕默尼德》的写作比《泰阿泰德》和《美诺》晚，甚至如滕内曼所认为的那样，也比《智术师》晚，那么，对于明明知道如何才能做得更好的人而言，让我们对这些本不再费解的内容感到迷惑，或事后又用徒劳无益的晦涩重复早已做出明确解释的内容，又何苦呢？语言也是一个证据：《帕默尼德》【不过处于向那种形式的对话过渡的阶段，因为，】一方面就其本身而言，另一方面与那些对话比较而言，由其摇摆不定，由其并不总是成功的对正确表述的把握，由其几乎不知道去抓住言词间最关键的区别，表明其技术语言尚处于早期童稚阶段。这也对翻译造成了极大困难。然而，如果不想抹去全部对话之精神［B106］，从而在轻松的外表下，使真正的理解变得无限困难，就没有其他解决办法，而只能最为准确地忠实于全部对话之精神，使读者完全回复到天真，或不妨说回复到方兴未艾的哲学语言之朴拙;也只有如此,一方面,才能防止将不属于柏拉图的内容强加到他的头上,另一方面,才能防止贬低了柏拉图透过语言之混乱看到本质的功劳,尤其是贬低了他本人构想出这些混乱的功劳。

第一部分之附录

《苏格拉底的申辩》引论

［A/B181］在介绍柏拉图作品的总论中已经说过,对于放进"附录"中的所有作品,绝不意味着已否认或怀疑它们是柏拉图的手笔。由于其内涵的精神与描述的形象之从容不迫和道德上的伟大与美,《苏格拉底的申辩》这篇作品任何时候都受人喜爱和敬佩,之所以首先将其放在"附录"中,是因为它自有其特殊目的而没有提出科学之主张。《游叙弗伦》无疑与对苏格拉底的起诉有着不可否认的辩护关系,不过另一方面,《申辩》与《普罗塔戈拉》中提出的概念之关系,给了将其附属于后者的显而易见的理由。然而,与《普罗塔戈拉》不同,《申辩》作为一篇纯粹的即席演说(Gelegenheitsschrift),在柏拉图的哲学作品系列中没有其位置。不过,不至于使任何人感到吃惊的是,这甚至意味着我们可以认为《申辩》或许不是柏拉图的作品。因为,它很难［B182］算得上是柏拉图有意为之的作品(Werk seiner Gedanken),即由他［A182］编排虚构的作品。因为,如果我们认为柏拉图的目的是为苏格拉底辩护,那么,我们就必须首先弄清其写作时间:要么,在苏格拉底受审期间;要么,在其被处以死刑之后,早一点晚一点没什么两样。在第二种情况下,柏拉图的目的只可能是为他的朋友和老师的原则和信念辩护。对于喜欢在一部作品中兼有诸多目的的柏拉图而言,这部作品与他的科学目的完全协调一致;所以,我们不仅能够发现散布于其晚期作品中的那种方式的某些迹象,而且将立即认识到,这是一部重要的、与其科学努力足

够密切地联系在一起的作品,它有一个十分突出的次要目的,即显明雅典人苏格拉底的品行及其公民德性。虽然可以这样来解释,但柏拉图事后很难有理由去创作一部使苏格拉底与原告相互对立的作品。因此,这篇作品一定是柏拉图在苏格拉底遭起诉期间【写成的。然而,目的何在?显然,】在乃师于法庭自辩前,将一篇以他的名字命名的辩护词公之于众,对他的影响是再糟糕不过了,这恰恰有助于原告知道如何反对他,或必须将注意力从某些方面移开,从而使被告陷于困难之境地:他要么只有重复早已说过的话,要么只有做一些[B183]无关痛痒的辩解。因此,柏拉图的辩护越出色、越符合[A183]苏格拉底的性情,则越对苏格拉底不利。的确不会有人重视这一假设。柏拉图最终的决定可能有一个双重目的:一方面,让众人立即知晓事情的经过,并使这篇作品流芳百世;另一方面,使诉讼双方和诉讼程序大白于天下。如果我们深究达成后面这个最终目的的唯一合理方式是什么,任何人都会发现,一项不是由苏格拉底而是由另外一个辩护人发表的申辩才是唯一合理的方式。因为,后者会举出许多由于苏格拉底本人的性情而必不予顾及的内容,也会通过其申辩本身来表明:如果只是这样一个人犯下了遭起诉之事,他不需要蔑视很多贵胄也不会蔑视的事务,那么情况就完全两样了。有一件轶事是由第欧根尼从一位不重要的著作家那儿为我们保存下来的,如果这件的确极为不可能的轶事还有点根据,那么,柏拉图无非是想让人们知道若不受限制他自己会讲出来的事情。这样,柏拉图就有机会通过实践来表明演说的更高规则和辅助方法,这些规则和方法的力量也是由他首先发现的;他一定会以伟大的真理和技艺,将这些规则和方法应用于[B184]敬奉新神和腐蚀青年这样的诉讼理由。同样,他会以任何其他人的名义更好地给予[A184]苏格拉底的原告以同样或更多的反驳,并以另外的方式来颂扬苏格拉底的功绩。相反,用一篇虽被归于苏格拉底、却又不同于他本人【真实发表过】的演说,除了想表明苏格拉底有意疏忽或无意中错失的内容,同时表明必须如何申辩才能发挥更好的效果,柏拉图不可能有别的意图。不消说,要达此目的,若不否认苏格拉底的方法,几乎没有可能;所以,很明显,我们眼前这篇《申辩》,根本不是按照此目的来创作的。因为,在这样一篇演说之后,对于已经做出的判决会产生怎样的谤议呢?这样的谤议除了真实发生的结果,不会有更好的结果。因此【,尚可以设想的其他情形是:】这篇作品的意图根本在于,为不可能听到此次申辩的雅典听众,为其他雅典人,也为子孙后代,从总体上描述并保存事情的真实过程。那么,我们是否会认为:在此事件中,在这样一种情况下,柏拉图不可能耐得住性子将一篇艺术作品(Kunstwerk)归于苏格拉底,而此作品首要的基本特征或许与苏格拉底根本不搭界,好像一个学习演说的小伙子在做练习题?我们一定不会这样看问题,相反,我们首先认为在此事件中,柏拉图想到的首先不是他自己,而是为他的朋友奉献一切,[B185]尤其就在这位朋友被判处死刑前后写下了这篇作品,对于柏拉图而言,这位离世的朋友过于神圣不可侵犯,以至于不可用[A185]美好的装饰把他弄得面目全非,整体形式也不可将其刻画得过于无可指责和过于伟大,相反使其如一尊不加掩饰的神像,只是由其自身的美所环绕。除此而外,我们的确不会有任何发现。因为,如果艺术鉴赏家同时着手改进此作品,他会发现有许多方面需要修正。【这样做,】根本无法如其可能的那样确凿地反驳败坏青年的指控;拿苏格拉底的所作所为都是在侍奉阿波罗(Appollon)这种说法来反驳不信旧神的指控,其辩护力也根本不够突出;任何人即便睁一只眼闭一只眼,也很容易发现这些辩护方式还有诸多不足之处,依照苏格拉底的精神,这些方式好像站不住脚,所以,柏拉图也没有必要去模仿这种辩护方式。

因此,没有比下述情形更大的可能性了:我们在这篇演说中获得了根据记忆所作的、关于真实发生的苏格拉底申辩的忠实记录,作为柏拉图的纪念,书面演说与难免疏忽的口头演说之间或许必然有区别。不过有人会说:假定柏拉图写了这篇作品,如果他只不过是事件的记录者,我们何以坚持认为,或我们何以只可能知道,这个记录者就是柏拉图,而不是曾经在场的另一个苏格拉底的朋友?这样想问题的人[B186],如果他把柏拉图的语言看成了别人的,只需要指点他注意,这篇《申辩》[A186]只可能出自柏拉图的手笔,这一点看上去是如此确定不移。因为,苏格拉底在此完全按照柏拉图容许他的方式说话,根据留传给我们的所有内容,我们也不可能说是苏格拉底的某个弟子让苏格拉底说了这些话。柏拉图与其他苏格拉底弟子的语言的一致性是如此之少,故而一项并非不重要的观察可以此为根据。也就是说,尽管柏拉图对话具有某种原创性,尤其是在讲话(Satz)中插入编造的问答,还有大量细节与某一细节搅和在一起,以及对于下文而言拖延过长的句子,包括由此造成开始时的演讲结构不可避免地中断,尽管我们发现这些特点在这篇作品中完全居于支配地位,但说到底,无法将这些特点归于苏格拉底。这些特点主要在他特别苏格拉底化(sokratisiert)的时候才表现出来;在这篇作品和随后可能类似的对话中,这些特点最普遍,也极少消除所伴随的疏忽。由此来综合考虑,很容易猜测,这些说话方式原本是对苏格拉底的模仿,因此,属于柏拉图的戏剧技巧(mimischen Künsten),柏拉图也在某种程度上尝试模仿他所引入的那些人物的语言,如果他们的语言有不同特点,他就有理由这样做。谁若特别按照我[B187]安排的次序,来检验上述观察在柏拉图的不同作品中的表现,他将发现此观察确切无疑。但其他苏格拉底后学未曾尝试过这种模仿,之所以会如此,[A187]一方面因为,要使疏忽大意的口头发言的这些特点相当符合书面语言之法则,或者使这些特点与有规范的表达之美融为一体,的确需要不小的技巧;另一方面,需要拿出比色诺芬更大的勇气来应付吹毛求疵的艺术批评家的某些责难。就此作进一步讨论,不是这里的任务。

然而,还有一种情形需要提及,它可以用来反对认为这篇作品出自柏拉图,而且比其他情形更有说服力;我指的是,这篇作品脱去了柏拉图的所有其他作品一向所采取的对话式外衣,甚至连《默涅克塞诺斯》也不乏此外衣,要不然它也会成为仅仅由一篇演说构成的作品。然而，为什么只有《申辩》可以如此轻易地采取这种写作方式，从而在柏拉图的所有作品中唯独它缺乏对话之外衣？这种疑问听上去的确有说服力，所有其他理由的说服力尽管非常强大，却不足以抵消此疑问，因此，我们以下述讨论对此疑问做出回应。或许对话式外衣当时对于柏拉图而言，尚未像后来那样成为其所必须，那些重视《默涅克塞诺斯》的对话式外衣的人就是这样认为的；或者，【柏拉图】本人使《申辩》过于远离他的其他作品，也许因为他不想让这篇作品遵循同样的法则。此外，就对话方式侵入不深的大部分作品而言，如果某人只愿意视对话式外衣为随意添加上去的一种装饰，那么，对话式外衣就根本不配柏拉图运用它；相反，对话式外衣从来都有其重要意义，而且有助于作品的整体构思和效果之发挥。如果情况并非如此，柏拉图为何要强行运用对话方式？尤其柏拉图极有可能想最大限度地推动这篇演说的传播，而在当时冒昧就事件结果做出公开判断或许是不当之举，但如果柏拉图将此演说放在一篇对话中来演绎，则难免做出这样的判断，或者说这篇对话将变得完全空洞而毫无意义。

关于类似案件的雅典的司法程序(Gerichtspflege)中，有助于理解这篇作品很多段落的条款，我们假定人人皆知；这篇演说本身也对大部分内容做了解释。

《克里同》引论

[A/B233]这篇的对话与前面研究过的申辩演说的性质看来是一样的，这一点已经在《申辩》的"引论"中讨论过了；也就是说，《克里同》很可能也完全不是柏拉图杜撰的作品，而是一场真实发生过的对话，苏格拉底的对话伙伴尽可能将这场对话转述给了柏拉图；而柏拉图除了对他所熟稔的苏格拉底说话方式加以美化，对首尾加

以装饰,或偶尔做出某些必要的补充,他很难为其添加更多内容。这种观点完全基于同样的理由,关于《申辩》的讨论已经对此理由做了解释。因为,这篇对话也完全缺乏哲学意图,虽然它直接引发了关于权利、法和契约之本质的最重要的研究,这些的确都是柏拉图时刻用力的主题;这篇对话则仅仅联系眼前的事件对这些主题详加探讨,我们很容易发现:谈话者心中萦绕着的只是眼前的事件,如果[A234]这场对话真的发生过;但如果这是一篇完全由柏拉图自由创作的对话,则必须彻底视其[B234]特征为偶然之作。这篇对话也完全明确地脱离了哲思,仅承认而不全面研究真正的基本原理,尽管就早期作品而言,这样的对话在柏拉图的其他作品中绝无仅有,其行文方式在具有重要意义的早期柏拉图对话中真是前所未闻。如果我们视其为柏拉图的真作,撰写这样一篇即兴之作的诱因究竟是什么?因为,就其思想态度而言,这篇对话没有描述什么《申辩》不曾包含的内容。然而,如果我们愿意相信苏格拉底的朋友打算帮助他出逃真有其事,而苏格拉底不容许这种帮助,柏拉图想让我们知道这一点,但除了此历史前提,其余所有内容都是柏拉图的杜撰,那么,通过进一步研究或许只有对话的第一部分站得住脚,而对话的后一部分则站不住脚。因为,一方面,关于此事件,除了事件发生的方式,对话后一部分乏善可陈;我们已经可以由《申辩》预先知道事件的结果,根据《申辩》,苏格拉底的朋友这样做完全合理,虽然他们实际上并没有那么做。然而,另一方面,这篇对话本身的样子就好像真的[A235]发生过,差不多纯属于偶然,而根本不像是一篇有意虚构的诗作。因为,此类对话很容易脱开起初暗示的思想,或喜欢通过重复来加强本可以一笔而就和断然予以表达的内容;而这些内容,若不加增益,既不会回复到同一个位置,也不会激起不满足之期待。《克里同》明显是按此方式转写的:尽管整体上它优雅而清晰地表明了思想,但细节上往往关系松散,还无益地中断,或无端地重拾话头,正如已提及的那样,一场真实发生过又被重述的对话所具有的缺陷,《克里同》中一样不少。

这样,我仍然认为这篇对话有可能是柏拉图的手笔,而且,我认为柏拉图在苏格拉底殁后不久,会认真地用这样一篇谈话,正如用他的申辩演说来规避麻烦。一段时间以后——依我之见,《斐多》就是在此时完成的——关于苏格拉底之死,柏拉图方才可能由一丝不苟的忠实记录,过渡到更为自由的处理,并将其织入为哲学阐述而独立撰写的具体艺术作品中。凭借此观点,我至少仍会坚持将此对话归于柏拉图,直到某种比迄今为止的批评更有力的批评彻底否认它是柏拉图的作品。尤其有两点理由使我倾向于此观点:其一是语言,就此阿斯特先生也没有提出任何特别的反对意见,《克里同》的语言与《申辩》的语言一样,明显结合了柏拉图著述第一阶段的全部特征。其二,非常之严谨,著作家凭此严谨使自己完全局限于对话所涉及的几个事件,禁止混入任何关于首要原理的研究,这种节制(Keuschheit),像其他苏格拉底后学那样的哲人确实做不到,而只有如此杰出的人物才有可能;他也凭这种节制使这篇作品明确超出了其他作品之列。因此,这篇作品特别强调:对于不是从同样的道德原则出发的人,任何共同商讨都是不可能的;这种强调更应归于柏拉图,以便解释这篇对话的形式和行文,而不应归于苏格拉底;苏格拉底没有必要以此强调来针对他的朋友克里同,因为,后者只是在结论上与苏格拉底有分歧。

根据第欧根尼的解释,爱斯基尼斯才是真正的对话者,柏拉图因为厌恶这个人才用克里同替换了他,但第欧根尼这种说法没有多少价值。然而,很有可能,柏拉图就此容许自己脱离事实,选择了克里同,因为,他的地位和年纪最能保证令人不快的结果,或许他在苏格拉底殁后也很快就过世了。柏拉图只列出外邦人作为出逃计划(Entführungsentwurf)的参与者,由此,我们至少可以看出,他在努力免于伤及苏格拉底的雅典朋友。所以,事情本身或许是有根据的,只不过原因是胡乱添加上去的,谁知道是谁干的呢!

《伊翁》引论

[A/B261]苏格拉底向以弗所的游吟诗人(Ephesisch Rhapsoden)证明了两件事:第一,如果解释与判断事务是科学或技艺,那么,这种事务必不能局限于一位诗人,而是超越了所有诗人,因为,所有诗人的主题都是一样的,诗术之整体是一。第二,对诗人做出判断,根本不是游吟诗人之事务,任何时候都熟知所描述的主题的艺人或行家,只可能对个别段落做出判断。以此方式让游吟诗人感到羞愧,不可能是柏拉图的最终目的,每个人都完全能明白这一点。因为,谁如果总是在最狭隘的意义上发现柏拉图的最终目的只在于生活或生活之改善,那么,他就不会看不到,那些游吟诗人地位相当低下,是主要关注民众中较为卑贱部分的那一类艺人,他们并不为影响较为高贵的青年的道德和教育感到高兴,所以,柏拉图要以其为关注的主题和讽刺的目标。是的,即便视这篇对话为真正的苏格拉底[A262]对话[B262],我们还必须搜究苏格拉底之所以与这样一个人长篇谈话的其他目的。因此,通过由游吟诗人转回到诗人(Dichter)这种方式,通过某种非常确定的对《斐德若》的回忆,每个人都很容易明白,游吟诗人的形象只不过是外壳,而关于诗术的讨论才是对话真正的内核。这篇对话最为明确地表达了灵感与技艺的对立。不过,不仅这种主张如此直截了当,以至于人们为此几乎不会将此主张作为对话的最终目的,而且这一主张几乎以同样的言辞回到了我们在《斐德若》中听过的说法。这种主张没有更深的根据,因为,能够同样从前置句中得出的结论是,诗术不过是毫无技艺可言的手艺(Handwerk);这种主张的表达也不太确定,所以,从某种程度上解释了,为什么在《斐德若》中,随随便便将这种技艺归于肃剧诗人,并以此方式将技艺概念与神圣的灵感概念相互结合起来。同类问题中在此无法明了的是:为什么要写一篇古怪的对话,

用一些新例证来纯粹重复已经说过的内容？就此，更为准确的研究表明，已提及的关于诗术的两个基本原理中存在矛盾。首先，它假定诗术是一个整体(Eine)，然后提出每一种[A/B263]技艺因其主题而成为统一体之原则，最后指出诗术有许多不同的主题，所以，它绝不可能是一个统一体。由一种主张引向其反面，这完全是柏拉图的方式，所以，注意到此变化(Abstufung)的人，必定会立即寻求关于诗术本质的更进一步的说明，视其为对话的真正主题和目的，也只有通过这种说明才能解决上述矛盾。对于仔细探究问题的人而言，必定会发现如下情形：为了某个目的以技艺的方式来处理其主题，在此意义上所描述的主题根本不是诗人的主题，诗术的统一必须到其他某种事物中去寻找；诗人的作品会激动人的情感。不过一方面，就每一种技艺的规定进一步给予指点，诗人的作品则异乎寻常地匮乏；另一方面，这些指点以及由此就技艺的根本区分所能得出的结论，在《斐德若》中已然做了明确表达，而且的确具有更好和更为辩证的基础，所以，《伊翁》除了对从来都无足轻重的内容做了间接证明，并没有就技艺做出进一步区分。因此，我们必定就此提出疑问：将《伊翁》置于《斐德若》之后有什么用；但对两篇对话的类似段落作过比较的人，没有谁会打算颠倒其次序。因为，在我们作比较的地方，都会看到这样的情形：《伊翁》的前面[A/B264]是《斐德若》而非相反。还会看到：《伊翁》中能够引导读者将指点技艺之区分作为主要目的那些内容变得黯然失色。因为，《伊翁》几乎完全只从下述观点出发来评价技艺：技艺以关于其主题的知识为前提，并因此与全无技艺可言的行当分别开来；却没有从下述观点出发来评价技艺：技艺试图运用关于其主题的知识制作一件作品，并因此与纯粹的科学区别开来。《伊翁》只附带提到后面这一点，却没有一处伴有在《普罗塔戈拉》及其所属对话和《吕西斯》中已指明道路的那种方式之线索。这既不能归因于表达方式，因为，《伊翁》明确将同一件作品交给了游吟诗人也交给了诗人；这种对主题统一与作品统一的混淆也不带有刻意为之的特征，故而这篇对话不成其为充足的指南。而且,因为对话结尾转而仅仅考察游吟诗人,并不包含关于对话之真实意图的任何线索,所以,模糊而有缺陷的叙述几乎迫使我们再次抛弃了唯一站得住脚的思想。

如果我们进一步研究和比较个别段落的内容、次序还有描述和语言,同样的困难还会表现出来。因为,有些段落是以柏拉图所固有的精神及其最真实的方法写成的,所以,我们认为在这些段落中我们无疑只能辨认出柏拉图;然而,[B265]有时候会有缺点表现出来,我们应该相信,这些缺点几乎不属于柏拉图的[A265]早年阶段,有时候则缺乏与其他段落的相似性,这些段落完全是不成功的模仿。"注释"将更准确地证明这一点,因为,上述内容只有通过具体的段落,才能清楚地表现出来并加以判断。

这样据观察做出的判断由一边扯向了另一边,天平摇摆不定却没有发生决定性偏转,与此同时,形成了两种不同的思想方式(Vorstellungsarten),要在它们之间做出某种决定或坚持某一种思想方式,可没有那么容易。也就是说,要么,或许是柏拉图的一位弟子根据乃师的一篇草稿撰写了这篇对话,其中个别段落对此暗示较多,至少是根据柏拉图的提示和表述撰写的;由此满意地解释了整体次序模糊和个别段落不一致的特征。要么,尽管这篇对话出自柏拉图本人,但作为一篇草率写就的文章,几乎未作最后润色。可以确定,这篇对话的写作紧接《斐德若》之后,只可以视其为由《斐德若》开始的对话式研究的第一个尝试,在这些对话式研究中,个别部分的发展与整体之构成具有相似性。然而,是否《伊翁》的情形是一篇更大的、尚未完成的、论述诗术之本质的作品之前奏,或是否柏拉图不过打算以开玩笑和[B266]论辩的方式来完成[A266]《斐德若》中的个别表述,【由于问题的不确定性,】要对此做出进一步确定或许有些冒险。我们倒可能认为:不要说完成并公开一篇作品并非出于自愿,就像《帕默尼德》中的芝诺所抱怨的那样,这样做是出于某种外在诱惑。因为,不存在外在关系之线索,所以,这种外在的诱惑就像那种优美却又像宠儿一样遭到溺爱和滥用的磁石之比喻,之所以喜欢快速而又显眼地提出这个比喻:【一方面,可能柏拉图当时比往常更匆忙地完成了这篇小习作】,却对所有细节未特别用力;【另一方面,如果他并没有特别重视最主要的事情([中译按]指"就技艺之区分做出指点"),那么,发表这篇作品也没有什么阻碍】。但这个比喻在《斐德若》中确有其位置,其中讨论了不同的人对不同的神的依赖以及由此而来的爱的吸引力,所以,可能柏拉图在撰写《斐德若》时就已经找到了这个比喻,或许以此比喻为我们留下了这篇含糊不清的《伊翁》。但无论如何,由于这些不可靠的线索,由于没有真正的哲学内涵,这篇小对话只有权获得我们给予它的地位。

【我让这篇"引论"大体上保持其当初写成时的模样,并非没有深思熟虑。因为我认为,在后来的版本中完全抹去我如何小心翼翼、尽善尽美地对待那些归于柏拉图的对话的线索,有失妥当,而起初我对这些对话持怀疑态度;所以,至少细心的读者少有可能将我的处理方式,与后来出现的轻率批评混为一谈。此外,对"注释"与"引论"作过比较的读者都会注意到,我给予这篇对话的怀疑理由要比辩护更多,然而,我认为对于一篇尽管有所有这些缺点,但并不缺乏与柏拉图对话有相似之处的作品,必须尝试给予辩护,目前我还不想删去此辩护,因为,如果这篇对话被认为是伪作,那么,此辩护能够为详尽解释显而易见的柏拉图特征铺平道路。但贝克(Bekker)较为确定地指出,这篇对话和随后几篇对话都是伪作,我完全表示赞同。】

《希琵阿斯后篇》引论

[A/B291]这篇对话本身的整体结构与《伊翁》极为相似,每个人通过比较一定会知道这一点,这种相似还在于其柏拉图来源之模棱两可。因为,在这篇对话中,除了很多真正的柏拉图特征外,还有

很多疑点,这两方面差不多同等重要;而且,就其特点而言,这两方面与我们在《伊翁》中发现的一样,否认或接纳某一篇对话为真作的同一个观点,必定导致对另一篇对话做出同样的评价。

首先,关于内容与形式特征,这两方面不仅配得上我们迄今所介绍的柏拉图作品,而且完全可以与这些作品协调一致。最先得出的两个原则是:第一,真诚的人与虚伪的人在任何事情上完全是同一个人,即内行;第二,在所有事情上有意失败的人比无意和因为其无知而失败的人更好【,我本人绝不像阿斯特先生那样,认为这个原则不是苏格拉底式的】。这两个原则是按[B292]这样一种方式从荷马叙事诗的某些例证中得出的:整个讨论[A292]很明显有意引向对理论与实践的区别,以及意志之本质与道德能力之本质的区别的关注,并指向在何种意义上只有德性才能称其为知识:就此,没有人看不出早期柏拉图哲学思维的整体风格。同样,尤其在论述第二个原则时,明显存在完全按照《斐德若》的规则向对立面的过渡,柏拉图的精神和早期特征也由此清楚地表现出来。这说明,这篇对话的最终目的与《普罗塔戈拉》完全一致,所以,我们难免会提出这样的问题:如果说它们都出自柏拉图之手,我们当如何思考这两篇对话的次序与相互关系。如果《希琵阿斯后篇》是在《普罗塔戈拉》之后写成的,那么,对任何问题的论述和描写,前者必定比后者更深入和更清晰。但我们尚未查明这一点。因为,尽管可能看上去,《希琵阿斯后篇》的第一部分一定比《普罗塔戈拉》所能做到的更容易和更切实地将细心而有深刻见地的读者引向对下述主题的确切认识:如果好就是知识,那么,好必定是认识的对象。然而,对此问题的研究,在《希琵阿斯后篇》中根本未在《普罗塔戈拉》的基础上有所推进;相反,是完全按照不同的方式来进行的,而且两篇对话中的研究都是否定式的。因为,在《普罗塔戈拉》中,只是[B293]附带将享乐是道德认识的主题这样的看法[A293]引向矛盾;在《希琵阿斯后篇》中,则对此看法有争议:如果德性就是知识,那么,它不是关于其时时关注的对象的知识。如今很多人很容易发现,《希琵阿斯后篇》中有肯定性论述，但这无法证明这篇对话是稍后撰写的。理由只在于我们获得的更新的观点。非常明显，柏拉图对《普罗塔戈拉》中的做法非常满意，因为，他在随后的小对话中对《普罗塔戈拉》的观点没有直接作进一步发展，德性可教的全部观念仍然记录在我们眼前的一个很长系列的作品之中，这一观念与柏拉图哲学之整体的关系，较其与某一方面的关系远为密切，尽管或许《希琵阿斯后篇》中有关于此观念的更为纯粹的苏格拉底式研究。因此，如果我们将这篇对话放在《普罗塔戈拉》之后，认为它从来就处在这个位置上，那么，肯定会打断柏拉图著述的自然进程。在《希琵阿斯后篇》中找不到对《普罗塔戈拉》的指涉，在附属于后者的对话中也找不到对《希琵阿斯后篇》的指涉。而且，这种看法（[中译按]即"《希琵阿斯后篇》是在《普罗塔戈拉》之后撰写的"）也很少能由贯彻于《希琵阿斯后篇》第二部分中的主张，即好人有意犯错而只有坏人才无意中犯错，得到证明。因为，情况一定是这样的：如果《希琵阿斯后篇》是《普罗塔戈拉》的补充，那么，前者中的主张很明显应该与后者提出的前提，即没有人会有意犯错，联系起来。【但《希琵阿斯后篇》最后的确对其提出的原则做了转换：如果谁有意犯错，他必定[B294]是好人。这种转换似乎有一个前提：事实上，没有人会有意犯错。不过，这样一来这篇对话就远非突出了，如果柏拉图写它是为了指涉《普罗塔戈拉》。因此，我们从来都不认为，仅仅（zum Teil）依赖已贯彻于《希琵阿斯后篇》中的原则，而不作进一步努力和】不加辩护，就能够规定《普罗塔戈拉》中的前提。所以，没有别的选择，只有将《希琵阿斯后篇》放在《普罗塔戈拉》之前，并视《希琵阿斯后篇》为运用著名的间接方式来研究德性之本质的首次尝试，然而，首次尝试看来不够成功，所以，才引出了那部更大更美的作品（[中译按]即《普罗塔戈拉》）。在这部作品中，所插入的思想和方法实验与所有直接相关的内容，的确以全新方式联系在一起；不过完全可想而知的是，如果柏拉图要重新更好地表述已经研究过的主题，必定会碰到类似的主题。【我们也可以使这一观点具有更高的可能性,如果我们能够更准确地说明,《普罗塔戈拉》中所包含的其他内容,尽管大多数非常贫乏,]但都可以在《希琵阿斯后篇》中找到萌芽:不管我们着眼于内容抑或不同的论述方式。这是关于这篇对话所能得出的最好的观点,而且看上去《希琵阿斯后篇》几乎为《普罗塔戈拉》所取代,所以,无论如何,《希琵阿斯后篇》只能处于此"附录"之位置上。

[B295]不过,如果我们更准确地研究细节,这一最好的观点会转而失去光泽,就此也会出现各种怀疑:这篇对话究竟是否可能是柏拉图的作品。这些怀疑当然直接并首先仅仅出于其表达方式。因为,在这篇对话中,有时候,某些内容十分笨拙,以至于我们几乎无法相信是柏拉图的手笔;有时候,比如在《希琵阿斯后篇》关于奥林匹亚赛会上的自我表现的全部谈话中,对这位智术师的讽刺与对话的其他内容完全脱节,这种情形在柏拉图的其他[A295]作品中是看不到的;有时候,对话方式的转换毫无目的,要说这差不多是柏拉图首次运用此方式,似乎不大可能。不过,在读者关注这些在"注释"中会作进一步说明的细节时,将有更多的疑点表现出来。比如,很多与《普罗塔戈拉》显而易见的相似性让人怀疑是出于模仿,如果我们考虑到这些相似之处在《普罗塔戈拉》中恰恰出自《希琵阿斯后篇》中少有的新内容,而在《希琵阿斯后篇》中这些内容差不多只是空洞的装饰。此外,尤其是从荷马(Homeros)出发的方式,似乎是一名弟子的权宜之计,这位弟子不熟悉柏拉图更为看重的抒情诗人;而抱怨我们不可能问荷马其原意何在,也是《普罗塔戈拉》之回响。甚至连碰巧从《普罗塔戈拉》的人物中挑选出来作为主要人物的希琵阿斯,也没有什么[B296]特殊原因,但在其他对话中我们却往往能够指出这种特殊原因。的确,如果谁弄清了这篇对话之整体,他会发现,这篇对话中的辩证法之运用,具有值得一提的、时而过分谨慎、时而笨拙迟钝的特点,差不多只有《伊翁》堪与之比肩。所以,有人很容易会认为,最好将运用于《伊翁》的看法,同样运用于《希琵阿斯后篇》,即将最初的发明和安排之无可否认的权利保

留给柏拉图,而断定其他内容是一位刻苦而又相当聪颖,却没有按照乃师的精神和品味来模仿乃师的弟子之所为。【因此,贝克将这篇对话直接归于某一位不知名的著作家,而他最有可能与《伊翁》的作者是同一个人,在我看来完全正确。】对于其他人而言,占据优势的情况是:亚里士多德曾引用过这篇对话,尽管没有提到柏拉图的名字,就像他引用乃师的不同著作时所惯用的做法那样。【因为,总体而言,我们根本不假思索地根据亚里士多德的引用来研究柏拉图对话的真实性,目前我不想就此表明态度。这些引用当然只能证明亚里士多德知道我们研究的对话,但不能确定亚里士多德认为它就是柏拉图的作品。】

《希帕库斯》引论

[A/B323]在得出结论之前,这篇对话做了多方面、长时间的思考,如两位艺术大师所做的那样,使得这篇对话从柏拉图作品系列中突显出来。因为,这篇对话的意图柏拉图特色十足,明理的读者能看得出来(hineinlegen),它把热爱好(Liebe zum Guten)看成是逐利或自私,并且与那些众所周知的原则非常明确地联系在一起:除了好,没有其他有用之物;恶人之所为,只是人的错误。因此,我们很容易相信,柏拉图也想从日常生活出发,如从明智(Besonnenheit)和勇敢概念出发,来进入其哲学之核心。提出这个日常生活概念的目的也在于,通过柏拉图式的辩证法,将其引入关于热爱好的更高的、真正的伦理概念之中。这篇对话的这个良好意图,看来是由对话接近末尾的一段话来证明的,这段话相当明确地指向对先前说过的理由和意图的进一步贯彻。因此,我们可以认为,[B324]这篇对话与前述对话的方式一样,也是以柏拉图的方案为依据的;但只完成了此方案的一小部分,这一小部分与柏拉图的全部设想的关系,很可能就像《吕西斯》中的准备性对话与作品其余部分的关系。有

一个例证[A324]更适用于这篇对话,因为,它处理好之概念的方式恰巧与前述对话一样,我们很容易想到,或许《希帕库斯》中也运用了那种向详尽描述的过渡。只是,关于有用概念,前述对话中提及的内容所宣告的,比《希帕库斯》提及的内容更具有柏拉图特色。所以,这篇对话或许是一个小片段,开头佚失了,它如今的结尾一定是某一只笨拙的手添加上去的。因为,对于这样一个结尾,明眼人既不可能在柏拉图附带提到的某个想法中找到起因,对于柏拉图的方案有一丁点了解的人,也不会就此结束或中断此方案。【柏拉图不习惯以这样的开头来开篇,因为,就连以主要问题开篇的《美诺》,也没有少了其引言。与此同时,为了支持这篇对话曾经拥有之地位,我们也愿意将其开头与结尾归于一只奇怪的、断章取义而又无可救药的手,然而,这个有利的判断对于这篇对话本身却少有裨益可言。】因为,首先,与柏拉图的其他观念的相互关系一定会挽救这篇对话,但这种相互关系根本没有表现出来;关于[B325]某个更高的伦理目的的假设和某种真正的辩证研究,只是良好的愿望而毫无根据;因为,算起来与《希帕库斯》一样的作品柏拉图没有几篇:从任何一篇中能搜集出某些内容,但由这些内容出发谁也无法根据清楚的标志认出其所属之整体。相反,我们手中的《希帕库斯》与大师的其他任何作品均无干系,这个[A325]不重要的非柏拉图式的结尾也并非配不上它,因此,以两个极端为根据的糟糕偏见,还无法驳倒这篇对话。如果我们仔细考察,会发现这篇对话的辩证法表现得冗长而无力,而且一直毫无进展地围着一开始就确立的同一点来兜圈子。甚至如果这篇对话着眼本来远为宽广,那么,谁若真想把关于庇西斯特拉图(Peisistratiden)的离题讨论归于柏拉图,在讨论中混入完全不相干的内容,对于理解对话整体的任何可能目的毫无裨益,所以,我们宁可视其为由某个吹嘘自己博学的智术师提出的古代文化学的样本。然而,对《希帕库斯》最重要的反驳是,它完全缺乏在"总论"中希望所有读者赞同的、作为柏拉图对话之标志的内容,这些内容尤其能对细节做出规定,具体而言,就是苏格拉底的对话者的个性化描述。因为,在这篇对话中找不到哪怕唯一一处关于对话者[B326]的切近描述:既没有外在的切近描述,也没有内在的切近描述。甚至连最外在描述,即谈话者的名字,在这篇对话中连一次也没有碰到;所以,将一个名字放在其谈话之前,也是古代誊写人或语法学家添加的,他们为这种异常情况感到震惊,但这篇对话的标题只可能追溯到关于庇西斯特拉图的离题讨论。同样,至少[A326]证明,如果柏拉图撰写了这篇对话,按他的想法,这个人不会叫希帕库斯。因为,在此情况下,苏格拉底怎么会在起初想到庇西斯特拉图的时候,忍住不提他与谈话者同名呢?的确不可思议。然而,一个完全不确定和不知名的人物,不仅与柏拉图对话的本质扞格难通,而且,尤其是柏拉图很容易从过去惯常使用的人物中挑选非常合适的人物。所以,若仔细考虑所有情形,甚至不存在另外一个人据以写作的柏拉图方案,因为,如果存在此方案,那么,它必定包括关于对话中的人物选择之恰当性的最初说明。就此模仿者,尽管他很糟糕,"注释"也会不时详加说明,以便由此出发来证实否定这篇对话的判断,尽管仅指出若干方面,其余内容,由从事语文学的读者自己做出评判。这篇对话由以出发的概念,除了[B327]贪欲(Gewinnsucht),不可能是别的,虽然在我们的日常生活中,这个词并不像相对应的希腊词那样平常。因为,渴望获取无关紧要的小利这一本质特征,在贪欲这个词中比其他任何词都要强烈,而这个词与热爱好这一伦理概念的对立,根据这篇对话的意图,听上去也肯定不会太强烈。

【自我写下上述内容以来,对这篇对话和随后一篇对话的研究有了进展。我已暗示过这两篇对话或许出自同一个作者;但不仅没有提出反对意见以关注两篇对话之真实性,而且波克(Boeckh)富有洞察力的看法,将这两篇对话连同前面已研究过的其他两篇对话归于了西蒙(Simon),看来也没有什么矛盾。因为,阿斯特先生提出的反对意见并不重要。虽然如此,我让自己谨慎的"引论"保持不变,一方面,使研究的历史痕迹全部得以保留,另一方面,也是为了与其他"引论"保持一致。出于此理由,我也让这篇对话仍处于其原来的位置,关于对话的题名,尽管我完全同意波克的看法:最初的文本只标出了对话的主题,但我还是依循贝克的文本;预先说明:对下一篇对话,将亦复如是处理。】

《米诺斯》引论

[A/B343]同样,很少有充分的理由能获得赞同,将这篇对话斥为伪作。之所以将它放在这里,是因为某人一定能看出它与《希帕库斯》引人瞩目的相似性,此相似性如此之大,以至于看上去两篇对话是由同一个模子浇铸出来的。同样,开头如此突兀,而结尾看上去刚要开始新的研究,却如此无趣和不得体地中断了。对于如此糟糕的一篇作品,有些人之所以能够放心,是因为他们怀疑我们手上的文本不过是残篇,此文本状况似乎日后能够得到改善。与《希帕库斯》一样,《米诺斯》因为一项对主题毫无推进的、对一位古人的抨击而微妙地中断了。而且这项抨击为此篇对话给出了题名,然而,不仅剥夺了对话者的性情和社会身份(Verhältnisse),而且,未说明此对话者姓甚名谁,而勉强可以叫他米诺斯,因为,甚至没有任何线索可以表明他是一个外邦人,但米诺斯也不可能是一个雅典人名。进而言之,谁若关注这篇对话的意图和行文,他会认为这篇对话不是柏拉图的。通过所有丰富的例证什么也说明不了,而且通过引入相似概念也无法进一步确定任何东西;相反,完全以非苏格拉底式的莽撞,由一个概念过渡到[A/B344]另一概念,就像从结论过渡到意见;起初说过的全部有用内容和有待进一步确定的内容,又总是被忽略掉。就研究过程之不充分,《米诺斯》与《希帕库斯》尽管相似,却远为糟糕;这一点,不仅无碍于关于两篇对话出于同一个作者的看法,相反,可以由研究主题之本质得到充分解释。总之,因为这篇对话的意图不可能是解释一个概念,这只是外观和条件,因

为一篇苏格拉底对话舍此外观和条件则无以成立,这篇对话的主要任务是为苏格拉底偏爱克里特(Kreta)辩护,尽管是一个糟糕的辩护。《米诺斯》还有一个作为伪作的特殊标志,那就是语言异乎寻常地笨拙。要么,不严格使用与关键词在词源和发音上同源的词,要么,玩弄字眼却不顾及影响研究和导致诡辩之危险,作者在其中的可怜表现笨拙不堪(als ein Ungeschickter)。愚蠢而又无所顾忌地将王术(königliche Kunst)之名给予治邦术(Staatkunst),将王者(der königliche Mann)之名给予治邦者(Staatkunst),这是从柏拉图后来的对话中借来的,作者无力由这些对话中创造出更深刻的内容,他的模仿也只会倒腾那些最司空见惯的地名(Plätze)。对于想看清眼前这篇对话的人而言,的确无须再做任何补充。

《阿尔喀比亚德后篇》引论

[A/B365]对这篇对话真实性的怀疑,古已有之,也有人将其归于色诺芬。这种说法当然没有特别根据,但至少写作方式十分相似;然而,这种猜测会遭到语言专家直截了当的驳斥。只不过,很有可能至少存在某种确切根据,否认这篇小文是柏拉图的作品;事实上,的确也不缺乏某种证据来支持对这篇对话的断然否定,虽然这篇对话的特点与迄今我们否定或怀疑过的对话殊为不同。因为,有人或许会说,这篇对话在很多方面要更好,但每个人都必定承认,它在思想、编排和行文方面都少有柏拉图特色。因为,首先就其内容,解释家往往很高兴能在其中找到苏格拉底关于祈祷的真正(rein)教诲;这正是为什么将这篇对话放在"附录"中,以便对参《游叙弗伦》和《申辩》的首要原因。所谓在柏拉图的作品中找到真正的(rein)苏格拉底学说,只可能意指不与其他先贤的学说混为一谈(unvermischt),而非指远离了柏拉图理解苏格拉底的恒常方式。诸神没有确定的原则,也不思考什么是最好,祂们出尔反尔;人可以设

想这种情况是可能的:诸神所提供的东西,人若接受可能会有危险;或者,完成壮举之后面临死亡或被逐出城邦而居乃是大恶,人必须以极大的警惕来避免——明了《游叙弗伦》的暗示和[A\B366]《申辩》要旨的人,怎么会认为这就是苏格拉底的学说呢?相反,这种关于神的学说,明显是苏格拉底在《游叙弗伦》中谈论过的那样一种学说,或许因为他不接受这种说法,所以,如果有人这样看待神,反倒诽谤并告发他不信神。这种观点显而易见与《申辩》中归于苏格拉底的所有观念是冲突的,更不用说放在这篇对话的作者眼前的其他柏拉图对话了。进而言之,不管这种看法是不是苏格拉底的看法,其表述真是糟糕。因为,只要这种关于神的假设尚不确定也不可信,如果人们仍然根据个人的判断表示拒绝,那么,期待着去祈求关于何为最好的知识又有何益?但如果有人说,柏拉图恰恰想通过这种矛盾来消除此假设,则与《普罗塔戈拉》和其他对话中一样,《阿尔喀比亚德后篇》直到末尾完全缺乏对此矛盾的任何阐述,也根本缺乏柏拉图在此处境中绝不会免去的反讽痕迹。不过,若仔细考究,根据[A367]作者的意图,这篇对话的主要内容根本不是关于祈祷的学说,而是[B367]关于理性与非理性、关于其他技艺和科学与好和最好的关系的学说。这种学说当然具有十足的柏拉图特征,与紧接着的那篇对话相关,《阿尔喀比亚德后篇》是关于这一学说的初步讨论。然而,引出此学说的方式根本不是柏拉图式的,也不是苏格拉底式的,因为,苏格拉底本人说过,所有特殊和共同的好只可能出自德性而非相反,关于最好的知识的必然性根据就在于此,因为,否则和平会面临威胁,城邦也必定陷入困境。同样,这种推论方式既不全然是道德式的,也不全然是科学式的,正如截至目前的研究所表明的那样,也正如柏拉图后期的作品所表明的那样,我们这篇对话的作者完全明了这种方式。但就这部分内容看起来,它还配不上柏拉图的行文方式。因为,就在得出最后结论——获得最好知识的人必须在城邦居于统治地位——之前,苏格拉底又跳回到关于祈祷的讨论,但这一讨论只是全部对话的框架。甚至在更早之前,作者的主张——无知本身在某种程度上也可能是一种好;如果不能变得更好,就只有过不合群的、没有教养的、原始的生活——就已经破坏了作品之统一,正如误解了犬儒学派原则的那些人[A368]禁不住认为的那样,关于这些原则,这篇对话中还真存在一些蛛丝马迹,尽管其中不乏矛盾。进而言之,每个人都看得出,[B368]这篇对话将关于最好与祈祷的认识连接起来编排的方式十分随意,也十分缺乏任何技艺,故而不可能让柏拉图来承担它。同样,行文也完全缺乏柏拉图特色:苏格拉底糟糕的言辞;他为了把亲手扯断的对话重新连接起来,要求阿尔喀比亚德发表意见的低劣方式;很少涉及或突出阿尔喀比亚德;所有附属内容模糊不清,我们还可以进一步列举。如此行文方式十分突出,以至于个别内容柏拉图气十足,却根本无以反驳其不真实性,相反,倒强化了这种判断,作者对乃师的手法尽管足够熟稔,但浸入其精神倒不如浸入其语言深,对于真正的奥秘恐怕尚不明就里。

或许,柏拉图也能摆脱人们归咎于他的一个最严重的时代错误。因为,关于时间我们只知其大概则足矣,而与这篇对话相关的有争论的个别问题,则应尽量加以解决,所以,我们发现,要说苏格拉底曾与阿尔喀比亚德谈论过阿基劳斯(Archelaos)之死,这不大可能;更不用说,这篇对话毫无必要地加给阿尔喀比亚德杀害伯利克勒斯之图谋【,似乎在阿基劳斯被杀后不久,伯利克勒斯还活着】。

第二部分第一卷

《高尔吉亚》引论

[A5/B3]与迄今讨论过的所有更伟大的柏拉图对话一样,《高尔吉亚》的主要内涵几乎全盘遭到误解。尤其对于柏拉图,即便只是一知半解,即等于彻底误解,因为,把握不住各部分的相互关系及部分与整体的关系,则不可能获得任何关于细节的正确见解和任何透彻的理解。正如对于《斐德若》,多数人完全忽略了修辞术,故而难以揣摩对话整体之意涵;对于《高尔吉亚》,他们同样受了无疑是后来才添加的副标题"或论演说术"的诱骗,他们又过于重视修辞术,而认为其他内容仅仅是跑了题或偶然的讨论。其他人复又关注另外的细节,比如关注卡利克勒斯(Kallikles)提出的关于强者的正义的学说,以及苏格拉底对此学说的反驳;或关注顺便提出的对诗术的贬低,从而灵机一动,认为《高尔吉亚》中包含《王制》诸卷详加讨论的内容之基本特点,但我不知道,[A6/B4]他们认为《王制》的讨论早于还是晚于《高尔吉亚》。一种看法,正因为它比它所知道的还要巧妙,对于作品之特征恰恰毫无确切见地可言。因为,若正确地理解,柏拉图所说的哪一句话又不包含这样的基本特点呢?然而,用不着进一步解释就十分清楚:由任何此类观点看来,整体中如此特别突出的部分,与对话其他部分的关系,看上去相当松散;尤其是关于享乐之本质的研究,如果我们这样考察整篇对话,差不多只能视其为一项多余的、古怪地添加上去的附属内容。不过,不能如此轻而易举地发现何处有此类情形的读者,尽管深刻认识到此类情

形必定是所有研究最重要的内容和要点,他对柏拉图必定所知甚少,而所有其他内容也只有由此要点出发,方能获得真正处境化的理解,并因此找到这篇对话的内在统一。照此方式看来,《高尔吉亚》是这样一篇作品:它必定处于柏拉图作品第二部分之顶点,"总论"认为,这部分对话居于基础性与建构性对话之间,总体上不再像第一部分对话那样研究哲学的方法,而是研究哲学的主题,对其做出全面解释和正确划分,但也不像第一部分对话那样真正对物理学和伦理学这两门实用(real)科学[B5]做出描述,相反,[A7]只是通过准备和推进来尝试做出确定;"总论"还认为,若个别或相互联系起来看,第二部分对话是通过较第一部分对话更少规律可言、极不自然甚至困难的结构表现出来的。故而在此重温此观点,以便进入柏拉图全部作品的第二部分。如果将此观点直接应用于《高尔吉亚》,而且其位置符合此观点,则等于说出了由以初步理解这篇对话的全部内容。

对真正的存在者(Wahren und Seienden)因此也是永恒不变之物的直觉(Anschauung),如我们所知道的那样,乃是柏拉图哲学全部描述的起点;与此直觉相对的是同样普遍的、对于共同的思维与存在(Denken und Sein)而言同样原初的、关于生成之物即关于流变之物(Fließenden und Veränderlichen)的直觉,所有行动与思考在此直觉中仍然可以研究,正如其在现实中可以被把握那样。因此,最高而又普遍的科学(Wissenschaft)问题无他,不过是把在生成中把握到的那个存在者(Seiende)描述为真和好(das Wahre und Gute),并因此在正确认识两种直觉的表面对立的同时消除这种对立。但这种结合总会分解为两个要素,方法之分歧就以这两个要素相互之间的不同关系为根据。从关于存在者的直觉出发,直到以描[B6]述来阐明现象(Schein),如此第一次通过解决两种直觉之对[A8]立,同时唤起并解释了关于此对立的意识,这是与科学相关的直接处理方法。然而,从给定的关于两种直觉的对立意识出发,进而达到作为此对立的解决方法的那种直观,同样,由于这种解决方法必然引向这种直观,我们称此方法为间接方法;出于很多原因,这种方法尤其适合于由伦理开始的研究者,柏拉图将此方法放在中心,作为原初直观真正的连接方法和建构方法,他以此原初直观为基本出发点,以达到作为系统性结论的结构性描述。正如这种对立对于物理学而言,表现为本质与现象或感知(das Wesen und der Schein oder Wahrnehmung)的相互对立,对于伦理学而言,则表现为好与快乐或情感(das Gute und die Lust oder die Empfindung)之对立。因此,一言以蔽之,柏拉图作品第二部分的主题及其总体任务是表明:若混淆了本质与现象(Erscheinung)、好与欲望,就不会有科学与技艺(Wissenschaft und Kunst),而必定只有关于科学与技艺的虚假现象。要完成此任务,自然得通过两条途径,但在不同作品中无法完全区分这两条途径:一条途径是,揭[B7]露迄今被当作科学与技艺的内容名不副实;另一条途径是,力求从两种直觉的对立出发正确描述[A9]科学与技艺的本质及其基本特征。《高尔吉亚》之所以居于第二部分之顶点,因为它通过准备更多采取了第一条而非第二条途径,完全由伦理方面出发,用两种方法来澄清其中的混乱:以最内在的信念为因;以公开表现出来的僭越为果。其他对话与《高尔吉亚》相比,一部分进而回复到对似是而非的科学问题的研究;一部分更进一步研究真正的科学之理念(Idee);一部分则包含着随后的研究成果,《高尔吉亚》为这些成果首次做了准备。

我们由此出发可以看到,柏拉图作品第二部分的两项主要任务之间存在自然关联,《高尔吉亚》中苏格拉底的对话者就这两项主要任务做了证明,只不过他们错误地认为凭其演说术便拥有了一门技艺(Kunst),他们囿于其错误而混淆了好与愉悦(Angenehmen),由此解释了每一项内容的证明方式和对话整体的次序安排。因为,当关于好的讨论和关于伦理的争论占据上风的时候,如果整篇对话的统一应有所不同,那么,就必须按照技艺而非科学来思考真(das Wahre)。但在此关于技艺的讨论完全是概况式的,这篇对话包括了从讨论的最大主题城邦[B8]到最小主题感性生活之美化的所有内容;不过,柏拉图按照其惯常做法[A10]最喜欢将最大的主题作为模式来概述,而喜欢将较小的主题作为较大主题之例解,如此一来,就不会有人违背柏拉图的初衷,迷失于较小主题研究的个别对象之中。可以看到,修辞术在此是作为而且仅仅作为总体设想中的治邦术(gesamte scheinbare Politik)而提出的,所以,《高尔吉亚》首先重拾《普罗塔戈拉》的开头,严格说来,就是为了通过转变使言辞变得更加清晰,使我们关注与《普罗塔戈拉》和《斐德若》中早期语言运用的彻底决裂,关注更多暗示性的而非明白有序的智术与修辞术的分离,所以,修辞术作为现象科学(Scheinwissenschaft)的技艺方面,应该包含与所有技艺的最高主题即城邦有关的全部内容,而智术,正如我将在其他地方进一步讨论的那样,则包含了与原理本身的表面联系。尽管苏格拉底只拿修辞术和司法与智术和立法作比较,但这两者固有的含义不容置疑:智术应该模仿关于终极原因(letzte Gründe)的知识,因为,原初的形式就直接来自终极原因,而修辞术是终极原因的具体应用。根据古老的观念,体操恰恰亦复如是,人的躯体的完美直观形象(Anschauung),与[B9]其保养和举止(Darstellung)之原则完全一致,而修辞术[A11]通常意义上与治邦术一样,永远只是治疗术(Heilkunde),乃是将基本原理应用于已有的缺陷。因此,为了揭露演说术只有杜撰特点(das bloß Scheinbare),苏格拉底必须对付艺人高尔吉亚和珀洛斯(Polos)。对好与可欲的混淆,将通过卡利克勒斯来指明,同样的信念使得卡利克勒斯成了高尔吉亚和珀洛斯的门徒,所以,在对话的最后段落,苏格拉底重述了谈话内容,认为这两方面源于同一种恶,并指向同一种缺陷。我们发现,无论在整体上抑或在细节上,柏拉图都没有强行割裂不同段落。

首先,苏格拉底向珀洛斯——柏拉图一开始只将其教诲的较为狭隘的目标给予珀洛斯:后者只关注合宜的公民生活方式,他不是对好的教育感兴趣的人,我们不知道柏拉图这样做有何道理——表明,即从他自己和其他修辞术家的研究方式本身出发向珀洛斯表明:正义与不义,作为他的技艺的研究对象,从未作为已知之物包含于此技艺之中或由此技艺所给予。然而,这进一步为珀洛斯揭开了伪装术(Scheinkunst)的本质和状况,并向其本人表明:在关于美的概念——珀洛斯自然不会认为此概念无意义,相反,此概念有其固有领域——中,行不义(Unrechttun)看来要比遭受不义(Unrechtleiden)更坏,而遭受不义则直接引向[B10]好与可欲之分野。在此,我们很容易想到与《普罗塔戈拉》[A12]的比较,以便搞清柏拉图关于美的概念的间接研究有何用意:具体而言,柏拉图只打算纯粹从形式上提出美的概念,承认它是一个独特的概念,并解释美的概念与人们有充分共识的其他同类概念的关系。《普罗塔戈拉》以"好与可欲同一"这一虚假前提为出发点,因此,除了在时间中区分可欲和不可欲之间接性或直接性,不存在其他任何区分方法,事实上时间根本不是此类区分方法,正如《普罗塔戈拉》本身及其附属对话所反复阐明的那样。在《高尔吉亚》中,通过珀洛斯,好与可欲之同一并未得到确定,只较为确切地提出了可欲与有用之区分,若确定不能接受早期对话中已然造成矛盾的观点,那么,好与可欲之分野就只在于时间。因此,一旦查明了好与可欲之分野,由此自然会表明:有用概念与好直接相关。

在与卡利克勒斯的谈话中,苏格拉底的首要目的在于唤醒关于两种直觉之对立的内在意识,并使其认识到:在可欲之物中所有好都会耗尽这一主张,在内在意识中得不到支持,相反,这[B11]迫使我们将另外一种好置于可欲之物之外。很可能[A13]这篇作品中最具艺术性的内容是:苏格拉底为达此目的努力与卡利克勒斯周旋,苏格拉底的努力由于首次混合了意大利的(italisch)智慧而特别值得一提。具体而言,需要考虑到这些努力失败的方式,考虑到完全可以视为由对卡利克勒斯的全部描述所造成的失败之必然性,考虑到苏格拉底如何不忽略他最喜好的情感激发,以反对由他造成的这些顺从的对手对他的指责,并通过回复到他本人的辩证法之哲学技巧(Technik),而引出关于快乐(Lust)之真实本质的最重要的描述:欲望就像某种永恒流动之物,只能理解为前起后继的生成之过渡【,所有这些内容实际上过于艺术化,讨论过于详尽,处理过于精细,以至于我们只能视其为偶然提及的小事,而仅将政治作为作品的真正主题】。

一俟卡利克勒斯尽管只是大体承认了可欲与好有某种区分,紧随上述解释的是将上述两个部分结为一体的第三部分,在此部分中,相应于作品的伦理和预备性质,苏格拉底以一种基于信念并以神话来表达的发展结束了论述。如果我们愿意拿部分内容非常接近的神[B12]话,与《斐德若》中的神话作比较,就此神话被誉为基础性神话(Grundmythos)而言,我们可以这样来思考:在《高尔吉亚》中,未来与意志(Willen)和技艺(Kunst)直接相关;正如在《斐德若》中,过去与科学和知识直接相关。在这两篇对话中,时间只是图像(Bild),[A14]本质在于对剥夺了人格性(Persönlichkeit)的精神的关注。因而,柏拉图远不想强调神话的重要性,所以,应当用历史的眼光来看待它,因为,柏拉图将神话与民众神话(Volksmythologie)联系在一起。而且,《高尔吉亚》中也不乏对爱的关注,相反,爱在此成了治邦术的指导原则,正如爱在《斐德若》中是个人教养的指导原则。不过,我们至少必须假定,依据《吕西阿斯》中所作的研究,爱已然越出了神话之藩篱。

我们不必继续这样的个别比较,与前述对话的总体比较会将我们引向第二个结论,即以形式作为标志,《高尔吉亚》不仅属于柏拉图作品的第二部分,而且在此部分占据首位。就主题而言,个别内容,比如修辞术作为技艺中的空洞现象(leeren Scheins)之例证,与全部描述的总体目的——努力探求永恒与流变之对立的实践方面——联系在一起的方式表明,《高尔吉亚》与《斐德若》所有的表面相似,完全属于第二部分作品之特征。因为,在《斐德若》中,在将哲思(Philosophieren)[B13]仅作为信念(Gesinnung)、将认识(Erkenntnis)作为更为内在的直观(Anschauung)来谈论之处,也只能将方法作为外在之物来解释。然而,通过《帕默尼德》做准备,目前则应当对认识之真实性和认识对象加以研究，将技艺而非纯粹的方法视为一种[A15]形成之物(ein Gebildetes)，将各门技艺的相互关系视为外在之物，而研究的目的在于揭示这些技艺是否有一个对象，以及这个对象是什么。的确，如果我们愿意纯粹就结构加以思考，便会使一个确定的过渡显现出来——由《斐德若》经《普罗塔戈拉》到《高尔吉亚》，还有从《高尔吉亚》到《游叙弗伦》和《智术师》，在《智术师》中出现了最强烈的否定性描述。同样，所有这些对话都为一个肯定性因素(Keim)所贯穿，此因素不断强化，却只被作为间接主题来处理，而关于真正的科学与技艺及其对象的勾画，直到最后才抛弃了与否定性主题的联系，并独自显现出来；与此同时，全部间接处理方式也走向了其反面。这表明，《高尔吉亚》显然属于此对话系列，但同时表明它位居此对话系列之首，部分因为已提到的与早期对话的建构方式类似，部分因为方才提到的否定性与肯定性主题之联系很少有艺术性可言，就像在随后的对话，比如《游叙弗伦》和《智术师》中那样，这种联系可谓曲折难解。进而言之，将研究划分到多个人头之下，以及明显不时回复到开头部分，这种形式随后变得更为频繁，并成为这篇对话的主要特征，[B14]与此稍稍类似的只有《吕西斯》和附属于《普罗塔戈拉》的小对话。

此外，为了确定《高尔吉亚》的位置，还需要提到这篇对话中几乎重拾全部早期对话的艺术方式：有些地方编入了出自早期对话的细节，有些地方[A16]显然或多或少编入了早期对话本身的结论，相反，也有完全无意中编入的内容，但方家不会忽略，这篇对话中已然包含着后来的对话系列之萌芽。上述情形，在《斐德若》和《普罗塔戈拉》中大体上已有其基础，但尚需作进一步探讨，需要揭示更多的关系之细节。所以，其他苏格拉底后学可能特别容易由《斐德若》出发来指责柏拉图，说他似乎想改进会导致蒙蔽的修辞术，却因为有人可以其为目标而容许这种修辞术。正因为如此，《高尔吉亚》的描述看来非常强调这种修辞术根据道德原则唯一可能的应用，以及方法与信念之间必然的相互关系，并以各种方式重复了此描述,以便指明由《高尔吉亚》的原则出发,要得出不同于对话中提出的关于修辞术主题的观点是不可能的。我们很容易能看出,《高尔吉亚》中关于智术之安于现状(Selbstgenügsamkeit)的描述言过其实,如果对话作者认为其对手如此可笑无能,那对付起来就太简单了。因此,在这篇对话中,当高尔吉亚发现自己与普罗塔戈拉[B15]处境一样时,他的对话措辞非常驯服温顺,以免自己成为笑柄。相反,柏拉图却通过珀洛斯至少指明了新的内容:讲究修辞而不懂辩证的智术师,的确不能巧妙(in der Kunst)引导对话,而柏拉图的苏格拉底自诩有此本领;严肃的方法游戏(Spiel mit der Methode),某种程度上的确是第一个对话系列之回响,但在《高尔吉亚》中明显居于次要地位,而不像在《普罗塔戈拉》中那样。进一步讲,由《吕西斯》看,不仅不好不坏(des weder gut noch bösen)没有被接纳为一个公认的概念,而且这篇小对话中关于爱的内容尽管占主导地位,却受到局限和抑制,但在《高尔吉亚》中获得了应有之地位,正如在《斐德若》中关于爱的本质所作的全面论述;《高尔吉亚》对爱的概念的拓展运用,超出了个人而及于更大的公民关系处境,同时,几乎句句指涉《吕西斯》,使爱民众与爱男孩(Liebe zum Knaben)获得平衡。由此,也第一次清楚地表明:《斐德若》正确强调了当然并没有对每个人都清楚表明的、关于养成某种同等的爱的理想或品格之必要性的教诲。与此相关的还有柏拉图反对所有无意义的争论和劝导企图的观点,而且在道德上遵循相反原则的人不可能相互协商,这种观点在《克里同》中已有严格表述,在《高尔吉亚》中,[B16]苏格拉底与卡利克勒斯的第一场对话进而生动地描述了此观点,这种观点同样包含由此角度出发,对柏拉图作品的第二部分运用间接的辩证方法的辩护。此外,柏拉图在《高尔吉亚》中还让苏格拉底明确认可《拉克斯》中阐述的主张:若无知识,勇敢不可思议——这肯定是柏拉图的观点。《高尔吉亚》也讨论了在《卡尔米德》"引论"中作为对话结论提出的关于明智的内容:苏格拉底在解释中承认,如果视明智为灵魂的健全状态,那么,明智就是德性。【同样,《高尔吉亚》中还讨论了虔敬,正如在《游叙弗伦》中所规定的那样,虔敬就是针对神的正义。所有这些内容差不多同样确定,都是对此前的对话的回顾,尽管并非与其严格一致;对其作过比较考察的人,一定不会将次序倒转,也不会认为这些对话是《高尔吉亚》中似乎只是暂时性的暗示的进一步发展。还有《希琵阿斯后篇》,谁如果愿意,便可以在《高尔吉亚》中为其找到某种证明:如果他认为《高尔吉亚》第一部分末尾提出的假设——正义的人总想正义行事——看上去与已在其他地方提到过的普遍原理——每个人都意愿好——关系不大,相反,与下述观点关系密切:意愿(Wollen)尤其作为认识(Wissen),必定从属于正义之本质——这是对《希琵阿斯后篇》中的正义概念作怀疑式处理[B17]而直接得出的必然结论。不过每个人都看得出,这一关系与其他指涉比较起来远没有那么重要和确定。因为,意愿首先从属于正义之在(Gerechtsein),这是如此广为承认的观点,所以,不必牵扯早先的研究,也可以接纳此观点。】

同样,指涉前述早期作品的预见性或准备性线索,部分在整体结构上,部分在个别段落上,都清楚地指向随后第二阶段的大部分对话。具体而言,根据已提出的[A19]好与可欲的根本区分,重新讨论好与可欲之联系的方法,指向一个尚未解决的问题,这个问题与此对话系列的最后一篇《斐勒布》的主题密切关联。揭示伪装术(Scheinkunst)的本质,并按照辩证法的规则划分伪装术之领域的方法,是对我们将在《智术师》和《治邦者》中看到的、具有高度艺术性和广泛性的内容的首次预演。强调精神与人格性的分离或使精神脱开人格性以及神话描述方式,都似乎是对《斐多》的预告。所以,我们由此完全可以确定:在第二阶段直接从我们视其为《高尔吉亚》之核心的那个观点出发的内容是什么;就此,换句话说,属于第二种对话构形,或必然涉及已提及的对立观点的内容又是什么[B18]。但我指的不是哪一篇对话,而是这些对话的主要特征。因为,若不通过消除理论与实践这两种观点的对立而将其统一起来,后续对话将采取更为艺术化的形式以结合两种观点。

因此，严格说来只能将《高尔吉亚》视为柏拉图作品第二部分的开端之一半，而与《泰阿泰德》共同构成了第二部分整体之开端，因为后者研究存在者与表象(Seienden und der Vorstellung)的对立，而前者研究好与欲望的对立。所以，[A20]在完全缺乏任何关于写作时间的确定证据的情况下，因为两篇对话的观念必定是几乎同时出现的，而且两篇对话都费了相当长的口舌，所以无法直接确定《高尔吉亚》的写作早于《泰阿泰德》。相反，只有从种种细节间接出发，即对前后对话的各种指涉，第二部分总的序曲——我权且这样表述——的特征，还有柏拉图思想的每一个新的萌芽最初都始于伦理问题这一类比，这些才是针对各种可能的反对意见，为《高尔吉亚》位居于《泰阿泰德》之前辩护的理由。

将这些线索和关系串联起来，并熟知柏拉图惯用于标示这些线索和关系的方法的人，自己必定会发现，《高尔吉亚》的[B19]细节中还常常交织着更多其他线索和关系。对于其他人而言，这是赐给他们关注此类线索和关系的良机。例如，此前我们所表明的涉及《斐德若》和《普罗塔戈拉》的辩护性内容，还有更多我们只能理解为回应迄今为止对柏拉图作品的非难而做出的具体思考。然而，就此所能说的，必然仅限于猜测之范围，因此，最好的办法是只就具体内容给予些微暗示。还有很多内容与《苏格拉底的申辩》如此确切地联系在一起，所以，我们可以说这些内容是对《申辩》中的所有本质内容的重复，只不过超出了直接的[A21]人格关系。然而，看起来，《苏格拉底的申辩》差不多完全变成了对苏格拉底的信念和生活方式的辩护，但没有完全失去人格关系，而只是发生了转变，变成了柏拉图的申辩。由于这种重复，我们至少会同意另外一种看法：《高尔吉亚》一定是苏格拉底死后不久写成的，因为，柏拉图根本不可能在经过很长一段痛悔之后，再次如此详尽地谴责雅典人。如果我们认为《斐多》自然也属于此种情形，那么，在非常短暂的时间内令人厌恶地重复这些内容，与柏拉图的布局之丰富根本矛盾；

[B20]没有任何目的也没有任何迹象表明,有任何线索可循的痛苦和愤怒驱使柏拉图如此斥责他的同胞。相反,已论及的意图——即通过回顾不久前发生的事件,为其政治上的持续消极作辩护,同时又表明他打算无所畏惧地推进其哲学研究——根本不容许将《高尔吉亚》的写作时间推后。【虽然,柏拉图似乎在苏格拉底殁后与其他苏格拉底门徒在麦伽拉生活一段时间以后,至少不久就回到了雅典,但也不可能早于其首次旅行返乡。但在此后不久,他还是有充分的理由用这种方式来表达情感。】因为,正如在《申辩》中,苏格拉底表达了自己的不满:其开端是阿里斯托芬的诽谤和类似的关于他的企图的错误谣言,柏拉图同样老早就遭受了类似的诽谤和谣言。我们只需要回忆阿里斯托芬的《公民大会妇女》——人们习惯上认为这部谐剧的上演是在第九十七届奥林匹亚赛会期间——对柏拉图的政治观点和新学说的议论,便很容易领悟到柏拉图会如何预料类似的后果。因此[A22],为【在公共生活中与柏拉图密切交往的朋友和亲属——他们希望柏拉图的旅行可以使他摆脱纯粹思辨而[B21]接近世事——辩护,并】从根本上为他从治理他认为已然败坏的城邦事务中坚决抽身辩护,而且,为对他不利的关于城邦形式的看法辩护,也为了表明必须允许人们对治邦术(Staatskunst)做哲学研究,《高尔吉亚》中才有了那些完全超出《普罗塔戈拉》、反对迄今声名卓著的雅典治邦者的异常强烈的表达,但对健在的治邦者留了一点情面,认为他们罪责轻微。所以,柏拉图让卡利克勒斯谴责他的拉克尼亚式描述(lakonisiere)方式,是为了表明,人们所认为的这种方式,完全出自最简单的日常经验。还有柏拉图关于诗的论说,按照他的进一步规定,也属于这种情形。糟糕的统治者对较有智慧者的天然忌恨,似乎表露无遗,目的是通过稍作辩解和纠正,以触及柏拉图第一次逗留西西里期间与老狄俄尼修斯相处时遇到的情形。这几乎再次引向下述猜测:选择阿基劳斯作为例证——除非不可能那么早就有苏格拉底门徒围着此人转,他也不可能以同样的方式对待他们——是出于同样目的,以便真正有力地表明,柏拉图

不可能谋求一个不义而又暴虐的独裁者的友谊。然而,这是唯一的一点儿关于《高尔吉亚》撰写时间的线索[B22],如果这些线索并不非常符合这篇对话必定位于其他对话之间或之后的位置,其写作时间尚需进一步确定,我们当然不会[A23]信以为真。按照此线索,这篇对话的写作时间很可能在柏拉图第一或第二次旅行返乡之后,即在他的学园(Schule)立稳脚跟并广为扩展之际,从而刺激阿里斯托芬对学园给予谐剧式描述。因为,除非关于柏拉图旅行的说法都是捏造,否则他几乎不可能在此旅行之前建立自己的学园。

【然而,针对此时间限定有一种反对意见,我不想隐而不谈,这是一位更聪明的人士提出的。我们知道高尔吉亚有一部哲学作品,①因此,人们很容易提出一个问题:柏拉图在对此作品只字未提或未给予任何暗示的情况下,何以能将高尔吉亚作为这篇对话的主要人物?如果我们将此对话的写作时间放在苏格拉底遭诉讼期间,那么很容易这样来辩解:柏拉图当时尚不知道高尔吉亚的作品。但这种辩解在柏拉图旅行返乡之后就不再讲得通了,因为,他毫无疑问在西西里知道了这部作品。就此尚有两种可能:要么,柏拉图一反常态,准确地限定了他写作这篇对话的时间,所以,他没有提及高尔吉亚的作品,因为,它当时在雅典尚不为人知,完全可以这样认为,根据[B23]奥林匹俄多洛斯(Olympiodoros),《高尔吉亚》写于第八十四届奥林匹亚赛会期间;要么,柏拉图认为高尔吉亚这部作品,无论就其智术倾向抑或其整体修辞方式,都不值得特别提及。相反,柏拉图只将这部作品归入容易败坏人的伪装术之列,因此,他让高尔吉亚说他仅以一个演说家自居,或许并非没有深意。】

---

① [中译按]指高尔吉亚的《论非存在或论自然》(*On Non – Existence* or *On Nature*),已佚失,其中的四条论题见于恩披里克(Sextus Empiricus)的《反学者》(*Against Professors*)和托名亚里士多德的《论麦里梭、色诺芬尼和高尔吉亚》(*On Melissus, Xenophanes, and Gorgias*)。

《泰阿泰德》引论

[A/B171]谁如果只关注《泰阿泰德》本身所思考的问题,及其通常被接纳的方式中的疑难,关注对这篇对话的内在关系不甚明了者对其智术的指责,他或许希望有比这篇"引论"更为详尽的"引论"来帮助理解这篇对话。然而,通过我们为《泰阿泰德》指定的位置,通过直接回到《高尔吉亚》的内容,我们已然明白了很多东西。因为,谁只要回想起《高尔吉亚》中作为双重目标而提出的内容,回想起《高尔吉亚》本身更多致力于此双重目标的实践方面,而《泰阿泰德》如何明确地更多致力于理论方面是如何确定,他的困惑必定会涣然冰释,关于《泰阿泰德》的本质内容,他必定会获得一种猜测;否则,乍看上去,这篇对话每一项论述都取消了另一项论述,尽管对话讨论的主题是认识,最后剩下的却只有无知;所以,只要回想起《高尔吉亚》的双重目标,他必定会揭开这篇难以接近的对话,并证明其内在关系及其总体观点的正确性。由此总体观点必定会指明《泰阿泰德》[A/B172]的主要目的:如果不把真实和存在(das Wahr und das Sein)与感知和可感之物或显现之物(Erscheinenden)彻底区分开来,就不可能发现知识。不过这篇对话尚未严格划分和具体规定作为技艺的各门科学,相反,柏拉图自己只是首次着手处理此主题,《泰阿泰德》没有像《高尔吉亚》系统研究技艺那样来研究科学,而只研究了科学——最严格意义上的认识——的基本要素。不仅如此,柏拉图的信念和意图是,明确揭示两个向来相互对应的主题——在欲望中寻求好与在感知中寻求知识——基于共同的思维方式,这种思维方式在《高尔吉亚》中表现得更为详尽。因此,需要及时说明,这种经过检验的学说对关于好和美的观念、对研究好和美,必然具有怎样的影响,以免有人感到奇怪:对于好和美的追求者而言,认识(Erkenntnis)本身只能归因于快乐(Lust),但正如

只寻求快乐的人,会导致与其自身的内在情感相矛盾的、共同体的毁灭;同样,满足于感性印象而非知识的人,不可能找到人与人或人与神的共同体,而只会局限于个人[A/B173]意识的狭隘范围。

然而,关于理论与实践,还有《泰阿泰德》与《高尔吉亚》相互关系的提示,几乎散见于《泰阿泰德》的所有部分。认识不应在感性领域内寻找;正如快乐只在于从一个对立面到另一个对立面的过渡,感知变化多端;想对认识加以限制的人,从来不可能抵达某个认识对象——这些阐述是在对话整体建构的过程中形成的。因此,《泰阿泰德》的开篇表明:普罗塔戈拉对认识的统一标准的否定,赫拉克利特关于万物皆流、排除全部存在而唯余生成的原理,还有《泰阿泰德》自始至终检验的、将感知而且仅仅将感知视为知识的原理——这些内容相互指涉,构成了一个体系。苏格拉底指出了这个体系,同时对这些原理加以改善,使这些原理比其创始人的做法能更好地相互支持,由此,或许至少能部分深入理解这些原理本身及其思考方式的内在关系。在柏拉图的苏格拉底以此方式来加强普罗塔戈拉针对他自己的初步反驳而提出的理论,并以其他方式和相关方式来描述普罗塔戈拉的理论之后,对话进而严肃抨击了这些原理,并且指出:整个体系就其意欲成为知识和[A/B174]施教而言,它本身的希望破灭了,它的目的永远不可能达成。所以,普罗塔戈拉的原理首先从两个方面受到抨击,对话本身为了避免所有误解,宣布两方面都获得了胜利。首先,矛盾之处在于将意见当成了知识的仲裁者。因为,只要其他人仍然将知识置于意见之上,这种观点就垮了,与此同时,似真的事物的数目将成为确定性的尺度,而居于支配地位的意见本身会反对意见的价值。这表明,即便在所有情况下这种说法——所有人看上去如此则本身就是如此——讲得通,仍然不能视其为有用之物,不能视其为将来需要的任何事物。如果谁想在此结论中找到与柏拉图在别处所运用的未来研究方法——柏拉图指出,关于未来事物的知识并没有什么特别之处,相反,在任何事情上精通当前的人,必然能对未来做出判断——的矛盾之处,他便犯了错误。因为，首先，柏拉图在此思考问题的角度是对未来有特别看法的人的角度；其次，如果我们另外也考虑了前人的推论，才可能得出柏拉图意想中的整体结论。因为，必定只有当医生认为将会发烧时，才真的会发烧；因此同样，医生关于当前健康状况的看法才是真实的，所以，关于当前健康状况的看法与纯粹的感[A/B175]知不同。柏拉图本人完全有可能得出一个更为确切的结论，但他并没有因为不断积累的讨论和暗示的压迫而得出这样一个结论，所有这些讨论和暗示都是为这篇对话准备的，柏拉图在此特别留待读者自己去得出很多结论。

对话接着以类似的方式专门驳斥了赫拉克利特的原理，此原理已然包含在普罗塔戈拉的阐述中，由此驳斥表明：严格说来，根据此原理既不能给予主语（Subject）以称谓（Prädikat），也无法为谓语找到主语或使谓语符合某个主语，因为，即便找到了或能使其符合，这个主语已然不是同一个主语了，按此方式，任何与知识或陈述相类者都被毁掉了。由此，一个虽然隐蔽却又直接的结论使我们接近了柏拉图的目标，这个结论是：这种无法确定活动（Nichtfesthaltenkönnen）的主语也是无法确定之物（Nichtfestzuhaltendes），在此意义上，就躯体的瞬间变化而言，柏拉图已经承认存在纯粹而又可靠的感知。最后，直接归属于泰阿泰德的关于同一种思想的表达方式出现了矛盾，由此最大限度地为我们指明了何以或只有在何处才能找到真正的知识；因为，苏格拉底指出感知本身——若正确加以思考——如何指向一种本质和起源完全不同的活动，如果我们以坚持存在概念为出发点，则会认识到[A/B176]感知不可能获得存在（zum Sein gelange），真理必须在感知以外去寻找。

由此，《泰阿泰德》对迄今已检验过的原理进一步做了讨论，直至其间接性所能容许之限度；现在则需要加以变化，以便进一步思考对话最后有何发现。然而，我们会看到，对话中必然属于间接表述的内容，同样由观念（Ideen）抽象而来，存在（Sein）和所发现的灵魂的直接活动，也被追溯到感性领域和个别或特殊事物；因为，只有在此意义上方能进一步讨论表象(Vorstellung)。具体而言,提出关于探究知识问题的新原理:知识就是正确的表象。然而,需要思考的是:将知识局限于这一更为狭隘的领域是否可能。此项研究首先引出了一项繁重的任务,即确定虚假表象之领域,并以此或由此领域出发同时确定认识(Wissen)之领域。关于此项任务,苏格拉底的解释始终不令人满意,因为,虚假表象最终出自对知识的令人费解的误识,因此,苏格拉底的结论是:知识必然先于表象。由此,还产生了一个非常重要不过未加以表明的结论:纯粹的知识不可能与谬误处于一个领域,因为,纯粹的知识无所谓真假,而只能说拥有或不拥有。完成此项任务后,对话只通过人们[A/B177]普遍承认的内容,也通过"间接获得的正确表象"与"任何时候、关于任何事物的直接知识"之间的区别——这一区别借助所选择的例证,又返回到实践问题和《高尔吉亚》——对"知识就是正确的表象"这一原理本身简单做了处理。

这为最后的研究任务进一步铺平了道路,提出此项任务是为了把握知识,其出发点是这一假设:知识就是与解释联系在一起的正确表象。在此,一项深思熟虑却又偶然的研究,占据了到目前为止最大的篇幅,此项研究的主题是假定却未始终保持的、关于所谓知识之单一性与复合性的对立态度;接着,根据柏拉图特别做出区分的关于解释的双重含义,反过来对上述假设做了非常简单的处理,对解释的后一种含义的反驳,完全适用于反驳前一种含义。

如果我们就这些主要环节作比较,会发现对话整体与个别部分的构造方式之一致,具有惊人的艺术性。从对话末尾出发,若与对话开端作比较,会发现结尾仍在寻找知识却没有找到的领域是多么狭窄;抛开观念而纯粹出自感性印象的内容,与知识最终只具有某种容易混淆的相似性,但这些内容永远不可能上升为知识。需要指出的是,如我们在此[A/B178]所描述的那样,由纯粹感知出发的三重转变——由纯粹感知到完全正确的表象,再由正确的表象到详尽而清晰到足以对其做出正确解释的表象——为我们建构了一个阶梯:从最朴素或者说最粗糙的表象出发,直到普通意识之最纯粹的观点;从而拒绝了普通意识的知识诉求,并最终提出一个明确指向存在某种对立原则之必然性的问题,然而,连低级意识在其中也为真的领域,也符合此对立原则,甚至连习惯用语所包含的正确因素,也符合此原则并可加以定义,不被容许的知识诉求可由这些习惯用语获得表达。因为,我们绝不应认为,在对话的不同部分通过提出异议而获得的结论仅仅是偶然的,从而全盘失败了或毫无意义可言,尽管苏格拉底后来甚至容许不再提及这些异议,或让泰阿泰德加以驳斥,或通过研究有关直接主题来加以驳斥,从而中断了这些异议。相反,通过提出异议而获得的所有结论,都值得保留和利用,对于每一个细节,最好能在其所处的段落中用"注释"来标明。对话的每一单个部分的建构方式都是如此。比如,毕达哥拉斯的原理在对话的每一个新的开端都做了进一步修正,最后,与此原理对抗的是关于"未来就在于当前"的看法的疑问。同样,一方面,表象本身总是更为显著地摆脱感知,特别是关于算术(Zahlenlehre),对此,每一个[B179]读者[A179]一定会联想到柏拉图的原理,他的弟子一定记得此原理:数学(Größenlehre)与纯粹的知识完全不同,它不属于最高科学之等级。另一方面,通常以诡辩方式加以处理的虚假表象概念,通过并置居间概念摆脱了粗糙形态。然而最后,对知识的全部解释因为下述问题而崩塌:最普遍又有效地承认其为正确的表象,究竟如何才能成为知识。解释概念最终也碰到了同样的情形,此概念完全可以由希腊语至为深刻的特点来理解,并按照其不同层次来描述,然而,就对话的真正目的而言,此概念仍因为下述问题而遭抛弃:表象之中怎么会根本缺乏关于特质(Eigentümlichen)的表象,或关于特质的知识如何能够真正解释知识。如果按此方式,任何一项细致而又严肃的研究最终都突然好端端地遭到嘲笑,那么,就上述问题指向知识之解释而言,可以说,最终的结果同样突然嘲笑了全部对话的主题,尽管随着时间的不同和年纪增长,这种嘲笑不会像在《普罗塔戈拉》中那样肆无忌惮；任何人都会发现这种对比，因为，事实上，关于认识的可解释性问题，与德性如何可教完全是同一个问题。

[A/B180]这种一致性还表现在其他方面。因为，这篇对话对每一个别问题的处理都离题了，并直接清晰地指向并非出自这篇对话本身的真实和正确的主题，所以，对话整体中也存在一个包含在这些线索中的重大的离题现象，然而，就对话的直接进展而言，这种离题现象表现为非常随意的中断，在程度和约束方面，不比《斐德若》中完全有理由给予批评的那些中断更自然或分寸把握得更好，我指的是对普罗塔戈拉的原理的最后反驳之前的那一整段话，在此指出了哲学学生与修辞术及其类似技艺的学生之间的区别，神圣、真实和好的事物以其特性，摆脱了完全与此相对的人格本质的局限。尽管对话一开始就离题似乎是有意为之，但至少有心的读者心中有数，能在错综复杂迷途中找到出路。

因为离题，《泰阿泰德》直接而且在早期对话中唯一作为续篇——尽管从相反的角度——与《帕默尼德》联系在一起；在属于《泰阿泰德》之本质的内容中，根本没有出现与其他早期作品的关联。然而，这些离题现象引人瞩目。爱利亚[A/B181]学派与伊奥尼亚学派[Ionischen]，还有帕默尼德与爱利亚学派相互对立的方式，差不多只能这样来理解：其他学派，尤其是特别提到的麦里梭（Melissos），在柏拉图看来与伊奥尼亚学派一样完全偏离了真理，但与那些想凭自己的双手把握一切的人相比，伊奥尼亚学派具有真正的哲学倾向。因为，如果伊奥尼亚学派如柏拉图所说的那样能使不动者运动，那么，或许爱利亚学派几乎打算使变动不居者归于静止，而只有帕默尼德通过其觉知（einzusehenden）与显现（erscheinenden）的对立——就此对立我们可惜只有粗糙的轮廓和零星线索——发现或至少猜测到了正确的道路，尽管接下来的一篇对话对他的学说表示指责。我们在《泰阿泰德》中柏拉图论及帕默尼德的内容里，也很容易发现将来有机会要彻底研究帕默尼德的学说的打算，简而言之，预告了柏拉图此后在《智术师》中的所作所为。然而同时，其中差不多包含对芝诺默不作声的揭露，此人绝不可能外在于苏格拉底认为不值得同样重视的人之列，也提示我们：任何人也不可冒险将帕默尼德视为柏拉图的讽刺对象，要明了其学说的真正内涵何其困难。这两点足够明确地指向以帕默尼德命名的那篇对话，指向由这些线索很[A/B182]容易猜测的对这位哲人的误解。这样，不用特别提及这位哲人的名字，《帕默尼德》中研究过的对立再一次出现在《泰阿泰德》中，一方面也伴随着对《帕默尼德》中尽可能简洁讨论过的问题的阐释。所以，《泰阿泰德》的位置处于《帕默尼德》和《智术师》之间，完全可以由此得到辩护。此外，正如《泰阿泰德》整体上与《高尔吉亚》相关，在细节上它与后者联系更多；若分别加以考察，其中作为《高尔吉亚》前提的联系，远比那些看来必须将《泰阿泰德》放在《高尔吉亚》之前的联系有优势。

在另外两个方面，这两篇相对应的对话特别相像。其一，两篇对话不时出现种种完全一样的内容。同样，《泰阿泰德》中的重要段落也是从《苏格拉底的申辩》中重新引用的，并做了同样的评论；因为，柏拉图以一种独特的方式——此方式几乎可以保证他在某个地方必定会暴露出在此方面有某种小弱点——详细讨论了宽恕一位哲人在公民事务和习俗方面的无知(Unwissenheit)是再自然不过的事情。较为内行的人可以确定，这些内容是否与那些辩护言辞相关，或与柏拉图其他某一作品中的段落相关，或与尚有其他线索的事实相关。此外，在更多段落中，辩护一方面很明显是柏拉图主要的间接表述方式，[A/B183]比如在苏格拉底关于助产术的阐述中，另一方面，则针对人们必然对其作品提出的种种异议，也针对关于形式和方法的责难，正如有些对手或许打算以此驳倒他。比如《泰阿泰德》与《高尔吉亚》一样常常提到，关于哲学问题，切不可由表面结论出发来反驳；尤其还常常提到，在什么情况下可以认为对话中对手的某个原理被驳倒了。所以，若正确思考两篇对话中反复出现的生动表述，我们会注意到一种隐含的不断增强的不满，后来，在《欧蒂德谟》中，这种不满会彻底发泄出来。其次，两篇对话就哲学的内容相互辩论——这种辩论采取了完全不同的方式——差不多与此前反对智术师的方式相像。如在《高尔吉亚》中，明显通过卡利克勒斯这个人主要驳斥了阿里斯提波（Aristippos），在后者的体系中，不存在自然正义（Gerechtes von Natur），相反，正义是任意建立起来的——这一原理具有重要地位；所以，在《泰阿泰德》的第一部分中，通过普罗塔戈拉这个人物主要考虑的是阿里斯提波。我们所有的信息都表明，阿里斯提波认为感觉印象就是确定的知识，尽管他不否认感觉印象向完满方向发展，也不否认智者与其他人不同；这给了我们理解柏拉图如何以及为何将此学说归于[A/B184]普罗塔戈拉的钥匙，我们发现阿里斯提波尤其代表这些人，他们尽管不完全遵循普罗塔戈拉的学说，却首先回复到不存在自然正义这个原理；我们还发现，阿里斯提波喜欢奢侈生活，与未以正确方式从事哲学的人一样，严重背离了哲学。我们或许可以认为，关于苏格拉底式的助产术的描述，同时也是一种声明：从苏格拉底这儿学不到阿里斯提波那样的智慧。简而言之，任何人只要掌握了此辩论，便可以发现大量暗示。每个人都必定钦佩这种技艺——在不损及其纯粹科学内涵的普遍性的情况下，运用此技艺将上述暗示编排进对话之整体。即便个别线索在对话的整体进展中不再发生影响，即便每个人都很容易满足于将个别线索作为装饰，而不想有什么特别发现，在不考虑任何线索的情况下，我们也能够理解一切。《泰阿泰德》的第二部分十分强烈地引起了我们的猜测：这是针对安提斯蒂尼的论辩。可惜对此人我们只知其大概：他认为不可能用实际效果来反驳任何原理。在这篇对话中，针对安提斯蒂尼的这一论辩，看来是由谈论虚假表象的部分开始的，并在其他地方得出了更具体、更重要的结论。柏拉图这个对手的特点，以及就我们所知道的他与柏拉图的关系，[A/B185]使我们相信有很多关于他的内容，都是针对攻击他不科学和不合礼俗所作的辩解。除此论辩之外，还有很多内容乃至个别线索，要揭开其秘密或许不可能。尤为独特的是关于赫拉克利特的追随者的论说，究竟这些人的名字另有所指，抑或真的就指这些人。如果真指这些人本身,则难免使人认为柏拉图曾在伊奥尼亚(Ionien)逗留过,根据某些记述,很可能就在那次重要的旅行途中,柏拉图也曾想潜入波斯(Persien)。

除了直接暗示局势的那些内容——柏拉图学派和其他大多数苏格拉底学派已经形成,没有用于确定这篇对话写作时间的历史报告。根据所提到的发生在科林多的战斗——泰阿泰德在交战中受伤,也说明不了多少问题,由此最多只可以得出的确定结论是,这篇对话写于第九十六届奥林匹亚赛会期间。但绝不能保证所提到的战斗与色诺芬在其希腊纪事著作第四卷中提到的战斗是同一场战斗。相反,我们很容易有多种理由想到那些不怎么重要的事变,这些事变或许发生在后来伊斐克拉底(Iphikrates)在那一地区作指挥官期间。然而,我们有各种理由——不过不是按照对话的字面意思[A/B186]——认为泰阿泰德这个人和关于他的说法,都有历史根据。《苏达百科全书》(Suidas①)提到两个泰阿泰德:一个是苏格拉底的学生,另一个是柏拉图的听讲者。很清楚,这两个词条指向同一个人,他也是哲学家和数学家,我们知道他后来在赫拉克莱亚(Heracleia)学习过。普罗克洛斯(Proklos)也曾将他作为著名的数学家来纪念。因此,很容易推断,泰阿泰德由苏格拉底学派——在这种表述所能容许的意义上——变成了柏拉图学派,完全有理由认为,苏格拉底死的时候他还非常年轻。由此观点看来,《泰阿泰德》中柏拉图部分通过欧克里德(Eukleides)之口,部分通过泰奥多罗斯(Theodoros)之口,满怀爱心的描述,可谓感人至深。因为,像柏拉图这样的哲人,不应该为拥有这样一个年轻的朋友感到高兴或乐于使其不朽。泰阿泰德关于平方根的发言,其样式在当时是全新的,但

---

① [Meiner 版编注]Suidas 应为 die Souda,是一部出自公元 10 世纪的拜占庭语言-专业百科全书。[中译按]die Souda 在希腊语中意为"要塞、堡垒"(ἡ Σοῦδα),拜占庭学者欧斯塔提乌斯(Eustathius)误认其为这部百科全书编者的名字。

这是泰阿泰德本人的发现,还是柏拉图的发现——是柏拉图用来为其弟子增色的,我不敢贸然确定。关于泰奥多罗斯,不必说什么,因为他相当有名气;我们唯一可能提出的问题是,为什么这里偏偏提到他,为什么苏格拉底要要求与他一道来推进对话;不过,对此,由对话本身出发无法得出满意的答案。他在雅典停留的可能性越大,柏拉图曾去居勒尼(Kyrene)向他学习科学的传闻的可能性就越小。

《美诺》引论

[A/B325] 谁若关注《泰阿泰德》的结尾,并与《智术师》的开头——在此,同一批人重新聚首并具体涉及《泰阿泰德》的结尾所达成的协议——作比较,他就有理由为《智术师》未能紧随《泰阿泰德》之后而感到奇怪。我们的确有相当充分的理由,对如此明显有意为之的指点不予考虑。之所以如此,是因为上述理由是这样一类理由:若能由《智术师》出发反观《泰阿泰德》,反观按照目前的次序而处于两篇对话之间的内容,方能完全理解这些理由。只不过每个人都必须承认,任何指点都不具备强制必然性,也不排除在这两篇对话中插入更多对话的可能性。因为,柏拉图尽管的确很有可能有意将我们在《智术师》中所发现的内容,直接放在《泰阿泰德》之后,但此后要么在特殊场合首先对某些内容做出解释,要么认识到他不可能在一篇对话中讨论所有[A/B326]为达到目的而必须讨论的内容,因此,他会在两篇对话之间将更多小对话连接起来,而不必切断早先表明的主线。甚或在结束《泰阿泰德》时,柏拉图最初的意图可能是让同一批人详尽讨论我们在《美诺》中所看到的内容,后来有这样那样的原因驱使他为此选择更中意的人,并将曾丢到一边的暗示应用到后来的作品中。简而言之,一旦能够证明《美诺》事实上紧随《泰阿泰德》之后,任何情况下都必须将《美诺》放在《泰阿泰德》和《智术师》之间,那么,那些可以

有多种解释的外在处境,就不应反对某种内在的必然性甚至可能性。这些内容,就在此所能容许澄清之限度,可望通过下述材料汇集足够清楚地做出解释。

我们发现的第一个暗示是:在提出有知与无知的对立并对其加以研究的《泰阿泰德》中,苏格拉底说他目前想把学习和遗忘放在一边,就好像站在这两者之间,并且明确提到这牵涉一个问题,只是为了不遗忘他的主要议题,他想将此问题留待以后来解决。这个问题正是《美诺》所讨论的问题。若仔细加以比较,就不可能将《美诺》放在《泰阿泰德》之前。解决这一问题的方法无非是[B327]柏拉图惯用的初步解决问题的方法,即通过[A327]神话式的假设,所以,我们在这篇对话中发现了一旦问题提出,按照柏拉图的方法必定会出现的内容。因为,在《智术师》还有其他明显属于此系列的对话中,都更偏向于用辩证方式或科学方式来讨论同一个问题,所以,《美诺》自然更接近《泰阿泰德》,并位于上述对话系列之前。因为,当柏拉图撰写《美诺》时,他已在其公开表述中为此问题的科学式解决做了很多,正如我们稍后将在对话中看到的那样;所以,对此问题的神话式研究,在这篇对话中不再有意义,相反,柏拉图想以其他方式——我们在其对话中已领略了这种方式——将读者引向对此问题做了更好处理的作品。若考察同样贯穿此系列中的更多对话的另外一个问题,即永生,会得出同样的结论。如果我们考虑到在《高尔吉亚》和《泰阿泰德》中,差不多首次作为前提而提出并以神话方式突出了永生观念,接着,在《美诺》中将此观念确立为解释某一事实的基础,而在其他对话,尤其是《斐多》中,则以更高的科学的明确性对此观念做了阐述和分析:所以,每一个对柏拉图的行文方式略有所知的人都必须承认,只有通过《美诺》的立场,才能对那种不断增强的、直达核心的、柏拉图所特有的清晰性加以探讨,也必须承认,柏拉图根据[B328]总体设计所做的第一件事是表明,就所有科学与所有传授之成败取决于永生而言,他有权以此方式提出永生[A328]之假设。【但这绝不是某些人用来证明《斐多》先于

《高尔吉亚》的证据。只是要等我们根据我们的次序安排对这两篇对话两相比较之后,才能转而对这些人做出批驳。】如果我们注意到,一方面,学习之可能性与永生这两个问题相互关联,另一方面,获得知识的可能性问题与获得德性的可能性和德性之本质问题完全纠结在一起,那么,我们会发现:《美诺》同样直接从属于《高尔吉亚》和《泰阿泰德》;而且,通过《美诺》进一步证明了《高尔吉亚》与《泰阿泰德》的相互关系;同时,对于那些一方面尚不能理解这两篇对话的主题如何相互关联,另一方面,也不能理解这两篇对话中离题的那些内容如何与对话的主题相互关联的人而言,《美诺》无疑使这两篇对话更为紧密地联系并相互交织在一起。所有对《美诺》更为详尽的考察都证明了这一点,人们越是将这两篇对话密切联系在一起,《美诺》与这两篇对话的关系就越紧密,而且它们的联系如此直接,以至于我们不可能在它们中间插入另外一篇对话。所以,[B329]需要做的只是对细节加以描述。首先,任何人都知道,《泰阿泰德》最后尽管未曾言明的结果是,提出和阐述了正确表象(Vorstellung)概念和正确表象与真正纯粹的知识的根本区分。[A329]这一结果在《美诺》中不仅被作为已证明的前提,并明确属于苏格拉底声称他所知道的少数知识,而且表明对公民德性之可教性问题的结论性研究,是直接出自《泰阿泰德》的一个推论,此结论切合《高尔吉亚》的主题。同样,我们发现《美诺》直接接续《高尔吉亚》,同时表明,【好与德性概念很难用普通的愉悦(Angenehme im allgemeinen)来定义,也很难通过将其更为确切地归于可欲来】加以定义,相反,我们必须从根本上对这两个密切相关的概念本身单独加以研究。因此,不容忽视的联系是:对话者被描述为高尔吉亚的学生,并明确指向苏格拉底与高尔吉亚的一场对话。此外,美诺的回答完全是在此意义上做出的:高尔吉亚及其朋友一定理解美(das Schöne)。正如《泰阿泰德》的最后结论在此得到明确阐述那样,《高尔吉亚》的最后结论也在此被重复指出,但《高尔吉亚》的最后结论[B330]并非最终结论而尚待提高。

如果看一看无关紧要或似乎无关紧要的内容，则会有同样的发现，因为，这些内容在《美诺》中与在其他对话中没有两样，所以，我们必须由这些内容出发来推断更为相似的关系和做法。比如对数学的运用与在《泰阿泰德》中一样，的确完全切合所选择的[A330]主题。因为，对毕达哥拉斯的原理具有决定性意义的问题，即算出两倍平方的边长（die Seite des doppelten Vierecks），就是这种情形，最直接并首先可以确定的是，双正方形的两条边线并不相等。从其中选择例证的材料之前后相继绝非偶然，所以，这驱使我们尝试赋予这些例证本身以更高的价值，尤其是我们认为，柏拉图在其作品中处处为听取他直接生动的演说的人留下了纪念标志。但这或许仍只是不牢靠的猜测，或许是完全草率错误的猜测。但这些在别处没有出现过的主题运用清楚地表明：在撰写这两篇对话时，柏拉图更多就数学方面或毕达哥拉斯方面研究了同样的主题。此外，《美诺》中出现的来自自然科学（Naturlehre）的例证，显而易见与《泰阿泰德》[B331]中对毕达哥拉斯学说的解释联系在一起，这些例证可以通过辩护方式表明，在《美诺》中，苏格拉底实际上是在自然科学大师的意义上来谈论这门学说的。在此，高尔吉亚作为恩培多克勒的学生显然与毕达哥拉斯学派联系在一起，由此，我们注意到以高尔吉亚的名字命名的对话与《泰阿泰德》之内在关系。同样，《美诺》以相似的论辩与这两篇对话联系在一起。因为，在伟大君主的门客（Gastfreund）美诺声称财富与德性相关的时候，甚至在美诺没有对其思考方式——按照色诺芬的描述——做出相应限制的地方，毫无疑问在影射[A331]阿里斯提波是富有僭主的门客，这一点只有按照正确的方式才能明了。同样，在所有人都轻蔑地认为并不断强调一个智术师不可能教人以德性之处——安提斯蒂尼在柏拉图不能接受的意义上对此持肯定态度，甚至在安提斯蒂尼的第一个老师高尔吉亚并未要求这种权利的情况下被描述为模范之处，每个人也都能想到安提斯蒂尼。此外，《美诺》与《泰阿泰德》和《高尔吉亚》都同样暗示了对苏格拉底的控告。在《泰阿泰德》中明确但有些多余地提到对苏格拉底的控告,《高尔吉亚》差不多是对此控告的预告,两篇对话以引人瞩目的方式重现了苏格拉底申辩辞中的某些内容,而在《美诺》中,未来的原告本人现身了,我们可以看到他升起的愤怒与苏格拉底在其申辩辞中所[B332]描述的别无二致。这些暗示具有同样的特征:《美诺》与《泰阿泰德》和《高尔吉亚》的根本动因明显一致,而且,《美诺》与这两篇对话处于同一时期。然而,《美诺》通过苏格拉底询问安虞托斯(Anytos)和谈论雅典治邦者,特别与《高尔吉亚》联系在一起。因为,柏拉图好像转入了他在《高尔吉亚》中所主张的更为适宜的观点;不过,他的做法表面上充满了反讽,[A332]这种反讽在对话末尾相当响亮地表达出来。这完全是一项恢复名誉的正式声明,苏格拉底以此表明,在雅典的治邦者当中,总有许多值得尊敬的正直之士,在《美诺》中,他只是认为这些人的德性并非基于知识,这也正是他们无法施教和传授德性的原因。这种解释看来非常有力,因为,苏格拉底甚至以此来把握阿里斯泰德,苏格拉底此前高举此人超过了其他人。就传授德性而言,苏格拉底尽管必须放弃此人,但此人仍可摆脱这里没有提到的其他指责;而他之所以能摆脱指责,是因为会有这样一些人,他们拥有【一旦获得便永不会失去的正确表象,这恰恰是没有完全的理性伴随、因此并非以知识本身为根据的德性所具有的真正价值。】相反,[B333]其他人如在别处所指出的那样,他们无能把握有用之物,以其若无知识便无法持存的正确表象,他们将与预言家和诗人一道被归于神明附体者(Gottbegeisterte)之列。最终清楚地表明,正如在此以及在其他地方所指出的那样:如果存在一位有知并且可以施教之人,那么,所有这些人本身不过是这个人的影子。

  这本身指向《美诺》与《高尔吉亚》的另外一个相似之处。因为,在《高尔吉亚》中,我们发现了对更多早期对话的解释性指涉;关于《美诺》,可以说几乎涉及全部第一个对话系列,并以清晰的言辞总结和确认了这些对话的[A333]大部分共有内容,但对此共有内容的决断仍然是开放的。这尤其涉及《普罗塔戈拉》和与其直接相关的对话,并为此关系从《普罗塔戈拉》中可以说过于严格而又详尽地重拾了大量内容,而《普罗塔戈拉》对于接纳柏拉图本来只用一两个小小的暗示就能做出的指点,已经设下了过于遥远的距离。《美诺》表明,如果分离德性与知识,关于德性——按其通常所列举的那样,已然不止有一种德性——还能留下什么。在《普罗塔戈拉》中,就德性作为知识和德性之可教(das Erkenntnissein und das Lehrbarsein der Tugend),不仅苏格拉底与普罗塔戈拉争论,而且两个人都与自己争论——这些争论在《美诺》中全部通过[B334]初步确定知识与正确表象之区分而得到解决。也就是说,更高的德性绝对以知识为根据,但这是一种高于对可欲之物进行算计的知识,因此,尤其在理式之回忆、激发和鼓舞可以说就是传授这种意义上,更高的德性是可教的;然而,通常所谓公民德性则不可教,它大体上只以正确的表象为根据,以无法达到真知的感受为根据。因此,我们由此初步考察可知,《美诺》是随后对话必不可少的基础,也是构成第二个对话系列之开端的几篇对话的拱顶石,所以,《美诺》通过对早期对话的指涉,[A334]成为理解第一个对话系列中尚未明确解决的问题的钥匙。

因此,稍加注意,《美诺》又成了我们迄今所研究的柏拉图对话的整体次序的一项新证据。因为,《美诺》解开了《普罗塔戈拉》之谜,而且仅就已涉及的对话而言,也同时解开了《拉克斯》之谜;所以,每个人都看得出,必须将这两篇对话放在《美诺》之前而且并置起来,有头脑的读者不会无端地颠倒这种关系,也不会说这两篇对话是后来对《美诺》中初步勾画的内容的进一步深化。这一点同样适用于《斐德若》,措辞之接近使得《美诺》相当确定地指向这篇对话,其措辞尽管不完全一致,却几乎像引述一般引人瞩目【,但没有偏离《美诺》[B335]的调子而另择笨拙的手法】。也没有人可能通过比较两个段落而找到另外的观点,除非承认《美诺》回顾了《斐德若》,否则,只有绝对否认神话描述与哲学描述的关系,或有意搞乱本身力求予以显明的内容。

　　这是我们由《美诺》相当复杂的内在关系得出的看法，如果我们站在只有由此出发才能正确综观全局的主要或关键点上，便可以得出这种看法。怀着这样的看法，则不难判断另外两种与此非常不同的观点是怎么一回事。其中一种观点至今尚未公开，而只流传于个别值得尊敬的古代研究者中间，但对此观点予以［A335］完善的可能性非常大。【在我看来，完善之后的观点比阿斯特先生之所为要好得多。他的观点想否定《美诺》是柏拉图的作品，因为，这种观点认为《美诺》少有哲学内涵，其所言不比其他对话更详尽、更好，】因此，对于理解柏拉图哲学根本没有必要，就其内容编排和处理而言，尤其不配被视为柏拉图的作品。毫无疑问，谁若因为不能在其所属之相互关系中研究这篇对话而相信了第一种观点，他也能很容易用某些细节来［B336］证明最后的观点，这些细节对于他必定只会更加突出，而他理解对话之整体也就更少。同样，根本没有开场白的突兀开篇，的确不是柏拉图的特点【，当我们在对话中段完全毫无准备地发现安虞托斯从一开始就在场，这样的开场白就更显必要，这种情形在柏拉图的其他对话中没有出现过。也只有用一个开场白，才能为对话的后半部分建立于其上的转折辩护，这个转折是美诺渴望有一个公民德性方面的教师；因为，对话本身并没有为此做任何准备。】更多生硬的过渡和不成比例的进展，似乎只能够【用尚未出现过的表情（Mimik）之】狂热来解释；与《斐德若》和《普罗塔戈拉》的相似之处，只是一种平庸的模仿，因为，几乎无法设想柏拉图何必两次探讨他此前已然发现毫无结果的问题，即在追问德性的本质之前，根据德性的某个特征来追问它可教还是不可教。然而，对于已就《美诺》的哲学内涵有正确评价的人而言，所有这些指责除了使他将《美诺》视为柏拉图较为松散而没有圆满完成的描述，不会有其他任何结果。因为，承认这一点，所有个别指［A336］责即可释然，而且部分消失不见了，这些指责与我们已经指出的对话的次要目的几乎完全［B337］一致，而柏拉图早就宽宥了这篇对话在细节上的疏忽,因为,很有可能随后的更多对话与《泰阿泰德》一道已然浮现在柏拉图的脑海之中了,他急于抵达这些对话。【[中译按:"第二版"中省略了下面这段话]实际上没有什么比这样的要求更奇怪的了:一位大师的所有作品都应该同样完美,否则这位大师就无法为此辩护。】

【相反,】关于【《美诺》中】所研究的内容在其他对话中不可能找到这一指责,实在是太糟糕了。因为,通过假定德性只有作为知识方才可教,德性本身是什么或不是什么的问题变成了最具根本性的问题。【阿斯特先生一向主张《美诺》不是柏拉图的作品,这部分导致他根本未能由大部分内容认识到这篇对话的预备性特征,部分导致他不容许柏拉图在不同对话中或者按狭义或者按广义来使用词汇,也不容许柏拉图在这儿科学地使用词汇,在那儿按日常方式使用词汇。如果他有幸能如此思考问题,就不会无视《美诺》所探讨的德性与 φρόνησις[实践智慧]之分离,也不会忽视这篇对话恰恰强调了公民德性与更高意义的德行之区分。其他所有指责部分出于我已引[B338]证过的内容,部分我认为无需特别关注,面对这么多卓越的柏拉图式的内容,我们可能(möchte)找不到另外某个最有可能的作者了。】

还有另一个以其他方式与我们对立的著名观点尚需加以探讨:这种观点极为强调《美诺》的价值,因为,这篇对话可以说是对所谓理性学说的一项精彩演绎,它也是苏格拉底助产术的极为精湛的表演,如果我们预先对其做好理解上的准备,甚至可以从这篇对话中为学校的孩子们指出很多美妙的内容。可惜的只是,柏拉图不习惯撰写逻辑练习,此类练习可以在被强加给柏拉图的拙劣的晚期小对话中见到。如果他在《美诺》中有这样的描述,只表明这是为了恰当地掩饰出于完全不同的意图而引入奇特的内容。可惜之处还在于,关于柏拉图本人在《泰阿泰德》中提出的助产术概念,在更具艺术性的对话中可以找到更多具有高度艺术性和富有教益的例证;他表明《美诺》只是将表象带入意识的[A337]开端,实际上它简单地研究了某些问题,与他擅长将助产术应用于其上的哲学原理相比,它本该研究数学原理。最后,可惜的是,我们根本不可能像对待从对话中分离出来的不连贯的部分那样来剖析和[B339]解释《美诺》,然而,我们尚未按照这些部分与整体之关系来理解这些部分。因此,那些颂扬者(Lobredner)会亲自卷入富有教益的争论:哪些有可能是柏拉图本人关于德性之可教性的观点;他是否严肃对待这一问题;德性只有靠神启才能获得这样的论断,与哲人柏拉图的其他表述是否一致。争论者中间有很多人的确具有神性,他们所能理解的任何事物必定出于神启,因为,对与其他事物相关的事物,他们单由自己加以考察。除了一个警告的声音,他们还需要一个唤醒和激励的声音,以便倾听这位著作家在何处就他们自以为有见地的问题给出了答案。因为,如果他们自己理解了柏拉图的声音,便会很好地注意到三个问题(Stellen):第一,柏拉图提出第一个问题——德性是否就是知识,抑或德性与知识完全分离并且完全不同——的方式;其次,一项限制——就公民德性而言,正确的表象能够起到与知识一样的作用;最后[A338],关于真正的治邦者的最终表述。

  关于对话人物:苏格拉底的原告安虞托斯,就我所知,柏拉图和色诺芬都是用姓氏来称呼他的。但第欧根尼和阿忒纳厄斯认为这篇对话中的安虞托斯,与苏格拉底的原告乃是同一个人,而且这篇对话引出此人的方式非常清楚地表明:若要说柏拉图心中想的就是这个原告,尚需其他权威人士提出证据。因此,没必要探究在他们的著作中认为苏格拉底的原告是安泰弥翁(Anthemion)之子的很多人是谁。美诺无疑与色诺芬在《居鲁士远征记》(Feldzug des Kyros)中提到的美诺是同一人,尽管柏拉图并没有将其描绘成一个道德败坏的无耻之徒。[美诺的]父邦(Vaterland)、美丽、富有和他与忒萨利(Thessalisch)的阿里斯提波的友谊,都与实际情形相当符合,不会有两个阿里斯提波。

《欧蒂德谟》引论

[A397/B399]如果我们只关注这篇对话中最引人注目和最有趣的内容,即关注苏格拉底和克特西普(Ktesippos)——此人我们在《吕西斯》中已见识过了——与迪奥尼索多洛斯(Dionysodoros)和欧蒂德谟(Euthydemos)两位智术师的唇枪舌剑,注意到他们的谈话丝毫没有按照柏拉图意义上的辩证方式来相互纠正思想和查明真理,相反,完全按竞赛方式来进行,从而使正义仅仅停留于言辞;如果我们注意到柏拉图的表现是如何完美,而他首要也是唯一的追求是表明所提出的智术问题不断缩减,与此同时,快乐与放肆不断增强,直至智术问题最后化为胡说八道,而快乐与放肆发展为荒唐至极的自负,这种自负将头脑清醒之人的嘲讽与幼稚之人的附和混为一谈并不断膨胀,注意到全部对话如何以毫不掩饰的十足的插科打诨结束:首先,任何人都会钦羡其中的生活方式和对话整体的戏剧性力量,但旋即发现对话主题的确并不值得著作家[A398/B400]费此手笔。即便没有人会马上怀疑这些是否都是柏拉图之所为,每个人也都有特别的理由对一篇只能被视为偶然之作的作品提出疑问,并因为在科学作品系列中发现了这篇对话而感到诧异。不过十分奇怪的是,人们竟然首先只关注这种智术派的模拟剧,事实上这篇对话在其他讨论中,为每个人呈现了更为重要的内容,即真正哲学的内容和与柏拉图其他作品的确切关联,只不过发生在苏格拉底和克莱尼亚(Kleinias)之间的这种讨论被打断或受到干扰,与我们迄今研究过的对话一样,这些讨论研究了德性之可教性和最高知识的本质。

我们可以将这些讨论视为对《美诺》的解释性推进,从而也视其为间接对《泰阿泰德》与《高尔吉亚》的解释性推进,由此以间接方式深化了同一个主题。因为,我们由先前的对话中常常只作为这些对话本身的结论未加详述而得出的推论,在这篇对话中有详尽的阐述,而且作为既定的前提来加以理解。随后的对话所研究的问题,在这篇对话中可以找到或已做出提示。因此,若果真如此,便足以保证我们所确定的这篇对话的位置。

然而,每个人都很容易能确信这一点,如果他关注对话之进程——在此,我们想从总体上对此进程稍加描述。[B401]对话伊始,[A399]便以《高尔吉亚》所证明的论点为前提:快乐不是好,因此,作为普遍目标来追求的幸福(Glückseligkeit),可靠地说,只是对 Eudaimonia 这个词的习惯翻译,意思是行事正确(Richtigkeit des Handelns)。这一段讨论也与美诺的主张有关:人们习惯上称某物好,事实上并非因为单纯拥有了此物,而首先应归于智慧的力量,也是因为受智慧力量的支配和控制。因此,作为好来追求的乃是知识,被恰当地给予更高的智慧之名,却没有提到低级的智慧类型——《美诺》中称其为正确的表象(Vorstellung)。然而,这绝不意味着尚未对知识与正确的表象做出区分,或柏拉图以某种方式有意无意地制造矛盾,相反,原因在于:对话一开始,苏格拉底就提出了把寻求智慧与追求德性视为统一或最为密切地统一起来的任务。他想以此指明《美诺》最后草草抛出的内容——我们的确必须研究来自智慧的德性与治邦术,尽管它们并非现成——究竟意味着什么,因为,若无智慧,则满足正确表象的更为普通的技艺不可能持存。在如此对《美诺》的结论做出表述和解释后,现在需要进一步追问作为好的知识[B402]究竟是什么;[A400]在部分参照《高尔吉亚》对此加以确定之后发现,这种知识必定是一种技艺,这种技艺能同时产出和使用其对象,如此更多特殊技艺作为例证被提出,在此意义上对这些技艺做了描绘,所以,对话较少以严格的科学分析和探究方式进行,而采取了边走边看的无序方式,最终抵达了真正的治邦术或王术(Staats-oder königlichen Kunst),其他所有技艺都交出其成果供此技艺使用。现在,对话发展到了尽头,讨论重又转入踌躇不前的描述,这种描述只提出了一些谜团,并为听众设法解决问题提供了一些线索。那么,以此方式来寻找这种技艺的成果,将不会有任何发现,但如果关于好非要问个为什么,我们就只好一直兜圈子。在此意义上,苏格拉底一开始就提出了教人以智慧与使人对智慧感兴趣是不是同一种技艺的问题。在同样的意义上,真与好、见识与技艺的关系不断重复并得以显明。如前所述,这样一来这篇对话一方面对此前的对话做了证实性解释,另一方面,【我们会受到激发,从而不满足于此前对话中提出的假设,比如德性和见识都是有用之物。因此,这篇对话】成了对随后的【对话】即《治邦者》和《斐勒布》的[B403]预先暗示。因是之故,《欧蒂德谟》【绝非多余,相反,】恰恰是属于此对话系列中的过渡性对话。

[A401]在如此对《欧蒂德谟》的实质性内容做出恰如其分的评价之后,很容易对其他内容产生不同的看法。因为,这些内容本身会提出这样一个问题:柏拉图如今会重新发动一场针对早期智术师的太迟的战斗吗?我们在紧靠《欧蒂德谟》之前的对话中顺便已经见识了他与其同时代的苏格拉底学派的创立者的论争,一俟苏格拉底学派正式建立,早期智术师的影响和努力已然被克服。他会浪费这样的描写技艺来支撑这种多余的论争,并为他的所作所为感到满意吗?这里的迪奥尼索多洛斯和欧蒂德谟是何方神圣,配受如此关注和如此对待?他们两人的历史比柏拉图提到过的其他任何一个智术师都隐晦难解,因此,我们可以肯定他们未曾在何处建立学派,甚至他们也不是什么很有名气的人。色诺芬回忆过迪奥尼索多洛斯,还提到他教授战术的时间,因此,我们必须承认苏格拉底的叙述真有其事:他们这样行事首先更像是兵法家而非靠技艺讨饭吃的人(Kunstfechter),只是后来才变成了[B404]从事哲学论辩的智术师。柏拉图本人在《克拉提洛斯》中引证过欧蒂德谟,但用了一个直接来自伊奥尼亚(Ionischen)哲学原则的原理,由此原理出发绝不会产生那种智术派的滥用,因此,我们在[A402]这个人身上根本找不到《欧蒂德谟》中的欧蒂德谟。亚里士多德也曾提到此人,当然也是以我们在《欧蒂德谟》中所见到的方式所说的几句话,然而,欧蒂德

谟的措辞本身只是玩笑式的运用,根本谈不上反对哲学。因此,欧蒂德谟本不该遭受如此严苛的批评。相反,亚里士多德差不多引述了《欧蒂德谟》中出现的所有措辞,其中大多数甚至是逐字逐句引述,却没有提到欧蒂德谟这个人或他的兄弟,而始终将其归于论辩术士(Eristiker)。此外,在《欧蒂德谟》中有一个重要段落,很大程度上是转而对安提斯蒂尼的原理——即矛盾根本不存在——的致命打击。如果我们就此段落与对话中的更多个别暗示和亚里士多德的另外一个段落比较——亚里士多德在此指出:安提斯蒂尼的第一个老师高尔吉亚已经教过我们该如何处理这些问题,但不是从最终的原则出发,因此,他只传授给我们个别规则而非整全的技艺本身——则会更加清楚地认识对话之整体,很有可能柏拉图在借这两个智术师的名义攻击麦伽拉学派和安提斯蒂尼。柏拉图出于将他与麦伽拉学派的创始人[B405]联系在一起的友谊,可能对此学派爱护有加;也为了尽可能避免人身攻击,为了使其少受到无礼对待,柏拉图可能宁愿不提安提斯蒂尼。就此,为了得出正确结论,我们当然必须想到:只有通过种种联系和比较,费九牛二虎之力才能找到的答案,柏拉图的同时代人可谓心知肚明,[A403]因为,事实就摆在他们眼前。但由放肆的嘲笑,明眼人完全能够以各种方式意识到柏拉图深刻而又辛辣的讽刺:哲学在自称为苏格拉底弟子的这号人那儿过早地变质了。

但还有某些问题也需要研究和解决。如果我们能看清对话实际上仅仅以嘲讽方式议论和驳斥的问题,那么,谁都必定承认,对话中出现的个别例证并无其他意义;但不应搞错:这些谎言和欺骗织体本身不过是怀疑论(Skeptizismus),这种怀疑论以特殊的语言运用,处处伴随着全面或片面解释的流变学说(die Lehre vom Fluß und vom Werden)。因此,如果柏拉图打算研究这种智术本身,他应当要么简略指出这种智术与他反驳过的原理有何密切关联,要么进一步深入其本身的主题即语言,从而弄清语言中除了可变的内容,还有恒定不变的内容。第一点,他当然做了,但所讨论的大部分[B406]

例证都未能中的。就第二点,他只是浅尝辄止,而未真正着手予以研究,尽管事实上也几乎没有可能予以研究;谁都看得出,柏拉图并没有由其例证的不同特质中为此目的而获益。因此,很明显,提出这些例证并不仅仅是为了研究对话的主题本身,也不受对话主题的限制。难道提出这些例证还有其他目的? 难道柏拉图就喜欢这些毫无意义的游戏,[A404]以至于纯粹为了过瘾而使他所运用的戏剧性力量持续了如此之久? 我们至少不必固着于这些例证,认为这就是柏拉图这篇对话的行文模式,一般而言,这种行文模式并非柏拉图所独有。因为,如果我们考察这些例证的内容,会发现其中很多例证看上去完全是一种抨击,此抨击部分针对柏拉图早期著述中的思想,部分针对其语言和表达。在此抨击中,柏拉图的对手喜欢通过此类智术派的诡计,将种种主题歪曲为胡说八道。因此,在这篇对话中,我们毫不奇怪地发现了同样的论辩和迫不得已的辩护,它们与我们在此前的对话中所见到的可以说不断升级的论辩和辩护具有类似的伪装。在《泰阿泰德》"引论"中我们已提请注意《欧蒂德谟》,指的就是这一关系。

只有通盘考虑所有这些问题,对话的整体结构才能在高批评(höhere Kritik①)和哲学思想的议廷前获得辩[B407]护。因为,要不然,对话会显得没有法度(frevelhaft),如果谁打算将纯粹针对毫无意义之事的嘲弄与推进真正的哲学目标编织在一起,对话会成为一个取消了任何更高见识的错误结构。但如果一方面认识到嘲弄只是论辩之伪装,本身关涉科学,而且,由此手法可以避免涉及真实人物;[A405]另一方面,虽然科学内涵比其他对话欠缺,却有较多解释并形成一种过渡,而对科学内涵本身不作谈论,情况就完全两样了。另外,由《欧蒂德谟》只是重述而未作直接描述的首场对话,我们可以通达《泰阿泰德》,很明显,柏拉图必须回复到这种处理方

---

① [中译按]höhere Kritik 又称 historische Kritik,与 tifere Kritik 或 Textkritik 相对。

式,设法使戏剧因素获得自由展现,而这种展现只有通过叙述方才可能。然而,这篇对话的结构在细节上还有某些特殊之处,这不仅因为内在的双重对话相互完全分离,尤其因为苏格拉底与克里同之间的外部对话,苏格拉底对克里同一番叙述之后,外部对话进一步得到批判性推进,尽管这种行文方式在其他任何地方都未曾碰到过【,却完全符合这篇对话的艺术特色。此外,这一附属的外部对话还包含】一个与这篇对话[B408]本身不同的特殊论辩,此论辩与某个有名望的等级看待和研究哲学的方式不同,但很有可能难以与智术区分开来。《高尔吉亚》已涉及同样的内容,但与此内容直接相关的人或许并未正确理解。所以,这篇对话一方面更为彻底地驳斥了这种方式,另一方面,更为清楚地指出了所涉及的人物;伊索克拉底学派是这种方式在雅典最重要的代表,这种谴责所针对的首先是此学派,对此我们几乎无法作其他设想。

第二部分第二卷

《克拉提洛斯》引论

[A5/B3]这篇对话为柏拉图诚实肯干的朋友制造了很多麻烦。因为,似乎很难确定柏拉图本人就语言持有何种看法:他是否真的认为【语言】起源于约定俗成,因此,语言的细节是无关紧要和偶然的;或者他认为语言【作为一种自然现象】具有内在真实性和正确性;是否他暗地里对另外一种关于语言的神圣来源的观点根本持保留态度。正如我们在《美诺》中未能正确了解到,德性是否只在于践行,从而由习惯按照约定方式养成,或德性根本就是神给予人的馈赠,它完全出自神的喜好,因此是唯一的好。更为困难的是,为这位伟人关于语言的错误推理和关于语言起源的错误解释作辩护,可惜在如此多的例证中几乎没有一件哪怕能让人忍受,[B4]遑论表示赞同了。因为,尽管我们愿意为其辩解或表示同情:值得尊重的人[A6]出于时代错误,未能就如此重要的主题说出多少富有教益的合理见解,但这样做无济于事,因为,其见解的确太过无知,【尽管非我们所愿,】却让我们在惊奇中掺入了几分轻视;我们惊奇的是,有人坚决要求我们应当知道何以无知或有多无知,但他在自身明显无知之处,竟然容许自己做出如此空洞无谓的表演。相反,由现代的发现我们已获知:所有这一切对柏拉图而言不过是游戏和玩笑,与他的更多作品一样,在这篇对话中我们也不必寻找高超的真理。不过,即便按此观点,也很难为这位深刻的人辩护,因为,对话充斥着大量慢条斯理的空洞玩笑,其无先例的行文,竟然以如此令人吃

惊的方式不幸地倾向于文字游戏；正如任何一个自然探究者（Naturforscher）都会为一块罕见的石头感到惊奇，这种石头通常只是零星散布在各处，碰到它纯属偶然。如果我们不想指责柏拉图糟糕之极的玩笑，即他尽管在［B5］严肃的事情上貌似严肃，却采取了开玩笑的方式，那么，要将真话和玩笑区分开来，是一项困难的研究。若谁姑且持有最后这种观点，并对此总体感到满足，或以此方式为判断和区分［A7］细节寻找标志，从而在老菜肴中品出了新味道，我们当然乐意他如此为之；但我们需要走另一条路，尽管它就此似乎什么也没有说，我们宁愿致力于对话本身，看它是否会向我们泄露其真正的内涵，是否对话的每一个细节对于我们都富有价值。

　　由此，我们方能更为从容地研究更为重要的问题，或许首先考察所有细节才是【妥当的】做法，以便关注哪些是真话，哪些是玩笑。首先，全部内容的原则是：语言乃是辩证法家的艺术工具（Kunstwerkzeug）；命名（Benennen）必须符合事物的本质。乍听上去，这种说法尽管很奇怪，但与我们已知的研究非常相像，与所有柏拉图思辨的基本法则非常接近，故而不容我们不认真对待。但接下来的解释，通过或多或少有些名气的专名（Eigennamen）来进行，这些专名指涉人物的地位和特点，或指涉其生活中的事件。［B6］很明显，这种解释没有遵循同样严肃的方法，因为，苏格拉底本人后来通过下述评论否定了这种解释：个别人的称谓方式，不同于事物的命名方式，相反，我们必须考察对普遍永恒的类（Gattungen）的命名。这种说法明显又是严肃的，因为，这种名称（Namen）构成了语言内核的一半，对于希腊人而言，这一内核［A8］同样分为【名词和动词】两半。然而，当对话进一步探究此线索，并首先就诸神的名字来探求名称天然的正确性时，我们不能说诸神的名字作为专名与第一部分中所说的人的专名有何不同。接下来，关于天体及其相互关系，关于自然要素（Elemente），关于德性，关于其他种种情感现象，最后，关于所有思维和认识本身的枢纽的解释，整体上看，又明显全都是开玩笑。我们这样说，不仅因为其处理词汇的方式，完全忽略了干音节与变化音节、字母调换与移置之区分,以至于常常勉勉强强弄出同样的发音,而且,这种处理方式毫无限制地运用音节部分,就当时的词的构造而言,这些部分可归于装饰癖好;如此一来,苏格拉底也承认,甚至从一开始就引入了某种内容,[B7]以便将含义隐藏起来,从而与既定的语言本质完全对立:我们进一步甚至可以由苏格拉底本人的表述中发现【玩笑】;他嘲弄这种智慧就像嘲弄他完全陌生的灵感,今日他按此灵感行事,明日便将其清除得一干二净;他按此行事,从对立词汇中猜解出相同的含义,结果表明,这种行事方式是自我拆台;他在诉诸词的蛮族起源或时间对词的破坏性影响之处,旋即又将这种说法解释为不想给出正式解释者的借口。不过,这些玩笑复又引向[A9]完全严肃的内容,即引向根词与派生词之区分,引向对语言描述的对象本身的研究,引向声音的模仿式运用与音乐式运用之区分;与此相应,则必须探究字母的原初意义。这些内容无疑是严肃的,因为,柏拉图为此让苏格拉底勾画出一种符合辩证法的基本形式的理论,柏拉图已在《斐德若》中对此做了阐述。但若以特定的字母为例证来解释严肃的内容,并探究字母的含义,我们则几乎不可能认为这种方式是严肃的;因为,苏格拉底的行事方式,在任何尽管也草率地将问题与解答[B8]对立起来的人看来,必定非常草率,正如我们必须在"注释"中一一予以指明的那样;甚至对苏格拉底本人而言,根据其所作的保证,他的行事方式也显得毫无目的,非常可笑。任何人都会认为,所有这一切都显得如此混乱而奇怪,而且有意弄得可笑,是因为想尽力证明赫拉克利特的语言学说乃是根本;谁也无法掩盖,表明了爱利亚学派思维方式的少数例证,同样也是离奇荒诞之说的堆积。此外,如果谁对给出的判断根据不满足,为了精确区分真话与玩笑,他只需全神贯注于《游叙弗伦》,并确信自己已参与到游戏之中,并将其中的智慧化为自己的智慧,那么,[A10]他必定已处身于玩笑之领域中了。但由此同样可以看出严肃的内容,看出它从哪里开始,而且能走多远,尽管它达不到那种令人满意的境界(Gespenst)。无论如何,我们都会得出同样的结论：柏拉图划定了语言研究的特殊内容，因为，他知道该上演哪一出谐剧，全部内容之总体仍然是严肃的，这也是任何一篇柏拉图对话的核心。这样的思考必定使并非对柏拉图一窍不通的读者，乐意让这些内容保持原状，视其为或许只是出自整体的可以理解的次要内容。然而，理解对话之整体，若正确加以评价，则要从他处着手，并猜测，与在《欧蒂德谟》中一样，《克拉提洛斯》中也有类似的秩序，也有大量的反讽与一种严肃的探究奇怪地相互交织在一起。

如果我们单独考察作品中的严肃内容，关于语言本质的研究就显得不那么独一无二了，尽管这一研究看来的确最奇怪不过了。因为，柏拉图研究的主题普遍重复出现在更多作品之中，在首次研究某一主题之后，还会再次从不同角度加以考察，或进一步加以澄清，直至将其完全明了地置于更大、更全面的作品之中。因此，我们根本无迹可寻此线索——我们的确不能说线索在此已到了尽头——何时重新得以延[A11]续，如果命运没有给予我们这样一篇对话，语言主题就会完全迷失，我们也必定会认为，柏拉图的语言观是一位真正的艺术家的语言观，他完全明了如何运用语言，明了如何按照自己的方式为自己构造语言，却对语言主题只字不提。尽管我们并未失去这篇对话，但这至今仍是很多人的看法，我们却绝不这样看。因为，如果我们关注柏拉图抨击赫谟根尼（Hermogenes）的意见的方式，注意到柏拉图将语言描述为一种据说具有内在必然性的事物和理式之摹写，是由运用它的艺术家来评判和改进的艺术工具（Künstwerkzeug），而非仅仅通过商议予以确定的偶然[B10]之物；关注柏拉图如何将发音的构成和相似与事物的组成关系和相似作比较，视两者为相互伴随和相互适应的两个系统，因此，在更高层次上必定合而为一；关注柏拉图如何指令我们在发音的物理性质中探究所有对语言——不是作为对可听之物的模仿，而是作为对事物本质的表达——具有重大意义的内容的根基；我们必定承认，这些都属于柏拉图关于语言讲过的最深刻和最重要的内容。关于必然性,苏格拉底发表的反对克拉提洛斯的观点,除了语言中的自然要素,还采纳了一种随意的、只是通过协商而变得可以理解的要素,苏格拉底的观点的确经不起推敲,只是无法给出充分理由者的一种托词。但也只是貌似如此,因为,苏格拉底的观点很难理解,除了简单勾画尚需进一步说明。因为,如果我们考虑到全部论证只在于指明一种命名较好而另一种较差;尽管并非一种语言要素较好而另一种语言要素较差,因为,由语言的第一要素出发,[B11] 每一种语言都是独特的;相反,若比较每一种语言中变动不居的内容,从而关注其生成与发展,则同一种语言中较好和较差的要素都有,那么我们会发现,根据柏拉图关于生成的特殊原理,一旦我们按照柏拉图的意图,由他关于语言与知识的关系的看法来推论,则语言中作为空洞假象的随意要素必定会消失;然而,我们无法确定,柏拉图是否只是初步讨论了这些内容,而让读者自己进一步去寻找答案,或是否柏拉图至此就是如此看待这些问题的;正如对于不熟悉的主题,要搞明白无疑十分必要的内容中的实在要素的起源可没那么容易。或许情况是这样的:尽管不能认为这有失他的水准,但就上述问题,柏拉图或许由于时代错误而未能走远,而我们能够为其指出道路。然而,无论如何,十分清楚的是,每一个无偏见的读者都必定知道,只有消除了克拉提洛斯的看法与赫谟根尼的看法之间的对立,方可表明柏拉图的语言观(Ansicht),但就消除此 [A13] 对立的方式方法,对话只有一些暗示,而柏拉图本人似乎认为,按他的语言观,要推进这一主题,无论如何乃不可能之事。

不过,所讨论的问题看上去越是无法得出结论,则根据柏拉图的方法,此问题 [B12] 越不是一篇特定作品的主题;毋宁说,在某处提到它只是作为例证,有点像《斐德若》中的演说术。所以,我们还必须在其他方面来寻求作品的动机和意图,以探究在《克拉提洛斯》中是否找不到其他可对此做出证明的内容;眼睛亮的读者马上会发现这样的内容。因为,尽管对语言本质的描述未能达成,但作为由描述的首要基本线索得出的直接结论,语言与知识的关系非常清楚:即便暂时假定语言有其神圣的起源,但也绝不能将语言视为知识的源泉——不管是作为原初发明的源泉,还是作为派生习得的源泉。相反,如果要找到一种依赖关系,则毋宁说语言是知识的产物,而且受知识的制约。如果我们同时注意到对话在反讽部分如何运用词源学,以便从语言出发为赫拉克利特的学说辩护,以至于苏格拉底也严肃地承认,这种趋势在[A14]语言中可以得到证实;进而注意到,对话通篇如何贯穿了针对赫拉克利特学说的论辩,注意到对话以论辩结束,正如对话以假定存在持久而本身[B13]确定之物为开端:那么,我们无疑已经找到了一个可以阐明全部对话的立足点,可以同时为我们揭示这篇对话与前述对话的相互关系,因此,由同样的观察可以清楚地确定对话的意图及其在柏拉图作品系列中所处的位置。

这一告诫——即语言本身不可能引向知识,由语言出发也不可能确定上述对立的两种观点孰真孰假——明显是论辩性的,其前提是在某处运用了此类做法,而这种论辩本质上属于一系列试图确立知识之现实性及其永恒性和非人格性的努力,我们看到,柏拉图在其著述的第二阶段正是致力于此。要寻找这种做法并非难事。正如一方面,在苏格拉底门徒中,除了真正的哲学,由低级思维方式而来的纯粹经验激增,对此,柏拉图在《高尔吉亚》和《泰阿泰德》中做了批驳,他指出,好之理式并不是对愉悦(Angenehmen)之情感的抽象,而知识并非源自感知或正确的表象;另一方面,在苏格拉底门徒中,空[A15]洞的游戏激增,这种游戏同样具有因为无德性而被掏空的哲学[B14]形式,除了语言,这种游戏几乎没有其他可以追踪的主题。这种退步可以归咎于柏拉图时刻萦系于心的两个对题之一,即伊奥尼亚(Ionischen)学说;然而,与此学说的思考相关,这种退步必然具有双重表现。第一,就伊奥尼亚学说以怀疑方式反对确定的认识而言,就其误用语言之形式,从而将一切描述为无法解决之混乱和变化无常之笑闹,这正是柏拉图在《欧蒂德谟》中斥为毫无价值的那种理论,在麦伽拉学派和埃利特里亚(eretrisch)学派中重新焕发生机的智术应受此斥责。第二,就此学说本身意欲成为教条,如果可能,它便不会迟疑于指出:尽管语言自有其主题,但在其按照自己的方式命名过程中,也承认永不停歇的万物之流。不过我们发现这种做法差不多抛弃了历史(Geschichte)。因为,语言以某种方式被用作创立知识的手段和法则(Kanon),不早于廊下派占优势的语法取向;我们几乎不认为有必要追踪此唯一的线索。不过,如果为了不过深地迷失于细节和隐匿的标志,我们只考虑廊下派的自然学说从赫拉克利特那儿[B15]吸取了多少内容;关注为何安提斯蒂尼不单单是犬儒派(Kyniker)创始人,而且还是廊下派的创始人[A16],不过,犬儒派和廊下派可进一步追溯到柏拉图,而安提斯蒂尼与柏拉图因私下不和所导致的分歧,或许要比其科学观点所导致的必然分歧更为深远;如果我们进一步考虑到,安提斯蒂尼应该解释过赫拉克利特的作品,却没有列举过赫拉克利特关于语言主题的特殊作品,但与此形成对照的是,赫拉克利特的作品中有很多明确以语言作为主题:所以,我们几乎不可能怀疑对话中论辩的真正对象是谁。[B 在此分段]

由此,随即解决了《克拉提洛斯》何以自成独特的整体,何以恰恰构成了我们所见之样式,尽管我们并未对其直接主题做全面研究。因为,语言之于知识的关系问题作为对话的首要主题,很明显完全以《泰阿泰德》中所描述的区分知识与正确表象的学说为根据。因为,如其实际之所是的语言,与表象(Vorstellung)完全具有同一个根据,甚至本身与表象完全同一;同样,词语乃是事物的记号(Zeichen)和摹写(Abbild);而事物在词语中留下的印记较清晰或较不清晰、较纯粹或较不纯粹、较鲜明或较昏暗,都是可能的;由于混淆,误差在词语和表象中都有其领域,[B16]而当注意力集中于数(Zahlen)这一特殊对象时,词语和表象会完全达成一致。尽管如此,记得《泰阿泰德》中区分知识与正确表象段落的每一个人,都承认:《克拉提洛斯》的根本主题即便放在《泰阿泰德》中,[A17]也绝不会离题。更不要说,因为【柏拉图】本人为了谈论在他看来重要的内容,需要《美诺》的结论,我们发现,此结论在《克拉提洛斯》中已被设定为前提:知识本身无法由一人传达到另一人,相反,发现和学习对于每个人而言都是同一回事,即回忆。同样,语言与知识的确定关系,又特别与针对胡乱否认表象领域会发生错误的奇谈怪论的论辩有关,我们发现,此论辩始于《泰阿泰德》,又在《欧蒂德谟》中得以继续。如果重提柏拉图用大量的讽刺来压倒怀有敌意的安提斯蒂尼这一诱惑,我们同时会看到,《克拉提洛斯》是由《泰阿泰德》和《欧蒂德谟》造就的一个独特的整体;《克拉提洛斯》也因其特质,因其附属于直接主题的内容,在柏拉图作品系列中获得了其地位;因为,《克拉提洛斯》不像《欧蒂德谟》那样致力于私人论辩。此外,《克拉提洛斯》不仅包括对《欧蒂德谟》和《泰阿泰德》的补充和解释——比如:对话伊始[B17]未曾明言的重复解释,从一个问题出发明确针对普罗塔戈拉,为了推进对话,柏拉图在《泰阿泰德》中就此问题已经为普罗塔戈拉开辟了一条出路;稍后,柏拉图描述在《欧蒂德谟》中已做出说明的智术的独特本质的方式;接下来,又从质[A18]与量的对立来解释在《泰阿泰德》中被搁置的整体与集合的区分;还有更多类似的细节。很难说《克拉提洛斯》对理论与实践之统一性的描述,与我们由《泰阿泰德》和《高尔吉亚》及其相互关系所得出的结论完全一致,尽管《克拉提洛斯》的描述一方面也是通过词源学部分的具体勾画,这些勾画肯定能使我们想到《高尔吉亚》,另一方面则是通过对话最后将美与好的现实性与认识的现实性联系起来的方式。除了这一切,《克拉提洛斯》还以同样的方式推进了柏拉图的科学目的,这种方式是由此对话系列的特征所决定的。这里尤其需要思考两个问题。首先是图像与原型(Bilder zu den Urbilden)的关系,事实上语言及其与事物的关系在此只是作为例证来思考的,但柏拉图确实想通过此例证首次提出关于理式及其与现象世界(erschei[B18]nenden)的关系问题的理论观点,这是《智术师》的直接准备。其次,正如在《欧蒂德谟》中提出王术

(königliche Kunst)——其目的只可能是绝对的好——本身就在于使用与产出之同一,而所有其他单纯产出或单纯使用之技艺,不过是王术的工具(Organe)及其次属部分。所以,另一方面则将辩证法描述为这样一种技艺——其目的是知识与表述之同一中的绝对的真,而所有其他附属内容,尤其是表象和语言,不过是辩证法的要件。这种对比,显然[A19]拉近了这两种明显对立的技艺之间的关系,通过更上一层楼,我们已然更为清楚地瞥见,哲人作为辩证法家与治邦者的统一而站在山巅。的确,就此而言,《克拉提洛斯》还以一种特殊方式,通过奇特而又不明确的类比,与《高尔吉亚》联系在一起;对于此类比,我们只有统观全局方能一目了然;这种类比在《克拉提洛斯》中位于法律与语言之间,因为,对话重复提到语言恰恰通过某种法则而存在,因此,立法者和造词者差不多被视为同一人。之所以得出此结论,是由于恰如赫谟根尼所言,语言看上去不过是随意和约定之产物,然而,约定[B19]——也是默认——与法律更多交织运转(einanderlaufen)于希腊人而非我们现代人中间;同样,智术派和阿里斯提波学派甚至将道德观念解释为随意之产物,仅仅由立法者的命令借助语言从外部引入;与此相对,如在语言中一样,柏拉图也在道德判断中发现了同样的内在必然性,尽管对于两者只有靠内行按照同样的方法,方能做出纯粹而又完整的描述。如果我们追究此暗示,对于立法者作品中所涉及的随意要素,则会呈现出另外一种应用。

关于绝大部分讨论词源学的反讽内容,即便不在[A20]词源学中,也至少可以在对词源学的解释中,发现散见于其中的某些严肃内容,所以,如果已提及的安提斯蒂尼的作品,尤其是讨论词语运用的作品,能够为我们保留下来,那么,我们或许仍有可能最大限度地判断嘲讽式模仿有多宽容和忠实,或有多残酷和夸张。在这些作品中,我们极有可能再次看到游叙弗伦,也能从中得到某些关于他的信息,因为,如果他不是出自一篇嘲讽对话中的人物,就根本无法想象他如何会出现在《克拉提洛斯》中。但最重要的是,我们更有可能看到或许仍然隐藏着的其他[B20]方面的内容。因为,对话中的内容的确并非全部指向一个人,即嘲笑的对象,相反,正如我们在《游叙弗伦》中看到的那样,有些内容是柏拉图的自我辩护。在此尤为清楚的是,因为柏拉图游戏式地运用语言的方式,或许足以招来吹毛求疵者,尤其是在那些严肃地运用与此游戏并无根本不同的手法以证明其观点的人中间。就此而言,期待将此游戏彻底推向顶点,同时期待在《克拉提洛斯》中看到极富辞藻的语言运用,期待对话中由别处引入的奇怪解释,被更奇怪的独特解释所超越,一定非常自然。词源学部分的确是译者的难题,使译者耗费时日以求得解决。所引入的希腊词语,每每使人难以忍受,[A21]较好的办法是让用德语讲话的苏格拉底由德语派生出德语。然而,对于专名不可能采取这种方式,相反,必须保留原始语言,因为,两种处理方式相辅相成,每一位读者至少有理由(Gelegenheit)感到高兴的是,并非唯有一种方式贯穿全部译文。然而,正如在别处[B21]只是个别出现的内容,在《克拉提洛斯》中大量涌现;相反,毋庸置疑,对话撰写艺术则在某种程度上退居次要;如果将《克拉提洛斯》与在诸多方面与其关系最为密切的《欧蒂德谟》作比较,会发现在后一篇对话中,嘲讽和严肃的内容远为出色地交织在一起。相反,在《克拉提洛斯》中,柏拉图看上去差不多厌倦了大量的哲学玩笑,因此,对话的最后部分的过渡显得生硬而又突兀;时而在短暂离题后,又很快回到先前的主题,但似乎开始了一个新的话题,而与原来说过的内容无关;时而提出全新的内容,却又不作铺垫,只是生硬地与此前的内容相连。如果我们就这样看待这些段落,则会怀疑这种写作方式是不是柏拉图的手笔。从解释字母的内涵开始的内容,尤其值得关注。不过,整体上绝不容怀疑其真实性,我们最多只能说柏拉图由此开始又不情愿地回到了其研究主题,并尽可能简略地草成了尚需研究的内容。

[A22]关于对话中的人物,恐怕没多少话要说;也是由色诺芬,我们得知赫谟根尼是富有的卡利阿斯不怎么富有的兄弟;克拉提洛

斯不仅被视为赫拉克利特的学生,而且被作为柏拉图少年时的老师[B22],这条信息自有亚里士多德的《形而上学》作为权威来支持,所幸,对我们这篇对话影响不大,故而在此没有必要深究。

《智术师》引论

[A125/B131]在这篇对话中,我们一眼即可区分出完全不同的两大部分:其一,分布在对话两头,由技艺概念出发,通过不断划分和总结,以求发现智术师的本质和正确解释;另一部分,恰好插在第一部分中,在交代任务以确定概念关系之后,讨论了存在者(Seiende)与非存在者(Nichtseiende)。因此,如果我们只考察整体结构和整体关系,就必须在两头部分中寻找对话的根本目的和内容,而视中间部分为精心选择以达成根本目的的必不可少的手段。因为,正是在研究智术师的自然进程中,产生了接受非存在者概念的必要性,也产生了就允许非存在者概念,对某些内容加以确定之必要:一旦此步骤达成,才能进一步实施原初的研究,重新进入原初的主题,从而完成整篇对话,亦可同时得出对话之结论。与此相对,若考察两大部分[B132]的重要性及其科学内涵,则[A126]两头部分退居次要地位,与中间部分相比可以说微不足道;尤其是两头部分的主题在很多对话中已有所涉及,在此部分中,我们根本找不到任何关于智术师之本质的新解释,相反,创新之处只在于其行文和编排方式。因此,问题远非一部篇幅如此可观的作品的主题,而在于本身颇具哲学特征的部分。我们可以清楚地看到,通过此部分,不仅比别处更为彻底地,而且使柏拉图完全满意地澄清了当时众说纷纭的非存在者之本质,而且透彻地讨论了存在(das Sein),并对迄今为止研究存在的哲学方法做出总体判断。有鉴于此,我们会直截了当到中间部分去寻找对话的真正内涵,并且会认为,越接近对话两头,所有内容越是朝外过渡到对话框围(Einfassung und Schale)。

此外，就智术师之本质问题的研究方式，不可能忽视嘲讽，因为，嘲讽部分以指出智术师之所为与种种卑贱的营生之间的亲缘关系，尤其以将智术师刻画为小贩为乐，部分不断重新提到一种狡猾而很难捕捉的动物之形象。甚至连寻求探究主题所运用的方法，也因为纯粹通过不断划分而几乎受到嘲笑。因为，[B133]虽然此方法构成了辩证技艺的重要部分，柏拉图也在其他地方非常严肃地运用和推荐此方法，[A127]但在这篇对话中，此方法处理玩笑式的主题时，不仅漫不经心，比如先是交换变成了战斗的次属部分，接着战斗又成了交换的次属部分，这两者原本是并列关系，在其他地方又完全随意加以编排；事实上，柏拉图本人嘲笑了这种做法，因为，他恰恰通过大量尝试表明：我们并未触及事物的本质，而只是抓住了个别特征，正如尽管我们最终竭尽全力正确描述了对象，但出发点不是整体，而是个别观点。[B 在此分段]

然而，另一方面，对话两头与中间部分又至为密切地联系在一起，而且对话的中间部分若无两头部分，则无法得到完整理解。因为，已然清楚的是，描述智术师似乎只是次要目的这种看法，必需正确地加以拒斥，因为，对智术师的探讨与对治邦者和哲人的探讨采取了同样的方式，这为一出巨大的三部曲奠定了基础；正如我们所看到的那样，尽管柏拉图并未完成这出三部曲，但其主旨必定非常清楚：即完成对技艺本质的描述，并在一个更为鲜活的整体中完成对技艺大师行事方式的描绘。《智术师》中的这种关系，绝不会逃过有心人的眼睛[B134]，因为，连同错误之可能性，应当将错误的倾向和错误的生活描述为远离了真正的知识和真实的存在。正如只有通过确定其地位[A128]，方可完全显明智术师之所是，反过来，只有完全显明智术师之所是，才有助于发现其地位；我们只有从智术师所从事或只可能在当时从事的人所周知的营生出发，方可理解其外表和意见之模糊难辨。因此，甚至连位于柏拉图第二部分作品中间的《智术师》，也证实了我们在这部分作品开头关于这部分作品所属之独特形式的说法。我们越切近考察这种关系，必定越发意识到,在这篇对话中,并没有可作为纯粹的皮毛之论而予以抛弃的内容,相反,会意识到整篇对话是一个珍贵的果实,真正的行家也会同时欣然享受其外在皮壳,因为,皮壳与整体同时长成,若不伤及其原汁原味,则不可能将其与整体分离。[B 在此分段]

确定了这一点,我们就不可忽视对话两头部分中其他【极为】丰富的内在关系。【因为,对于读者而言,并没有太多内容隐藏】于微不足道的事物之下,【这篇对话揭示了关于这些事物的知识;读者会发现,柏拉图】一方面为早先或许不被承认的对这些事物的联结辩护,并指明最小的事物如何与最大的事物在[B135]特定方面密切联系在一起;接着又故意生造词语,以表明,一旦这种有系统的做法将迄今仍显奇怪的对象纳入其中,则他先前的做法该有多么大的必要,同时表明,针对这种关系,不动声色十分重要;进而,大肆颂扬经过纯粹化了的苏格拉底的方式,并揭示了苏格拉底方式[A129]固有的教育地位;最后,嘲笑了修辞家和治邦者不自量力的方法,他们习惯于将最为不同的事物混为一谈,并将真正的哲人和智术师置于同一名下,这也正是柏拉图在解释智术师时,掺入刻画哲人的决然不同的行事特点的原因;就此特点,外邦人一直犹豫他是否应该以此来解释智术师,与此同时,他又在智术师与民众领袖之间建立了密切关系。

如果只关注对话更具哲学性的中间部分,我们会发现其结构与整篇对话的结构有引人瞩目的相似之处。因为,中间部分以谈话和表象是否会发生错误这一问题为开端,进而完全化解为非存在者是否以某种方式存在(sei),以及非存在者是否具有某种属性,或非存在者可以用某物来指称的问题。不过,此处习惯上表示反对的内容,尽管我们已经在《泰阿泰德》《游叙弗伦》和《克拉提洛斯》就此所作的思考中见识过了,但在这篇对话中却从各方面得到加强和巩固,并再次被提出;而一旦[B136]从有必要以某种方式假定非存在者出发,指出必须承认存在假象和错误,则中间部分也就到了尽头,对话重新转入关于智术师的讨论。因此,对于中间部分而言,其由以开始和结尾的问题,即非存在者和错误问题,必定是其[A130]本身的主题;而插在此项研究中间的内容,一方面必定只是更容易达成目的的手段,另一方面,必定不是不愿利用的离题行为。然而,无论谁,如果他关注此中间部分的内涵,则必然在其中确切发现对话整体最宝贵和最具艺术性的内核,因为,在柏拉图的作品中,这篇对话的中间部分差不多第一次以纯粹的哲学方式,向我们透露了哲学最为内在的神圣殿堂,表明归根结底存在要比非存在更好、更崇高。因为,在研究非存在者的过程中,出现了概念之统一性问题,正如在讨论智术师过程中出现了更高的非存在者问题;所有真实的思想和全部科学生活都依赖于此概念之统一性;这最为清楚地表明了存在者的生活(Leben des Seienden)之观念,以及存在与知识必然统一并交互存在(Eins – und Inernandersein)之观念。在哲学领域,不存在比这里所研究的问题更高的问题,也不存在可以引导学生和读者抵达哲学领域的、更适合于柏拉图的观点和研究方式的特殊道路。读者只需注意到,[B137]就其篇幅而言,中间部分并非如通常构成事物本质的方式那样,是这篇对话之要核;而是构成了表面上看起来完全分离,却又共同生长,并且以最密切的方式有机联系在一起的两个部分。因为,对话的中间部分首先由此不可能性——那些从空洞的统一性出发,或[A131]一直处于对立领域中的人,不可能把握住存在(Sein)——出发,指向全部为对立所渗透的存在者的真实生活,同时指明知识的存在既非不静止亦非不运动、既非驻足不前亦非变动不居、既非不坚持亦非不变化,而是需要两方面相互结合。没有人会因为看似令人疑惑的、关于对立面必须相互渗透的诧异而昏了头,因为,这是间接描述必定在此结束的终点,在此,我们发现自己处在间接描述的至高点上。由此至高的存在出发,如同涉及了某种全新的内容,甚至不指明其中的联系,复又下降到对立之领域,这种对立在此由运动和静止之间的巨大对立来表现。这表明,对立面的统一首先以存在者同时具有的同与异(Einerleiheit und Verschiedenheit)两种属性为基础,也表明,在异之领域,存在者有其必要性,而且存在者通过各种方式表现为非存在者,故而对于至高的存在(Sein)而言,它本身不能有任何对立。然而,对于[B138]未洞察真实存在之光的人而言,除了不存在真知并对真实存在表现出无知,则不可能再有任何推进。因此,这事实上说出了所有真正的哲学的本质,对此本质无动于衷的人,没有必要对其作进一步解释。不过,任何人都能注意到对话的[A132]阐述方式:柏拉图的出发点必定是任何人所处身的位置,即表象领域,这也是存在对立面的领域;这表明,在此领域中要对存在者有所确定,与对非存在者有所确定同样的困难;任何人若想有所表象(vorstellen)和论说,必须首先获得可以这样做的资格;为此,唯一的办法是,使所有能够洞察更高思辨领域的人看清此领域,以反对向来未遭到驳斥的智术派喜好争辩的主张。正因为《智术师》首先由此表象领域出发,最终直接抵达至高的存在,没有采用神话来帮助,并抛弃了最纯粹的辩证法进程,所以,我们有权利认为,《智术师》乃是柏拉图所有间接描述的核心,而且某种程度上是按照他的方式描绘的第一幅完整的人之肖像。

之所以如此,也因为正如柏拉图本人的成[B139]长,仿佛出自所有早期希腊的努力对哲学领域的概览与渗透,《智术师》最深刻、最真实的内容,同样来自对所有早期哲学思考的基本原则的检审,就这些基本原则,我们在此打算尽可能做出必要的回顾;然而,可惜的是,要澄清所有必要的和值得想往的内容是不可能的。首先,特别需要驳斥的原理,即非存在不可能以任何方式存在,可归之于作为其最主要[A133]和最丰富渊源的帕默尼德,并可由他本人的诗作来证明;进而关于存在,帕默尼德也指出:从没有复多性的简单统一性出发的人,无法以更高程度的存在与知识的统一抵达存在;按照这种简单的统一性,存在者不可能以任何形式存在——无论作为一个整体,还是作为一个生成者(Werdendes)。重要的毋宁在于,帕默尼德的反驳是借一位爱利亚人之口说出的;我们很容易想到,柏拉图想让这位爱利亚人的说法成为被很多人所误解的帕默尼德的更为正确的解释,如果这位异邦人自己的表述与更为正确的解释不相抵牾,此外,他也不是爱利亚智慧严格意义上的学生,而是作为一个对话者,以极为奇特的方式,仿佛成为由帕默尼德本人到毕达哥拉斯派的蒂迈欧(Pythagoreer Timaios)的过渡。因此,这篇对话无疑是柏拉图哲学与爱利亚哲学最重要的区分之所在,尽管我们绝不会与辛普里丘(Simplicius)——关于《智术师》,此人在别处零星提出了很多富有教益的说法——一道[B140]认为,柏拉图在《帕默尼德》中从帕默尼德那儿接纳了一(Eins)这个存在者(Seiende),但在《智术师》中又对此彻底予以否定。不过很可惜,关于帕默尼德别无足够多的材料,以供我们完整地描绘柏拉图关于此人的看法,更别提对此看法做出评价了,尤其因为柏拉图没有在任何地方就帕默尼德关于感性世界的哲学做过确切解释,虽然我们事实上[A134]有权利将此主题归于爱利亚智者(Weise),尽管他并没有被指明与此主题有关。也就是说,关于最后所谓理式之友(Freunden des Ideellen)——他们将生成(Werden)置于存在之外并与存在分离,而且使人与生成和存在这两者建立关系——我们又该如何评价呢?如果有人产生了这样一种想法:或许柏拉图在此意指他自己和他本人的学说,也没有什么好奇怪的;如果他重新卷入了严重的矛盾,在此对立中不可能找到存在者,这反倒成了他的间接阐述之极端。不过,谁若想取消此学说之中的矛盾,则必须消除存在与生成之分离,这样一来,对柏拉图本人学说的明显错误的表述,就成了其出发点。此外,这里的意思正是柏拉图实际上想驳斥的东西,每一位行家都能从谈话的整体口吻中,从巨人之战和由不可见的世界出发所作的辩护中看得出来。也很容易看出,柏拉图眼前有一个完全已知的学说。帕默尼德使这样一种[B141]生成和一个假象的世界与存在相分离并与其对立:人通过感知与前者建立关系,而通过理性与后者建立关系,这是十足的帕默尼德的学说。如果我们想冒险猜测何以在此根本未论及帕默尼德,相反,完全断绝了对其学说的判断,那么,我们想说的是,在此,柏拉图的兴趣在于其他人而非帕默尼德,柏拉图也在其他地方未[A135]点名地抨击了这些人,即最初的一批麦伽拉学派。正如在古人常常提及的很多方面,这些人与柏拉图接近,在他的影响和协助下,他们建立了自己最初的学派;如果我们希望给出此领域真正必需的批判性关联,就不会无视这些线索——除了真正的辩证法之领域,这些人还从爱利亚学派的体系中学会了很多东西,我打算将此段落归于这些来自爱利亚学派的内容,除非谁能提出其他更有根据的说法。这些人首先可视作唯物主义(materialistisch)经验论者的对手,即作为德谟克利特和阿里斯提波的对手,因为,柏拉图在此也一定会想到后者。可能同样困难的是,对柏拉图以某些人所意指的前人做出解释,这些人认为存在者乃是多,特别是二或者三;因为,如此多的存在者有同样的权利作此主张,然而,若想弄个究竟,却又无法完全满足条件。一开始[B142],我们或许根本不知道谈话所指为何;然而,一旦我们想到,在我们这篇对话中,柏拉图除了认为存在是一个三重结构,未能另外指出后来亚里士多德所谓三个原理的建立,便会有关系大量涌现出来。但至少此段落的整体外观和口吻,容许我们想到由个别不怎么著名的人物提出的更为深奥的内容;同样,此段落也很少涉及毕达哥拉斯学派,尽管我们可以[A136]在别处正确而又恰当地谈论这个学派,说他们的存在具有确定(das bestimmte)、不确定(das unbestimmte)和虚空(das leere)这三重结构,但在这篇对话的其他任何地方均未涉及【这个学派,因此,这段话不可能意指此学派。】相反,正如亚里士多德在其《物理学》诸卷书开头论及的所有学派,都主张有一个基本元素和两个相互对立的功能,并谈到这些学派建立了三重原理:柏拉图在此特别关注的也正是老伊奥尼亚哲人(Ionikern)。这一点看来也为下述情形所证实:柏拉图尽管只是非常简单而粗略地对主张存在者有三重结构的人与主张它有两重结构的人做了区分。因为,正是在伊奥尼亚学派那儿，非常容易设想一种摇摆不定的描述，这要看基本要素被作为纯粹的、同时外在于功能的被给予之物，还是认为它受功能束缚，阿那克西曼德(Anaximandros)的想法看来就是如此。关于三重结构[B143]相互关系的论争，就我们所知，也许只可能适用于上述学派。但如果仍要对这种看法表示怀疑，为此我们会更为确切地想到后来的伊奥尼亚和西西里诗人(Ionischen und Sikelischen Musen)，指赫拉克利特和恩培多克勒。就此，我们并非只有来自辛普里丘的明确证据，相反，【不仅通过将这些段落与我们从赫拉克利特和恩培多克勒那儿知道的内容作比较，而且通过将这些段落与柏拉图在别处就此二人发表看法的方式作比较】，可以获得充分的证据。同样，无可争辩的事实是对安提斯蒂尼的暗示，腾内曼已然看到了这一点，这些暗示[A137]所讨论的学派不承认概念的统一与联系，而认为任何事物都是个别的，或【提出一种主张，】认为错误的原理等于什么都没有说。对于和我们一道通过多篇对话追踪过此论争的人，自己在此必定能够注意到这一论争。

《智术师》一方面与《帕默尼德》，另一方面与《蒂迈欧》具有较为密切的关系，不仅苏格拉底【在这三篇对话中】表面上的被动处境表明了这一点，而且任何人即便暂时只从否定性的角度看问题，这一点本身也非常清楚。因此，很自然，我们会提出下述问题：由这三篇对话本身出发，【若对三篇对话加以比较，是否无法判定三者】哪一篇撰写时间最晚，哪一篇最早？关于[B144]《蒂迈欧》，毫无疑问，它是三者中最晚撰写的一篇；但人们却在《智术师》和《帕默尼德》之间犹豫不决，然而，正如我们在《帕默尼德》"引论"中所指出的那样，它的撰写时间较晚。但我现在不想如通常所做的那样，预先指出哪一篇较晚，而是问任何一位了解《蒂迈欧》的人：由《智术师》中将存在者引入对立面的做法，同样由《智术师》中出现的对同与异的讨论，是否无法辩证而又完美地为《蒂迈欧》奠定基础？是否《帕默尼德》只是对《蒂迈欧》最微不足道的补充？是否《智术师》

比《帕默尼德》更接近《蒂迈欧》并不完全清楚？然而，这应该说只是暂时的说法，以便提出总的观点。但让我们只专注地对《智术师》和[A138]《帕默尼德》加以比较，以弄清是否《智术师》中有某些内容，以苏格拉底诉诸他与帕默尼德的谈话的方式，与这篇以帕默尼德的名字命名的对话所宣告的内容相似，或是否尚不清楚：通过回复到《帕默尼德》或以这篇对话为理由，可以确定《智术师》中对话者的年龄，所以，整体看上去可以使读者联想起《帕默尼德》。若我们进而对相应的具体段落，比如关于统一与整体（Einen und Gantzen）的段落，加以比较，则会在《智术师》中确切无疑地找到一个更为可靠的方面和一种更为出色的方法。的确，根据本质性的存在（Sein）与其他意义上的[B145]存在——即通过联系（Gemeischaft）而形成的存在，还有原初的存在者（Seiende）与处于对立领域中的存在（Sein），相互分离的方式，可以为所有在《帕默尼德》中表现为矛盾的内容找到答案：如此一来，《智术师》已经给出了答案，后来却又在《帕默尼德》中设置谜团，那就是怪事了。但首先让我们关注《帕默尼德》的第一部分，以及在此讨论概念存在（das Sein der Begriffe）的成问题的方式，并且思考：在《泰阿泰德》中明确区分了知识与表象，又在《智术师》中补充区分了纯粹的表象与现象（Erscheinung）之后，这种讨论方式是否仍有用武之地。

然而，在此不仅以比较的眼光看看《帕默尼德》，而且也看看其他对话，以便由此重要的观点出发，对我们到目前为止排定的对话次序加以检验，或许是有益的。首先，《智术师》明显是柏拉图[A139]对话中所有反智术派的内容之顶点，没有哪一篇以反智术派为主要成分的对话，可以认为比《智术师》晚，如果作者这样做，比饭后才上芥末还要不合时宜。像《智术师》这样使内容各得其所的完备描述，根据其特征，必定是研究的最后环节，也是所有问题的结论。因为，像《普罗塔戈拉》那样，[B146]一篇戏剧成分完全占据主导的作品，必然远远走在《智术师》的前面，正如在其他对话中，神话式的描述也必然走在辩证思维的成果之前。而且《普罗塔戈拉》还为我们提供了一个尽管是次要的比较点，即这篇对话谈及劣行与恶习的内容，在《智术师》中则明显通过提出两种劣行与恶习来澄清以免误解；因此，可以说，按此观点，《智术师》一方面使得《普罗塔戈拉》与《高尔吉亚》得以协调一致，另一方面，它构成了向《王制》诸卷中伦理问题居于首位的观点的过渡。在无疑更反对修辞术而非智术派的《高尔吉亚》中，我们看到对理式、型（Bild）和模仿的运用，以此来解释错误和缺陷，这要比早先的运用更为清晰，因为，早先只是提出假说，而《高尔吉亚》的推导则更为有效而确定。《智术师》也以正义现象（Schein）还有已知事物为根据，并确立了修辞术与智术的亲缘关系，两者聚合于现象之观念（Idee des Scheins）。正如《欧蒂德谟》完全是《智术师》[A140]的前提，柏拉图对所有可以前者为根据的问题都做了简单处理，例如，根本不可能对非存在者加以表述，或者说，就此而言，谁若错误地描述一事物，等于他什么也没说，这是自明之理；同样，每个人都很容易看出：在《欧蒂德谟》中简单涉及的内容，在《智术师》中则详加论证。如果进一步比较《克拉提洛斯》和《智术师》所[B147]共有的内容，则几乎不可能怀疑：前者对型与摹本（Nachgeahmtes）的阐述在后者对相同观点的运用之前。尤其是如果注意到异乡人如何轻易地满足于这种解释——型是与真实的事物相似的另外一类事物，则会想到在《克拉提洛斯》中对此问题已有大量阐述——型只可能表面上和部分地与原型（Urbild）同一；当然，还有在《智术师》中第一次提出型的方式，也很容易使我们注意到其与《克拉提洛斯》的关系。同样，如果柏拉图尚未能将言辞表述为对事物和行动本身的直接模仿，他可能很难如此简洁地表明思维与言说的关系。由此观点出发，任何关于【时间】关系倒置的假象即可冰释。柏拉图怎么恰在《智术师》的开头，轻易视所有知识为一种获取（Aneignen）而非一种创造（Hervorbringen）？若不依赖于读者由《美诺》应该已然明了的内容，凭他的精确性，柏拉图怎么会容许自己对此不作进一步讨论?

　　这一简单研究,通过参照早先已讨论过的某些内容,可望足以充分表明将《智术师》与《泰阿泰德》分开是正确的【,尽管两者如此密切相关】。因为,对于处在两者之间的几篇对话而言,它们如何与[B148]《泰阿泰德》相关,或由此对话发展而来,反过来,它们如何由《智术师》所决定——每一篇对话在这两个方面的关系都非常清楚,因此,这些对话处在上述两篇对话之间的位置不可能有疑问。但同时可以直接确定的是:《智术师》依赖于《泰阿泰德》,若无知识与表象的确切区分,若无《泰阿泰德》关于知识的讨论,《智术师》将完全不可理解;事实上这是充分的理由,根本不需要其他理由。然而,如果我们设想《智术师》紧接着《泰阿泰德》,因此本身包含着它可以预先确定的、特别是出自《美诺》和《欧蒂德谟》的内容,《智术师》岂不必然成了柏拉图撰写的一篇没有章法的作品;如果在其现有的疑难之上又平添了过多的复杂内容,《智术师》岂不成了一篇完全无法理解的对话。不过这并不是说,柏拉图为了未来之故,在头脑中关于《智术师》的完整草案中,已有意预先构想出了其他对话;相反,我们只应该像以理性方式来讨论内在教养的发展史那样来理解此问题。因此,不值得对《泰阿泰德》末尾的再次约定和《智术师》开头的联系给出更为确切的解释,对于《美诺》"引论"中给出的内容不满足的人,可以自行对此做出解释。

《治邦者》引论

　　[A243/B251]《治邦者》作为由《智术师》开启的三部曲的第二部分,与后者直接联系在一起,这一点任何人自己都能看得出来。尽管《治邦者》这篇对话是在相同的人物之间展开的,而且,所延续的讨论附属于《智术师》的研究,但若因此视两者为同一场对话,恐怕尚需太多的论证。相反,应该相信,这两篇对话的发表间隔了一

些时间,尤其当我们重视《治邦者》中的种种特殊表述,会发现这些表述【看上去完全是】在为智术师作辩护。因此,我的翻译毫不迟疑地全然遵循较为保险的古老做法,将这两篇对话按照传统标题相互分开【,尽管两者极为密切地联系在一起】。两者的相似性更多地表明它们是相互依存的对立物,而非将其作为一个整体的两个部分连接在一起才恰当。因为,事实上,两篇对话的整体形态[B252]如此一致,非另外两篇柏拉图对话所能及也,而就所发现的差别而言,似乎令人激动的只有:在《智术师》中,所描述的直接主题是卑鄙(das Verwerfliche),在《治邦者》中则是真实与[A244]杰出(das Echte und Vortreffliche)。【即使在此方面,《治邦者》也再次与《智术师》接近,因为,除了杰出,《治邦者》还以极大努力来寻求卑鄙之根源,并将其凸显出来,正如《智术师》除了彻底处理卑鄙,还指向杰出,至少指向"哲人"。《治邦者》以此方式,有权占据所编排的三部曲的中间位置,因为,它事实上构成了《智术师》与柏拉图所预告的《哲人》的描述的中间环节,这差不多就是我们的想法。[B在此分段]】

单单就其基本特征而言,这个三部曲现有的两个部分之间的一致便不容忽视。在《治邦者》中,全部任务是一项解释,通过划分技艺的全部领域——只是出于另外一种划分理由——即可达成。但《智术师》的整体行文始终不严肃,《治邦者》却并非如此。因为,如果这篇对话是整体的一个本质部分,那么,几乎不能将《治邦者》中所犯的过失归于柏拉图。例如,就命令作为可知事物之一部分而言,纯粹的命令发布也被理解为命令,但纯粹的命令发布[B253]甚至根本不需要真正的知识,而且,我们后来又发现这种纯粹的命令发布属于纯粹的服从技艺。进而,在整个划分过程的末尾,猪猡与人比与有角的畜牲具有更近且更直接的亲缘关系,这当然是柏拉图的玩笑,但接下来却更为严肃地告诉我们,人与其他野兽的关系,恰如神灵的本性之于人的本性。所以,在对划分方法——这种方法并不关注大与小——的反复赞美中,除了真实的成分,肯定同时有玩笑在其中；若非如此，则柏拉图有理由受到[245]第欧根尼著名而又糟糕的、以拔了毛的鸡的笑话对他的责难，这个笑话完全准确地援引了《治邦者》所遵循的一种划分。但在找到这种解释之后，却进而发现这种解释并不适用，相反，何以提出了一个伟大的神话，是因为这种解释更符合一个更早时期的超自然的人类庇护神（Menschenhüter），而非历史上作为人的治邦者。就后者而言，尚有很多特征必须与此解释所关注的属于其他技艺领域的特征区分开来，以便提炼出真正的治邦术。区分首先应该由微不足道的小例证来着手，正如由关于本性和例证之运用的一个离题讨论出发，相当清楚地表明，这个离题讨论在此实际上只可能作为对《智术师》和《治邦者》所选择的方法的辩护，因为，这是一项新任务，正如区分本身在《智术师》中乃是一项新任务，在此前的[B254]对话中也一样。编织术就是如此，在《治邦者》末尾可以发现治邦者对此技艺的运用，正如智术师对垂钓者和其他人的技艺的运用。但编织术本身当然可以由上述划分方式来解释；正如解释本身表明，通过直接观察很容易找到这种解释，在此还补充提到一项关于大小之尺度，以及关于任何事物都具有尺度的离题讨论。因此，所有服从于治邦术或远远地围绕着治邦术之事务共同起作用的技艺，都必须首先与编织术，进而按此例与治邦术区分开来。如此一来，讨论显然[A246]推进到了其真正的顶点，即对假治邦者的区分，但后者在编织术中并无可类比之处，他借助谈论城邦宪法的不同形式，尽管做了种种虚假的准备，但要与为城邦尽责的阶层扯上边，则殊为困难。然而，未表明的其实是这样一种内在关联：根据现有法律来统治的这类城邦的管理者，就其对这些法律乃一位真正内行的治邦者的作品这个前提【深信不疑】而言，他们不过是这位治邦者的仆人和工具。一旦他们敢摆脱此仆人身份，模仿这位自由的治邦者，则会变质为罪大恶极的祸害。假冒的[B255]治邦者作为模仿者、糟糕的模仿者，反过来恰恰与智术师相互对应，因此被归结为最大的智术师和骗子。明显可以看出，对城邦形式的整体表述，除了仅有的关于其不同价值的段落，不过是作为发现虚假治邦者的手段来讨论的；因为，一旦足够清楚地表明了其虚假身份，方能推进区分之任务，进一步将从事种种事务的军队统帅和司法人员与治邦者分开，最终留下的治邦者的技艺，高于所有其他统治技艺或所有人类事务的决定性技艺；接着又通过艰难的过渡并且没有表明自然[A247]关联，回到了编织术之例证，正如在《智术师》中顺便将哲人描述为分析（trennender reinigender）艺人，在《治邦者》中将治邦者描述成了联络人（ein verbindender），他最主要的和差不多唯一的任务是，将不同的、从而不相一致的本性联络为一体。

　　现在，如果我们只关注构成对话整体主线的内容和最终结果，这些内容的确显得非常不充分。当今的大批政客，他们向来只以增加国家的财富为最高任务，从对话就事务做出区分伊始，他们一定看得出柏拉图对此任务少有关注，他对农业和[B256]商业与城邦的关系也同样轻视。而且，那些有较高道德和科学观念的人，结果可能也非常失望，因为，治邦者最终和唯一的任务，尽管是重大的任务，也无法满足他们的期待，甚至一次也没有直接论及，将本性（Naturen）与对城邦中的劳作和事务的统治联系起来，究竟有何目的，或以何种形式来实现这两者——不管全部以同样的形式，还是分别以这种或那种形式。这些人或许会认为，正如在前一篇对话中，对智术师的解释明显与当时的科学状况有关，所以，在这篇对话中，对治邦者的[A248]解释则关涉希腊当时的公民关系，因为，《治邦者》中最深刻也最宝贵的观点是关于党派迷误和狂热的论说，使城邦摆脱或保护城邦免遭此迷误和狂热，必须作为治邦者最高的艺术作为。尤其是他们或许会想到，在这篇对话中可以发现与前一篇对话同样的编排结构；因此，关于他们发现在直接相关的主线中迷失的内容，【可以】在纯粹作为离题话而附带提出的内容中寻找最重要的解释，而不会劳而无功。例如，首先，关于城邦的形式，[B257]柏拉图让我们足够清楚地了解到：由于政治技艺很稀罕，所以，除了君主制,真正的城邦几乎不可能有其他统治形式;不过,如果我们与柏拉图一样,完全不考虑真正的城邦,而仅仅视治邦者为给另外一个城邦——它应该是真正的城邦的摹本——制定法律的人,那么,柏拉图尽管承认有三种已知的城邦统治形式,但仅仅由治邦者的任务是联合种种本性或统治各种劳作出发,无法表明在何种处境下他将为某个城邦给予何种统治形式,也无法表明何时他会通过模仿真正的城邦,偏爱一个人或少数人或大多数人的统治。所以,如今有了关于不同城邦统治形式的价值的讨论,很容易理解的是:正如当勇敢和明智(Besonnenheit)按照比例结合于一些人或一个人身上时,[A249]权力也会集中于一个或几个人手中;但当两者按比例相互分离,权力也必然被肢解,因此,当治邦者的主要任务尚未在城邦中完全实现时,城邦也必定按同样的比例变得无力。进而言之,关于治邦术(Staatskunst)的全部观点,也由其他离题讨论所表明,即所引入的关于度的理式的离题讨论,尽管这些离题讨论根本没有涉及主题,而仅仅为所遵循的行文方式做了辩护。因为,正如柏拉图有意确切表明的那样,治邦术与其他任何技艺一样,其行动谋求合乎其本质的自然限度,[B258]因此,真正的治邦者作为有知者(der Wissende),自身必定拥有此尺度,也必须以关于好和正义——因为,舍此尺度,又何以确定此两者?——的正确表象来确定将此限度灌输给他人,从而与他们一道为城邦划定范围,并为城邦的每一部分规定其本身的限度。最后,关于城邦的最高目的,可以在已提及的伟大神话中找到最确切的暗示;在此神话中,黄金时代的本质的判断标准是:人们的相互交往及其与自然的交往只有将人们引向知识,从而使其自身和自然不再隐藏,自然物之全然充裕和生活之全然无忧才具有价值;因此,很明显,这必定也是与诸神和神圣庇护者的[A250]作为相符合的治邦术的目标。

与此同时,我们这篇对话与《智术师》的相似性还在于:所引述的涉及对话的直接主题方面的内容,并没有详尽阐述织入这些内容的意图,因此,我们必须进一步追究此意图,以期用几个步骤来指明线索。正如神话,似乎埃及(ägzptisch)传统乃是其缘由,希罗多德曾提及此传统——如果在其他地域也真出现过类似的神话内容,那是译者失察;但在《治邦者》中,柏拉图至少将个别事物预设为已知的传统,此个别事物被概括为[B259]一种重大的型(Bild)——此神话明显具有远为广泛的特点。虚构以解释神性(Gottheit)与世界的关系,或判断在此如何才能为被归于柏拉图的学说——恶在物质中有其位置和原因——找到一个位置,或许并不属于这里要解决的问题,因为,它完全处于我们这篇对话的范围之外。然而,需要指出的是,在此,柏拉图打算放弃一个重要的关于世界历史的分期,关于人类事务的重大的革命性变革,但特别是关于某些时期的巨大倒退的观点;柏拉图发现他的父邦(Vaterland)尤其在政治上卷入了此种巨大倒退,这属于整体之和谐问题,这种倒退被[A251]解释为出于有生命力的生活知识之匮乏,出于人们完全竞相仿效,在此仿效中,与真理的相似则每下愈况。然而,愿意按此方式关注和深究此问题的人,在此可以并无不公地发现早就以不完全的形式出现的、关于人世生活观念的第一次富有见地的表达,认为人世生活在相互对立的运动中变化无常,并重新创造出自身。此外,值得一提、也完全合宜的建议是,将这个神话与《普罗塔戈拉》中的神话加以对比。因为,对《治邦者》[B260]重拾《普罗塔戈拉》中的神话的方式给予关注的每一位读者,都可望注意到《普罗塔戈拉》中关于神话的讨论在此以新的方式得到证明。——同样,这里的尺度之理式与德性的所谓两个部分或两个形式之间,还具有一种特殊的、尽管甚少予以提及的关系,从而防止了任何可能的误解,也就是说,这两个部分或形式并非只是相互比较大与小,所以,同一种表现,若与其他两种表现之一相比较,可视为勇敢,而比较其二,则可视为从容,或者说与一种表现相比,可视为勇敢,与另一种表现相比,则是疯狂和野蛮;相反,它们之所以是德性,只因为它们自有其尺度。因此,这里激起的关于德性的观点与《智术师》中给出的观点直接相关,因为,指出了两类恶(Schlechtigkeit)即过度与疾病的相互关联,而且,《治邦者》中经常运用的关于治邦者的比喻有其恰当的内涵,因为,治邦者成了一般意义上的灵魂疾病的医生,因为他逐步[A252]改善灵魂之混乱(Mischung),并以正确的关于好与正义的表象,为所有因缺乏真正的统一而必然陷于相互冲突的天性(natürlichen Anlagen)植入其所应有的真正的尺度。所以,通过将不断由知识概念(Idee der Erkenntnis)出发的正确表象完全纳入知识概念,最初的观点在更高的意义上重又超越了所有反对意见:所有德性都是知识,而所有无德(Untugend)都是无知。——最后,中断了对话主要线索的、关于希腊人所理解和建构的城邦宪法的不同形式的最终讨论,有非常清楚的目的,即联系大量的观点,不加掩饰地挑明柏拉图关于希腊城邦、特别是关于其父邦的看法,并挑明在雅典,徒有辩才的民众领袖所看重并尽可能予以阻止的乃是有知者(Erkennenden)的影响——这是最为倒行逆施的做法,从而为自己辩护,并恰当地澄清他在其他地方作为城邦教育者(Staatsbildner)和王者师(Fürstenlehrer)的徒劳表现,同时不顾喜好嘲讽的责难者的反对,表明尽管他还没有来得及统治,却认为他本人和任何有知者(Wissenden)才是真正的治邦者和王。

这自然将我们引向对《治邦者》和《智术师》之相似性的关注:前者也是一场柏拉图式的论战,即[A253]针对民众领袖、修辞家和城邦投机分子(Staatskügler)的论战之顶峰;在这些人遭到彻底贬斥之后,没有再进一步提出新的内容,相反,论争想必已经结束了。尽管一种错误如此全面得到阐述,但出于特殊原因,仍会激起个别攻击,即使有人认为他绝不会因为某种回答而受到责备;这些攻击[B262]可能很刺激,但分量一定比早先的攻击轻;因此,在如《治邦者》这样的研究之后,尤其像柏拉图这样的著作家,不会如此自由和不加克制地轻易发动攻击,我们在其他对话中已见到过同样的攻击,由此证实这些对话的撰写时间较早。就此主题进入细节,意味着为前一篇对话写一篇更为详尽的、与我们这篇"引论"相对应的

"引论",就好像《治邦者》本身乃是《智术师》的对应物。我们只想提请读者注意:由《普罗塔戈拉》开始的所有对话中,或多或少几乎都能找到同样的主题,除了在所有这些对话中都有的观点,其论辩之强烈和出色,本身依赖于科学理念的逐步发展,并与此发展保持同步;正如《治邦者》中的戏剧性和反讽性技巧表现越不突出,而且,对此技巧的要求越退步,则科学性描述的准备就更为明确。这样的关注无疑将同时达成对迄今为止我们对全部对话的次序安排的辩护。因为,首先[A254]很清楚,《治邦者》与《智术师》一样确切地把握住了《欧蒂德谟》的另外一个侧面,并与其密切关联;《治邦者》与《智术师》会让我们立即(nur kurz)想起《欧蒂德谟》中充分讨论过的内容。的确,如果我们想到[B263]苏格拉底和克莱尼亚斯因为不具备找到王术的条件而如何一筹莫展,则必然会注意到,读者由此一筹莫展可以学到的东西,正是《治邦者》的前提。此外,同样清楚的是,《治邦者》的基础也正是《克拉提洛斯》和《智术师》中提出的模仿概念,以及由《泰阿泰德》开始不断发展的正确表象概念;《高尔吉亚》中关于普通的治邦智术(Staatsküglerei)的错误做法的讨论,因其本身少有确定性和直接性,必定早于《治邦者》中所讨论的内容。最后,《治邦者》差不多在同等水平上重拾《普罗塔戈拉》的话题,正如《智术师》重拾《帕默尼德》;《普罗塔戈拉》特别讨论了德性之整体和所有个别的德性,《拉克斯》和《卡尔米德》特别讨论了勇敢和明智,这些在《治邦者》中明显作为对题而重新出现的内容,同样一定比《高尔吉亚》中的讨论要早。的确,迄今讨论过的所有最严格意义上的伦理事物,在《治邦者》中以一种特有的方式,按照希腊人所具有的最高立场,即政治的立场,做了总结,以留待日后来讨论。因此,尽管就《治邦者》与《智术师》一道构成了柏拉图著述的第二[A255]阶段之中点而言,正如一方面,就形式而言,所有基本的、尝试性的、间接提出的内容之结合,与一种纯哲学的描述之萌芽完全符合,所以,两者表现为同一个东西;另一方面,就内容而言,根据其表现方式,物理和伦理主题在两篇对话中进一步相互分离,但在每一篇对话中又以一种特殊的方式融合为一,尽管在《治邦者》中,这种融合是按照自然法则和世界本身的形成,通过当然只是以神话方式提出的关于历史的考察而达成的;照此看来,这篇对话中的神话,如任何人都能看到的那样,乃是《蒂迈欧》之预表(Vorandeutung),与此相对,本身也接近柏拉图的《王制》。

《会饮》引论

[A357/B369]如果谁读过前面两篇对话,如今面对《会饮》,并回顾《智术师》的开篇,他或许会问:当苏格拉底就智术师、治邦者和哲人这三类人请教爱利亚的异邦人:从每一类人的本质看,或从三类人的相互区别看,他们各占据什么位置时,为什么后者只就两类人给予回答,而未就第三类人给出答案。我们可以这样回答他:一方面,因为首先描述智术师乃是亵渎神灵,所以,来自爱利亚的异邦人已经在其发现智术师的位置的努力中,掺入了对哲人的描述,尽管没有直说,正如我们已经在《智术师》"引论"中所指出的那样;另一方面,柏拉图除了预见到这一点,对于已然有两次重复的严格形式感到厌倦,只有通过混入玩笑才可能使其得到缓和并变得轻松,而且他也不喜欢以同样的方式来描述哲人;所以,由此方面来看,尽管这个三部曲的确尚未完成,但对于以一种更为自由的方式来思考问题的人而言,通过我们[B370]眼前这篇[A358]对话《会饮》和紧接着的对话《斐多》,这个三部曲却以更美、更壮观的方式全部臻于完满,因为,柏拉图将这两篇对话合起来,通过苏格拉底这个角色为我们描绘了一幅哲人的肖像。尽管柏拉图在《斐多》——在此我们不可能做更为精确的描述——中描述了陷于死亡的苏格拉底,却在《会饮》中通过阿尔喀比亚德的颂词赞美了活着的同一个苏格拉底。阿尔喀比亚德的颂词显然是整篇对话之顶峰和王冠,

并为我们描述了一个不知疲倦地致力于探究,乐于分享见解,无视危险和超然物外,与人关系纯洁,外表轻松愉快却内在神圣,一句话,肉体和灵魂达到完善(in der vollendeten Tüchtigkeit),因此,使生命之整体达到完善的苏格拉底。如果我们如此回答,就好像我们不可能做出其他回答,则会使多数人感到惊诧,因为,他们不习惯于由此观点来思考这两篇对话,少数人对此回答似有所悟,但多数人则如坠云雾,因为,在这两篇对话中,尽管归于苏格拉底的描述会多于寻常,但其余大部分内容却不应退居于次要地位,就《会饮》而言,如果视阿尔喀比亚德的颂词为关键,那么,要解释关于爱的前几个讲辞应如何与阿尔喀比亚德的颂词联系起来,后者应如何与前者联系起来,同样有困难。但我们的回答不过是对第一个追问的回答,此追问只是无法以整体[B371]自居的一个部分。相反,《会饮》与[A359]《斐多》的亲缘关系,还有我们为前者框定的位置,基于诸篇爱颂并不亚于基于阿尔喀比亚德的颂词。【我们的看法只在于:】由上述观点出发,要比由其他观点出发,整体会更像一个真正整体。所以,我们认为,谁若抛开这些联系和特点(Abzweckung),如往常那样只关注《会饮》本身,至少就对话构造而言,他同样只会看到外在的、尽管也是文笔优美典雅却戏弄人的西勒诺斯面孔(Silenengestalt),而看不到无穷地包裹于其中的更精美的神像。为了揭开西勒诺斯的面孔并将此更精美的神像暴露于光天化日之下,我们还必须把《会饮》与《智术师》中的提法联系起来,此提法预告了一个三部曲之整体。因为,除了智术师和治邦者,苏格拉底追问的第三个主题并非知识和智慧之理式,而是哲人,相较于多数人的卑贱生活,他尽管像神一样,却也是一个游走于众人之中的人。所以,应当描述的并非纯粹的存在和智慧的本质,相反是智慧在现身于世的(erscheinenden)人的有死生命中的生命现象(Leben und Erscheinung)。因为,这明显是柏拉图全部哲学解释的主要观点:智慧本身吸引着有死者,但作为一种[B372]变化和自我扩展之物,智慧表明它本身要听命于时间。所以,哲人的生命并不执着于智慧,而是努力寻求智慧,并抓住每一个激发点,他在整体时间和[A360]整体空间中的追求是在有死者中实现不死。这种努力如今被称为爱,不仅关于治邦者所追求、多数民众易受影响的好与正义的正确表象的激发和生动建构,甚至也是少数人有能力的知识建构,被视为生育,这不仅是一种诗性的比喻;相反,柏拉图必须视其为一回事,并将那种精神性的生育视为更高等级的相似活动或同等活动,这完全有必要,因为,对于柏拉图而言,自然的生育不过是相同的永恒形式和理式的再生产,因此,也是有死者中相同的永恒形式和理式的不死性。然而,任何生育之所以易受感动的原因完全在于美,也就是说,在其特殊的生命与存在中,整体之和谐显然可以视为天生固有的同一个因素,对希腊人的天性(Natur)并不完全陌生的任何人都了解这一点。因此,对创生于美之中的爱的描述,同时也是对哲人之【作为】的总体描述;为了特别指出哲人的位置,需要确定的只是哲人之爱及其目标与其他[B373]爱的举止和特点之间的关系。但很容易向每一位读者指明,这种关系正是苏格拉底在此重述的、他从前与第俄提玛(Diotima)交流的全部内容之核心。因为,这位有智慧的女人在[A361]普遍的欲求中寻找狭义的、真正的爱的概念时,将包括爱智慧在内的其他类似概念排除于这一较为狭窄的领域之外,这一做法至少不会轻易误导某人。或者,如果某人由此提出理由反对我们的解释,那就让他试一试,若非从一开始就使对智慧的欲求从属于欲求的普遍理念,从而为爱赢得作为其固有特征的生育意愿(Erzeugenwollen),是否有可能按照目的之所需对问题加以澄清。但由此出发,对话的整体讨论明显呈现为不间断的上升:不仅由身体美之愉悦,经由任何特殊的或形形色色的、更高的事物之愉悦,直到永恒美之无中介的愉悦,这种美会展现于按此秩序加以训练并变得敏锐的眼睛之前,而不再关注特殊和个别之物;而且,由自然的生命生育,经由正确的表象和公民德性的生育,直至对那种远远超越了所有个别高超技巧的直接知识的参与,这种知识只会使人幸福,其中包括了所有其他好。这显然可以[B374]

表明，如何只有在哲学中，最大的好才是那种普遍渴望永远拥有的对象，使这种最高的好成为有死者的不死追求，对于哲学而言就是最高的爱。

因此，我们似乎在苏格拉底关于爱和阿尔喀比亚德关于苏格拉底的论说中，找到了我们这一整篇艺术作品的本质。[A362]因为，苏格拉底的论说尽管采取了完全不同的外在形式，但若更进一步思考，则几乎以同样的方式，通过提出普遍概念和区分其余的技艺，为我们描述了哲人的本质，就像在《智术师》和《治邦者》中对这两类人的描述那样；但关于哲人的生活和实际作为，在这两篇对话中只有个别散见的笔触，而在阿尔喀比亚德的最后颂词中，则以一种尽管不充分、却至少以粗略完成的肖像做了描述。但我们不可因此而以偏概全，认为之前的爱颂只是装饰或完全具有其他次要目的；相反，尽管在这些爱颂中，因其本身之故而爱，或为了某种原因而看重，正如医生厄里克西马库斯(Eryximachos)在其爱颂中为我们所描述的那样，这样的爱乃是不健全的爱若斯(Eros)，所以，若与其他爱颂联系起来看，可以说这些爱颂才有其必要性，因此，每一篇爱颂的位置和方式都很美；然而，至少毫无疑问的是[B375]，恰恰就其与柏拉图的其他作品的关系而言，若无这些爱颂，《会饮》之整体将无法理解。

也就是说，这些爱颂的目的，部分是以各种方式指出爱的领域之整体范围，并指出有死者中的有死之物如何只生育有死之物和转瞬即逝之物，这样的欲望是病态的欲求和成问题的(linke)爱，这样的爱我们在其他对话已有所知。因为，正如扩展了[A363]泡塞尼阿斯(Pausanias)的描述的厄里克西马库斯，为我们提起厨艺，从而使我们想到《高尔吉亚》，想到那篇对话中研究人时所处理的对立，我们由此认识到就其对象而言与哲学完全对立的事物，通过共同影响生命(das Lebendige)，可以在爱的理念下与哲学结合起来。这些爱颂也表明，如果没有抓住事物的正确本质的人，只是由模糊的感受出发来概括和解释个别现象，那么，所有这些现象都会表现出片面性,在苏格拉底的爱颂中,这些现象中的个别内容被重新当成了一种有条件的、部分真实的内容来加以纠正和补充。就这些现象,我们也通过比较来学习考察当时普遍的语言习惯用法所概括的属于爱这个名称的内容,并区分较晚提出的概念之下不属于此爱的名称的内容。就此而言,厄里克西马库斯的爱颂尤其值得一提,他关于爱的生理学和医学概念,已然因为[B376]阿里斯托芬打嗝引起的短暂中断而受到取笑,因此,在苏格拉底的爱颂中没有再受到特别关注。正如这些爱颂在内涵和思想方面为我们指出了哲人与非哲人的区别,也在描述和表达方面,部分通过松散而无甚关联的四处求索,部分通过败坏的音乐修辞和运用智术派的辅助方法,指出了哲人与非哲人的区别——在阿伽通先于苏格拉底所作的爱颂中,这两方面得到了最大程度的发挥。[A364]在此,也表明了我们这篇对话与之前两篇对话间的一种新关系,正如我们可望指出的那样,在这两篇对话中,对智术师自称为辩证法家和修辞家、民众领袖自称治邦者批驳,看来并非无足轻重。所以,在这些爱颂中,的确不缺乏柏拉图式的论辩,对于有心人而言,可以看出其中的每一篇爱颂都以其特有的方式与其他爱颂不同,我的翻译尽最大可能对此类方式做了模仿。要说这些特殊性纯粹是做戏,目的是为了表明出场发言的人物实际惯用的说话方式,真是令人难以置信。因为,当中很多人看上去甚至并非著作家,如斐德若、泡塞尼阿斯和厄里克西马库斯,如果《会饮》发表时他们尚健在,也并不广为人所知,那么,柏拉图的做法就是白费力气,这样的谈话也无价值。提及高尔吉亚,本身还将我们引向了其他看法。因为,这种[B377]非常明显的戏剧性论辩,除了针对著名的演说家和著作家,几乎不可能针对其他人;但尽管论辩针对的这类人的作为自有其理论,却并非出自哲学,而只是一种错误的爱若斯的工具,在此,我们不得不首先想到后来的高尔吉亚学派和伊索克拉底学派,尽管阿里斯托芬的神话演辞之整体,除了谐剧内容是对诗人本人的完美模仿,在我看来,与普罗塔戈拉[A365]在同名对话作品中所讲述的神话具有惊人的相似性。所以,西登汉(Sydenham)①的看法整体而言完全正确:《会饮》不仅不可能模仿这些谈话人物本人,而且确切地说是在模仿其名下的其他人;只不过他本人所依循的是过于无足轻重的线索,在个别规定方面也过于轻率,因此,我们不仿效他的做法,相反,更想将此问题交给其他行家,彻底探讨此问题,并非我们这里所要达成的目的。

然而,另一方面,若无这些演辞,《会饮》与其他对话,即与最早的柏拉图作品之间的关系,就无法进一步得到澄清,而且很明显,很多属于此关系的内容被有意放进了这些演辞之中。因为,《会饮》这篇作品本身一定会使每个人想起《斐德若》和《吕西斯》,在研究这两篇对话时,我们一定老早就注意到《会饮》了。第一篇演辞,特别是关于[B378]有情人与情人的关系的论说,足以使我们想起《斐德若》,所以,明确引述此演辞的内容无甚必要。然而,《会饮》中的更多演辞尤其与《吕西斯》具有特殊关系,因为,这些演辞分别采纳了《吕西斯》中作为友谊和爱的基础而提出、却从来都认为不可接受的内容,接着,才展示了献给爱若斯的颂词,所以,《吕西斯》过分怀疑的立场固然并非无可挑剔,但只是在这些演辞中方才得到了解决。这样,斐德若以最普遍的方式将好之奋求设定为基础,将好之实现设定为爱的[A366]成果。然而,泡塞尼阿斯尽管没有明说,却更多地讨论了相似性,由此,他也获得了一个双重的爱:一个较好,一个较差。厄里克西马库斯进而认为对立面之间存在友谊,而阿里

---

① [中译按]西登汉(Floyer Sydenh,1710—1787),英国古希腊学者,曾在牛津大学任教,译有柏拉图对话多篇,并完成论赫拉克利特的学位论文,但均未获得学界认可。后因生活拮据负债被判终身监禁,客死狱中,据传西登汉之所以获罪,主要与其对柏拉图的激情有关。西登汉的死直接促成英国"皇家文学基金"(the Royal Literary Fund)的设立,基金以匿名方式资助生活困窘的英国作家并延续至今,庶几可告慰一颗因热爱柏拉图而死者的灵魂。后有翻译家泰勒(Thomas Taylor)著文赞颂西登汉,广为流传,并完成了西登汉的柏拉图对话翻译。

斯托芬最终将"爱引致与相契者的(mit dem Angehörigen)结合"这一观点谐剧化,由此观点出发,并非所有的好在养成和欲求中都是相契者,相反,他的讲辞对生命的感性统一有所补充。但苏格拉底在他的讲辞中,从他所设定的爱的概念出发,几乎对所有这些观点都做了批评,由此表明了苏格拉底到底在何种程度上以及在何种意义上,必须拒斥"爱引致好和相契者"这一观点,然而,在较为确定的意义上,他却会采纳此观点。

由此,我们如今可以[B397]从一个特殊角度出发,尝试对此前所有对话的次序加以探讨。如果首先考察《吕西斯》,那么,我们有责任令人满意地指出:为何它必定更靠近《斐德若》而非《会饮》。然而,依我看,这两篇对话([中译按]即《斐德若》和《会饮》)中既没有出现关于好的共同概念,也没有出现关于恶的共同概念,这种独特方式足够确切地表明上述看法。也就是说,在《吕西斯》中,正如由对日常生活的讨论出发,根本未做准备,所以,可视其为走向更高研究领域的预想(Ahndung),若能补充必要的证明(Bestätigung),这种预想就有可能变为现实。当苏格拉底对爱的概念感到迷惑时,《会饮》中有智慧的[A367]第俄提玛带来的又是怎样的证明呢?是类比另一场合中出现的折中概念(in der Mitte stehenden),即《泰阿泰德》中研究的正确表象概念;尽管在这篇对话中并未明确涉及,但每个人都会想到《智术师》中关于并非确有所指的非存在者的研究,正如会想到可以据以阐明正确表象概念的信念之真实根据。因此,如果在撰写《吕西斯》时,这些证明在柏拉图的作品中已经给出了,又为何要在《吕西斯》中仅仅如此不确定地提出此概念呢?所以,我们明显得越过《泰阿泰德》让《吕西斯》往回退,由此出发,如果我们想为其确定位置,那么,每一篇对话都会很容易将《吕西斯》往回推,若虑及《吕西斯》在辩证结构(Komposition)方面的弱点,我们会进一步将其当然的位置确定在[B380]紧挨《斐德若》之后。然而,如果我们将《斐德若》与《会饮》直接作比较,则前者的年轻特征必然会更为明确地凸显出来。因为,如果我们真能明白,柏拉图关于爱的全部观点完全依赖于希腊的天性(Natur),即使对于所有他可望从更高层次上依照爱的理念加以观察的事物,他也必须由此天性中所给出的生育冲动和性别关系出发,我们会毫不奇怪恰恰在此发现了柏拉图思想方式中反现代和反基督教的根源(Pol);那么,我们必然会承认,《会饮》关于爱的论说比《斐德若》远为明智和具有男性气概,其[A368]思想方式也远为完美;因为,柏拉图如今不再满足于年轻时甚至以最高意义上的、有情人与个别情人的关系来描述哲学的爱欲,相反,他认为这只是适合于初出茅庐者的观念;也因为他认为渴望生育不再是最高的主题或本身直接具有神性,相反,哲学的爱欲作为不死而又永恒丰盈的珀若斯(Poros)的孩子、但同时也是永远匮乏的佩尼亚(Penia)的孩子,首先在不死者中有其来源,只不过它寓居于有死者中,目的是在有死者中造就不死者。故此,第俄提玛尤其致力于指明:对于[B381]有死的人而言,知识本身表现为一种不死之物,这种不死的知识并非一成不变,相反是不断更新的知识,因此,它处于两个时间点之间,任何时候都是对那不死者的回忆。她也致力于指明:爱绝不会生育知识的永恒本质和知识的不死之存在,相反,只会生育出知识的不死之外表(Vorkommen),不仅使此外表活在个体身上,而且,通过由此及彼的传达在有死者中制造不死。第俄提玛虽然如此甚为用力,但这种努力只有这些人才能领会:他们从《治邦者》中了解到,有限者之为有限者本身绝非整齐划一;他们也已然由《美诺》和其他对话得知关于知识冲动及其与知识的【永恒存在之关系的】学说,只是需要更为生动的[A369]支持。如此,我们为《会饮》所确定的位置得到辩护。然而,按照另外一种值得一提的方式,我们的对话总体排序可以在第俄提玛关于在爱的神秘中逐步上升的论说中找到证明。因为,这种上升与柏拉图作品中逐步发展的哲学描述完全一致,所以,在这篇对话中,柏拉图或许在没有意识到有多么美的情况下,以最优美的方式将他本人展现在了我们面前。因为,首先,《斐德若》热衷于一个主题,作为青年人的作品,可以得到谅解。[B382]初出茅庐者进而上升到在奋求和法律中观察美,从而上升到关于公民德性的研究,正如我们在《普罗塔戈拉》及其附属对话还有《高尔吉亚》中所看到的那样。接下来,知识当然要发生分化,但知识仍然是知识,因此,正如从《泰阿泰德》开始,提出关于知识的固有属性的意识;如此精神最终上升到对绝对的美的明晰直观,就好像绝对的美与个别的美无关,相反,当每一个别的美进入道德和物质世界之和谐时,便可以直观到绝对的美,在柏拉图作品的最后部分将为我们揭示绝对的美。

关于确定对话的撰写时间,在我们这篇对话中可以找到更进一步的指示,尽管是一条不甚确切的指示,即一个已在别处遭到指责的时代错误:在阿里斯托芬的讲辞中[A370]提到曼提尼亚(Mantineia)在苏格拉底殁后第四届奥林匹亚赛会时的毁灭,可以确定的是:柏拉图撰写此篇对话时,对此依然记忆犹新。不过,难道在人们部署重建此城时,此事不会同样重新变得清晰吗?因此,我们不是仍得在第九十八届奥林匹亚赛会和一百零二届奥林匹亚赛会之间摇摆不定吗?

对话中的人物,除了一向名气够大的诗人,全都在柏拉图的其他对话中出现过了。在伍尔夫①的《会饮》"引论"中,对这些人物的汇集能够[B383]使每一位读者感到满意。然而,为什么柏拉图恰恰让这些人而非其他人来发表这些讲辞,就其中的某些人而言,或许很难说上个所以然。只有阿伽通,我们可以认为他有历史根据,而我们在此看到斐德若,部分因为他在同名对话中已被刻画成了一

---

① [中译按]伍尔夫(Friedrich August Wolf, 1759—1824),德国著名的古典语文学家,哈勒大学教授,柏林皇家科学院成员,以其《荷马引论》(*Prolegomena zu Homer*)引发了持续至今的关于"荷马问题"(Homerische Frage)的讨论,研究涉及阿里斯托芬、柏拉图和希腊演说家等,施莱尔马赫在此所谓《会饮》"引论",指伍尔夫于1782年为其校勘的柏拉图《会饮》文本所撰"引论"。

位了不起的聊友(Redefreund)和很多讨论的发起人,部分是为了让我们准确地想起《斐德若》这篇对话。但关于阿里斯托芬,我倾向于认为,特别是当我们想到《云》中的引述时,他在对话中表现出与苏格拉底有非常友好的关系,可以看成是为《申辩》中的有关说法恢复名誉的做法,也可以看成是一项声明:起先针对阿里斯托芬写下那些美丽警句的柏拉图,对于诗人针对他本人编排的谐剧,已不再心怀怨恨。

第二部分第三卷

《斐多》引论

[A5/B3]在《会饮》"引论"中,我们已初步论及这篇对话与《斐多》的亲缘和相属关系,接下来,我们的任务是从《斐多》方面更为准确地澄清这种关系究竟意味着什么。也就是说,如果谁为了做实验,与我们一道主张:就《智术师》和《治邦者》中已做出的描述而言,《会饮》与《斐多》合起来构成了第三个描述,即关于"哲人"的描述;那么,为了不使他忽略更为准确的内容,我们要提请他注意:在第俄提玛的论说中,从爱的概念中明确排除了对于智慧的渴求,以便使此领域专属于美的生产,同时,把对智慧的渴求移向其他地方,这本书可以视为对《斐多》的暗示。因为,的确没有人会否认:如果爱就是想拥有好,那么,热爱智慧的人首先因为其本身的原因而想拥有智慧,所以,对智慧的渴求根本属于人的作为和生命,向他[B4]人[A6]传达和灌输此智慧亦复如是。正是通过哲人的这两项作为,才充分确定了哲人、智术师与治邦者的关系。因为,治邦者之为治邦者也生育,只不过其方式是在两种极端之间摇摆的天性中为更好的天性做准备,这些更好的天性对知识最敏感;所以,哲人至多从真正的治邦者手中接过其爱的对象,从而在此对象中生育和塑造更高的知识生活。智术师同样致力于辩证的分与合,但他因为受感官束缚而囿于快乐和幻想,所以,只固着于世间的摹本,由此只会为自己赢得并拥有非存在者(das Nichtseiende)。相反,哲人只努力把握存在者,并将其纯粹保存在知识中,因此,哲人尝试仰望原型,只

有在原型中他才发现如何能让原型寓居于其中的灵魂只为自己发挥作用,并摆脱感官和肉身整体的影响。这也正是意欲成为纯粹精神的渴望,是我们在这篇对话开篇就已看到的智者的求死意愿(Sterbenwollen),由此意愿发展出了对话下文的全部讨论。不过,有人会说,尽管这种求死意愿在柏拉图意义上是哲人的另外一种具有本质性的行动,但这并非这篇对话的主要内容,相反,似乎只是附属于所有研究灵魂[B5]不死内容的引子和理由,而灵魂不死[A7]明显是这篇对话最重要的内容。所以,不可否认,灵魂不死至少与求死意愿分量相当;但没有人会忽视,知识的可能性与真理性总是与关于灵魂不死的证明反复交织在一起,在我们的著作家看来,这两方面事实上最为内在地联系在一起。因为,如果对知识的追求必然同时是一种毁灭意愿,那么,对知识的追求绝不可能作为求死意愿而存在(Statt finden),也不可能是哲人的追求。如果灵魂可以认识存在者,此存在者不受产生、消逝和全部生成(Werden)形式影响,那么,根据必须谨记在心的古老原则:相同的事物只能被相同的事物所理解,灵魂与这种存在者只可能是同样的存在,并以同样的方式存在着。所以,灵魂的永恒是人的所有真知之可能性的前提,反过来,认识之真实性的根据是,从中可以最确定和最容易认识到灵魂之永恒。因此,在眼前这篇寻求知识的对话中,不死性始终同时受到关注和追寻;可以说,从《高尔吉亚》和《泰阿泰德》开始,这两方面越来越密切地联系在一起,最终在《斐多》中最为确定地联系在一起。所以,按照柏拉图的意思理解了这两者之关系的人,不会踌躇于将《斐多》【和[B6]《会饮》联系起来】,或承认这两篇对话的亲缘关系。因为,正如《会饮》中所描述的爱,乃是[A8]将有死者与不死者联系在一起的努力,《斐多》中研究的内容纯粹是将不死者之为不死者从有死者中扯回的努力。很明显,这两篇对话必然相互关联。因为,如果从事认识的灵魂希望越来越远离并最终摆脱生成和假象(Schein)之领域,那么,应有的补偿是:灵魂首先为其他注定要在此领域漫游更长时间的灵魂灌输知识,尽管灵魂的确有责任永远接纳所有无灵魂的事物。另一方面,如果灵魂努力为其他灵魂灌输真理,那么,这是对于灵魂之爱的唯一证明,尽管灵魂本身只追随真理,并尽可能逃离假象(Schein)。哲人的这两种根本作为,分别支配着我们这两篇对话之一,尽管这两篇对话的必然联系不容彻底分开,但这符合柏拉图作品撰写第二阶段的整体特征。因为,正如第俄提玛的讲辞中关于爱的描述,若非指涉纯粹的直观就不可能成立,在《斐多》中真正描述直观的地方,我们同样随处可见愿以各种方式与志趣相投者共同生活的渴望,并在志趣相投者中间生育真理以作为共同的成果和共同的好的渴望。只是对于苏格拉底而言,仿佛为了允许他平静[B7]离世,这一点被描述为在他自己的圈子里已根本臻于完满。这使我们看到,这两篇[A9]对话中的戏剧成分是如此类似,而且具有相同的关系。因为,在《会饮》中,苏格拉底尤其被描述为充满欢乐,生活富有光彩,但也不应忘记,他能够沉潜于哲学而将其他一切放在次要地位;相反,在《斐多》中最突出的是,苏格拉底作为摆脱了所有妨碍他沉思的事物的人,面对死亡时的平静和开朗,但反过来他并没有中断习惯的共同生活,而是愿意举着致命的酒杯来庆祝神圣的节日进餐仪式。人们一致认为,此类描写中很少有比这里临死的苏格拉底更美好的了。但如果我们将《斐多》和《会饮》中提出的同一个人物的两个形象合二为一,方能以此对象之伟大使苏格拉底的灵魂臻于完满。

若有人问,如果事情是这样一种情形,为什么柏拉图不这样做([中译按]即"将苏格拉底的两个形象合二为一"),尤其是在同一篇作品中完成对哲人的双重作为的描述;由于不能追问柏拉图本人太多,所以,一方面这样提问过分了,我们也没有义务就此给出一个确切的答案;但另一方面,很容易大致指出,这一时期柏拉图[B8]哲学本身的建构已达到了什么程度,以及如何塑造了他的作品,因此,可以说尽管并没有完全分离,但在每一篇作品中都有一种对立居于支配地位,《会饮》[A10]与《斐多》正如《高尔吉亚》与《泰阿泰德》,完全自然而然地相属一体。当然,人们会说,《斐多》中这一基础层面也反映在关于灵魂与肉体相对立的描述中,外在地看,灵魂与肉体这两者的分离相当明显,但在讨论此问题之处,却绝对无法将两者截然分开。此外,对于上述内容或许会产生一种奇怪的误解,如果有人严格从表面理解下述说法:《会饮》和《斐多》构成了《智术师》中提出的三部曲的第三部分,就好像柏拉图害怕不断重复同样的形式,所以,决定以另外一种方式来描写哲人,因为,他没有选择有些干巴巴的划分(Einteilungen),而是再次选择了最出色的戏剧方式(Mimik),或许恰恰因此而导致对主题的划分,从而将两篇对话相互结为一体,并拟定了两篇对话。因为,这种看法太粗糙又太确定,故而得不到支持。相反,柏拉图很可能让此三部曲不臻于完成,因为,他觉得他的读者自己可以从某些较早和较晚的对话出发,将"《哲人》"作为三部曲之第二部分,而设想它就是《斐德若》中的一篇讲辞,柏拉图可能想指点读者关注这些较早和较晚的对话。【然而,即便情况果真如此,[B9]我们真正想说的是,】在其著述生涯之进程中,柏拉图也必定会碰到以另外一种形式出现的同样的问题。[B 在此分段]

因为,《会饮》和《斐多》构成了由迄今为止的对话向紧接着的结构性对话的第一个转折点,正如《斐勒布》构成了其第二个转折点。如果柏拉图[A11]欲转而采用另外一种方法,将他迄今为止以另外一种方法研究的内容,与他尽管并未完全以同样的确定性来表述,但实际上已做出教导和强调的内容,再次以新旧兼备的方式结合在一起;那么,可能的结果除了将哲人的行动描述为纯粹的行动,还能是什么呢?因为,这可以说是他的作品构造的第一次真实表达,正如他以其特有的爱好和见识所作的那样。值得一提的仍然是,在此前一篇对话中几近消失、又在《斐勒布》受到严重遏制的戏剧特征,在《会饮》和《斐多》中如此强烈地凸显出来,仿佛获得了其最终和最高的荣耀【,这可能表明《斐多》这篇对话的撰写时间较早】。不过,一方面,每个人都看得出:这种戏剧化特征【在其他对话,至少在最早的对话如《斐德若》和《普罗塔戈拉》中,】从未与主题结合,或如《斐多》中那样与主题合二为一,因此,也没有获得理由以展现其整体光辉。另一方面,各种其他处境可能为展现此戏剧特征提供[B10]机遇:《会饮》【本来就不属于柏拉图的早期作品】,其中无可否认的辩护倾向,对于生动描述苏格拉底生平必定非常有用;在《斐多》中,或许有柏拉图对他的西西里之行(Begebenheiten)的回忆,还有他希望表明:苏格拉底真正的门徒不可能对死亡胆怯恐惧。所以,决定《斐多》处于柏拉图作品中的这一位置的理由,不单单是其与《会饮》的密切关系,相反,是迄今所有内容如此明确的综合,即对未来的确定性[A12]准备,我们首先要为每个人指明的就是这一点;然后,他会或多或少搞清楚那些特殊关系,但这些特殊关系无关宏旨。

首先,每个人都看得出,由迄今为止的作品向未来作品的转折,才是做出解释的合适位置,柏拉图正是在《斐多》中通过苏格拉底这个人物,对他的思辨之进展,以及对其哲学生涯的转折做了解释:也就是说,解释了他如何以阿那克萨哥拉为起点;如何首先通过研究这位哲人,认识到好之理式(Idee)和理性的统治作为观察世界(Weltbetrachtung)的最高规范(Norm),如何通过辩证方式确信恩培多克勒的自然哲学(Physik)不合理,因此,既然柏拉图认为恩培多克勒本人的理念(Idee)不够清晰,无法作为原理(Prinzip)可靠而又彻底地[B11]贯彻,那么,他认为只有以批评和假说方式来处理问题,尤其是以此方式来研究爱利亚学派和赫拉克利特的哲学,并以此方式来处理他的研究结果:唯有永恒的形式才是变动不居中的不变因素,才是复多中的真正的统一;只有按永恒的形式,并按照事物与此永恒形式的关系,方能建构出关于任何事物的知识和科学。《斐多》第一次完全自由地联系科学的结构而建立了此原理,熟知柏拉图的转变和柏拉图的表达方式(Ausdrücke)的重大意义的每一个人,必定很容易认识到:在柏拉图写作这篇对话时,好之理式(Idee)对于他不再过于[A13]陌生或过于模糊,以至于使他无法从好之理式出发,并联系上述基本原理,建构出这里所暗示的两门科学。相反，每一位有心人都必定能在此段落中感受的一种确定的倾向，即由《斐多》向《蒂迈欧》的跳跃，直至他认识到：对于柏拉图而言，【道德科学】在他的描述中根本优先于【自然科学】；另一方面，好之理式本身，尤其因为它是当时悬而未决的一项争端，故而有可能也完全有必要对其做出更为准确的解释，因此，我们必须首先研究《斐勒布》和《王制》，这两篇对话明显是由《斐多》中的这一内容萌发出来的。健全的感知一定不会忽略：《斐多》中的灵魂学说仍不完善，而[B12]仍处于最后的发展阶段，虽然不再像《斐德若》中那样处于蛹伏期，相反，正如破茧而出的蝴蝶，要不了多久，翅膀必臻于成熟；这进而非常切近地指向《蒂迈欧》。因为，正如灵魂被描述为处处带来生命，并与永恒不变之物有关，尽管这种描述近乎具有严格的规定性，却不具有真正的(selbst)规定性；看上去，似乎某人应该就某一主题展开一项真正的研究，但正如每个人一定都很容易承认的那样，这样做却另有目的。

如今所有这些对于仍当出现的内容的暗示，为《斐多》规定了其位于柏拉图[A14]最后的重要作品之前的位置，却使得《斐多》与这些作品非常接近：而与所有已讨论过的对话的关系，又决定了《斐多》位于这些对话之后的位置。如果我们按照所提及的次序，关注构成柏拉图作品第二部分的这些对话，会发现第二部分作品的内在关系，即柏拉图的知识学说与不死学说之间的关系，并没有用确定的线索标示出来，相反，只采用了模糊的方式；因为，在谈论存在者和同一者——与变动不居和处于生成中的事物相对立——的地方，也总是以某种方式谈及不死。《美诺》研究和澄清了关于知识就是回忆的学说，通过这种方式，第一次使我们接近了柏拉图的知识学说与不死学说之间的关系；柏拉图在《斐多》中引证了知识就是回忆的学说，这或许是他最为确定清楚地引证一篇早期作品。因为，打算否认此引证的人，很难有其他见地，除了假定：苏格拉底学派的克贝斯（Kebes）的陈述，只涉及苏格拉底或柏拉图的口头讲述，以克贝斯的陈述为依据的《美诺》，根本不是柏拉图的手笔，而是出自另外某个人;对于任何从事公正批评的人而言,没有谁会认为这一假定有多大可能性。然而,很清楚,除非《智术师》中的研究走在前面,上述关系不可能得到合理描述,苏格拉底轻而易举将所有与此有关的内容作为此前所承认的事物来看待,如此轻而易举若无这种联系便无法得到解释。因此,这种描述首次出现于此——尽管出现于此却[A15]非常完整,做出此描述的位置,无疑是整篇对话的核心;很明显,柏拉图笔下的苏格拉底本人强调此描述具有非常之重要性:理式与灵魂的存在具有同样的必然性,甚至在我们出生以前也是如此,而且,理式与灵魂的存在方式也超越了生成之领域,灵魂在此领域表现于生命之中。对于苏格拉底及其后学,这只是确定无疑的原则,他们坚持此原则,也因为它与知识的现实性本身完全同一;对柏拉图别有[B14]所解,或至少将另外一种关于不死的描述强加给他,认为这就是柏拉图直接确认的内容和他的证明之结论的人,应对此段落保持谨慎,而不要不知不觉与那些相当错误地想入非非的人沆瀣一气,这些人臆想,根据柏拉图,外在于自然和外在于心(Gemüt)的理式,在某处以我所不知的方式,拥有某种感性和空间性的此在(Dasein)。因为,除了与那更高的、真正不死的灵魂存在必然联系在一起的事物,在此还进行了一场正式的讨论:即灵魂在时间中不断重现于身体之中,总是出于不死之丰盈,这是真正的轮回,而非新的创造;此外,柏拉图本人将其他所有表象和规定置于此学说之下,认为这些表象和规定与此学说并不相同,也不具有同等程度的确定性,而是部分[A16]视其为优美的对话,视其为对我们心中愚蠢怕死的孩童的召唤,部分则完全具有另外一种关系。比如,肉体生命中的灵魂不断的自我完善现象,与其在世间所处的不同位置完全相类或相符;在某个位置,它看上去要比在另一个位置更为清楚或较不昏暗。然而,这些现象看上去永远都只是物(Dinge),只有通过认识(Erkennen),而非通过对更为清晰的理式之特征(Abdrücke)的更为直白的表现(Vorstellen),才能证实理式更高的、不死的存在。[B15]因此,这两方面的确需要更进一步,致力于在生成和肉体生命之领域中标明灵魂的属地,而非描述或更进一步确定不死本身。的确,我们知道克贝斯的整套反驳——灵魂经历了很多身体尚无法证明其不死——是否针对毕达哥拉斯学派,尽管对斐洛劳斯(Philolaos)的学生西米阿斯(Simmias)而言,此项反驳有些苛刻和出人意料。毕达哥拉斯学派相信,不死性就表现在灵魂的漫游中,所以就此没有给出更为详尽的教诲,尽管对话早就抱怨过这一点。不过,不要让读者为此和为[毕达哥拉斯学派的]和谐所误导,以至于认为西米阿斯也许是以一个毕达哥拉斯派的名义提出其异议的:灵魂很可能就是身体所给定的一种情性(Stimmung)。相反,就此毕达哥拉斯学派与柏拉图完全一致:只有德性与恶德(Laster)可以视为灵魂本身的性情;而西米阿斯的[A17]异议完全符合严格的原子论体系的精神,就此而言,恩培多克勒与其相近之处的确不在少数,因此,很难明确指出这种思想外衣是从谁那儿借来或变通而来的。不过,对此回答至少部分感到不明了和不满足的人不可忽视,这个回答本身与在很多地方已经提出过的概念区分有关:有些概念或多或少从属于原子论体系;而有些概念则通过表明其固有的存在(Sein)而拥有其自身的尺度;由此可以见出,情性(Stimmung)在何种程度上属于前一类概念,而灵魂却属于后一类概念,[B16]尽管不可完全按我们的方式来看待问题。

即便不考虑与迄今为止的所有对话的总体关系,仅凭关于知识的学说与关于不死的学说之间的联系,我们并不缺乏与根本要点在不同程度上相互联系的、对另一篇早期对话的其他指涉。因此,比如,除了前述引证,我们可以想起《美诺》中有一段讨论公共德性和公民德性的例证,似乎柏拉图想以此表明,这种低级德性其实只是真正的德性的影子,即便本身没有特殊的正确表象为根据,它也可能存在(stattfinden);《治邦者》中关于导致不同德性的自然天赋的观点,似乎构成了低级德性与真正的德行之间的过渡。因此,讨论真正的德性,[A18]以及将德性描述为合乎理性的地方,其指涉《普罗塔戈拉》的方式,和再次消除任何对《普罗塔戈拉》中的辩证法的误解的方式，正是以所有处在《普罗塔戈拉》和《斐多》之间的对话所研究的内容为前提的。因为，这使我们第一次了解到，《普罗塔戈拉》的主题必定是：对于快乐等级的比较性评价不可能是知识。此外，《斐多》由所有生成之物的自然法则中推出已出生者来源于死者，这一点我们在《治邦者》中已经［B17］通过其神话式描述知道了，每个读者都能认识到，这种神话式描述是"已出生者来源于死者"这种说法的较早版本。也正是在《治邦者》中，已然为最大限度地扩展和最广泛地研究灵魂概念奠定了首要基础，如其所言：连天与地都参与了身体之本性（Natur），按此方式，身体必定有一个灵魂，由此观之，《斐多》通过进一步准备和规定而处于《治邦者》与《蒂迈欧》之间。同样，如果我们进一步思考《斐多》中关于快乐的说法，就不可能认为这些说法会早于《高尔吉亚》中关于快乐的研究。《斐多》中的说法更为心平气和，所汲取的观念也更为深刻；但每个人都看得出它的撰写要比《斐勒布》早，后者从同样的角度首次对愉悦（Angenehmen）做了彻底描述。的确，似乎柏拉图想在《斐多》中做好准备，以便再次对这一主题作必要研究，此研究要更为成熟、更为从容，也更关注自然。然而，对于每一个从《斐多》出发，综观［A19］迄今讨论过的所有作品的人而言，最具吸引力的是将《斐多》与《斐德若》加以比较，因为，这两篇对话具有种种共同点。或许对于大多数人而言，如果他们暂且将《斐多》放在一边，而紧盯住《斐德若》，他们将在其中发现某些特点，这些特点与《斐多》中的内容过于相似，以至于难以将两者截然分开，甚或有人会进而从中预见［B18］到《蒂迈欧》，或许因此认为《斐德若》的撰写要比《斐多》晚；【所以，我认为，这种观点无论如何也有支持者。相反，认为这两篇对话离《蒂迈欧》一样远，因此同样看待两篇对话之整体的人，我想一定会】为《斐多》看上去更为完美、更有智慧、也符合更为成熟的年龄而感到奇怪。所以，《斐多》相较于《斐德若》，恰如面临死亡的苏格拉底之于还指望从市场上的人群中学到更多见识的人。因为，甚至就连《斐多》中的神话，也是多么地平实和明智啊！其中再未讨论超越天界的所在和只有眯着眼睛方能直观的理式,也不再需要误导性的图像来协助理式的单调乏味的不确定性;相反,为了表明灵魂的转世轮回(Kreislauf),对尘世做出描述就足够了,尽管这种描述就建立在诗人和智者们的说法之上,却以更晚的内容,尤其是以包含科学预见的内容为基础。的确,虽然不应在任何细节中寻求特殊含义,但有人认为苏格拉底研究伊索寓言(Aesopischen Fabeln)时所说的内容,乃是对大多数柏拉图神话少有原创性的一种辩护,我们对此还是无法[A20]赞同。柏拉图的哲学天赋在多大程度上没有在《斐多》中发挥出来,则柏拉图的特殊见解的内在关系就有多大程度的确定性,相较于年轻时对首要原理的兴趣,《斐多》从长期训练和多方面的知识出发,讨论了哲学[B19]方法,所以,年青的柏拉图在《斐德若》中的确更容易让苏格拉底像青年人一样讲话,而在《斐多》中则更容易让他像老年人一样讲话。的确,尽管有人会认为,柏拉图在撰写《斐德若》的时候,已然熟知毕达哥拉斯学派的著作,但我们却不认为【必然】如此;在《斐德若》中对此学派的处理完全不同,似乎它只是一种间接的神话式的智慧,而柏拉图在《斐多》中则着手对毕达哥拉斯学派难以达到的智慧加以充实。就《斐德若》中给出的关于灵魂不死的证据,有人真的会认为这是对《斐多》中关于此主题所讨论的所有内容的一种可以接受的补充吗?相反,难道每个人看不出,柏拉图将此证据放在一边,甚或否定了这一证据?因为,他害怕将灵魂作为根本原因——就像他在《斐德若》中所做的那样,或认为神(Gott)——它才是真正的根本原因——就是灵魂。因此,对于那些认为柏拉图撰写《斐多》恰在苏格拉底殁后,而撰写《斐德若》则早在柏拉图远游埃及之后的人,如果[A21]我们不预先告诉他们,在《斐德若》中,西米阿斯作为谈话的发起人之所以跃居于斐德若之上,是因为他引发了《斐多》中的谈话,那么一方面,他们会将除了我在《斐德若》"引论"中已讨论过的内容之外还能搜集到的证据当成了重大发现,另一方面,《斐德若》中以巨大的确定性描述理论主题的个别段落,似乎就成了首要的文字,而且在[B20]这些段落中出现的言辞,成为后来在其他对话中展开的研究之前提。不过,任何人都明白,这种与我们的所有看法相对立的情形,说明不了多少问题;所以,可以任由每个人自己来解释,看《斐德若》中的上述个别段落,究竟如何出自这篇对话的辩证倾向,也有赖于一种完全发展成熟的柏拉图哲学之特点(Zustande);因此,根本不需要这样一种托词;这些段落是事后修订时第一次加进去的,尽管看上去足以表明是加进去的。最后,若完全不涉及《斐德若》,那么,对于《斐多》如此靠前的位置则根本无话可说——除了可以确定,如此详尽地描述苏格拉底,只可能发生在苏格拉底殁后不久;《泰阿泰德》中关于逃离此世的段落,也应该是对《斐多》中的赴死意愿的解释;但列出这样的理由,足以暴露出问题的不足之处。

在分析中同时插入事先关于对话内容的回忆,这样的分析有望将《斐多》的位置确定在《会饮》和《斐勒布》之间。除此而外,我们没有直接的年代线索,尽管很多[A22]迹象指向较晚的时间。我们打算仅仅关注两点。其一,苏格拉底不仅以神话方式将希腊描述为世间教养最糟糕的地方,而且明确告诫他的学生到希腊(Hellas)以外的[B21]蛮族中去寻求智慧,这种方式始终带有某种较晚时期的烙印。在这一时期,或许首先通过熟知毕达哥拉斯学派而激起了对东方智慧的渴望,而且,除了在别处对埃及人或罗科里斯人(Lokrier)或盖塔人(Geten)的几点颂扬,这种智慧具有完全不同的含义。其二,《斐多》明显以熟知斐洛劳斯的著作为前提,而对话本身也足以使我们认识到,这些著作【当时】在雅典【尚未本土化】,因为,对话只指望忒拜友人能懂得的此人的学说——此人在忒拜逗留过;而对于在雅典已为人所知的那些[斐洛劳斯的]著作,则往往以不同的方式来加以探讨;因此,这一段传奇倒真是有了可能性:柏拉图将这些书作为其旅途中朋友的馈赠带回了雅典。

《斐勒布》引论

[A/B127]这篇对话向来被视为柏拉图所有作品中最重要,却最难以理解的一篇对话。甚至连那些相当奇怪地认为柏拉图这篇对话的大部分内容都是开玩笑或消磨时光的人,也认为他最终还是有一处严肃的内容,并想有所表白。不过可惜的是,这种正确的预感几乎从未形成更为清晰的见解;【因为,一方面,】那些从总体上正确认识到这篇作品的最高特点(Abzweckung)的人,却没有同样幸运地【努力】深入细节,因此,除了难点,还对这些细节做了不确切和漫无头绪的说明;【然而,另一方面,】那些简单易懂地谈论细节的人,【除了在深入此类作品方面显得低能,也因此除了一种有缺陷的批评,很少有其他表现。】在我们这个编本中,【这篇对话所占据的位置,与此前的对话放在一起,】非常有助于支持已给出的暗示的人来理解这篇对话。但紧接着需要指出的是,每个人都能注意到对话的整体结构,并注意到对话的内在关系的中断和[A128]重新恢复的方式,从而[B128]把握住对话的言外之意,正如我们就《智术师》必须提醒的那样,《斐勒布》的主要特点与这篇对话尤为相似。因为,这里还有另外一个问题,一个并非不重要的问题,也就是说,对于人类生活应得的两个奖赏——快乐和知识,对话从一开始就提出以供做出决断,一俟对此问题做出满意的回答,对话也就结束了,似乎就此穷尽了柏拉图的全部对话内容。不过,进而观之,我们会发现,对话中间插入了某些重要和富有意味的内容,尽管此内容对于解决上述问题本身并不重要,但情形正如对话中的其他某些内容,由此,至少有可能顺便带来对于回答上述问题所必不可少的内容。【此内容会立即引起这样的怀疑:对话伊始提出的问题绝非唯一的问题,甚或都不成其为对话的主要意图之所在。也就是说,】根据辩证法的基本原理可以证明,我们不可哪怕暂时地认为快乐与好

是一个事物的两个名字,因此认为它们是一回事;通过证明快乐与知识本身并不充分,甚至更准确地说,因为问题恰恰在于,在生活中,这两者中的任何一方从未与另一方截然分开过,所以,苏格拉底能够立即进一步根据其内在本质来卓越地描述快乐,描述欲望(Begierde),描述快乐与不快的中间状态乃是一种与快乐根本不同的情状,并能够指出,如何才能不让错误的快乐[B129]进入生活中快乐与[A129]知识不可避免的混合,在他看来,这种错误快乐的诸多形式,仅仅出于那些解释。而且,如果苏格拉底进而补充说明,各种即便是低级的知识如何也是无害的,每一种知识如何可以混合,而且原本就与某种纯粹的快乐混合在一起:那么,提出的问题由此便可以得到满意的解决。在此不间断的推进过程中完全凸显出来的,首先是第一个辩证部分,其中提出了两对概念:非决定性因素与决定性因素;已混合的因素与混合中的因素。这些概念得到运用,的确是因为指出了不纯粹的快乐,这种快乐属于非决定性因素;但任何人也不会认为,【这些概念的提出就是为了说明这一点。】相反,此段落与《智术师》中的讨论有关,此讨论以一种类似的方式构成了《智术师》的整体之核心。具体而言,《智术师》由表象出发,指出流变之物与不变之物必然交织在一起(Ineinander),在最高和最原初的事物中,存在与知识也必然交织在一起;同样,《斐勒布》从同样的观点出发,对生成性(gewordenen)存在的方式和方法做了进一步研究,也研究了生成性存在之中的流变与不变要素的缘由。因为,如果我们去掉表象中所有属于形式的内容——于此,我们必定会想到任何可以称为度量的东西:[B130]那么,就不会剩下任何东西来澄清物质(Materie)的纯粹本质,除了非决定性因素,即仅仅某种程度上依赖于感知的因素,这种因素正是具有绝对[A130]复多性的因素,它从来不会以同样的方式表现自身,因此,本身并非真正的存在者。但柏拉图在《智术师》还有其他地方,避免为非存在者给出一个可行的解释(Ausdruck),因此,尽管这的确并非有意为之,却使得将两个段落联系在一起有难度。之所以如此,原因部分在于,《斐勒布》事实上从另外一个方面来看待同样的问题,因此,需要不同的表达方式;但部分也在于柏拉图很想利用毕达哥拉斯学派的语言,进而言之,他正处在通往《蒂迈欧》的道路上,以此表明他自己的思维方式与毕达哥拉斯学派一致。这种非决定性因素,因此还有带来规定的因素,在《斐勒布》中主要是按照数的图式来描述的,因为,数表示无限多与一之中点,这些因素是生成性存在的两个来源;但生成性存在的真正原因是上述两种因素的混合,即宙斯的永恒本质(Natur des Zeus),还有一个名字是理性(Vernunft),《智术师》也以此指出了存在与知识必然交织在一起。的确,这种描述不仅对于读者的需要而言,而且与其所补充的内容比较而言,太简洁和不完善,尽管其优点在于表达并没有采取间接方式,而是更为确定。因此,无论[B131]从迄今为止的对话中可以发现何种内容,要完整理解柏拉图作品中的柏拉图学说,却只有他的学生才有能力做到,他们[A131]能同时回忆起柏拉图的其他课程,对于其他人而言,最重要的学说仍不可知。不过,我们的处境还没有到如此糟糕的地步;相反,有心的读者追踪了迄今为止关于形式和原初存在的学说以及由此得出的结论的发展过程,他们在此仍会继续追问。但即便如此也必然令人惊奇的是:柏拉图在指出普遍的原因是理性或精神之时,其根据也是人之常情;他将那种非决定性因素作为一种原因,就君王似的灵魂寓居其中而言,这种非决定性因素并非出自宙斯的永恒本质,而仅仅与其结合在一起;就此而言,因为讨论的主题已然处在柏拉图真正的哲学描述之领域,而他认为只有神话式的描述才能接近此主题,所以,即便柏拉图最亲近的学生,也无法得到比我们从《斐多》中所学到的更具科学性的教诲,在《斐多》中,苏格拉底凭着井然有序的精神而心安理得,其中处理身体与灵魂之对立的方式,也已然以非决定因素的原初性为根据。[B 在此分段]

《斐勒布》差不多只是顺便论及大全之灵魂(Seele des Ganzen),既没有解释也未暗示生成性存在与原初存在的联系方式,这与上述关于生成性存在的描述最为密切地联系在一起,却几乎未涉及[B132]快乐与知识何者优先的问题。《斐勒布》的这些论述也以《斐多》为基础,也只有注意到《斐多》如何从意识的本质和[A132]现象领域的对立所遵循的法则出发,指明灵魂之永恒的人,才能根据《斐多》的整体含义来理解《斐勒布》的这些论述,似乎才会提出一种在灵魂的人格性存在和非人格性存在之间的转变。属于这些暗示的,还有最值得注意的、《斐勒布》中关于记忆的学说的扩展;因为,《斐勒布》以《美诺》和《斐多》从概念上处理欲求的方式,认为任何甚至是动物式的欲求,如果首次表现出来,必定以对于其所追求的状态的记忆为基础,这种欲求表明,动物本能可以纳入普遍灵魂的本质。

如果我们现在把超越了对话的直接目的——比较快乐与知识——的所有内容收集起来,并追问将那些暗示与这些研究联系为一个整体的纽带:答案就在那个段落中,苏格拉底在此段落中指出,如果快乐是好,那么,这种好只可能存在于灵魂中,而不可能存在于[B133]身体和所有其他美好的事物中。苏格拉底的心念在于,好不仅是人生(das Leben des Menschen)的规定,同时也是生成性存在之整体领域的规定;这必定也正是那种不仅将好之理式作为关于人的知识的原则,而且也作为关于所有其他事物的知识原则的人的心念之所系。同时为《王制》和《蒂迈欧》确立共同基础,[A133]是《斐勒布》提出关于生成性存在之为混合(Mischung)【的解释】的目的,而这些解释只打算表明,这样的好可能是何种好。因为,在他如此找到了好的本质之后,同时要做的是:首先需要澄清,此间实际出现在经验中的事物,对于苏格拉底而言,不可能是知识(Wissen)的对象,相反,只有这些事物奋求的目标——理式——才是知识的对象,但事物总是滞后于此目标;接着,他才可能转入对人与自然(Natur)的描述,在此方面,《斐勒布》尤其是直接通向这两部伟大作品([中译按]指《王制》和《蒂迈欧》)的门径。

由此,便可以相当容易地解释某些难以理解和被大多数人所忽视的内容。比如,知识和快乐如何退居于第四和第五位而非出于第二和第三位。因为，两个目的最终会统一起来，所以，好的形式要素构成了结论；生成性存在之混合的完善，[B134]本身完全有赖于这些形式要素；这些形式要素也为事物所共有，并先于事物；它们尤其寓居于人之中。此外，精神作为原因，作为规范世界秩序的力量和本身作为混合力量，被认为是绝对的好，并且配得第一位，为什么在此却居于第三位。因为，这里说的并非神性的和至高的精神，而是由此神性的和至高的精神进入存之混合的精神【因为，真正神性的理性超越了地位之争，众所周知的前提是：真正神性的理性的确在最高意义上乃是好本身】，尽管在此总有一些不必隐瞒的模糊之处。因为，真理按此可以与精神互换，苏格拉底首先将真理作为任何一种存在混合的基础(Wahrheit)，若没有它，任何[A134]东西都无法存在。因此，我们必须解释说，正是精神【作为真理的唯一所在(Ort)，】首先为事物带来现实性，所以，它有权作为中介居于【生成性的】好的普遍要素和人所固有的普遍要素之间。还有，【其他某些看上去相当模糊的内容，也只有以此方式才能理解，】因此，苏格拉底首先将度(Maß)和美解释为在某种程度上是一回事，接着又最为确定地对两者做了区分；因为，通过普遍存在的度，每一个事物首先获得了同一性并成为一个事物；然而，美[B135]尽管也是由度所确定的，却是附加于本质之上的完善。

由上述内容必定可以清楚地知道，《斐勒布》【在何种意义上】直接处在作为其前导的《斐多》与方才描述的两篇作品《王制》和《蒂迈欧》之间。就其与后者的【特殊】关系而言，如果我们想最大限度地加以追溯，那么，《斐勒布》本身以《帕默尼德》为基础，但直接以《智术师》为基础，《斐勒布》以感性直观的清晰性充实了《智术师》的辩证法之深度。部分因为此原因，部分还是因为其与《王制》的关系，从而也由于伦理特征占据支配地位，《斐勒布》并不像《智术师》和《蒂迈欧》那样，以其他某个人作为对话之向导，而是以苏格拉底为向导。因为，《斐勒布》明确宣布的少有普遍性的主题，即在人的好的规定中有快乐的权利，是《王制》诸卷的特殊基础，因为,一种真实的共同生活的理念(Idee),只有根据所确定的快乐的亚目(Unterordnung)才能建立起来,另外所要做的就是纯粹对出于自私自利的相互争斗加以调节。因此,《王制》诸卷非常自然要以此主题为开端。

关于《斐勒布》致力于比较快乐与知识的大部分内容,我们可以这样说:此内容将《泰阿泰德》与《高尔吉亚》结合起来,并加以采纳和完善,所以,《斐勒布》同时也为[B136]我们将这两篇对话放在一起做了辩护。因为,《斐勒布》关于虚假表象的论说,与《泰阿泰德》中提出的看法一致,不过在后者中,大部分论说都因为采取了怀疑论的伪装而白费了力气;尤其是感知与包含陈述和判断于其中的表象的整体关系,以《泰阿泰德》为前提,而且是对后者的补充。然而,关于快乐的研究,则明显是一种出色完成的生理学直观,同时也部分是对《高尔吉亚》的回溯,部分是对它的补充,的确又是一种远为深刻的对研究主题之本质的深入。《斐勒布》比《高尔吉亚》有多成熟和明智,就有多温和。柏拉图在《斐勒布》中辩护说,《高尔吉亚》中针对享乐主义者的严厉批评乃必须之举,如果我们不考虑对话人物,则柏拉图的思想境界将表现出其固有的本质;然而,柏拉图对此问题也只是如此浅尝辄止。的确,《高尔吉亚》中如此严重降格的演说术,在《斐勒布》中其表现有所缓解。《斐勒布》也以另外一种方式讨论了肃剧和谐剧,尽管柏拉图解释我们所碰到的内容时富有洞察力的[A136]方式,与当时柏拉图对诗作风格(Dichtungsarten)的众所周知的厌恶有关。不过,情况并非【如新近人们所认为的那样:】《王制》诸卷早在那时候就已经写成了,《斐勒布》应对其中的表达做辩护。

关于对话内容,有很多可以预先提出。但就形式,[B137]无疑《斐勒布》在其内在结构方面相当接近此间接对话系列中的核心对话,而就对话的外在表达,人们完全有权责其疏忽大意。一个普遍的判断是,在对话的外在表达方面,柏拉图迄今为止的大多数作品都未能葆有纯粹的趣味。我们常常能从柏拉图那儿找到的特有的对话特色,并未完全展现出来,对话也不自然,似乎对话主题的提出已退居于对话场景之后,【《斐勒布》的戏剧格局也于事无补。我想说的是,柏拉图厌恶为了按此方式引入某个当时到处在争辩讨论的主题而预先做准备。同样,对话的过渡】既非出自对话之随机变化,亦非出自谈话者的主张和异议或其特殊天性,相反,一切尽在苏格拉底的头脑中,充满了一场联系在一起的谈话的全部人格特征和随心所欲;简而言之,我们非常清楚地看到,在向真正的描述性作品过渡过程中,对话对于柏拉图而言,一开始只是一种外在形式,柏拉图无法摆脱此形式:一方面,因为不习惯;另一方面,因为他不想缺了苏格拉底。或许因为他觉得这种情势有所不便,故而运用了多种艺术化的刺激手段,这些手段当然不会[A137]产生特别的影响。[B138]有时空洞生硬地抛出谈话,以便引入比通常回答问题的方式更多的内容。所以,可以说关于快乐的讨论中散布者某种不快,我们注意到,著作家对迄今为止的间接做法感到腻味,比起特别是临近苏格拉底的所有谈话末尾,也没有什么更具戏剧性的内容,对于主题或许并非没有不利影响的是,我们注意到:苏格拉底急切地希望摆脱年轻人。

第二部分之附录

《忒阿格斯》引论

[A247/B253]新近已如此频繁地出现了从不同资源出发,对《忒阿格斯》不属于柏拉图的暗示,所以,如今不再需要就其伪作性质提出一项特殊证明。因为,柏拉图的读者拥有某些批评意识和某些专门知识,自己就能找到根据;其他人之所以视此判断为真,是因为此判断对其不断重复所致,在此,我们也持有这种判断。

这篇小对话的寓言(Fabel)——如果我们可以这样讲的话——是,苏格拉底收了一个人做学生,这个人是从苏格拉底的申辩演说提到的那些在他之前去世的人中间选择出来。除了柏拉图两次提到忒阿格斯,我们另外对此人一无所知,也无从证明在西西里远征失败后很久与苏格拉底相识,使忒阿格斯从中受益多少。在柏拉图对话中,还没有哪篇对话如此突出收徒(Schülerannahme)并将其作为主题;然而,在《泰阿泰德》中苏格拉底的一[A248/B254]段插叙中,我们的著作家眼前浮现着一个原型,他尚未理解将此原型织入其描述的更深刻意义。因为,在《泰阿泰德》中,柏拉图的主要任务是指出苏格拉底如何对他的学生发生影响——不是靠教导,而是通过从他们自己的灵魂中发展出真理,在这段插叙中,柏拉图没有触及此主要任务,而只是坚持了下属情形之后果:运用完全相同的行事方式,苏格拉底在有些人那儿达到了目的,在其他人那儿反而没有达到目的,靠的是神圣的天意或宿命。由此,柏拉图的遭遇是混淆并以一种最惯常的方式严重搞乱了神圣的天意与个人的预感,这种个人预感对苏格拉底而言是神圣的声音;因此,苏格拉底在申辩中提及这种声音的段落,乃是这篇小对话之整体所围绕的第二个枢纽。非常值得一提的是,柏拉图在《泰阿泰德》的那个段落中,根本没有让苏格拉底说出这样的话:那个通灵(daimonische)迹象任何时候都不容许他可将任何人接纳为其聊天伙伴,就好像他对所有人负有责任,他也不可相信某种确定的预感;因此,很可能某个时候在他的听众当中有这样的人,他们有能力从他的教诲中受益。相反,当某个变得不忠实的学生想重新接近他时,他会容许这个声音响起;因为,内在感的确必需一个声音来确定:这种不忠实是否仅仅来自外在的诱惑,如今想转而[A249/B255]纯粹追求真与好;抑或恰恰相反,这种不忠实出于内在天性而占了上风,因此,这种转变不纯粹。柏拉图在《泰阿泰德》中考虑了某些确切的情形,除了他叫做阿里斯泰德的那个人,有关于苏格拉底的学生的情形,也有关于他自己的学生的情形,这一点谁都看得出来;然而,这种确定的目的也没有诱使柏拉图超出《申辩》中苏格拉底赋予通灵(daimonische)迹象的特征:此迹象仅仅是一种告诫。相反,我们的著作家的说法尽管几乎一字不变地遵照《申辩》,表述本身却不小心超出了《申辩》,因为,对柏拉图而言,这种通灵迹象似乎是一种力量,它肯定会帮助某些人,对于他们有效果。就此,的确直接错在他关于《泰阿泰德》中的那个段落的肤浅而又混乱的观点,进而言之,却因为我们的著作家为这种通灵的声音加入了一种人格本质,对我们而言,将此通灵之物转变成了一个小神(Daimon),此观念无法与任何真实的柏拉图著述相一致;特别因为苏格拉底在《申辩》中反驳指控他不信神的方式,此观念必定被认为完全不可容许,《申辩》也希望充分地证明这一点。

　　正如在其他强加给柏拉图的对话中,来自古代或异邦的大部分小故事,必定要掩饰其内容之不足:所以,在《斐勒布》中,有关于这个小神的[A250/B256]力量的两个小故事,它可以预言结果,但这种结果必定完全依赖于偶然条件;对此力量,柏拉

图一无所知,甚至连色诺芬的描述也无法为其辩护。或许,著作家受《游叙弗伦》中的一个段落误导,在此,游叙弗伦将自己的神圣欲求(Trieb)与苏格拉底的声音联系起来,凭此欲求,他可以在公民大会上预言偶然后果。此外,这两个小故事本身看上去相当奇怪。与柏拉图对话中一位著名的人物有关的那个小故事,没有进行到底,我们不知道著作家是否假定此故事众所周知,或他是否同样在别处发现了这个故事,或他是否不知道究竟该如何摆脱由他所开启的无稽之谈(Märchen)。在另一个小故事中,这个声音甚至在采取某个行动之前就发出警告,苏格拉底根本不知道这是怎样的行动,更不要说对于我们而言,似乎以一种我们在柏拉图那儿根本找不到的方式,将智者与完全败坏的民众结为一体了。

此外,糟糕的模仿者虽然戴着面具,但一眼便知。这种源自《欧蒂德谟》的学舌真是太糟糕了:治邦术(Staatskunst)支配着所有其他的技艺之成果。这个苏格拉底以最乏味的方式堆积起来的不成其为例证的例证,笨拙地随意模仿苏格拉底式的归纳法,因为,这些例证什么也说明不了。这个苏格拉底永不满足,总是以同样乏味的形式重新开始,不过[A251/B257]从司空见惯的事物中倒腾出常识而已! 正如忒阿格斯必定太晚才意识到,他本来并不想成为僭主,因此,只能重复欧里庇得斯(Euripides)的一则格言,但此格言并不会使事情有所改观;尽管他先前承认对做僭主有兴趣,似乎这个头脑简单的年轻人是第二个阿尔喀比亚德或卡利克勒斯,此外,他与这俩人毫无相似之处。苏格拉底亲手扭转了忒阿格斯的使命,似乎他不再想成为治邦者,而只想做公民,却丝毫没有教导他:在何种程度上这两者是一回事或有所不同! 但要列举所有败笔,就内容而言——因为,其语言具有相当浓厚的柏拉图色彩——意味着将全部对话重抄一遍;我们很想就《斐勒布》的短小特色并仿效此特色来结束此引论。

《情敌》引论

[A273/B279]反对这篇小对话之真实性的所有内容,从头至尾,从最表层的内容到最核心的内容,只要是对话中有的内容,都具有同样的确定性。对话人物没有名字,苏格拉底开启问题的笨拙方式,通过自我吹嘘宣告自己得到普遍赞同的方式,这些就已经说明问题了。更仔细地观察,每个人都能进一步发现,对话完全缺乏柏拉图式的教养和反讽,但从对话最外在的构造看,它恰恰最为确定地要求具有柏拉图式的教养和反讽。但在此分离中从未表现得如此特别的音乐与体操之间的对立,在《情敌》中栩栩如生地发生在两个没有教养的小子身上,作为雅典小伙子的有情人(Liebhaber),几乎不可想象他们出自【贵族】:其中一个好像是运动员,另一个自称乐师,可后者嘴里没吐过一个音乐字眼,也没听他说过哪怕一次和谐一致的话。若追究对话内容,则必须承认哲学并非复合型知识门类(Vielwisserei)这一[A274/B280]原理,因为,对话以此原理为开端,复又以此原理作结;还有,柏拉图的苏格拉底有时暗示或对其作玩笑式处理——如果他需要对付自诩拥有复合型知识的智术师——的一种区分;柏拉图在写成一篇作品之后,也不可能将此区分作为一篇严格的对话的主题,除非他想以此为幌子【另有所图或】有更进一步的教诲,但我们在对话中找不到【这样的图谋和教诲】。然而,这篇对话即便作为柏拉图处女作,也太过糟糕了,因此,它是如此笨拙和空洞。因为,在苏格拉底已经容许自己承认,只有节制而非过分方能处处获益之后,他并没有得出这一不可避免的结论:所以,如果哲学是复合型知识,那么,它必定是某种坏东西;相反,他立即过渡到一个在此完全多余的问题,却又以一种必定令柏拉图的读者感到奇怪的方式放弃了此问题,接着又以另外一种方式从先前的问题开始,以

便从中得出比他此前得到的更少的结论，也就是说，只是得出，只要有各门技艺方面的大师（Meister），哲人就是无用和多余之人，似乎他此前不小心走过头了。最终，紧跟此讨论而来的是第三点，目的是指出存在这样的知识，就此类知识而言，一个人——哲人必定就是这样的人——仅仅固守只可能带来复合型知识的［B281］二流地位是一种耻辱。不过，［A275］有多少与问题毫无关系、对其他目的也毫无用处的内容，没有与对话的第二部分搅和在一起啊！关于正义与司法的统一性，似乎有一种为柏拉图的著作中出现过几回的突出的语言运用方式辩护的倾向；然而，在此以一种最琐碎的方式反复阐述关于四德之统一性的学说，只能这样来解释：因为这种学说正是一个最普通的游戏场所，从最浅薄的回忆出发，很容易将关于此主题的内容拼凑起来。此外，还有一些情形完全未曾利用过，这些情形用不着特别寻觅，自己必定会表现出来，除了那种关于哲学的否定性解释，就哲学有肯定性言说或暗示，或至少也会指出另外一种方法，我们按此方法必定能够找到关于哲学的肯定性解释。对于对柏拉图的技艺仅有一点了解的人而言，下面的做法实际上没有多少价值：由此复合型知识的概念出发，以某种方式按照《欧蒂德谟》中关于王术（königlichen Kunst）的类比，从而引向关于哲学的正确观点；但一个灵巧的模仿者还是会尝试这样做，他会明智地调整《情敌》中的对话参与者，并有意在此意义上作进一步建构。因此，人们或许认为，这篇对话最初的想法和透露出上述倾向的最初草案（Grundstriche），或许是间接或直接地出自一位更高超之人的手笔，或者说以某种柏拉图式的谈话的习惯（Tradition）为基础。不过，将拙劣的作品本身——如我们眼前这篇对话——归于柏拉图，或更为确定地设想它是那个三部曲本应有的第三部分，相应于《治邦者》和《智术师》，它是对"《哲人》"的描述——在仅仅容许设想的情形中，这是最奇怪的设想了。

《阿尔喀比亚德前篇》引论

[A290/B297]众所周知,柏拉图的古代评注家①特别称颂这篇对话是进入柏拉图智慧的最佳门径,他们推荐初学者最好从这篇对话开始来研究柏拉图作品。毋庸置疑,这篇对话涉及很多内容,也引出了种种问题,就此,柏拉图的其他作品给出了更为确切的回答;尽管如此,对于准备最不充分的新手而言,这篇对话中也没有什么过于困难或过于艰深的内容。不过,从古至今,【总有很多】本身没有特殊创建的人,他们编写通向他人智慧的入门作品却并非劳而无功:所以,这些行家的说法继续拥有其荣誉和尊严,但这篇对话在敏锐而又精确的批评之审判席前却不会被判为柏拉图的作品。当然,首先传达此类怀疑并解释其理由,的确没有多少益处;因为,批评[A292/B296]意识不足,甚或在那些并不缺乏批评意识的人们中间,关于著作家的确切知识恐怕更不足,但没有这种知识就不可能做出判断;所以,【持有怀疑态度的人】首先至少在大部分群众中间完全是孤军作战,群众对于此类研究没有能力接受,故而在为传统辩护过程中,他们的做法既无特殊教益,也不令人满意。在此,我们有责任毫不回避地表明我们关于眼前这篇对话的观点。所以,让我们再次承担起使命,以表明这篇小对话在我们看来相当琐碎而又糟糕,因为,它尤其对于那些习惯于不分青红皂白表示赞同的人赞赏有加;虽然依此我们不可能将其归于柏拉图,可还有那么多的人认为他们能够召唤出柏拉图的灵魂,还将在这篇对话中最清楚地获知

---

① [Meiner 版编注]这些"古代评注家"推荐《阿尔喀比亚德前篇》作为柏拉图哲学之"导论",其中就有新柏拉图主义者扬布里柯(Iamblichos,前4世纪),他关于此篇对话的评注却佚失了;此外可参《名哲言行录》(Diogenes Laërtios,III,62)。

柏拉图的精神。然而，我们只想表明我们自己的观点，而不想费多大的劲去赢得他人的赞同；相反，我们在此只想从总体上提出问题所系之要点，并在"注释"中随机指出支持观点的个别例证。每一位读者可以自行取舍，其他认为这样做值得的读者可以对问题反复斟酌，为达成普遍判断而做出决定。

首先，我们想预言，只要我们相信自己的感觉，那么，[A293]有心而且对柏拉[B297]图的精神已然感到中意的读者会碰到什么；如果谁首先通读了这篇对话，那么，它给予人的印象是一种奇怪而又【令人】不习惯的不一致性。他会发现，个别非常美又真且有柏拉图特色的段落零星散布着，漂浮于对话整体之中；这些段落部分由毫无意义地分割开来的对话小片段构成，部分由大段的谈话构成。其中的第一个段落如此单调乏味：神（Gott）似乎明显打算推迟苏格拉底与阿尔喀比亚德的会谈，直至举行这场谈话的机会到来，但对这两人中的任何一个都没有多大的帮助。第二个段落倒腾出奇怪的统计数据来赞扬波斯和斯巴达的德性和财富，可这些德性却更多是色诺芬而非柏拉图意义上的德性，而这些财富和奢华完全是非苏格拉底式的，因为，在这些称颂式的描述中找不到反讽。之后，【读者】也会感到非常不满，并且抱怨他必须穿越这些无用的细节，这些细节讨论了最不重要的事物；相反，对最重要的内容却敷衍了事，可以说是话到嘴边却欲言又止。如果在克服了第一印象之后，读者还想进一步探究这篇对话究竟想说什么，那么，他完全不知道该在哪里转向；然而，他首先会承认，虽然对话的副标题预告这篇对话应当研究人的[A294/B300【此处页码有误，遗漏了页298 和 299】]本性，但对话却很少包含关于此主题的内容。从表面上看，对话整体构造与对话第二部分中的某些对话具有一种虚假的相似性。因为，首先可以说这些对话都有一个表面话题（Thema），此话题表现得很明确，却在一定程度上只构成了对话整体之外壳，但还有一个包含更深刻启示的隐藏话题与此表面话题联系在一起。所以，就这篇对话，我们可以认为外在话题就是：苏格拉底打算为阿尔喀比亚德证明,在着手从事公共事务之前,还必须掌握其他知识,与此相应,苏格拉底着眼于证明这一点所作的所有讨论,正是这篇对话的真正的核心内容。不过,连这第一点也没有完全搞清楚,因为,一方面,苏格拉底的确未能证明,他一个人有能力教给阿尔喀比亚德所需要的东西,另一方面,他又超出了此话题,最后还流露出某些关于传授本身的说法。然而,当中的内容不足以构成一个确定的核心。原因是:阿尔喀比亚德既没有找到也没有学到何为正义;正义与有用是一回事;还有,伯利克勒斯虽然是一位卓越的治邦者,而且,在此比在其他任何一篇柏拉图对话中都更受赞美而丝毫未遭到反讽,但他却未能使任何人变得聪明。所有这些内容毫无内在关联,每一项内容与阿尔喀比亚德糟糕的精神状态只有松散的外在关系。更少有可能的是,在这些谈话中会[A295/B301]吐露什么哲学秘密,就此用不着多想。相反,甚至连某些与谈话内容密切关联的真正的柏拉图学说,在对话中丝毫也找不到。所以,阿尔喀比亚德可以通过最轻描淡写地提到回忆学说来摆脱一个非常讨厌的难题;其他内容又和知识与表象的区分相关;然而,就知识与表象问题,完全是一晃而过,只有一个段落以某种最表面化的方式,使我们想到《拉克斯》,另一个段落使我们想到《高尔吉亚》,还有一个段落使我们想到《普罗塔戈拉》。[B 在此分段]

然而,大多数人当然不会在这些讲辞中寻找这篇对话的秘密和真实目的,相反,要到对话末尾讨论必要的自我认识的一小部分内容中去寻找。这一小部分内容首先提出了很多深奥主张,但随即便转入最最肤浅的讨论,我们必须忍受若干完全大众化的原则,但我们在其他地方发现对这些原则的解释要远为出色。因此,如果要说出对话特有的内容是什么,则除了作为人之使命的对神性的洞察,几乎没有其他什么了;不过,我们这篇对话只知道糟糕地研究神性;所以,只言片语似乎的确不值得全力深究,个别努力也与此毫无关系。在对话编排方面,【并不像我们[B302]在柏拉图的其他作品中所看到的那样,】根本没有表现出所有个别内容与某一内容的内在关系之线索。【同样,要在此寻找】《智术师》和《斐勒布》中严格的教条式内在关系,乃至苏格拉底在引导对话——在此过程中,所有内容似乎纯粹是从主题本身中生发出来的——时表面上的被动性【,也是徒劳】;相反,苏格拉底行事纯属专横无礼,一个问题接一个问题,但即便他一时间说了很多,对主题的中断却普遍比他在别处的习惯做法要仓促,每一个别说法都是为了羞辱他的对话伙伴,所以,整篇对话具有论辩特征,没有另外哪一篇柏拉图对话本身以此方式具有这种特征。

如果我们设想,受到如此鄙视的谈话伙伴不是一位【可以被刻画得一文不值的】智术师,也不是一个必须【受到某种嘲笑以】有利于他人的小伙子,而是一位雅典贵族,并且是被柏拉图处处誉为他的学说富有见地的宠儿阿尔喀比亚德;那么,我们很可能认为,对此两者关系的处理,以及两个人物的立场甚或无立场(Haltungslosigkeit),比较对话中的其他内容,较少具有柏拉图特点。同样,这位苏格拉底沉默寡言,他吹嘘已经如此与他的宠儿周旋好长时间了;还有这种严格的监视,既不可能使人感到安慰,也不值得他这样做;这位苏格拉底将自己引入了一场他在别处表示厌恶的冗长谈话,而且带有他更为厌恶的骄横,似乎他就是治邦术(Staatskunst)方面的唯一导师,[B303]此人明显是柏拉图的苏格拉底的对立面。此外,在描述其与阿尔喀比亚德的关系时,[A297]尽可能学究式地避免爱男孩(Knabenliebe)之假象(Schein);值得重视的是,苏格拉底甚至没有劝说过阿尔喀比亚德一次,如此直到他不再年轻气盛。然而,这又如何可以与《普罗塔戈拉》和《会饮》中所讨论的同一种关系协调一致呢?在《普罗塔戈拉》中,伯利克勒斯还在世,而苏格拉底和阿尔喀比亚德看上去像是老相识,他们相互必定过从甚密;阿尔喀比亚德在《会饮》中的叙述,也必定出自他年轻气盛之时,因为,很难说他作为一个不再年轻气盛的人极力想成为苏格拉底【的宠儿】! 然而,这里的阿尔喀比亚德其人,看上去与我们在其他地方认识的他毫无相似之处! 首先,我们应当相信,这里的阿尔喀比亚德是按照卡利克勒斯和克特西普的样子来塑造的,然而,很快他就变了,表现得极为顺从和胆怯,所以,他绝不会被激怒,尽管苏格拉底不断地、并且常常毫无必要也毫无理由地提出新问题,并引导他对自己的回答感到不满。简而言之,我们认为,就此方面而言,这篇对话要么与其他所有柏拉图对话相矛盾,要么这些对话才是柏拉图的作品。不这样看问题的人,当然听不进劝告,我们只希望他有幸能对自己如此廉价的柏拉图观念感到满意。对于其他人,我们则想提请他们注意某些内容,由此内容出发,[B304]或许日后——因为,我们自己在此根本不想哪怕只是[A298]引发问题——能够就这篇对话真实的形成方式和来源,给出更为精确的启示。因为,这里大部分具有柏拉图特色的内容,当然部分只是对柏拉图的模仿,时而接近某些段落,时而又远离某些段落,其内容则来自对其他作品的回忆;部分从写作方式上看,尽管我们不相信这就是出自柏拉图的手笔,但或许是以他的谈话记录为根据的,比如关于正义与有利之关系的研究,就其关于概念关系的学说而言,这是一个非常有用的例证。然而,【有】个别段落【事实上却具有这样的特点】:我们不会极力拒绝承认它们就出自柏拉图的手笔。为此,如果我们认识到这篇对话的大部分内容都未曾完成,而只是作为主题提了出来;认识到由一点向其他大部分内容的过渡如此突兀,或尤其当某一部分以糟糕空洞的辩证法结尾或开启【新的内容】时,表现如何令人失望;认识到较好的内容如何处在一种远为密切的关系之中,而这些内容被奇怪的补充所牵扯和扭曲:那么,我们差不多会认为,一个与柏拉图有直接关系的学生,以某种方式得到了一篇【似乎出自乃师较早时期的】对话草稿,柏拉图后来没有完成它而是丢弃了;他打算在这篇对话中[B305]传达的思想,后来分别写进其他对话即《高尔吉亚》和《美诺》以及更晚的对话中去了。然而,即使[A299]柏拉图本人真的撰写了这篇对话,也很难称其为《阿尔喀比亚德》。这个名字根本不适合与苏格拉底的这样一场谈话。因为，不能过分期望一位被动的谈话者具有沸腾的激情，即使在最好的情况下，也只能像泰阿泰德那样；柏拉图也几乎不可能像对待卡利克勒斯那样，自己参与针对苏格拉底的激烈论辩：所以，可以相当确定地认为，柏拉图根本就没有写过一篇《阿尔喀比亚德》——遑论两篇，而这两篇《阿尔喀比亚德》至今都被归于柏拉图。

《默涅克塞诺斯》引论

[A367/B373]在柏拉图真正的哲学著述系列中未提及这篇小对话，或许不会有人感到奇怪，因为，这篇对话通篇未讨论哲学主题，所以，它很少能像苏格拉底的《申辩》那样，属于哲学著述系列，而《申辩》属于此著述系列的理由非常明显。然而，要确定使柏拉图后来有可能冒险进入他完全陌生的、关于真正的城邦的论说之领域的原因，我们或许尚无更多可能性，至少我们看到，在[《默涅克塞诺斯》这篇]对话中，并不存在能给予猜测性洞见以正确方向的内容。非常清楚，这篇讲辞与修昔底德为我们保存下来的伯利克勒斯的葬礼演说(Standrede)有某种关联：但因为苏格拉底将两篇讲辞归于一位女作家阿丝帕西娅(Aspasia)，所以，这是一个玩笑，谁要从中找到某种严肃的内容或许没有可能；他谈到后来的葬礼演说包含早先被忽略的内容，这也是没有多大用处的指示，因为，两篇讲辞的方向完全两[A368/B374]样，所以，我们看不出，为什么一篇讲辞会包括我们在另一篇中所发现的内容；我们或许会对此看法感到满意，如果这是后来已经知道法则的人做出的判断：这样一篇讲辞必须从一开始就赞美雅典民众的所有重大成就。

还有，每个人都很容易想到，柏拉图在此或许想为吕西阿斯的一篇讲辞提出一个对应物；事实上，如果我们将这位演说家在同样情况下发表的葬礼演说与我们讨论的这篇演说作比较，则不会看不到两者在内容次序方面极为相似，在特色和论述方式上又极为不同。在吕西阿斯那儿松散地联系在一起的内容，在我们这篇讲辞中却通过确切明了的概念联系在一起，这些概念的内在关系通过非常突出的语调为听众留下了深刻印象；优柔的抱怨有富有男子气概的警告作补偿，而这篇讲辞同样为一个更高的目标所超越。不过，若这种对立才是真正的意图，那么，如此懂得给予暗示的柏拉图，难道不会在包括此讲辞在内的对话中，以某种方式指出这种对立吗？

如果只容许我们作这样的解释，那么，我们是否可以认为，柏拉图想通过这样的讲辞，积极应对不时针对他的指责：他对演说术的不满，是由于他本身无能创作讲辞？在柏拉图对话中，苏格拉底常常不得不以玩笑方式承认这一点。是否可以认为，苏格拉底之所以选择这样一个时机，是因为在科林多［A369/B375］战争中他的一个朋友死了？的确，柏拉图甚至因为爱显摆，连他自己也实践这门败坏道德的技艺所具有的备受谴责的谄媚的一面，因为，在这篇对话给出的历史叙述中，一味突出美好的一面，而对城邦的所有缺陷讳莫如深，尤其是稍后对与希腊民族的敌人波斯王的关系，以一种很难从历史角度得到辩护的方式做了修饰和描述。因此，苏格拉底毫不费力地在民众前谄媚民众，也因此将这篇讲辞归于必定深谙魅惑人心的修饰技艺的阿丝帕西娅。但同样，另一个人又很可能认为，柏拉图在《斐勒布》中收回了他对演说术的过分抨击：所以，他早在这篇对话中就以实际行动这样做了。因为，《默涅克塞诺斯》不过是【以更好的方式】美化所有此类讲辞的尝试，这些讲辞无非是粗俗地谄媚民众而已；因为，在这篇对话中所保持的只是谄媚之假象（Schein），最突出的努力则是准确生动地认识关于雅典民众和雅典城邦的真实观念，从而为父邦意识（Vaterlandssinn）指明更高的方向。第三，反过来又可以尝试在另外一种意义上，将这篇对话以比与《斐勒布》的联系更好方式与《会饮》联系起来。因为，如果我们严肃对待这篇对话，那么，根据对整体加以解释的难度，同时，根据柏拉图[B376]必定最为[A370]严肃地对待的主题,即德性之告诫本身,如何通过重复和游戏,凭着完全严肃的态度得以突显出来,柏拉图便可以尝试将这篇对话首先表现为一种对修辞方式的滑稽模仿。就此已给出某种提示的行家,能够凭其关于演说家和评注这些演说家的渊博的学识,为此观点提供多少比狄俄尼修斯的说法更为根本也更为多样的证据支持——知道这一点的人,只会提醒我们想起高尔吉亚、利库门诺斯(Likymnos)和珀洛斯(Polos),也会顺便想起阿伽通。

但就我们所关注的问题而言,只要他愿意,每一个读者都可以在这篇讲辞中找到严肃的说法和玩笑话,并根据自己的感觉推测柏拉图这篇讲辞有何意图,只要我们能做到让读者不要赋予包含这篇讲辞的对话与这篇讲辞同等的价值和敬意,便会大有收获【;因为,种种观点在这篇对话中都找不到证明的疑难也会随之消失】。尽管我们知道,很多人发现并叹服对话的开场白。可问题是:如果它们以柏拉图的名义出现,并非不是柏拉图式的内容究竟有多少。至少可以确定,如果这个开场白是柏拉图写的,也并非特别配不上他的手笔。固然,由于已经受到指责的冗长——这对于我们理解对话整体的真实含义毫无帮助,其对话框架也值得批评;另外,也不会有那位行家认为下面的内容有趣:默涅克塞诺斯笨拙的恭敬[A371]——此人只在苏格拉底容许的情况下才会从事公共事务;苏格拉底说话的不当方式——靠阿丝帕西娅的教导,他必定不会成为伟大的演说家[B377];庸俗的玩笑——由于他学得很糟而险些挨揍,还有为了取悦默涅克塞诺斯,他愿意脱光衣服跳舞。下面的怀疑的确很有情可原:此对话框架或许出自另外一个人,他很想由此讲辞编写一篇对话,但认为一篇柏拉图式的作品若没有苏格拉底,根本不可能行世。这样一个人很容易能让阿丝帕西娅模仿第俄提玛,让某些内容相当笨拙地模仿另外一些内容,如此采取了不严谨的年代错误的方式,柏拉图的所有其他年代错误也无法与此相比,所以,苏格拉底发表了一篇讲辞,而这篇讲辞完完全全只与他殁后很久才发生的事情有关;他说这篇讲辞是从阿丝帕西娅那儿得来的,可此人在此之前早就去世了。所以,苏格拉底进而预告这样一篇关于城邦的讲辞出自他的女老师之口,要从中寻找严肃的内容,将一无所获。

《希琵阿斯前篇》引论

[A399/B405]这篇对话的主题自然是纯粹的哲学。因为,按照其整体范围来解释美的概念,由于它既包括物质事物,也包括非物质事物,故而值得下大力气;此概念对于柏拉图的哲学同样很重要,也是某些较小的对话的意图之所在,我们将这些小对话安置在了大的对话系列当中。不过,若关注主题研究,则没有人会奇怪为何要将这篇对话放在附录中。因为,这篇对话的主题研究不比其他对话,通篇是怀疑论式的;提出了大量不同的关于美的解释,复又全部遭到驳斥。是啊,若对读者通过反驳而引致或指涉的所有内容加以概括,会形成几条非常著名的原理:导致恶的原因不是能力,而只是无能;美与好不可分离,而后者是唯一的,对此,苏格拉底说得清楚而确定。由于缺乏科学内容,我们不能将这篇对话置于真正的哲学[A400/B406]作品之列。所以,这篇对话与其他任何一篇对话都没有确切的发展关系。当然,在此情况下,每个人都会首先想到《斐勒布》;仅仅由此比照,也不会哪怕只是远远地暗示我们可以确定的《希琵阿斯前篇》可能的写作时间。因为,在《斐勒布》中,柏拉图清楚地表露了他关于美与好的相互关系和关于美自身的本质的看法,这篇对话也考察了此相互关系的道德内涵,还考察了我们在物质事物中称为美的那些内容的首要原理。然而,在《斐勒布》中,没有人能找到对《希琵阿斯前篇》所探讨的问题哪怕最轻微的指涉;在《希琵阿斯前篇》中,【任何地方也】找不到为《斐勒布》研究的内容所作的【较为切近的】准备。

简而言之，任何人必定都明白，《希琵阿斯前篇》的论说，几乎不可能是关于上述主题即关于美的科学式研究，所以，这种研究完全退居于次要地位；每个人肯定对这篇对话之整体有这样一种印象：论辩倾向（Richtung）乃是对话的主题。首先，此主题以关于美的两种解释为目的。其一，美就是合宜，我们很容易认识到这是快乐论者的主张，【因为他们认为，好只是随意之物，所以，好就是得体合宜；】令人惊奇的只是，苏格拉底在讨论此问题时，采取了几乎完全是语法方面的辩证法，而不像他在其他地方习惯于尖刻地凸显作为根据的思想态度。[B407]另一种解释，即美就是我们通过视觉和听觉所获得的愉悦，[A401]也以柏拉图在《斐勒布》中提出的同样的原理为基础；非常值得了解的是，在柏拉图的时代，能提出这种解释的人是谁，或是否这就是柏拉图编排的解释，目的是为了指明美的特性，这种特性是柏拉图在《斐勒布》中对美德本质所作的规定。但【尽管这种解释唾手可得，尽管我们无法进一步证明始作俑者是谁：】人们也绝不可能相信，柏拉图借希琵阿斯之口对金子和美女的解释，是从别人那儿借来的。因此，每个人都必定会自问，为此柏拉图怎么会以一种如此未曾听闻的愚蠢来描述这位并非不知名的智术师呢？就好像连如何解释一个【词】这样的问题，这位智术师都无法理解。在此，对人格的嘲弄无疑比其他任何地方——甚至不排除《欧蒂德谟》——都要粗暴，而《欧蒂德谟》中的人物或许没有一处是真正的历史人物，如此过分的做法本身必定会破坏其效果。这种与柏拉图的灵活和雅致不完全一致的方式，甚或完全相反的习气，或许会激起某种对对话之真实性的怀疑，因为，人们自然会发现这种做法出自一位不大能干的模仿者，他觉得如果要在反讽和辩证法方面以柏拉图为[B408]典范而获得一定的成功，就必须把问题弄得简单些。而一旦产生怀疑，则一定会认识到更多似乎能够证实此怀疑的内容。就在对话伊始，苏格拉底便沉溺于一种智术派[A402]的辩证法，这或许使我们认识到，某种事物就其本身而言不可能是糟糕的，某种本领并非配不上《欧蒂德谟》中的人物。如果这是一种对类似事物的滑稽模仿，我们应该认识到，柏拉图喜欢借智术师而非苏格拉底之口来表达。但希琵阿斯在此期间表现出一种平庸的理解力，后来他也不知道正确地保持这种理解力，希琵阿斯还表现出一种节制，但苏格拉底并没有给予他特别的回报。此外，在对话的整体布局方面，某种非常奇怪的特点很突出：在对话的第一部分，所有关于美的解释出自希琵阿斯；但在对话的第二部分，所有解释又出自苏格拉底，在大多数情况下，他以一种不自然的莽撞方式而自相矛盾，但在对话进行过程中，似乎并没有什么强迫他这么做，相反，苏格拉底真是老早就这样做了。最后是以未出场的那个人所开的玩笑，苏格拉底必须向此人做出解释，此玩笑简直是太过庸俗而不可能出自柏拉图之手：此人像《默涅克塞诺斯》中的阿丝帕西娅一样想揍他【；此后，苏格拉底自己名义上占据了此人的位置，然而，变得不大清楚的是，他从一开始指的只是他自己，所以，根本没有表现出特别的效果，品味起来，完全是这第三个人又出现了】。不过，要想非常严肃地使这些理由变得有效，[B409]恐怕有些冒失【；我们不想为将此对话置于我们无条件地严格抛弃的对话之列而辩护】。对话整体的轻松愉快表现得热情洋溢，如果我们充分考虑到，首要的目的在于抨击对话第二部分中在希琵阿斯还有苏格拉底名下出现的种种同时代的问题，那么，我们便会乐意原谅他们情绪夸张和放纵。但此外，我们很容易看到，对话中的[A403]论辩往往以自我辩护为根据。陶制的厨具和金质的勺子（Querl）是为了对抗那些以微不足道的事物为例来取乐的人；所以，当苏格拉底问他的谈话伙伴，该如何回答一个这也反对那也反对的第三者时，那位监督人（Aufpasser）便居于间或出现的行事方式之顶点。此人能知道对话中还隐藏着多少其他人物关系，由于这些关系，还存在着其他某些比显现给我们的事物更美的事物！希琵阿斯缺乏理解力的解释，可能是以另外类似的方式或肤浅的方式做出的肤浅模仿，以此方式很多人未能深入事物的本质，而认为好和美就在于某些个别事物。然而，为什么恰恰必须将希琵阿斯的名字给予这些解释，就此，或许没有人会要求给出答案。不过，不大可能的是，柏拉图会两次选择此人，并两次作为不幸的英雄与苏格拉底作纯粹的谈话，尤其是两篇对话［B410］没有哪一篇与另一篇有内在关系。如果一篇是柏拉图的手笔，另一篇就不是，两篇对话中还是《希琵阿斯前篇》占了上风。因为，存在某些线索显示，在撰写《希琵阿斯前篇》时，眼前就放着《希琵阿斯后篇》。个别针对此人的讽刺性诽谤，《希琵阿斯前篇》用了寥寥数语就搁置一边，而《希琵阿斯后篇》则以很不相称的篇幅做了发挥，而且，在《希琵阿斯前篇》中，智术师邀请苏格拉底参加的会饮闲谈，恰恰结束于《希琵阿斯后篇》。

《克莱托丰》引论

［A453/B459］因为，这篇对话在古代的柏拉图著作目录中并不属于伪作，而是处于真作之列，直到后来作为色拉努斯（Serranus）后继者的编辑家斯蒂法努斯（Stephanus），这篇对话都被纳入了柏拉图作品的所有版本，所以，与那个文集中的所有其他对话一样，这篇对话在此也有同样的权利拥有其位置。不过，我们并不想自告奋勇为这篇对话的真实性辩护。对话伊始，苏格拉底以第三者的名义，向作为唯一在场的人克莱托丰说话，还抱怨克莱托丰以下述方式轻视自己：克莱托丰竟然说他明显容易生气，这已经完全不是柏拉图的做法了。另外，绝对无法想象，柏拉图会容许【以这种方式】羞辱他的苏格拉底。但如果认识到对话只是一个判断，而反驳会接踵而来：那么，完全不容忽视的是，柏拉图究竟为什么要引入这样一项对苏格拉底的抨击，而此项抨击在几乎［A454］所有柏拉图的［B460］著作中，已经直接或通过反讽遭到彻底反驳。

因此，如果我们就此认识到这篇小对话并非柏拉图的作品：那么，还会注意到这篇对话具有非常不同的特点。毋庸置疑，在更多较小的苏格拉底对话中，苏格拉底的智慧，作为对错误和对其他思维方式之不足的反驳,主要以其负面特征示人。如果这种看法本身被斥为不充分:那么,可以认为这篇对话是完整的。这位苏格拉底接下来事实上被描述为陷于沉默;这也可以视为针对某些方面指责柏拉图关于苏格拉底言过其实所作的辩护。或许正是以此为前提,古人才将《克莱托丰》放在《王制》前面,作为请求原谅的引言,因为,他们认为,《克莱托丰》是首次超越苏格拉底明确给予的教诲。但一方面,要更为原初地描述不足(Unzulänglichkeit),必须从学说和知识方面而非警告和激发方面着手,为此,洞察力(Einsicht)应当说只是一种手段。此外,奇怪的或许还有,不满恰恰针对像忒拉绪马霍斯(Thrasymachos)这样的智术师。因此,很有可能这篇对话就出自最好的雄辩术学校中的某人之手,目的是反对苏格拉底和苏格拉底学派之整体,柏拉图也不例外。[B461]当我们注意到对话整体的确是一篇连续不断的讽刺模仿和柏拉图式的漫画,尤其是注意到反对智术师以治邦术的导师自居的所有内容,以及必定会发现应用于柏拉图同时代的演说术教师如此自然的所有内容时,我们必须牢记[A455]上述观点。我们可以最为生动地回想起出现在《普罗塔戈拉》《高尔吉亚》《游叙弗伦》还有《阿尔喀比亚德前篇》中的此类内容。对确切的柏拉图时代的优雅疏忽,《克莱托丰》做了充分模仿,这种充分性很容易使我们获得一个鲜活的印象。【——相反,如果我们打算将此对话归于柏拉图学派,认为它是按照柏拉图的精神来构思的;那么,我们完全可以将眼前的内容视为一段引言,必须认为克莱托丰的胜利完全应当转化为失败,苏格拉底充分而又卓越的辩护应该进一步仿效。然而,很难说这就是最初的设想,因为,一方面,由结尾向开头的回归过于确定,另一方面,苏格拉底的影响应该老早就开始了。】

第三部分第一卷

《王制》引论

[3]如果我们比较这篇对话的规模与排在它前面的那些最长的对话的规模,并且怀疑《王制》是一场未曾中断的持续对话之重开,尽管对话首先是从傍晚开始的:那么,《会饮》必定会非常生动地使我们确信,如果苏格拉底某一天加入对话,他必定会挨过整个夜晚直到天明,尽管其他人都离开或向睡眠投降了,但苏格拉底如此不知疲倦地叙述他自己或他人的言辞,似乎从一开始就是为了与其他人一道来寻找和阐明真理。苏格拉底在《王制》中的表现也是如此,因为,他恰在这场对话第二天就接着重述了整场对话,而在这场对话举行前一天情况也是如此。因为,关于这个大聚会,一开始按照名字来介绍,一部分人伴随着苏格拉底和珀勒马科斯(Polemarchos),另一部分人则是在后者家里碰到的,聚会者大部分逐渐散去,没有人知道原因;至少他们没有说,他们偏爱新引入的节日火炬舞会(Fackeltanz)的保留场面,胜过[4]一直不断发展的苏格拉底关于正义和城邦的论说。不过,在珀勒马科斯和忒拉绪马霍斯首先就正义概念与苏格拉底交锋之后,阿里斯同(Ariston)的两个儿子,以勇敢的反对表现出善于此道,并勇敢地轮番与苏格拉底论辩,但不管是格劳孔(Glaukon)还是阿德曼托斯(Adeimantos),他们的言辞看上去大多没有特殊意义。

如果著作家通过这样的表达方式,似乎希望读者可以连续不断地将这篇作品作为一个不可分割的整体来看待和欣赏,就好像对话本身的进行没有中断，也不是中断后重拾话头；那么，将对话分为十卷又会妨碍实现此初衷。尽管亚里士多德并未见过此划分，但这种划分的确相当古老，而且，因为自斯塔吉拉人(Stageirit)的评注家①开始，就一直按此划分来引用《王制》，所以必须保留此划分；不过，这种划分不大可能出自柏拉图。至少，下面的看法与我相左：如果柏拉图发现有必要对此著作加以划分，那么，他会做出如此完全机械又根本不成比例的割裂，而每一个想寻找对话整体的内在关系的人，如果不想陷入困惑，必定完全反对这样的割裂。因为，只有第一卷的末尾也是对话第一部分之结尾，[5]同样，对话整体的结尾以最后一卷的开头为起点；此外，只有第四卷和第七卷末尾，与有重要内容的部分相互关联。其余各卷都在讨论当中突然中断，以至于连所用的某些套语都无法用来指出讨论之始终。由于对话各卷在规模上很相像，所以，情况很可能是，以第一个重要的章节作为标准，并按此标准相当一致地划分如此多的部分，就此做法而言，浮现在我们眼前的明显只可能是誊写者和文献编纂之所为。

因此，如果我们完全反对这种划分是一种与对话整体的内在秩序有关的原初划分，也反对追踪对话本身的种种暗示以发现对话的内在秩序；那么，我们必须赞美作者想方设法为读者弥补合乎目的的外在划分之匮乏，尽可能使理解对话的内在关系变得容易。因为，作者以堪称典范的准确性，为我们指出了每一个重要的离题讨论从哪里开始，在离题讨论的末尾，又会指出线索必须从哪一点重新开始。同样，到处可以非常明显地看出，一个新的章节从何处开始；对此前内容的概括式回顾毫不吝啬，所以，每[6]一位读者只要有心，必定非常容易把握住对话线索，也因此，几乎不可能把握不住作品的真正特点和个别部分与整体统一性之相互关系。

然而，整部对话的过程是这样的。在苏格拉底与克法洛斯(Kephalos)之间，尤其是关于老年的、过分亲昵的引导性对话中，后

---

① ［中译按］指亚里士多德评注家。

者谈到关于下界的传说,人到了这般年纪尤其关注下界,他颂扬富有最重要的好处是:富人能够更有勇气地面对将临的人事,因为,他较穷人更少受到不义的诱惑。苏格拉底则将正义的本质问题与此联系起来,并立即通过众所周知的例证驳斥了一种极为流行的解释,说正义就是说出真相和物归原主之忠实。话说到这里,克法洛斯鉴于从事这样的谈话他已过于年迈,便借口出门献祭,将他的位置交给了他的儿子珀勒马科斯,后者躲在西摩尼德斯(Simonides)给出的一个正义解释后面,可苏格拉底同样用常常被证明为可靠的方法驳倒了这种解释。这时,卡克东地方的忒拉绪马霍斯带着智术派的大言不惭出场了,这种大言不惭间或让我们想起了《欧蒂德谟》中粗俗的玩笑,他接过了柏拉图的《高尔吉亚》中卡利克勒斯的位置,因为他主张,正义不过是强者为了自己的[7]利益而颁布的法令;因此,伤害弱者也带来正义,而不义是一种智慧,不义的生活是唯一可取的生活。苏格拉底通过类比所有支配性技艺来维护自己,这些技艺全都关心什么对他人乃至对弱者最好,而绝不为自己考虑。因为,每个行业中有智慧的人,都不想超出其技艺同行和行业本身的限度,而不义者根本不承认有限度,也不守规矩,所以,很难说不义是一种智慧。与此相关的最后证据是,不义实难带来力量,更不会带来益处,因为,不义激起不和,是没有力量的;因此,正义的生活才是幸福的生活,因为,灵魂只有通过其本身的德性,才能完满发挥其功能,即劝告、统治和照料,坦率地说,这就是正义而非不义。这样,尽管第一卷以苏格拉底对智术师的胜利结束,但胜利者本人却感叹还是没有找到正义的本质,因此,提出的问题还完全未曾触动。由此结论可以足够清楚地看到,第一卷乃是全书的引言,所以,到目前为止的谈话只是作为预备才有其价值。

然而,此译本中此前介绍的所有苏格拉底对话也因此而持有同样的看法,如此[8]多的对话探讨了某一种德性,但在这些对话中,所有这些德性都没有找到正确的解释。《普罗塔戈拉》探讨德性的统一性和可教性,却没有建立起德性的概念;《拉克斯》讨论勇敢,

《卡尔米德》讨论明智。因为,就正义问题,敌友之间的对立是一个重要因素,所以,我们在此要回想《吕西斯》。因此,一个绝非无意,相反非常确切地得到解释和非常明智地得到贯彻的目的是:《王制》第一卷以各种方式让读者想起了此前的伦理作品,无论我们关注这卷书的研究方法抑或行文过程,还是关注风格或语言。最显著之处,尤其当数其与《普罗塔戈拉》的相似,后者比其他任何一篇对话都更为普遍地探讨了伦理问题。《王制》堂皇的预备部分和引言,众多有一定名气的人物,智术师偏爱长篇大论而不加检验及其明确反对问答(Gespräch),在伦理事务上诉诸抒情诗人:一言以蔽之,几乎所有内容,都让我们想起了《普罗塔戈拉》。而且,如果说忒拉绪马霍斯的论题让我们确切地想到《高尔吉亚》,那么,此论题并非不符合我们为《高尔吉亚》规定的位置,即作为由柏拉图著作的第一部分向第二部分的过渡。这种方法,[9]即通过相似而回忆起早先的对话,自然尤其完全适合这样一位著作家:他建构的作品形式不会在其后来的对话中诉诸早前对话;当然,整体现象还不能单单由此来解释,这种目的也许更容易通过个别暗示来达到。相反,如果我们打算完整地理解柏拉图的意思,就不可忽视:《王制》与早先的伦理对话整体上的相似性,在第一卷末尾完全消失了。熙攘的人群散去,除了格劳孔和阿德曼托斯,再没有谁参与对话,尽管后来复又描述说所有人在场并受到召唤。只有一次,忒拉绪马霍斯激动起来,但又完全得到抚慰并平静下来,似乎暗示与智术师的所有敌意都画上了句号。方法也完全变了;苏格拉底不再像一个无知的人那样问个不休,而只是探究敬神事务中更大的无知,他就像一个成竹在胸之人,进一步按照严格的相互关系与他人分享他所获得的见识。的确,就风格而言,只有作为过渡的、两兄弟接下来的发言,与此前的内容具有一种相似性;此后,没有更多对话方面的辉煌和刺激性的反讽可以赢得赞赏,而只有令人信服的严谨应获殊荣。全部年轻人的精湛技艺,在引言中再次熠熠生辉,却旋即永远消失了,以便尽可能使我们[10]明白,在哲学领域中,所有此类美好宜人的内容,其位置只在于准备性研究,目的更多是为了鞭策和激励而非推进和使人满意;然而,在应当给出一种关于哲学研究结果的总体描述之处,这种装饰只会导致偏离,而不会增进全面的理解。——然而,这些准备性谈话提出了一些要点,对此稍加关注或许是有益的,因为,下文将证明,这些要点具有重大意义,但在此无需特别予以强调。首先,通过比较各种行使某一权能的技艺,将由此技艺所获之收益与施行此技艺本身的目的完全区分开来,而获得收益的技巧被确立为一种特殊的技艺,在此情况下,同一个人除了他的其他技艺还拥有此特殊技艺。这首先就此前的对话,尤其就《高尔吉亚》和《智术师》讨论谄媚技艺的所有不同分支的内容,给出了一种解释。因为,从任何一种技艺中都能够产生一种谄媚的技艺,正如从真正的辩证法和修辞术中也能产生谄媚的技艺,如果将一种技艺仅仅作为获益的方式方法的话。然而,这也表明,作为随后提出的很多主张之基础,尤其是每一种支配性技艺,它的等级越高,越应当纯粹地施行,则越要摆脱赢利欲[11]的干扰。第二个要点是谈话者非常容易认可——更不要说在某些对当时的情形有利的处境下太过容易认可——的主张:最适合统治的那些人,之所以要统治,只因为他们面临惩罚,即便没有其他惩罚,也会有这样的惩罚:若不起而统治,他们自己会被更坏的人所统治。这一对柏拉图的《王制》意义最为重大的原理,在此轻而易举地普遍获得认可,可我们不应将此轻而易举的做法视为柏拉图的失误,因为,此后他所采用的特殊方式以一种至为出色的描述证明这种做法是正确的。第三个要点是,我们注意到,苏格拉底与忒拉绪马霍斯的交锋,最后已经发生了变化,正义没有被描述为两人之间互不相干的某种事物,而被描述为对两人具有根本性,因此,不义被描述为某种制造内在混乱和毁灭的事物,如果它居于某人之部分或与此人之整体彼此寓居。通过上述考察,为接下来如何研究正义问题的方式方法铺平了道路。

确定此方式方法并为决定行事方式作准备,构成了这部作品的

第二部分,这包括第二和第三卷,还有第四卷的开头。进一步的研究如下。

在苏格拉底抱怨还是没有[12]弄清正义概念的时候,格劳孔紧接着发言以支持忒拉绪马霍斯,就好像后者过早放弃了努力,因为,正义比不义更有用这一点,还远未得到证明。因为,表现为有用,只是正义之假象(Schein)。然而,为了正确地检验正义是否有用,就必须反过来设想正义之人带有完全的不义之假象,相反,必须容许不义之人隐藏起来,并赋予其完全的正义之假象。格劳孔以此方式对不义赞美一番之后,阿德曼托斯也出场了,并且要求赞美正义必须对神的友谊保持沉默,也不应考虑任何酬谢,问题只在于正义与不义两者事实上对人有何影响。如果柏拉图似乎通过这一要求超越了自身,而《高尔吉亚》和《斐多》中,苏格拉底的描述对此要点的解释并不充分:那么,这的确是首次获得了一个纯粹的伦理基础,这位苏格拉底承担起了尖锐而又沉重的任务,阐述了他的研究方案:首先,他打算寻找城邦中的正义,在城邦中,正义看上去必定显得更大,因此也更容易辨认;然后,他将回到单个灵魂,看看单个灵魂是否或在何种程度上与城邦中的情形相同。这个方案,就像在此所宣布的那样,以完全相同的方式和次序贯彻于《王制》的第三个主要部分,[13]但第二部分首先为此目的而描述城邦本身,看它如何产生,在城邦中并为了城邦又该如何塑造人。

就此,首先值得关注苏格拉底究竟如何让城邦因必需而产生,人原初的区别乃是城邦的基础,因为,并非每个人都天赋相同的生命之所需,所以,通过训练也不可能使所有人同样好地适应所有事物;但苏格拉底没有哪怕用一个词暗示,必须相互取长补短的人该如何找到出路。不过,尽管他认为城邦是一个必要的作品:但他的意思并不是说,城邦是通过个别人的胡乱寻求或偶然组合而产生的;相反,在此作为基础的乃是普通的希腊人的假设:所有关系密切的群体,即便规模很小——正如我们这篇对话的德语读者可能不会想到,城市(Stadt)和城邦(Staat)在希腊人那儿完全是一回事——

也会引致天性的完善,城邦团体在于将共同生活转变为一种有秩序的、互惠互利(Durch und für)的生活,从而使某一范围内的人群以其固有的方式结为一体。然而,从另外一方面看,这一点与灵魂并没有确切关系;因为,不仅在这篇对话中,还有其他地方,[14]柏拉图都将灵魂描述为一个复合物,虽然如此,如果一个人要生存,那么,人的构成部分中没有哪一个部分能够脱离其他部分而存在。——的确更为可疑的是:考虑战争与防御的必要性,仅仅出于对富裕生活的追求,柏拉图的城邦的整体组织结构与此必要性至为密切地联系在一起,苏格拉底自己却根本反对追求富裕的生活,并解释说,只有最最简单的、并局限于生产最不可缺少的必需品的社会,才是真正健康的社会。照此方式,只要城邦本身拥有这种健康,就没有理由出现其他立法行动,除了苏格拉底在对话这一部分末尾予以忽略的不重要的立法行动,即关于交换和合同贸易的立法。然而,如果将此应用于灵魂本身的一种有秩序状态的形成方式,所有德性都将以某种病态为基础。可是,赞美一种完全不发达的社会状态是真正健康的社会状态,或许不会受到大多数现代人的认真对待。因为,尽管对于他人的狂热要求,苏格拉底尤其举出感官享受、生活设施和技艺,认为根据上述理论应当容许这些事物,但后来这些事物又大部分被抛弃了;所以,我深思后认为,关于原初的简朴[15]社会的刻画,失却了所有精神性的要素,但若无这些要素,生活将不成其为生活。因此,灵魂的真正特点就在这些要素中,就此特点而言,伴随着大量的感官刺激和繁复的活动,德性才能确定地表现出来,好与坏的对立才能够发展起来,舍此则无可能。——只是为说明此方面的问题,关于城邦本身的描述牺牲过多,因为灵魂中的功能划分乃是随后的全部德性学说的根据,故此防御和发动战争的确构成了一种与其他事务不同的特殊状况,因为,它们相应于灵魂的某种特殊功能;所以,柏拉图在此似乎是常备军的坚定辩护者,也许是常备军最早的哲学辩护者。但柏拉图并没有正当的理由,因为,关于军队领袖,我们只能说他们的作为是一种技艺,相反,不管就其所为抑或遭遇而言,普通战士的行动中什么也没有,为此,与其他任何一种事务相比,技能无法借助体育而获得;然而,每个公民必须能够保证满足一种确定的意志以维持现存秩序;所以,柏拉图式的战士,尽管满足要求,却总是对生产者阶层有一种过分沉重的[16]负担。然而,这种弊端似乎很容易补救,如果柏拉图从手工业者当中遴选普通战士,而只将领袖人物塑造成为一个特殊的部类;但柏拉图没有这样做,因为,灵魂中的激情部分(das erferartige)在城邦中根本就没有特殊而又完美的代表。所以,在此对城邦的描述事实上非常明显居于次要地位,所有内容都是为下述目的而筹划的,也是由下述目的所决定的:城邦是放大了的灵魂之图像,以便由城邦更好地认识正义。

城邦描述的次要地位,也直接由下述内容所证明。因为,在规定了城邦的保卫者必须有怎样的性情,又必然享有何种天生的优势之后,在很容易被认可的借口——对研究正义有用——之下,还探讨了他们的教育方式问题。因此,这里作为标准而提出的内容,明显对于个别灵魂具有重大意义,所有教育神话要据此标准来加以判断——他们不相信诸神是恶的始作俑者。因为,如果灵魂的激情部分努力斗争以反对破坏性的倾向,它会通过下述信仰(Glauben)而得到缓和:诸神也有破坏性倾向,所以,如果激情部分能够反驳说,诸神自己也因为爱好情欲而变换形象并行使诡计,它就不会奋力追求朴素的真理。但对于[17]城邦政体的宪法和规定,这样的幻想不会产生直接影响,而只会败坏个别灵魂。——对话这一部分中唯独关于教育的内容同样主张:在灵魂中实现统治与服从的协调一致,这主要针对个人,尽管只关注伦理方面,因而,灵魂的任一本质部分只应安于其分而不可僭越。不过,处处已经考虑到的基本原理是,城邦不可能比全部个体更好,因此,城邦的安宁有赖于稳定的礼俗,城邦的繁荣有赖于个体以其自己的方式实现其卓越。正如这一原则所言:在城邦的卫士中,只有这些人才应当参与统治——除了增进城邦整体之福祉他们别无所为。直到对话末尾才做出解释的内容已经浮现在了眼前：只有理性才能判断，对于灵魂的其他部分有益的究竟是什么；只有理性的人才知道如何评价其他人的生活方式。关于个体的这一纯粹的伦理特征，为城邦卫士建立的生活秩序当然是一个例外，这完全属于柏拉图式的城邦之特征。然而，也正因为如此，这里只是浮光掠影地描述此特征并不合适，而要理解此特征，只有从下文对此主题的详尽解释出发。相反，在这一[18]部分末尾用来反对阿德曼托斯的法则是：幸福必须存在于城邦整体而非某一部分之中；下述规定也与此完全符合：富有与贫穷必定同等程度地妨害城邦共同体。这两条法则对于个别灵魂的意义，并不亚于对于城邦的意义。——然而，如果一位善意却又严厉的真理之友（Wahrheitsfreund）问，一部建立在如此纯粹的伦理基础之上的作品，该如何对待柏拉图的下述想法：要尽可能歪曲天真的回忆，并用神圣的命令和预言来制造玩笑，尤其通过错误的托词，或如较高的说法，通过无恶意的欺瞒，以达成那种有益的稳定礼俗；所以，在以他的这部分言辞澄清上述问题时，苏格拉底自己也相当犹豫。然而，当有人也许明显打算彻底抛弃所有神话内容时，这种犹豫会变得更为可笑。因为，如果苏格拉底此前对神话内容的主要解释是：大多数神话内容都是假的，但有一些是真实的；那么，神话领域的好与坏之分野，主要靠区分真（Wahrheit）与诗（Dichtung）来达成。在此，只有描述方式是诗，而事情的实质是真实的；几乎每个要点都以另外一种方式，严格按照与基本观点的内在关系做了表述。因为，天性之不同是按照神圣的天意[19]出自最神秘的行星运行活动（Tätigkeiten des planetarischen Lebens）；一种教育也将合理地回复到同一原则，教育的目的无他，只要学生尚不能自我引导，已经形成的人格就需要进一步发展。因此，作为神圣的秩序，从各方面证明：一个由不具备资格或精神上不能胜任的人统治的共同体，必然会衰落；所以，或许我们著作家的辩护因此并没有失败。——人们也不应将下面这一点纯粹解释为出于柏拉图对乃师和他人的厄运感到害怕：在城邦已经建立起来之后，他却拒绝为敬神本身立法，而是将此任务交给了父邦的阿波罗神(Apollon)。我们知道，现代人无历史根据地打算任意或重新设立一种对至高神的新崇拜，他们的作为总是如此之少，我们至少应较少期待柏拉图有类似的情形，就好像他属于某个时代，在此时代，谁也没有大众化的崇拜神的观念(Vorstellung)，因为，在此他事实上绝不会依据某种全新的无历史性的基础，将世间事物难以置信地集合在一起；相反，这里的所有内容尽管都背离了先前的说法，但仍然呈现出完全的希腊特点。尽管柏拉图在此前各卷中的解释，相当大胆地反对所有贬低至高本质之理念的虚构：所以，他同时至为深奥地将肤浅的[20]谩骂式的神灭论(Göttervernichtung)归于某些智术师，而没有尊重关于自然惩罚(Naturahndung)和希腊神学中的历史传说的奇怪谎言，也没有打算将其好好用在他的公民们身上。因此，不能责怪柏拉图在他的城邦中将神圣事物的秩序，衷心地交托给了父邦的神，祂的警示从大地核心充满神秘的深渊中升起。

在此，在城邦的基本原则拟就之后，苏格拉底现在敦促阿德曼托斯不仅招呼他的兄弟，也招呼珀勒马科斯和其他人前来，这开启并相当清楚地标明了对话的第三部分。这一部分只包括第四卷其余的内容，但不仅确立了正义概念，而且对所有其他德性做出解释，尽管首先描述了其在城邦中的表现。然而接着，在表明了将此运用于个别灵魂，并表明了如何将此运用于个别灵魂之后，证明这些德性同样存在于灵魂之中。

在此，首先引人瞩目的是，在别处已经熟知的四主德被描述为穷尽了好的概念，却没有给出任何证据，在此前的其他任何一篇作品中也未对此作过传达。全部行事方式的正当性，就建立在这一前提之上；只因为，如果这四主德限定了德性[21]的整体范围，那么就可以说，若三主德得到解释，则剩下的德性就是正义。当然，我们不能认为，那个证据只是由口头讨论而为人所知，或者在一篇佚失的作品中做了传达。因为，不可能只给出这种证据，而不同时对四种德性做出全面解释；在后一种情况下，我们这一整篇对话就成了多余，而在前一种情况下，就没有理由说明，为何证据以及解释不可以重新用书面方式来传达。因此，柏拉图只能这样来辩护：如在此所展示的那样，如果对话结构自身能够成立，而且对所有德性做出解释的整体方式，以直接的明晰性要求读者信服，那么，他就不会再惦记如何使自己满意。正如德性首先在城邦中被寻求，城邦的完满完全有赖于三个阶层的正确关系，是苏格拉底将城邦公民划分成为三个阶层；如果四主德通过它们自身，使得每一阶层都与其他阶层和城邦整体建立起正确的关系，那么，当然没有人能够否认，城邦必然借助于四种德性而成为好城邦。每个人必定会惊奇地发现这种证明的简单确凿；是啊，这种简单的阐述同时表明，它本身是对这部作品开头几卷，以及此前对话中的全部[22]伦理性准备工作最美好的辩护。很明显，在此章节，所有内容都与城邦有关：所以，总是或已预先想到个别灵魂就不会有错。因此，就智慧而言，并非通过关于城邦中的特殊事物的知识，而是通过关于城邦本身和城邦存在方式的知识，城邦才成其为智慧的城邦——建立起这样的表达方式，首先是为了运用于灵魂。同样，太过容易被认可的见解——只有公民中的极少数人才能拥有这种知识，为了城邦之故，其正当性或许会受到有效反驳，因此，强调这种见解看来更多是为了灵魂的缘故。因为，听上去同样非常奇怪的是，理性应该是灵魂中最小的部分：所以，欲望部分，因为它的分布如此广泛，肯定也是最大的部分，因此，简单的部分本身总是保持不变，是最具根本性的部分，也自然是最小的部分。关于勇敢的评论是：给出的解释直接是公民的勇敢，与此相关，个别灵魂的勇敢，不仅以某种方式在其领域中包括了由公民关系中发展而来的内容，而且它所拥有的由理性所能支配的一切，都与快乐或不快完全对立。因此，通过这些指示，将提出的解释运用于个别灵魂的德性，被进一步缩短。——紧接着，[23]读者必定认为相当不正常，而且从头至尾都不清楚的是，所有其他德性早就找到了，而偏偏只有作为真正的研究主题的正义，不仅迄今尚未触及，而且未曾找到或被直截了当地描述过；这一点最清楚不过了，但正义却作为尚待研究的德性,以一种间接方式表现出来。首先,正义迄今尚未触及,当然可以由此得到解释:或许若非如此,就较少有机会使其他德性得到充分解释;当然,这并非唯一的理由,相反,要将两个理由密切联系起来:正义最后才能找到;正义只有按此方式才能找到。情况就是这样。普遍意义上的德性,早已初步在更广泛的意义上被解释为某一事物的品质(Eigenschaft),由于此德性,事物能够充分实现它特有的目的(Geschäft)。现在,四种德性可以说在城邦中找到了;在同一个城邦中,我们被告知公民有三个阶层或类型,尽管其中两个阶层在城邦中已分别尽了本分,但第三个阶层,即包括多种职业在内的手工业者,他们并不在城邦中尽本分,这些人个个只通过做自己的事情来为自己牟利。按此方式,四种德性分裂成为两类,因为,前述[24]两个阶层由于其本分而分别具有自己的德性。因为,一个城邦如此有智慧,从来只是由于其护邦者(Hüter)的智慧,一个城邦如此勇敢,从来只是由于护邦者阶层中的年轻一代,即勇士(Vorfechter)的勇敢,而第三个阶层却从来既不期望他们有智慧,也不指望他们勇敢。事实上,城邦有智慧仅仅由于智者的智慧,如果这种智慧能通过立法和统治来发挥作用,也就是说,如果他们服从本分;城邦勇敢就只是由于勇士们勇敢,如果能像满足统治者一样为勇士们提供其所需。这就是城邦中较高贵部分的两种德性,因为,爱智慧的人总只是热情之人有限制的选择,而另外两种德性,即服从与勤劳,则属于低级部分,四种德性就这样为城邦两大部分以同样的比例和同样的方式所分有;的确,就柏拉图的城邦的这些方面而言,要反对这样一种城邦结构,可没那么容易。不过,服从和勤劳并非明智和正义,所有讨论所指向的特殊德性,绝对无法以这种方式找到,不管是在城邦中还是以同样的方式在灵魂中,而将此方式运用于灵魂是这篇对话整体的主要任务。因此,如果我们回到曾经提出的四种德性,并考虑到城邦中的明智和正义与智慧和勇敢是[25]两回事,后两种德性只能归于某些人,而前两种德性却没有人能够忽略:所以,明智和正义尽管会完成服从和勤劳所保证之事,但前两者并非城邦某一部分独有的德性,而必然是城邦所有部分共有之德性。然而,就明智和正义寓于较为高贵的部分而言,它们可能只与较不高贵部分所特有的无能和匮乏有关;而就其寓于较不高贵的部分而言,它们又只与较高贵部分的德性有关,因此在描述中,较高贵部分的德性必然先于较不高贵部分的德性。然而,如何区分明智与正义,若不考虑正义构成了最为恰当的结论,为何明智事实上必然先于正义——这是描述最为薄弱的部分,尽管只要这些德性被认为存在于城邦之中,那么,它们也存在于灵魂之中。因为,所有部分应该处处协调一致,每一部分在统治与服从方面协调行动——要区分此两者,比区分明智和正义与服从和勤劳这两组德性以及从属于二者的德性要困难得多;所以,下面的做法并无不当:在发现了前三种德性之后,做了这么多特别而又充满艰辛的准备工作,以便更进一步将正义作为一种特殊的德行来寻求。因为,从一个方面,[26]可以说,首先为正义赋予应有之力量的,既不是所有三种德性,也不单是明智,因为,按照所规定的所有部分的协调一致,明智事实上通过正义而起作用,并因此变得有力。然而,另一方面,是明智和正义这两者造就了城邦的整体完善;因为,智慧只是正义的第一个部分,而勇敢属于正义的第二个部分;与此同时,如果爱智慧者不发展观念(Ideen)和建立法律,同样,如果热情者不想激励和拒绝,则是明显的不义。下文将给出的解释进一步运用于个别灵魂,为了检验关于正义的解释,提出了众人皆知的套话,可以说明智之人甚至会摆脱不加遏制的反常欲望。然而,没有人会认为这是对问题本身的可疑指责,此问题如此接近整部作品之核心。这种指责最多击中了关于四种相互关联的德性的提法,柏拉图相当明显只是在真正的实践意义上,出于对现有理论的敬畏,采纳了四种德性的提法;正如它们以同样的方式从普通用法进入了苏格拉底的教诲方式(Lehrweise)。然而,柏拉图一方面有完全的自由将智慧确立为唯一的德性来代替这四种德性,如果他只在理性部分中发现了靠[27]热情使灵魂整体运转起来的力量,另一方面,他也有自由将正义确立为唯一的德性。柏拉图要么会说,城邦和灵魂有德性,靠的是唯一的理性部分的优异和力量;要么会说,城邦和灵魂有德性,靠的是两者所有部分正确地各司其职。正如他在对话中提出正义的地方相当清楚地表明的那样,柏拉图倾向于后一种情形;这为城邦带来了期待中的对贵族论的缓和,要不然这种贵族论几乎令人难以忍受。因为,如果将智慧视为唯一的德性:那么,只有在参与统治时由普通民众来补充自己的人,才能对公民德性发挥影响;更进一步的圈子,即勇士们,恰如大群从事工商业的民众,被排除于所有对公民德性发挥影响的范围之外,而被确定为一个严格服从的阶层,所以,除了统治者部分所规定的内容,他们不可有其他作为;如果勇士和民众中哪个部分出于权力欲或自私自利而反叛,那么,这不是他们本身的过错,而只是统治者的软弱所致。然而,因为柏拉图将正义确立为事实上囊括其他所有德性于其中的德性:所以,城邦的所有本质要素都会同等程度地对公民品德发生影响。因此,由此角度来看,受到影响的选择似乎必定是值得称道的选择。然而,关于个别灵魂,按照我们的思维方式,我们无疑更偏爱相反的情形,而且会将智慧确立为唯一的德性[28]。如果感性欲望如此无节制地增长,则更应当追究理性部分的软弱之罪责,而非让附属官能来承担一份特殊的道德责任。出于同样的理由,我们确实要对早先提出的关于明智的解释提出异议,因为,灵魂所有部分自由地协调一致的表达方式,就统治而言,更多是一种对道德的审美式处理而非严格意义上的科学对待。但这种毕达哥拉斯化的观点,将德性设想为和谐;德性最初的完善,是通过将明智,即作为低级官能与更高级官能自由的协调一致,放在比节制(Mäßigung)更高的位置,而节制只是一种得自理性以控制低级官能之无礼要求的力量。我们必须将这种观点在一种高级意义上称为异教的(heidnisch),尽管要以此观点作为整篇对话的钥匙还是太过分了,此观点与对话中所有使我们感到震惊的内容密切联系在一起,这些内容在我们看来完全是卑鄙和亵渎。因为,首先以此为根据的是,一个社会的伦理教化首先必定在于正确地行使教育；而个别人的德行则大部分依赖于其好出身。如果在城邦中贵族制色彩太浓——尤其是一个希腊人不大可能设想这样一个城邦是两个截然不同的群体[29]的混合——，从而完全否定了大部分民众的公民德性——将此公民德性运用于灵魂，必定会产生一种平均主义，从而颠覆了最具本质性的区别：那么，我们会看到，这种通过思考德性来建构作为更大共同体（das größere）的城邦的做法，如何意味深长地引入问题，又如何手法高超地加以实施，但这样的做法的确不无危险；我们也会看到，甚至最伟大的心智（Geist）如何通过科学的建构违背了质朴的法律，却并非不应受惩罚。然而，如果现在如此多地承认低级的灵魂力量，认为它们通过自身对德性发生影响；那么，指出统治者、保卫者和维持者这三重划分也存在于灵魂之中并彼此有别，作为一种普遍的经验原则，似乎相当随意；所以，激情尽管并不总是与理性关联，但至少从不与欲望关联。相反，这种败坏可以在荣誉感还有害羞中找到，如果荣誉感和害羞遵循某种错误的主张，这种主张颂扬膨胀起来的欲望，并将理性的命令贬低为成见；正是柏拉图以如此合理的激情，在《高尔吉亚》和《王制》的引言部分反对忒拉绪马霍斯的内容，若无激情与理性的结合，就不可能如此广泛有效。而关于这些主题的批评，也几乎被下述意义极为重大而不容忽视的表述解除了武装：[30]一种关于灵魂的真正准确而又缜密的知识，无法通过这种方式而获得。但此外，对灵魂中的三种功能的说明，尤其同样通过将放大的方法运用于不同民族（Völker）的突出性情特征，其描述非常美妙壮观；尽管有些高贵的希腊人几乎不可能为下述看法感到满意：认为只有忒拉克人（Thrazier）和斯基台人（Skythe）才有值得称道的激情（Eifer）；尤其是或许不无偏见地偏爱这些民族往往具有破坏性的野蛮，而非一种目光短浅的、尽管只是机械式的、但却有益于全部人类的文化，比如腓尼基人的（phönizische）和埃及人的（ägzptische）文化。——然而，因为真正的问题并非只是确立正义的概念，而是对正确和不正确的生活方式做出区分，以确定哪种才是有益的生活方式:所以,在探讨了正义之后,如今不义也被描述为一部分干涉(Vieltuerei)和反对其余部分;尽管苏格拉底必须向他的谈话伙伴承认,问题已经解决,而且没有必要再追究其他问题,他却预告说,为了尽善尽美,他打算就其整体发展进程,并按照放大了的败坏的城邦形式,对种种糟糕的生活方式做出说明。正如他在对话第四卷末尾和第五卷开头所预告的那样,后来他在对话的第五个主要部分,即第八和第九卷[31],对此做了阐述。然而在此,他被由忒拉绪马霍斯支持的珀勒马科斯和阿德曼托斯,扯进了其他讨论,这些讨论构成了这篇作品的第四个主要部分,包括第五、第六和第七卷;然而,尽管其范围意义重大,其内容更为重要,但这里的内容,甚至连重拾最初线索的第八卷开篇,都最最清楚地表明是一个被塞进去又差不多被强行排除的插曲。

第四部分之整体与阿德曼托斯的下述要求有关:苏格拉底在按照所指出的方式前进之前,为了完善作为范型的城邦,首先需要描述所确定的城邦统治者和保卫者的特殊教育问题,同时,对他们所由来的性别关系做出比此前更为准确的解释;尽管他将此作为最重要的问题来要求,但某种意义上却不是为了正义问题,而是为了城邦的正确宪法问题,所以,每一种将这些卷目中所讨论的内容矫揉造作地运用于主要问题,即个别灵魂的幸福问题和正义的生活与幸福之关系问题的做法,已然因此而遭到反对。现在,关于城邦统治者部分的性别关系的最初讨论,差不多只与柏拉图特有的作为原型的城邦有关,但关于建构[32]这些男人和女人结为一体的组织,尤其是关于设法建构哲学的第二场讨论,自然具有一种远为普遍的倾向(Abzweckung),也是本书最初各卷中关于青年早期的普遍教育方法的进一步发展,好像也是一个具有普遍性的、柏拉图为全部科学制定的百科全书和方法论,虽然出发点是教育学的立场,但在最广泛的意义上,尤其像是按照希腊的精神做了完善的关于生活的规定,因此是最高的哲学问题。——现在,关于这一部分中讨论性别关系的最初章节,在我看来,引入问题的方式,即苏格拉底如何拒绝并打算回避问题,根本未暗示他在此第一次打算为民众的语言引入与所有意见背道而驰且闻所未闻的内容;相反,我在此发现了关于早已闻名遐迩的学说的最为清晰的线索,此学说当然出自苏格拉底的口头讲述并由他的学生传达出来,而且,采用了一种嘲讽式的处理方式;若情况果真如此,那么,就这篇对话的写作时间,谐剧演员对柏拉图的妇女群体的暗示,什么也证明不了。然而,这完全是外在于所有论证的批评情绪问题,所以,除了邀请对这种历史批评问题感兴趣的读者,仔细思考出自此角度的这个段落,我什么也不能做。关于[33]在此为城邦设立的涉及两性关系的规定,以两性平等学说为基础,但承认女性较弱,尽管并非因为对于全部人类事务而言女性缺乏力量;故而,在此方面,这些规定与柏拉图的时代具支配性的观点和实践之间的争执是明显的。如果说如今恰恰是基督教(Christentum)完全采取了同样的道路,因为,它进一步促成了女性与男性的平等状况:那么,却绝不能说,这种学说以某种方式接近基督教的思维方式,人们想在柏拉图那儿找到基督教的思维方式。相反,柏拉图由以出发的根据,还有他发展出的结论具有这样的形式:从基督教的观点出发,柏拉图的根据和结论必然遭到最强烈的反对。因为,不必回复到两性在理性上的同一,故而,理性本质上必定以同样的方式得到发展并居于支配地位,但由此并不能推出体操训练上的平等,为了证明他的原理,柏拉图回到动物,尽管他努力以求深入自然之根底,却没有看到,两性在器官上的对立,恰恰随着有机生命的提高而变得更为尖锐,因此,就人类而言,这种对立必定最不可调和。同样,[34]他似乎很少注意到:关于共同的职业,会发展出多么巨大的不同;人类的受孕和生育不是周期性的,相反,完全摆脱了四季变迁的影响。与此同时,这种明显而又突出的对主题的自然式研究充分地表明,柏拉图对主题的处理并非是苏格拉底式的,而是毕达哥拉斯式的。如今,从基督教道德更进一步由更高程度的两性平等出发,将最纯洁的婚姻观和最完善的家庭生活形式引入生活:而柏拉图的两性平等观则诱使他自己完全毁了两性,这正是我们有健全心智的当代人很想从这部作品中彻底予以消除的内容。然而,柏拉图的两性平等观的线索走得非常远;但我想说的是,这里汇聚了所有希腊精神发展中的错误因素,它们清楚地表明了希腊精神本质上无能建构一种令人满意的伦理关系。就此方面,人们出于误解往往将完全错误的尊重给了柏拉图,但就连他也囿于纯粹感性的两性关系观点,以至于他认为决定某种人格倾向的性冲动除了魅力没有其他动机,对美的沉思本身生发出种种鲜明的生动形式,因此,两性之爱中的精神要素对于他而言仍完全陌生。这样一种狂热的倾向,在柏拉图[35]的城邦中,本身不可能达到其目标,它只是一种共同作用,使夫妇结合为一体的动机。为了由此为共同体带来最大可能的好处,同时防止因过于想往美女而产生矛盾,就必须求助于一种当然是秘密认可的谎言,因此,必须凭着真诚将个人品德中最具本质性的部分奉献给共同体。但成年男子的性取向,可以由同样的美人的魅力向少年发展;柏拉图绝没有给予可塑的自然力以足够高的权利,从而打算以害羞来克服冲动的此类取向,相反,作为勇敢之奖赏,应当促成这些性倾向,所以,通过展望获得作为战利品的两性中最美的人,会助长在公民事务中出人头地的努力;以此方式能够促进公共福祉和公共的善,属于更为高贵的天性的优势,在此优势面前,我们的道德严律论受到威胁是有理由的。是啊,我们不仅看到,即便在最高贵的天性中,感性激情也被认为是一种重要动机;而且我们几乎看不到,在最高贵的生活中,此外还有其他产生自由的个人好感的方式。另一方面,必须承认,如果认为下面的做法是正确的,即为了能够保证城邦守卫不产生违背[36]集体精神的自私自利作风,他们不应拥有私产:那么,非常容易得出下述结论,即他们不能有家庭也不能有婚姻,从而生育和教育之公有(Gemeinschaftlichkeit)似乎是最简单的解决办法。然而,如果一种经过扩展的兄弟情谊被誉为这种规则的一个最美好的果实,能够最好地避免所有矛盾:那么,这种兄弟情谊的确不会超出共同生活的校舍(Erziehungshaus)之范围,此校舍仿效地生人(Erderzeugten)隐秘的预备性教育之幽暗不明;因此,按此法律,永远只能存在并维持一个非常小的团体,柏拉图的团体应该就是这样的,也正如后来的美国(America),按照非常相似的共同受益原则,以及一种从柔弱的童年开始的共同教育之原则,只有小的社会才能建立起来。然而,这种低级形式无法实现人类的使命,相反,只有通过公民的大联合才能实现,这种联合的基础是处处将封闭的家庭事务联系为一个有机的整体。为这样一个由谎言和情欲矫揉造作而成的共同体做出的所有奉献,都无法带来任何更伟大的结果。但另外,此描述中还织入了尤其是关于发动战争的国际法(völkerrechtliche)原则,这些原则预先规定了对希腊陋俗的严厉谴责,本身还包括了对此陋俗的解决之道,尽管连柏拉图在此对希腊人与[37]野蛮人的对立也持有偏见。——与此同时,对话第四大部分的第一小节以做出下述让步而结束:所描述的城邦仅仅被刻画为原型,目的是为了说明,在何种条件下可以实现完全的正义并存在完全正义的人;然而,在现实中,对于通过最大可能地接近那个原型所达成的结果,人们必定会感到满足:所以,这种对原型的接近,表明了对两类人的严格区分:一类人天性卑贱,他们出于勤劳和营生,也出于好奇心,接近物质事物;另一类人天性高贵,适合于培养纯粹的把握知识的能力,他们有能力将事物杂乱无章的复多性提高到一种清晰的统一性,即提高到柏拉图的苏格拉底在前述对话作品中常常证明有些人无法达到的高度,这些人部分致力于公共事务,部分致力于未来统治者的教育。然而,这种要求的目的应该是,在现实的共同体中,将那些阶层完全排除于统治之外,从而将城邦权力永远只掌握在从事哲学的人手中。在此,有必要研究一种对人们通过哲学思考来理解的内容的解释,柏拉图以一种相当紧凑的讨论提出了这个解释,他在其中根据需要回复到了这些原则,却没有直接引用这些原则本身,很明显,[38]这一解释的前提是我们由某些对话所知道的所有内容,而《智术师》被视为这些对话的核心。在这篇对话中,柏拉图抓住主题准确地解释说,一种追求哲学的天性,必然具有从事统治的全部品质;与此同时,柏拉图突然将他的读者移出了他的城邦的幻想世界,尽管时间很短暂又将他们移入当时的处境之中,很明显,这是为针对一种指责作自我辩护而赢得一点空间,这种指责常常发生,新近又变了花样,说柏拉图本人背弃他的父邦,并图谋使天性杰出的少年人疏离公共生活。因为,当苏格拉底提出那个原则之后,阿德曼托斯选择了反对者一方,这些人诉诸经验,说严肃地投入哲学的人,对于城邦永远毫无用处。然而,苏格拉底设法维护此原则,他依托的主张是:不能从当时完全败坏的社会状况来判断问题;他还解释了在这种普遍的混乱中,真正的哲学天性遭到错误对待,而出自商贸阶层的坏人以虚假的方式强占了哲学领地。这些描述涉及其他人尤其是修辞派智术师,从其中一个描述不难认出阿尔喀比亚德之类的人。这些描述总是将早先柏拉图论辩的主题[39]带到我们眼前,目的是为他的做法辩护。但与此同时,这样做也是想通过悄悄解释得出如下结论:如果其他原则无法在城邦中生效,也没有更为正确的习俗和生活方式来辅助教育(Lehre),那么,这种类型的人总会反复出现。——如此构成了向这部分内容第二小节的过渡;这一小节将更为准确地描述被规定为从事统治之人的教育问题。在此,好之理式被描述为最高对象,人把握知识的能力能够应用于此对象;可惜的是,连在此表现出的并不常见的高超技巧,以思辨式描述似乎也无法企及此对象;然而,关于这一对象令人满意的讨论,我不知道哪里还有比这里更为精彩的了,尽管在此只是通过形象,通过更为广泛地运用栩栩如生的言辞,以最精彩方式颂扬好乃是所有知识和所有存在的源泉,从而超越于此二者之上;但不可否认,这些讨论又转而涉及《斐勒布》中就此主题所暗示和详加说明的内容。然而,这里的演说要比在《斐勒布》中远为令人满意;是啊,这一幅图像——好之理式与可知领域的关系,有如好创造出来作为其相似物的太阳与可见领域的关系——通过卓越地运用所有已产生的关系,为全部[40]主题提供了一个明确清晰的梗概:也就是说,理性本身之于可知之物,犹如眼睛之于可见之物;正如光与眼睛——由此可以想起,我们已经在早先讨论中赋予眼睛对于光的自主性——本身并非太阳,但它们与太阳的关系比其他任何事物都要密切;同样,在认识活动中需要一种好的流溢物的人类理性并非好本身,却在所有事物中与好的关系最为密切。这也为我们提供了一种关于一个问题域(Gegend)的深刻洞见,我们的著作家并非没有理由地对此问题域做了非常神秘处理,正如柏拉图对存在与意识的同一性的思考,他认为正是好的流溢(Ausfluß)——我姑且称其为精神之光——赋予可认识的事物的本质或赋予概念以真理,并赋予理性以认识能力,这种精神之光也就是事物的本质之真理性。然而,这意味着,理性除非与好的理式相关并借助好的理式,方能认识某种事物;对于可见领域之整体,或者我们应该说对于普遍的可感知领域而言,没有与之相符合的存在(Sein),相反,此领域事实上只是非存在者(Nicht-seiende)变化无常的河流,如果好的理式的生动影响不能将此河流确定下来的话;因此,或许它首先是这样一个领域:尽管参与了不稳定和不平静的事物,它却能够与真实的存在相互关联。关于这一切,尽管读者只[41]发现了一点点暗示,但这些暗示却引导有心的读者,联系已给出的关于哲学的总体解释,追溯此前的辩证对话作品,如今这些对话作品自然发展出了(verklären)这些结论。尽管一方面,可见和可知这两个领域并行不悖,但在此也并不匮乏已被承认的两个领域的隶属关系。如果太阳只是本质上绝对的好的一个图像:那么,尘世之光之于精神之光有同样的关系,若从精神领域出发来思考,尘世之光就只是昏暗,每一个灵魂都在此昏暗中摸索,它为尘世太阳的魅力所迷惑,不想努力以求超越,而只是驻留于由尘世太阳所照亮的事物之中。同样,可见领域之整体犹如可知领域之图像:这两个领域之中又都存在类似的区别,即本质上(in seiner Art)真实的事物与其图像之间的区别。在此会让人感到意外的是,数学思维中的事物(Gedankendinge),数字和图形(Zahl und Figur),被规定为理式之图像(Bilder);与此同时,我们总会感到满足的是,理智活动的这一分支获得了其确定的位置,我们还获得了理解柏拉图将数字和图形运用于哲学领域,和理解柏拉图在此方面与毕达哥拉斯学派之关系的钥匙。非常值得一提的是,对数学方法与辩证法之关系的解释,尽管这些解释与此前的规定毫无关系,除了在此通过一个[42]全无暗示的中间环节,有可能将数学假设视为真正的开端或原理之图像(Bilder)。如此一来,至少根据这些论说,柏拉图可以完全恰当地将自己与那些人区别开来:他们相信可以用数字和图形来确定事物自身的本质,这些人还臆想自己是在词语的哲学意义上来认识事物的,但其实只是在建构数学关系。然而,如果早就认为现实事物是可见领域中的真实事物,也是概念之图像,那么,数学产物(Produktionen)作为从属于可知领域的事物,应当优先于这些图像,由此产生了认识活动的四个阶段:观察获得图像,信念获得现实事物,直观获得数学对象,真正的认识则获得理式作为其对象。被确定为从事统治的人的全部研习过程,应当与此阶段划分联系起来;为了我们能更好地观察此过程,并学会评价研习与实践交替进行,苏格拉底突然将我们从研究当中引入了那个洞穴,为我们出色地描述了洞穴中人的生活内容和情状:因为他们不可能将自己的眼睛转向精神的太阳,所以他们将假象和图像,即可见事物,当成了存在和本质本身,所以他们几乎什么也看不见;尽管有知者打算放弃他们自己在上界(droben)享有的[43]幸福,他们想做出牺牲,这就是为什么他们要不辞劳苦去引导这种可怜的生活,而在这种生活中他们什么也不会改善,什么也不会失去,所以,他的确并非普通的父邦之友(Vaterlandsfreund),正如这里所要求的那样,他将伟大的格言运用于此,认为重要的并非让整体的某一部分的福祉变得突出。然而,尽管有种种引导措施,可大众依然故我,——柏拉图似乎并没有按另外的方式设想过生活,或在他的思想中接受过一种能打动民众的进步;最伟大的献身也只有在下述情况下才能得到一定程度的补偿:唯一的可能是从大众中总可以不断由新一代中找出较为高贵的天性,并将他们引向更好的命运。现在,如果我们再考虑到,柏拉图的城邦——我们被不断引回到他的城邦——中的人口同样不应该增加，而且生产者和消费者之间的关系看上去必定保持在非常确定的限度之内：所以，可以说柏拉图的城邦事务，因此普遍地思考所有人类活动，无非是维持住人类的天性，使其保持在曾被给予的关系之内而不至于变坏。所以，我们的哲人看上去就像是社会稳定最严厉和最彻底的维护者。——现在，为了他们更好的命运，该如何检验这一小部分优选出来的较为高贵的天性，逐步训练他们，[44] 并使他们养成习惯，这是柏拉图紧接着通过将洞穴图像优雅地追溯到太阳的原始图像所要解决的问题；此原始图像清楚地表明，通过种种预备训练就能够获得一窥太阳本身的能力。正如儿童普通的体育和音乐操练，由于神秘的原因，不可避免与图像有密切关系；儿童生命的整体发展发生在现实事物的领域，从而也发生在信念领域；所以，长大一点的品质出色的小伙子的预备训练，自然就完全在于直觉和洞见之领域，数学诸学科按照其自然阶梯占据此领域。在此，柏拉图甚至还区分了用几年严格的体育训练隔开的两种不同的行事方式：其一是科学的传讲，我们根据他的说法姑且不恰当地这样称呼，每一种科学传讲都局限于其自身，尽管总是——抛开纯粹的经验方式和与现实事物的实践关系不谈——只指向数字本身、图形本身，也同样指向运动与关系本身；其二是学科的建立，着眼于这些学科与存在之本性（Natur）的相似（Verwandtschaft）和关系（Verhältnisse），能够探究至此并综观了这些内容的人，才被认为具有辩证和王者的天性。然而，这些不会持续太久，因为，他们必须将自己的时间非常不公平地分配给他们所渴望的科学[45] 生活与在洞穴中恼人的服务，即从事对好之理式的直观与统治，然而，他们只是间或用小部分时间从事统治，而用大部分时间来沉思，直到最后在恰当的时候受到所有人的颂扬并终其天年。关于这个问题，在他就如何才能实现这种城邦的方式——一旦真正的哲人掌权——给出简单提示之后，苏格拉底便完全摆脱了阿德曼托斯交给他的全部任务，并在第八卷开头转回到他被强加此任务的那个地方，我们现在要与这个奇异地发明的城邦说再见了。如果容许我这里就同一主题再说上几句:那么,我首先想提请注意的是,柏拉图很少应受到人们对他并不鲜见的指责,说他是蔑视人民的人,相反,他对希腊天性的评价颇高,因为,他不仅仅将人的灵魂中喜好求知的要素的一种卓越发展归于希腊天性,而且,在如此有限的人口中——我们必须如此设想他的城邦——他指望实现诸性情的罕见的联合,尽管要这么多的人,甚至还包括女性,顺利接受所有这些训练和检验相当困难;他认为并不缺乏统治者,尽管在[46]五十岁之前没人能获得至高权位,从而应该由多人轮流统治。或许,在我们人口众多的国家中,我们自己也不会起而去实现这种统治,不过,以我们与之完全不同的教育方式,是不容许做这种尝试的。然而,我们却要求所有愿意对社会产生更大影响的人,将科学企图与战争企图或者反过来结合起来。如果我们不可能指望必须行使最高权力的人会具有最高的辩证天性;那么,对我们而言,最高权力所包含的内容就不如在柏拉图那儿那么多;我们倒是非常期待,大多数时间生活在概念王国中的人,在他们对学校教育产生种种影响的同时,尤其也会建构社会舆论,这种社会舆论,尽管不知不觉,却给予最高权力以限制。是啊,尽管眼前的灾难永远不可能避免,但我们有相当大的信心让灵魂中的激情要素——就此要素的发展而言,我们远远走在了古人前面——去决断:何处自私或谄媚的诡辩打算扮演哲人的形象(Person),并歪曲对好之理式的描述。

建构完美城邦只是为了表明放大了的正义,在以此方式勾画出此城邦[47]与主题没有直接关系的那些基本特征之后:正如第四卷末尾已表明的那样,向回答何种生活最可取的问题又接近了一步。在此采取的行事方式与确定正义概念时一样。因为,不完善的性情(Gemütszustände)也必定在那个背离了原型的不完美的宪政中,更明显和更突出地表现自身,现在需要建立此不完美的宪政,并思考其不断堕落的进程,直到最后在完全败坏的城邦中出现了最大的不义。这便是整篇作品的第五大部分,它将对原初的问题做出决断,包括第八和第九两卷。这一部分的论述方式与柏拉图经常而且相当清楚地给予我们的解释，明显存在一种矛盾：也就是说，柏拉图的城邦事实上从未存在过，即便哪一天出现也无必要。若果真如此，柏拉图又如何可能将城邦的形式描述为革命（Umwälzungen）的发展阶段？这些城邦形式事实上在希腊人的历史上存在过，而这些发展阶段则是他从理念出发，按照历史方式建构的。因此，只有形式是历史性的，然而这很容易设想，因为，事实上，不同的宪政以同样的序列阶段式发展的情形并不鲜见，按此方式会使其与完美宪政的差距变得明显，尽管只是[48]为了更好地理解在个别灵魂中道德价值的逐步败坏；这条由个别灵魂穿越的堕落之路，看来永远是主要问题。因此，从所有德性普遍结合为一体的完美城邦中走出后，柏拉图首先指出了不完美是如何从完美中产生的；此后不完美如何每况愈下，看来不难理解。正如柏拉图的完美城邦只有通过两性按照正确的原则混合一体并由智者来领导，才能长治久安；所以很明显，败坏的开端必定根本在于此过程出现了过失，就此，柏拉图诉诸不可避免的天命，由于此天命，在此问题上任何时候都找不到同样的智慧。——如果某种意义重大的背离发生，有正确性情的天性会出差错：如此，结果必然是公共精神的缩减和自私自利的激发。这会导致迄今由选定的成年人和少年所统治的关系的解体，也导致他们与民众关系的破裂，这其中已然存在着宪政彻底毁灭的萌芽，也因此存在彻底毁灭我们可以在其中看到普遍的德性的所有事物的萌芽。以同样的方式，根据一个城邦的宪法任何时候都必须与占优势的行为方式[49]相符合的原则，可以表明个别灵魂的进一步堕落：个别灵魂如何在源自某一城邦的某些关系中，将最接近的较坏的关系类型纳入其中；进而如何逐步引出与其相适应的宪法。与此同时，却不可否认，尽管在此所建立的不同道德性情的图像，不仅事实上刻画了合宜的真理，而且按照柏拉图哲学的主要原理构成了确定的等级分层。是啊，此后，一旦灵魂中可以使灵魂整体变得有智慧的小部分受到压制，那么，激情部分就会占据上风，随之而来的便是贪欲，不管更偏爱金钱还是更偏爱享乐；或者，尽管激情部分会退居次要地位,可此后种种欲望会在灵魂中相互友好地协调起来,或唯有一种欲望会强行求得独裁地位;所以,某一种性情从其他性情中产生的方式,事实上未得到正确理解,而只是借助了现存的那些不同的公民宪法;而不同宪法的相互过渡,尽管刻画了伟大的真理并可以直接被理解,但根据上述基本原则,性情本身只有从大多数个体占据优势的类似信念出发,才能真正得到正确理解。所以,这便造成了这样一种印象:关于政治的描述,似乎有违著作家的初衷,但细究之下,在此只是一种设计(Apparat)[50],它获得了显著的自主性和独立的价值。这本身还指向特殊的类似于僭主的性情(Gemütsverfassung)类型,在此性情中,爱若斯(Eros),更确切地说是狄奥尼索斯,可以理解为性情上不顾及任何政治关系的独裁者;相反,尽管我们自己知道,忧郁的情绪也能够同时具有一种独裁性情,但忧郁的情绪在此关系中并没有心理学基础,正如这种情绪通常也不会以同样的方式和同等程度,表现出个别蠢人身上的情欲的和酒神式的放纵;不过,真正的僭主,尤其柏拉图本人认识的僭主,在其完全的粗暴性情中却不鲜见这种类型的放纵。但读者可以很容易地跨过这些小障碍,因为,关于大量特征的恰当描写会吸引住他。在这些特征中,首先是第九卷开头凸显出来的一个神秘莫测的心理学要素,一种观念,在论及基督教在柏拉图著作中的预表时,此观念很少被引用,然而在我看来,它具有至为深刻的含义:最颠倒的放纵的种子本身,也隐藏在最高贵和最纯洁的性情中,但同时,也只有在丧失意志的梦幻中才会激发,因为,当灵魂中的理性不再居于支配地位时,它才可能爆发出可怕的行动。尤其不可否认的是,僭主[51]的灵魂之图像,作为这一部分的整体目标之所向(Abzweckung),不仅的确表明了完全的不义,而且是所有个别特征中最成功的内容,由此同时给予我们的确切印象是:柏拉图看到,在他的父邦败坏了的民主政治中,普遍发展出了这种僭主性情,他为此不祥之兆感到焦虑。紧接着关于僭主灵魂的描写,是完成整部作品的三重论证,证明了正义的生活是真正有益的生活,而不义的生活则相反。

如果对同一个原理的多种证明只是同一个原理的不同形式，因此，证明的多样性只是表面现象，那肯定会引起我们的怀疑，因为，似乎每一个证明都根本不可信；在此，还要特别指出的是，迄今为止并不信服也不理会对秩序井然的理性统治的描述的读者，其他证明对于他也必然会失效。但如果柏拉图没有进而补充这些证明，我们便缺乏关于理性与灵魂的其他两个部分之关系的重要而又令人信服的解释。尽管这些证明的情形绝非如此——严格说来只是同一个证明：它们仍然通过非常自然的扩展而相互联系在一起。第一项证明，严格说来只关注完全的不义。如果欲望已经膨胀并[52]构成灵魂的绝大部分，由于所有欲望不可能同样获得满足，它们相应地要带来统治上的变化：因此，尽管我们的确不能说所发生的变化乃是整体灵魂之所愿，但也不能说灵魂的绝大部分不愿如此，而仍不受约束并保持不变。此项特殊证明之后，紧接着两项概括性证明都承认灵魂的三分模式，并假定每一部分各有其特有的快乐，而每一部分的统治形成一种特有的生活方式。如今，若对这些生活方式加以比较：如果我们问哪一种生活方式真有能力正确地判断其他两种生活方式及其自身，则会出现非常主观的情形，因为，在两种生活方式之间没有一个裁判，因为灵魂中并不存在其他部分。然而，可以更为客观地追问：灵魂的三个部分所满足的快乐之内涵，能否纯粹作为快乐来衡量和评价。在这最后一项证明中，很多前提都是《斐多》，尤其是《斐勒布》就快乐的区分问题已探讨过的内容，后者由此观点看来，完全是《王制》的前庭。苏格拉底通过灵魂的一个新图像，将此项完满的证明加冕为正义的好理由。我说它"新"，是因为忠实的读者不得不回顾《斐德若》中关于马车和御夫的描述。若对[53]两者加以比较：则会发现，如果有哪个雕塑家或画家照柏拉图《斐德若》中的做法将其创造出来，则会成就一件艺术杰作；在语言上，其中的描述也发展出备受褒奖而事实上也值得赞赏的华丽描述和优雅行文。相反，《王制》这里的描述显得粗糙而且几乎漏洞百出，随着说教一步步进行，行文非常散文化。的确，若想将其塑造为图像,即按照柏拉图足够清楚地指出从而让我们感受到的那样,则会陷于荒诞,除了人所周知的禁欲式的以人类心灵为主题的赝品,搞不出更好的东西,而在这样的心灵中寄居着邪恶,从中发出的也都是邪恶的思想。然而,为了记录这部作品中提出的所有关于灵魂的学说,展现其关系之细节,需要奇妙的构思;为了更为生动起见,恐怕容不得画笔和凿具,而只能形诸文字。但如果我们想知道,只要我们的安排行得通,就柏拉图主要是从伦理角度讨论问题而言,他的全部灵魂学说看上去如何局限于这两个图像之间:那么,我们的比较会更加深入。尽管没有哪个图像将人类灵魂表现为一个完全的统一体,并使得其中的区分可以从共同的核心出发来理解;然而,这个神奇地结合为一体的怪物更是一个活生生的统一体而非那[54]驾马车。灵魂的划分本质上是一样的,但在《王制》中表现远为细致,尤其是《斐德若》中的图像完全缺乏这里所描述的欲望的复杂性。如此,我们逐步抵达了较早的图像奢华的丰富性,我们得承认这种丰富性表现出卖弄风情的特点,部分出于《斐德若》的修辞形式,部分出于作者青春年少;《王制》中的图像与前一幅图像形成鲜明对比的简朴,放弃了高超的模仿技巧,我们赞美其中规中矩与对话中提出的学说完全契合。正如这幅图像再现了作品本来的全部伦理内容和作品所描述的所有个别德性,所以,它看上去的确配得上作为各卷书的结论。因为事情就是如此;任务得以完成,道德生活的优先性获得确证;是啊,道德生活能够存在的条件也建立起来了。如果由此任务而来,并与织入了整部对话的完美城邦的伟大图像有关的问题,也额外得到了解决:那么,这幅堂皇的图像本身似乎蒙上了海绵(mit dem Schwamm überzogen),因为,正如在建筑物完成后要撤去脚手架,苏格拉底申明,这个城邦只存在于言辞中,在地上没有这种城邦,他只容许这个城邦作为天上的图像,每个人都应该按照它来规整自己,因而,每个人只能按此城邦而非其他任何城邦的要求来行使。

[55]因此,如果说在第九卷末尾,每一位读者都可以满意而归,

而不会错失与问题相关的任何内容;那么,下面的情形绝对不可能只是为了表明苏格拉底对于谈话的贪得无厌:似乎苏格拉底在此根本不想打住话头,他立即牵扯出新的问题,甚至都顾不上喘口气;似乎要不这样做,将无法再次吸引住聊友或听众。相反,我们必须对第六大部分的内容抱有更大热望,这一部分占据了第十卷,并构成了这部作品真正的结尾部分。因为,很明显,柏拉图必定还有一个迫切的需要,想在结束这篇对话之前予以完成。这一部分的写作结构如下。第一小节再次回复到诗术主题,在此,从第三卷中择取的某些内容就出自这一领域,即情形必定是关于人的刻画,以便用于教育青年。正如当时在第三卷中说过的那样,直至主要问题确定之后,而无法提前展开此主题,因为,由此主题描述中得出的结论总是与主要问题相关:不义之人走好运,还是正义之人遭不幸。所以,此前要从事此项研究根本没有可能;但如果一直不展开此项研究,也不会有人觉得有必要。因为,如今已经非常明显,从表面上看,完全与我们以为当然的规则相反,柏拉图必定想极力证实,在刻画人的技艺领域,诗具有严格的正当性[56]。与此同时,如果正义之人证实,在痛苦和屈辱中他是幸福的,柏拉图的确会非常满意,对此,我们的艺术评论家的确无话可说。但在此柏拉图并不想说明此问题,而是重新从总体上对所有模仿式的诗术(Dichtkunst)加以谴责,这种谴责在第三卷中已经出现了;不过,正如他在第三卷中主要指出城邦卫士本身不应当从事模仿术:在此,他则进一步放大了只倾听或观赏模仿表演必然会带来的恶果。然而,就此如果柏拉图果真有理由说,只会描述完全正义之人的诗人是糟糕的诗人;那么,也并不必非要赞美具有相反性情的人来诱惑人。同样,无法忽视的是,柏拉图的出发点并非某个完全无足轻重的前提,他认为每个人都倾向于女性气质的起伏不定的性情,在城邦中他试图抑制的就是这种性情,至少每个人也都有沉溺于孤独的倾向;他还以脑袋担保,甚至最优秀的人,在被公开描述为不仅不可忽视而且应受赞誉的事情上,也总想摆脱针对自己的严格约束。所以,这种谴责事实上根本不可能击中戏剧式的或戏剧化的诗术本身,相反,只涉及某种低级的道德教养,而且,也不涉及这种道德教养之整体,而只涉及诗术的希腊方式和方法,[57]然而,柏拉图似乎根本不尊重其历史价值。但尤为令人惊奇的是,苏格拉底完全确信这种技艺根本无法恰当地自辩,而诗与哲学之争,从古至今都生死攸关。然而,并没有哪怕最细微的线索表明,柏拉图是在受到谐剧诗人刺激的心境下写作这篇对话的,因为,这有失这篇作品之水准,尽管非常明显,早在这篇作品发表之前,谐剧诗人就用传言把它谐剧化了。可是,诗与灵魂的关系仅限于其当前几乎无法理解的内容,此内容是种种扭曲的状态,尽管它离真理如此遥远,却会被视为某种真实之物,这正是哲学与诗的斗争对于柏拉图而言生死攸关的原因。因为,完美的著作家应尽可能少地,或永远只在最必要的地方,才运用模仿式描述,可柏拉图却完全逾越了此限度。如果在第三卷中的相应段落中,柏拉图更多只是让自己遭受指责而非在某种程度上为自己辩护:那么,一方面,他似乎打算完全否认这种方法有何前途,但另一方面,他却默不作声地为自己辩护,说他尽管通过发表演讲的方式,按照其根本不应该成为的样子,来引介智术师、修辞术士和治邦者,却远未予其以[58]诱人的赞美之词,而目的只是为了表明其真实的价值,并以其为例以儆效尤。正如最后柏拉图谈论他的城邦就像谈论一个应当趋近的原型,在此,他得出了一个完全温和的结论:如果不完全消除诗术,也必须留心反对其诱惑,并对其充耳不闻。——为了德性之故,也为德性担忧,对此问题不应作另外的设想:所以,第二小节与此相关,回复到德性之报偿,必定构成一个极好的结论,并进而将我们引向第二卷。因为,第二卷提出的要求是,全部问题应当在不涉及报偿的情况下来解决,这一要求如今完全得到了满足;然而,如今完全的真理要求回复到报偿问题。因为,正如从一开始就已经暗示的那样,在此应当讨论此世或后世的报偿问题;所以,必须首先探讨灵魂不死问题,如果在此完全忽略了此问题,柏拉图的方法和技艺的每一位行家,差不多也会为这篇作品错失此问题而痛心。然而,几乎同样奇怪的是,这么大的主题却没有占到几页的篇幅。所以,我们差不多会认为,苏格拉底可能宁愿认为这是一个在别处已解决的问题,并让他的朋友们也承认知道这一点。的确,他更需要接着描述[59]彼岸的情形而非对此做出证明,我们只应视此描述为《斐多》中的详尽讨论的一个补充。然而,在此,证明采取了这样的方式:苏格拉底承认——一直以来,作为前面两篇对话之前提的内容,在《斐多》中也通过反驳灵魂只是情性(Stimmung)这一原理,在一定程度上得到澄清——灵魂被认为是一个自在之物,它只与身体相关,却具有与身体完全不同的本质,它事实上是完全自足的,故而在此根本不会回复到早先的证明。此外,因为在接下来的描述中,灵魂不死会完全严格地表现为灵魂之轮回:所以,按照灵魂不死尤其可以证明,灵魂的数目是恒定的。其实在《斐多》中已经间接提出了灵魂轮回问题,同时建立了生与死之循环:赋予灵魂不可能有其他方式,但在《斐德若》中却根本没有采取同样的方式,因此,就灵魂轮回问题而言,《斐德若》与《王制》的距离要比《斐多》更远。《斐多》中也已经给出了证明灵魂数目保持不变的论证。然而,如果在《斐多》中证明灵魂不死的出发点是,只有复合物才会解体,而灵魂不是复合物:所以,人们或许会反驳说,在《王制》诸卷中灵魂恰恰是由三个部分构成的。因此[60],苏格拉底在此转而采取与此相同的立场,证明不死之物本身可能不会轻易包含不相似或不同的要素,这可以理解为,灵魂在此看上去根本不会像其原初一样,相反,一方面受到外在条件的限制,另一方面被剥夺了某些原初的要素。因此,除了海藻和贝类——格劳库斯(Glaukus)因为长久停留于海底而身上长满了这些东西,这里可能还意指其他事物,正如我们已经由别处知道,灵魂在此还以类似方式陷入了幽暗之深渊,此深渊应表现为各种形式的欲望,所以,只有理性部分,或单独、或与激情相联系,构成了灵魂的原初本质,也正如那些笨拙的附属物很少适合于穿越天空的漫游。不过,对于我们的思考方式而言,很难统一起来的是,动物灵魂的存在方式与人类灵魂完全一致,所以,人类可以变成动物,动物也可以变成人类;也很难相信,柏拉图出于对毕达哥拉斯派传统的喜爱而只是采用(angenommen)却没有吸收(assimilieren)这种说法。在柏拉图看来,动物灵魂最初也必定关注理式(Ideen),不过,尽管正如《蒂迈欧》会教诲我们说,在经历了最初的人类生命之后,它们被摒入了有机体,而不再有任何记忆。因此,它们成了这样的灵魂:似乎很大程度上被剥夺了原初的本质[61]。人们会转而反驳说,因为任何动物种类都会发展出少量而简单的欲望,故而受外在附属物的牵累比人类灵魂要少,而全部欲望的大军就展现在人类灵魂之中,这提供了对动物和人类灵魂等同视之的理由。因此,这一理论也与下述理论相一致:在正确引导内在于人类的、具可塑性的自然力的过程中,找到了尽一切努力教育人类,使其具有智慧和正义的唯一正确的开端。同样,我们可以说,柏拉图的城邦的教育机制具有全新意义的原因,在于在此讨论了当前的生活对未来生活的影响问题。因为,上文将新的生活抉择置于不可避免的命运和自由选择的高明结合中,一切取决于灵魂适宜于做出正确抉择,而不会受到先前尘世生活遭遇之印象的过于严格的束缚,从而能够抓住符合并能促进其内在状况的因素。不过,如果按此方式,一个与此城邦完全陌生和不和谐、也根本无关的灵魂能够潜入其中的话,那种指导性别关系的技艺似乎会陷入窘境;的确很难看出,这样的情形必须被置于何种特殊的神性庇护之下,从而直至[62]这种技艺的施行在很大程度上失效之前,这种不幸不会发生;除非人们认为,对于那种美好的信赖而言,这的确是一个比某人生活中的所有小事件更有价值也更为重要的主题,这种信赖必定使得神所垂爱的人将所有事情做到最好,而柏拉图本人给出的解决之道也能够满足我们。最后,在此描述中,穿越天堂的幸福轮回和返归到生成领域之间交替变化,与为城邦卫士的生活所规定的交替变化具有明显的相似性,城邦卫士生活的交替变化是更长时段献身于哲学思辨,从而承认哲人的死亡意愿(Sterbenwollen)甚或向死而生的意愿(Totseinwollen)之权利,而只在某一天,为了恼人的统治事务而返回洞穴。所以，就此方面，柏拉图一定会坚持以他的城邦的规定来看待大全的永恒秩序。但是，柏拉图差不多只容许读者自己去发现由此所能得出的一切；然而，此小节之整体明显以想尽一切办法来警醒和激发听众的灵魂为目的：灵魂应致力于正义，而不认为另有任何有益之事。柏拉图以此为起点，也以此为终点；因此，并非致力于此目的的内容，不过是暗示，而这些内容的进一步展开，也只能视其为离题话。然而，在此与那个主要目的密切相关的，还是[63]对模仿式诗术，尤其是对荷马的厌恶。荷马的英雄们完全是有意充当了大部分做出坏选择的灵魂之例证；只有奥德修斯（Odysseus）这个冷静克制之人，历经他的朝圣之路而变得聪明，柏拉图高举他作为选择抽离公共生活方式的典范。

然而，现在我们通过分析已来到了对话末尾，于是非常自然出现了这样一个问题：如果情况正如我们以最精确的方式对作品加以划分时所得出的结论那样，最初提出的关于正义和有德的生活之有益问题，事实上支配着整篇对话，所以，与此问题无关的全部内容只应视为偏离正题：那么，这篇作品的标题"论城邦"又从何而来？与另一个标题"论正义"相比，这个标题根本就不可能适用。人们可能会说，自有这篇作品以来，引用它时只采用了此题名，所以，这个题名至少可以直接追溯到柏拉图的学生，这又是为何？是啊，我们不可以说，柏拉图本人至少是这篇对话的间接作者吗？因为，在《蒂迈欧》开头，苏格拉底看上去明显是在谈论这些对话，说这些对话的主题是研究城邦。这很少只是顺便提及，相反，《蒂迈欧》与《克里提阿斯》的整体观念，与赫谟克拉底（Hermokrates）或许会举出的观念一样，正是由此发展而来的。因此，我们难道必然不能[64]最大限度地相信这位柏拉图的苏格拉底吗？他不会取笑我们在此给出的分析吗？因为，我们分析得出的结论是，正义乃是《王制》的主题。这不正说明：在《王制》中，苏格拉底绝没有将城邦仅仅作为脚手架来建构，而是详尽讨论了并不能直接运用于正义的内容？这个理想的城邦，早在《王制》诸卷书描述它之前，就已经在柏拉图的口头教导中成了一个以讽刺暗示为目的的主题,如果这种假设并非没有根据:那么,我们可否相信,那些口头演说在形式上与书面作品完全类似,所以,柏拉图在口头演说中也只是将城邦之理想(Ideal)仅仅描述成了他的德性学说的框架?这些当然是意义重大的重要根据;然而,我们对作品整体之内在关系的阐述,除了同一个柏拉图的苏格拉底,还没有其他核心人物,我们已最为详尽地追究了苏格拉底特有的指点。因是之故,如今我们应当相信,柏拉图在这部作品中只对其真正的目的做了玩笑式的处理,后来到了《蒂迈欧》中才完全突然变得严肃起来吗?如果只听《蒂迈欧》中怎么讲,至少明摆着如同对这篇对话毫不知情。然而,如果我们打算由以出发的前提是,描述城邦乃是真正的目的;那么,将难以理解为何要有意[65]引出相反的假象(Schein)。如果能够解释,为何柏拉图将关于正义的研究与此主要目的联系在了一起:那么,这么做的方式和方法就毫无意义。远为自然的做法,恐怕是直接引入研究主题,在描述城邦的内部生活之后,接着说明这种完全的正义和明智何在;然后是对个别灵魂的运用,以及在此方面仍未得到解决的伦理任务。因此,必定会在两大主题和作品与之有关的部分之间出现一种完全颠倒的关系。如果在此前提下可能更容易把握,为何要如此详尽地研究关于两性关系的规定:那么,反过来,与德行报偿密切相关的事务,必定远远退居为纯粹的次要问题,德行报偿主题也不可能像这里那么突出,而在此,这一主题之所以突出,部分由于研究的方式和方法,部分由于这里的解释作为由结尾向开端的回归,非常恰当地结束了整部作品。其他讨论,比如关于辩证法之本质,关于辩证法这种精神活动的条件及其与其他活动的关系,同样,关于模仿诗术的讨论,与两个前提具有同样的关系;这些讨论如何[66]与主题具有必然联系这个问题,在两种情况下都同样难以回答。因此,看来对内在关系的洞见并非收获甚微,如果我们将整部作品只视为对正常的城邦宪法的描述;尽管,另一方面,如果这部作品仅仅是正义的辩护词,那么,还会留下一种不相称和一种不恰当的附属物之过度,这个辩护词也绝不是要尝试隐藏前面关于内在关系的描述。因此，除了柏拉图的苏格拉底在此是一个有两个面孔的雅努斯（Janus）这一事实，还能说什么？在这篇作品中，是朝后看的面孔在说话，我们到目前为止就是在听这张面孔说话；而在《蒂迈欧》中，则让我们听取朝前的面孔说话。然而，与此相关，在《王制》这篇作品当中，重拾了如此多的此前提出的任务，并将此前孤立的研究联系在了一起；这整个织体还织入了很多个别内容，这些内容是理解早前内容的钥匙和法宝，给予我们很好的满足；然而，就《蒂迈欧》而言，《王制》这篇作品则成了一个新的解释系列的第一部分，在此系列中，《蒂迈欧》《克里提阿斯》和《赫谟克拉底》[1]应该由苏格拉底引导；这种双重关系是揭开《王制》的内在关系中可能仍然幽暗不明的内容的钥匙。普遍的德性概念，尤其是四主德的提出，是所有此前 [67] 关于伦理的预备性研究的拱顶石，就德性问题而言，城邦学说的含义无非就是苏格拉底从一开始所强调的。然而，因为德性概念一方面如此根本地与好之理式联系在一起，而后者对柏拉图而言是辩证科学的主题，但另一方面，若在此缺乏对正确的生活秩序的关切，则等于根本未触及德性概念；所以，同样非常自然，一方面，在此对正确的生活秩序的关切，表现为替道德生活辩护，它引导和支配着整部作品；另一方面，除了关于伦理的预备性研究，这篇作品还重拾关于辩证法的内容，这些内容相互联系，并通过德性概念这一拱顶石而得到巩固。但因为柏拉图甚至连关于一种绝对自由的表象都没有把握住，就找到了德性概念，所以，由于这种绝对自由，撇开所有以往的行动和生活不谈，人任何时候都能够成为他心念所及的一切。然而，这种绝对自由与生成领域如此密切关联，在这篇作品中人就身陷此领域之中，所以，存在一种灵魂的混合状态，按此状态，只可能存在德性的一种弱概念（Rudiment）；也只存在一种关于

---

[1] ［中译按］《赫谟克拉底》是施莱尔马赫按照其解释逻辑设想出来的一篇"柏拉图对话"。

教育的方式和方法,由此方式和方法德性可以臻于完美:因此,城邦具有更高的重要性;当然,首先需要对这种理论做出解释,正如在同一个城邦中,灵魂的不同混合状态得以产生的生育,应置于普遍的理性的统治之下;[68]同样自然的是,在关于政治教育的描述中,织入了所有关于辩证法的理论,与此同时,也织入了对模仿性诗术的驳斥,柏拉图确信模仿性诗术最具破坏性地威胁着真理之追求。所有内容不言而喻应该描述为由人性概念发展而来,而没有任何历史条件;这好比说,城邦在现实生活中不可能存在,而只与下述事实有关:现实的城邦离此规范越远,德性在城邦中就越少出现。这样,城邦在我们这篇作品中的表现,要比一开始看上去意义远为重大,但却从未成为作品的真正主题。然而,就《王制》与后续对话的关系问题,柏拉图本人非常清楚地指出,这是一个留待日后再考虑的问题。但在这篇作品介绍的全体对话伙伴中,参与后续对话的除了苏格拉底没别人;而格劳孔和阿德曼托斯,以及其他领教过这些苏格拉底讲辞的人,都完全满意而归,这清楚地表明,《王制》乃是迄今全部对话的拱顶石。一个新的对话系列的开端将首先重述此前对话的内容。这一重述的确就在我们眼前,然而,要精确地证明重述的具体内容,我们在此却毫无把握,苏格拉底会对谁重述此内容;但我们首先由《蒂迈欧》的引言了解到,他们是前面已提到的人,还有第四个人没有提到名字。由他们在那里的表达可知,他们如今[69]真是渴望倾听苏格拉底谈论城邦;尽管他因而必须解释全部研究过程,但城邦仍然是他们关注的主要问题。因此,《王制》的标题与此情形相关,而自亚里士多德以降,引述过这篇对话的所有人都首先提及此情形;然而,看来在此更有必要首先关注《蒂迈欧》的首要和原初方面。

第二天,苏格拉底向那些要他重述的人提出请求,说他们作为实践生活领域的高手(Meister),应该能比他自己更好地指明他的城邦在活动中所表现出来的内外两个方面的情势:这种希望绝不与此前的表白——即此城邦只可能存在于言谈中——相抵牾。因为,如果尽可能接近此城邦是其他所有人的最高目标;那么,为此也只有通过这种生动的描述,才能为城邦生活中可能出现的一切定下规则;这也必定是赤裸裸地揭示所有不道德和政治何以会败坏的最佳方式。苏格拉底在重述时已经想到了这种好处,并作为中间环节,还顺便解释了以何种方式能够在任何地方建立起这样一个城邦,尽管只有真正的哲人才拥有这种能力。不过,在二次会面时,所有问题并没有如他[70]此前所设想的那样得到解决;相反,因为这一次他将话语权交给了其他人,所以,他乐意让别人做出结论。然而,他们的结论是,苏格拉底还应该宽容他的城邦的浪漫史。因为,蒂迈欧为了正确开启主题,应当首先用所有古代自然哲人(Physiologen)几乎都采纳的历史方式,探讨世界的起源和形成,直至人类的出现;接着,克里提阿斯应当对此城邦的内外历史加以描述,不过看上去并没有按照苏格拉底所设想的方式,将其作为一个首次出现的城邦,而是当成了他从异邦传说中听来的古老的雅典。这样,我们这篇对话在别人的权威之下,进入了一个更为广泛的作品系列,而非苏格拉底以其描述所作的规划。然而,如果说哲学的自然科学方面应当与这篇作品联系在一起,这似乎超出了苏格拉底的提议:那么,不仅他的谈话本身表达了这种需要,而且,还为哲学的自然科学方面规定了首要原理,按此原理应当为此做出努力。因为,在《斐多》中提出的原理是,必须从好之理式出发来理解自然(Natur),在《斐勒布》中与在《王制》诸卷中一样,通过将好之理式确立为真正最高的理式,重述了此原理;更为特别的是,在《蒂迈欧》一开头提出的普遍有效的基本原理是,神并非是不加区分的所有事物的原因,[71]相反,袘只可能是好的原因;这首先是《蒂迈欧》中由以建构世界的基本原理。一门普遍的存在科学之匮乏,在《王制》诸卷中通过下述引人瞩目的评论做了清楚的表达:一门关于灵魂的精确知识,按照我们追踪至此的方式并未达成。然而,所缺乏的知识无他,端在于灵魂与全部存在的关系问题,在于灵魂在全部存在中所占据的相应位置问题。所以,《蒂迈欧》与《王制》诸卷的关联方式,表面上看,是关于伦理学与自然哲学本质上的休戚相关的描述。这一点也以另一种方式表现在关于灵魂轮回的最后描述中。因为,这个神话预先以图解方式描绘了《蒂迈欧》中所提出的世界体系,它所描述的下述内容,应该说也是苏格拉底的观点:每一个灵魂在其于人世现身的间隔期是幸福的,尤其是在其直观人世间的日常境况时,而且可以重新振作自己和为将来做好准备;由此,在生活中作为指导原则的重新回忆,通过对自然的沉思,最大限度地受到激发,并得到最有力的振奋;同样,有知者也因此最适合于将统治一切的好之理式运用于所有人类处境。由我们已证明的关系表明,在此新的[72]对话系列中,伦理因素占据优势,因为,自然科学本身也通过位于其顶端的好之理式而被伦理化了;所以,世界之建构作为神的作为提供了一个原型,且不论教育、劝诫和统治乃是任何灵魂之事务,灵魂仍然能够在一个非常狭小的空间内只是模糊地按此原型行事;然而,确立并持守具有普遍约束力的秩序,正如任何城邦宪法都应该包括这种秩序于其中,首先是对神的完美而又清楚的模仿。然而,克里提阿斯已开始发表意见,而赫谟克拉底也打算谈论的主题,毫无疑问应该就是伦理问题;唯一肯定的是,如果另外苏格拉底的愿望要因此而获得满足,就需要将他们的说法以比较方式运用于政治生活。由此观点出发,不仅《王制》的全部内容和结构可以得到理解,而且每一位读者都会非常容易弄清楚,此前所有对话为何都指向这篇对话,其中展示的所有线索又如何汇聚于此。然而,柏拉图早在何时就为这篇宏伟的巨著拟订了方案,在某些对话,特别是在少壮时期的作品中,是否收入了后来与《王制》中的教诲有更确切关联的内容,恐怕无法进一步究明。不过,就此很难怀疑的是,在柏拉图撰写《王制》诸卷时,他已决定将《蒂迈欧》和《克里提阿斯》与之联系在一起。

附 录

施莱尔马赫的柏拉图翻译与注释

扬岑(Jörg Jantzen)

柏拉图的主要意图是激发人们自身的思想生成。

一

众所周知,狄尔泰(Dilthey)将施莱尔马赫(Schleiermacher)的柏拉图(Platon)翻译视为语文 - 历史学(philologisch - historischen)方法具有划时代意义的巨大成就;按照他的判断,施莱尔马赫的柏拉图翻译表明了这样一个基础:在此基础之上——至少在德国——近代历史科学(Geschichtswissenschaft)矗立起来,可以说,这门科学是对历史世界的重构,这个重构指明了近代晚期的世界观。

通过他[即施莱尔马赫的柏拉图——扬岑],对古希腊哲学的认识第一次成为可能。因为古希腊哲学的中心人物就是柏拉图;然而,他之所以能够被重新理解,靠的就是深入研究其对话的内在形式及其相互关系。①

可见,施莱尔马赫的成就绝非无足轻重,尽管仅就其在方法上受到

---

① 狄尔泰,《施莱尔马赫生平》(Leben Schleiermachers. 1. Bd. hg. v. M. Redeker. 1. Halbbd. [1768 – 1802], Göttingen 1970 [Gesammelte Schriften. XIII. Bd. 1. Halbbd.]),页37。

狄尔泰极高评价的、对柏拉图作品的深入研究而言,他的成就也使我们联想到施勒格尔(Friedrich Schlegels)关于柏拉图的思考。这些思考,与由施勒格尔率先发起,此后至少又共同策划的行动,的确大有干系,而且这些思考也很好地刻画了此项行动。① 施勒格尔解释了柏拉图的思想之所以没有用系统方式来表述的理由:柏拉图的思想以智性世界与感性世界(Intellektual - und Sinnenwelt)的断然分离为前提,却仍然且并非偶然地寻求弥合智性世界与感性世界的裂痕;因为,柏拉图的思想拥有居于两个世界之间的人类理智(Verstand),却仍然无法消除"对至高者的认识之否定性"(Negativität der Erkenntnis des Höchsten),而只能用形象和比喻的手法来认识神性(Gottheit)与自然的关系:

> 柏拉图作品的精神与形式,现在必须根据这种不允许有真正的哲学体系的观点来解释和描述。柏拉图有哲学,却没有体系。②

对话——施勒格尔用一个美妙的字眼"共同的自我反思"(gemeinschaftliches Selbstdenken)来称呼它③——通过其形式,建构和展示了被如此理解的哲学。对话并非凝结为体系的思考方位(Ort)或方法。

---

① 关于施勒格尔与施莱尔马赫合作的开端,参阅"施莱尔马赫致波克的信(1808年6月18日)"(Schleiermachers Brief an A. Boeckh),见《施莱尔马赫生平》,上引书,页70 - 75;亦参阿恩特(A. Arndt)的文章([中译按]参阿恩特,"施莱尔马赫与柏拉图",见《经典与解释》,28辑,华夏出版社,2009)。

② 《柏拉图的哲学》(Philosophie des Platon),见《校勘版施勒格尔文集》(Kritische Friedrich - Schlegel - Ausgabe, hg. v. E. Behler unter Mitwirkung von J. - J. Anstett und H. Eichner. Paderborn, München und Wien 1958ff. 以下简称KA),XII,页208以下;参阅《柏拉图的特色》(Charakteristik des Platon),KA XI,页119以下。

③ 《柏拉图的特色》,KA XI,页119;《柏拉图的哲学》,KA XII,页207,参阅页210:"柏拉图的对话表达了共同的自我反思。一篇哲学对话不可能是体系化的,因为体系化的对话将不再是对话,而是另外某种受到限制的、体系化的论文,体系化地说话完全是荒谬的,必然显得迂腐不堪。"

"柏拉图无法穷尽其思考",①施勒格尔在此语境中评论道,但他并非以此意指思考的暂时性或思考完全是徒劳,而是将柏拉图的思考本身描述为持续的发展、展开、建构和推进。一种发展自然会抵达其终点,在封闭的体系中就是这种情形,结局在其中得到了证明。然而,柏拉图的思想也可以是这样一种情形:在形式允许的情况下,可以说得更多一些,这样一来柏拉图的思考就是对话的内在关系,也就是整体上向前推进的、本来就不会终结的思想运动的统一性,这种统一性可以代替最终结局。

二

施勒格尔和施莱尔马赫恢复了柏拉图对话作为真正的哲学文本之地位,的确具有划时代意义。我们必须时刻意识到,直至18世纪晚期,柏拉图哲学指的就是"柏拉图主义"(Platonismus),也就是一种通过对所有可能资源的调和与折衷而形成的、滋养了新柏拉图主义 - 教父哲学的融合,这种融合为了基督教教义学(christliche Dogmatik)而征用(requiriet)了"柏拉图"。关于这样一种柏拉图主义,或许令人印象最为深刻的例证,是库德沃斯(Cudworth)著作中并不完全真正属于哲学史的表述。② 当然,还有对柏拉图主义与

---

① KA XII,页209。

② 库德沃斯,《真正智性的世界体系》(*The True Intellectual System of the Universe*, London 1678, repr. Hildesheim 1977)。库德沃斯的著作并未特别针对出自笛卡尔(Descartes)和霍布斯(Hobbes)的近代机械论(Mechanismus)和唯物主义。腾内曼仍将此著作视为对柏拉图思想的概述;同样还有帕克(S. Parker)的《对柏拉图哲学的一个自由而公正的审查》(*A Free and Impartial Censure of the Platonick Philosophie*, Oxford 1666, repr. New York 1985),此人和库德沃斯一样批评了柏拉图,但使用了完全不同的方法,参阅:"因此,(如果我贯彻他们的设计,)我们有理由期待皇家学会(the Royal Society)对自然哲学给予更大推动。"(页45)

基督教学说之密切关系的抨击。接着斯宾诺莎(Spinoza)与西蒙(Simon)①手法老道的圣经文本批评(Bibeltextkritik)和由此而起的关于教义的来源与发展的讨论,例如,苏弗兰(Souverain)指责教父(Kirchenväter)从柏拉图主义中获取基督教的逻各斯学说和三位一体学说(Logos - und Trinitätslehre),因此,它并非完全是基督教的。② 反过来,人们当然也可以指责教父从他们那一方面用基督教玷污了柏拉图的学说。③ 所以,我们必须划出分界线,将基督教的成分与柏拉图的成分,最终也将柏拉图本人与所谓的柏拉图主义者区分开来,就像布鲁克(Brucker)的纲领性意图所表明

---

① [中译按]即 Richard Simon(1638—1912),法国圣经批评家。
② 苏弗兰([J.] Souverain),《柏拉图主义揭秘》(*Le Platonisme Devoilé. Ou Essai Touchant le Verbe Platonicien. Divisé en Deux Parties*, Köln 1700)。1782 年有一个由上述出版社匿名出版的德文译本;译本第二版将洛弗勒(J. F. Chr. Löffler)作为译者和编者:《试论教父的柏拉图主义或柏拉图哲学在一世纪对三位一体学说的影响[……]第二版即增订版附文简短介绍了三位一体学说的歪曲手法》(*Versuch über den Platonismus der Kirchenväter. Oder Untersuchung über den Einfluß der Platonischen Philosophie auf die Dreyeinigkeitslehre in den ersten Jahrhunderten* […] *Zweyte mit einer Abhandlung, welche eine kurze Darstellung der Entstehungsart der Dreyeinigkeitslehre enthält*, Züllichau und Freystadt 1792)。主要为索齐尼派(sozinianisch)所反对的三位一体学说,在神学论战中扮演了重要的角色;其讨论属于德国、至少是谢林的(Schellingschen)唯心主义思想范围。
③ 参阅沃里西斯(J. G. A. Oelrichs),《论柏拉图关于神的学说:基督教与近期柏拉图学者的种种解释和误用》(*Commentatio de dectrina Platonis de Deo a Christianis et recentioribus Platonicis Varie explicata et corrupta*, Marburg 1788)。参阅:"简而言之,柏拉图哲学成了一种科学,人们一会儿用它攻击基督教,一会儿又用它为基督教辩护,然而同时,又成了基督教各宗派彼此间游乐的场所。"腾内曼(W. G. Tennemann),"论柏拉图哲学关于神的理解"(*Ueber den göttlichen Vertand aus der Platonichen Philosophie*),见《回忆:哲学 - 神学杂志》(*Memorabilien. Eine philosophisch - theologische Zeitschrift* […], hg. von H. E. G. Paulus, 1. Stück, Leipzig 1791, S. 36)。

的那样。① 这是恢复柏拉图思想的第一个具有决定性的步骤。然而道路——尽管有比如双桥版(Bipontina)柏拉图译著的一流贡献②——却异常艰难。对柏拉图思想之深邃的抱怨比比皆是,③同时伴随着按照各种规则对柏拉图的秘学(Geheimlehren)所作的推测。④ 鉴于搞不清柏拉图的思想如何以及在何处得到了表达,这种做法也的确过于简单化了。因为,尽管我们了解对话,但既由于其形式对于哲学不必要,确切地说,只会让人眼花缭乱,也由于其难以

---

① 布鲁克(J. J. Brucker),《哲学批评史》(*Historia critica philosophiae*, Bd. 1, Leipzig 1742),页 667 以下;参阅莱布尼兹(G. W. Leibniz),"我们可以确切地谈论柏拉图,因为他有作品行世;通过这些作品就能知道,而不是通过普罗提诺(Plotinus)或斐奇诺([中译按]Marsilius Ficinus,1433 - 1499,早期意大利文艺复兴时期的新柏拉图主义者,用拉丁文翻译了全部行世的柏拉图作品,并仿效柏拉图学园建立了他的'佛罗伦萨学院'),因为我想从饱学之士那里得到的东西甚少。这两个人总喜欢谈论超越和神秘的事物,败坏了这位伟人的学说。"(《哲学著作集》[*Philos. Schriften*, Gerhardt],第七卷,页 147。[中译按]此段引文为拉丁文)

② 《以希腊文存世的柏拉图哲学:根据斯蒂法努斯的版本并严格依照斐奇诺的解释》(*Platonis Philosophi Quae Exstant Graece ad editionem Henrici Stephani accurate expressa cum Marsilii Ficini interpretatione* [⋯], 12 Bde. Zweibücken 1781 -1787);这个版本包括了更为久远的(出自 Fabricius 之手)、内容广泛的文献说明,(由 Heyne 集成的)不同版本的异文说明和铁德曼(D. Tiedemann)很有影响的对话内容概述(《柏拉图对话之理据:揭示与阐明》[*Dialogorum Platonis Argumenta Exposita et Illustrata, Zweibücken* 1786 (= Bd. XII der Bipontina)])。H. Buchner 在谢林(F. W. J. Schelling)的《《蒂迈欧》》(Thimaeus, hg. von H. Buchner, 1794)中有关于双桥版的概述。此著还附有 H. Krings 的一篇文章:"起源与文献"(Genesis und Materie [⋯], Stuttgart 1994),页 6 - 8。

③ 参阅布鲁克(J. J. Brucker),《理式的哲学史》(*Historia Philosophica de ideis* [⋯], Augsburg 1723);氏著,《哲学批评史》(*Historia critica*),前揭,页 659 -668;D. Tiedemman,《柏拉图对话之理据:揭示与阐明》,"序言"。

④ 施托贝格(Fr. L. Stolberg)的《柏拉图对话选》(*Auserlesene Gespräche des Platon*, 1. Theil Königsberg 1796, IV [2. Theil ebd. 1797])就是如此;参阅施勒格尔(F. Schlegel)全盘否定的批评,见《哲学杂志》(*Philosophisches Journal*, hg. von J. G. Fichte und F. I. Niethammer, 5. Bd. 2. H. 1797, S. 192 - 196)。

具体理解的内容不符合传统的形而上学范式,所以,对话看上去不怎么像真正的哲学文本。① 这些文本看上去无非是一些"美妙文句和道德格言"而已。② 因此,如果从对话出发来理解柏拉图思想的尝试,同时假设了一种新的哲学理解,或进而以这样一种哲学理解为基础,就是唯一"合乎逻辑的"做法。就此,首先要提到滕内曼(Tenneman)的名字,他通过研究认识能力(Erkenntnisvermögen),找到了柏拉图思想的起点,并由此引向对理式论(Ideenlehre)的重构。③ 关于柏

---

① 戈德斯(J. Geddes)的《论古人尤其是柏拉图的写作结构与样式》(*An Essay on Composition and Manner of Writing of the Ancients, Particularly Plato*, Glasgow 1748)是一个例外;施莱尔马赫毋宁对此持否定性评价:"因为此人的全部发现就在于某些柏拉图对话相互阐发",见下文 I 1,A25。

② 参阅施莱尔马赫《柏拉图文集》"总论"(I 1,A 11)。《蒂迈欧》看来是个例外,它公开指明了关于神、世界及其起源的隐微学说。参阅铁德曼(D. Tiedemann):"尤其应当毫不怀疑地将这篇对话视为柏拉图的作品,其中以最准确的论证和最高的确定性,探讨了神、世界的本质和起源、人与动物的构造,由此我们可以正确地把握全部哲学理论的抽象内容。"(双桥版,卷 XII,页 302)关于《蒂迈欧》的解释因此具有特殊意义;在此,这种新的、尤其是由滕内曼所引出的柏拉图理解,必须受到检验。

③ 腾内曼(W. G. Tennemann),《柏拉图的哲学体系》(*System der Platonischen Philosophie*, Leipzig 1792–1795),卷四;参阅卷 1,页 256 及其以下,260 以下(=援引了《斐多》[*Phaidon*],99d 以下);亦参氏著,"用表象能力理论尝试解释一段柏拉图的《蒂迈欧》"(*Versuch, ein Stelle aus dem Timäus des Plato durch die Theorie des Vorstellungsvermögens zu erklären*),见《新哲学杂志》(*Neues Philosophishes Magzin* [⋯], Hg. von J. H. Abicht u. F. G. Born),卷 2,1790,页 1–70。系统概述除了滕内曼,首先应提到 D. Tiedemann 的《思辨哲学的精神》(*Geist der spekulativen Philosophie*, Marburg 1791),卷 2,页 63–198。然而铁德曼很大程度上与传统的解释密切相关;亦参氏著,《柏拉图对话之理据:揭示与阐明》,前揭书。布勒(J. G. Buhle)推进了滕内曼的柏拉图解释:《哲学史教程》(*Lehrbuch der Geschichte der Philosophie* [⋯], 2. Th., Göttingen 1797)中的"关于滕内曼的未成文学说概念"一节(参阅《柏拉图的哲学体系》,页 264及其以下,还有施泰纳(P. M. Steiner)的文章([中译按]参施泰纳,"关于施莱尔马赫的柏拉图的论争",见《经典与解释》,28 辑,华夏出版社,2009)。

拉图的新观点并非出于偶然。它反映了康德的"哥白尼式的转向"(Kopernikanische Wende),其后果是全新地发现柏拉图是理智性的哲人(Intellektualphilosoph),① 此外它还涉及赖因霍尔德(Reinhold)。在其所有作品中,赖因霍尔德愿意用表象能力(Vorstellungsvermögen)这个概念来思考理性本身(Identität der Vernunft),而这一概念在滕内曼那里则是解释柏拉图的关键概念,也就是柏拉图思想的最高原则,对于他而言这个原则乃是一场革命。②

三

这种新的柏拉图理解,通过施莱尔马赫的翻译,获得了一个确定的表达和一个稳固的基础。③ 施莱尔马赫的翻译当然不是柏拉图对话第一次译成德文——相反:18 世纪末的大量翻译证明对柏拉图的兴趣已然高涨。④ 然而,施莱尔马赫的翻译在根本方法上与

---

① 康德,《纯粹理性批判》,A853 以下。
② 腾内曼,《柏拉图的哲学体系》,卷 1,页 261,前揭书。
③ 参阅波克发表于《海德堡文学年鉴》(*Heidelgergische Jahrbücher der Literatur*, 1. Jg., 5. Abt., 1 – 3. Heft. Heidelberg 1808, S. 81 – 121)上的书评。亦参 E. Zeller,《历史进程中的古希腊哲学》(*Die Philosophie der Griechen in ihrer geschichtlichen Entwicklung*, 2. Th. 1. Abth., 2. Aufl. Tübingen 1895, S. 323):"然而,关于[一种秘密学说——扬岑]的想象,自施莱尔马赫开始可以休矣"。
④ 参阅克劳科(J. F. Kleuker)译,《柏拉图作品》(*Werke*, 6 Bde., Lemgo 1778 – 1797);F. L. Stolberg 译,《柏拉图对话选》(*Auserlesene Gespräche*, 3 Bde., Königsberg 1796 – 97);J. G. Schlosser 译,《柏拉图关于叙拉古城邦革命的书简,随附历史性引论与注释》(*Plato's Briefe über die Syrakusanische Staats – Revolution nebst einer historischen Einleitung und Anmerkungen*, Königsberg 1795)。Schlosser 这部具有革命性的批评著述也与康德论战,成为康德撰写"论哲学中新近甚嚣尘上的一种声音"(von einem neuerdings erhobenen vornehmen Ton in der Philosophie, Berlin. Monatsschrift, Bd. 27, 1796, 384 – 426 = AA VIII, S. 387 – 426)一文的动因,康德在这篇文章里表达了他对柏拉图的基本看法。

这些翻译截然不同。如其所言,他的翻译用德语复述了"原作"。复述确切地说是更为准确地理解柏拉图的思想,因此,翻译工作包括可靠的语文学文本校勘,同时还就德语表达是否符合哲学观念做了反思。① 施莱尔马赫的翻译几乎就是原作用古希腊文表述的思想的德语翻版。施莱尔马赫也时遭诟病,譬如说,他对柏拉图丰富的小品词和复杂长句格式的模仿,尽管十分高超,但这种徒然的模仿于理解无益。② 然而,这种反对意见并未认识到,柏拉图的思想恰恰是通过丰富的小品词等内容表达出来的,也正寓于这种表达之中。此外,施莱尔马赫的翻译成就非凡;时至今日,它仍必须作为权威的德语柏拉图文本,并不断再版。③ 然而,更值得注意或尤为特别的是一种不严谨的态度,人们就是以此态度来对待施莱尔马赫译本的:无数次再版几乎每一次都可靠地回到了施莱尔马赫的文本,但差不多总是将施莱尔马赫的引论和注释删除。④ 很明显,编者认为这些内容过时了,当然也就忽略了一点:正是通过这些内容,施莱尔马赫详细表述了他对文本的理解,并证明了这种理解的合法性。

---

① 参阅《柏拉图文集》(*Platons Werke*, Berlin 1804),第一部分第一卷,页373,关于《斐德若》237 b7 中的 *idéa*[理式] 的译注:"*idéa* 的内涵并不是普遍性(Allgemeinheit),因此,*idéa ἄρχουσα καὶ ἄγουσα*[支配性的或驱动性的理式]是一种驱动力(Trieb),通过这些词语,恰恰任何普遍之物(jenes Allgemeine)都能够被渴望(Begehrungsvermögen)";关于《游叙弗伦》6e4 的译注:"上文两次将 *idéa*[理式]直译成了形(Gestalt)。在此,我已对这个原初的、对我们也很普通的词作了说明,因为在讨论中柏拉图引入了这个词,并使其回复到了最原初的含义。"

② 参阅阿佩尔特(O. Apelt),《柏拉图对话全集》(*Platon. Sämtliche Dialoge*, Hamburg 1988, neudruck von 1919),卷一,页 V 以下。F. A. Wolf 嘲笑施莱尔马赫"蜜糖似的长句"(Sirupsperioden)(《施莱尔马赫生平》,前揭书,下卷,页 111)。

③ 尽管阿佩尔特和鲁费纳(Rufener)的译本也值得赞赏。

④ 比如 Rowohlt 版就缺少《斐多》74c7—d2 一段话。谨慎的是柏林科学院版(Akademie–Verlag Berlin),在第二版修订本依原样恢复了"引论",至少还提到了施莱尔马赫的"注释"。

尽管他本人并不想将引论和注释视为一种评注,①但这是他说话有分寸(untertreibt)。尤其是这些注释,完全可以视为一个个小评注。平均每一卷至少包括六十页引论和评注(平均算来,包括引论在内约有550页);②正文篇幅相应地就显得小了。

施莱尔马赫将他的翻译建立在注释的基础之上。他列举了自己所依据的文本版本,校订了文本异文(Lesarten),做出自己的补正并说明理由,有时候,他也承认对文本内容迷惑不解。③ 通常情况下,他依据双桥版,但也参照菲舍尔版(Fischer)、比斯特版(Biester)和布特曼版(Buttmann)。然而,可能时他会追溯到海茵道夫(Heindorf)的版本,④他与海茵道夫和施帕丁(Spalding)⑤一道,互不依

---

① 参阅:"这些引论和注释绝不要求成为一种评注,相反应当特别只对柏拉图对话的内在和外在关系作出非常必要的说明,它们部分应当支持单篇对话中的那些观点,部分应当阐明较不熟悉对话内容的读者可能不大理解的内容。"详见下文 I 1,A V 以下。需要提及由道伯森(W. Dobson)翻译的这些引论的英文版(Cambridge/London 1836)。关于施莱尔马赫的柏拉图理解,除了这些引论和注释,首先要数手稿"论柏拉图"(*Zum Platon*, hg. von Günter Meckenstock),见 KGA,I 3,页 343 – 375;参阅"编者导言",同前,页 XCVICVI,以及致波克的长信,见狄尔泰,《施莱尔马赫生平》,前揭书,页 70 – 75。

② 联系第一版。普遍强调的是《泰阿泰德》(*Theaitetos*)与《斐勒布》(*Philebos*)的"注释"。

③ 比如对于《治邦者》(*Politikos*)272e("地里的种子"[Samen für die Erde])。

④ 海茵道夫在《柏拉图对话选》(*Dialogi selecti*, 4 Bde., Berlin, 2. von I. Bekker bearb. Aufl. 1872 – 1829)中编订了《吕西斯》《卡尔米德》《希琵阿斯前篇》《斐德若》(1802)、《高尔吉亚》《泰阿泰德》(1805)、《克拉提洛斯》《欧蒂德谟》《帕默尼德》(1806)、《斐多》(1809)、《普罗塔戈拉》、《智术师》(1810)。

⑤ [中译按]海茵道夫(Ludwig Friedrich Heindorf, 1774 – 1816),德国古典语文学家,布雷斯劳(Breslau)大学教授,普鲁士科学院成员,专注于柏拉图研究,编有拉丁文评注《柏拉图对话选》四卷,另编有西塞罗(Cicero)《论神性》(*De natura deorum*, Leipzig, 1815)及贺拉斯(Horaz)《讽刺诗集》(*Saturae*, Leipzig, 1815)。施帕丁(Georg Ludwig Spalding, 1762—1811),德国古典语文学家,

赖地详尽贯通了对话的古希腊文本。① 但施莱尔马赫仍保持了独立性。

比如,关于《斐多》的中心段落(74b8),他不赞成海茵道夫的看法,他的理解以广泛的注释为基础。柏拉图在此解释了回忆(Wiedererinnerung)这个概念,同时对相同的事物,比如相同的石头或相同的木头,与相同本身(ein Gleiches selbst, αὐτὸ τὸ ἴσον, 74a10)做了区分。每当我们看到这些事物,这个相同本身都将被理解为与这些事物(确切地说,与它们的相同性[von ihrer Gleichheit])有一种区分(Verschiedenes, ἕτερόν τι [绝对的另一个]),也就是"与这些事物分离"(aus ihnen, ἐκ τούτων)。究其理由,柏拉图指出,相同的木头或石头初看上去是一样的(gleich),随后又被认为是不一样的(ungleich),没有其他理由。施莱尔马赫对此做了确切解释:这并非说,有些事物与其他事物相同又不同,这也不是说,这样的判断(Urteile)可能是"主观的"(subjektiv);因为,无论如何这与判断(Urteil)有关(这是对 φαίνεσθαι 的正解,a7。[中译按] φαίνεσθαι 即 φαίνω[显现,显得]的被动态不定式),通过判断就涉及比如相同性

普鲁士科学院教授,编订过狄摩斯蒂尼(Demosthenes)和昆体良(Quintilian)的作品。

① "译者的朋友施帕丁和海茵道夫,通过发现正确的解释和提前对过失给予警告,对译者做出了巨大贡献",见下文施莱尔马赫《柏拉图文集》"总论"(I 1, A V);施莱尔马赫也在柏拉图译著的广告中提到了施帕丁和海茵道夫:"[⋯]两位可靠而亲密的人,施帕丁和海茵道夫,承诺给予我建议和支持",见《施莱尔马赫生平》,前揭书,页3以下。特别密切的是与海茵道夫的合作(Ludwig Friedrich Heindorf, 1774—1816, 1796年任柏林科尔隆文科中学[Köllnischen Gymnasium in Berlin]副校长, 1810年在柏林任古典语文学教授,后在布雷斯劳和哈勒任教授);参阅"就这篇对话[《帕默尼德》],我的朋友海茵道夫曾与我共同作了仔细研究,但就许多文本修订却无法进一步确定应归功于谁或谁的功劳有多少。[⋯]但他的功劳最大,只有他有资格拥有这份功劳。"(第一部分第二卷,页401);亦参《施莱尔马赫生平》,前揭书,下卷。

(Gleichheit)。这些事物在判断中被认为是"本身相同的事物"(Gleiche selbst, αὐτὰ τὰ ἴσα);而在另一个判断中,它们则成了不同的事物。相反,相同性(Gleichheit, ἰσότης)永远只能表述为相同性(Gleichheit),而不能表述为非相同性(Ungleichheit, ἀνισότης)。从逻辑意义上讲,事物落在了(zurückbleiben)谓词(Prädikat)或概念(Begriff)的后面(hinter),从事物中(从认识论上讲完全正确!)概念被表述出来。人们不必完全接受施莱尔马赫的解释;然而,他的确一语中的:相同的事物就其相同性(Gleichheit)而言,表明它们是αὐτὰ τὰ ἴσα[本身相同的事物],这是正确的也是准确的;因为,当我们说"X 与 Y 相同"时,我们当然指它们是"相同的"(gleich),然而,并非在任何情况下都是如此,因此,要把单数的、无法比拟的αὐτὸ τὸ ἴσον[相同本身]与复数的αὐτὰ τὰ ἴσα[本身相同的事物]区分开来。①

关于《斐多》中这个段落的提示仅仅是一个例证,目的在于表明,注释部分中的洞见永远都值得一看(且不论此洞见首先使对译

---

① 《柏拉图文集》(*Platons Werke*, Berlin 1809),第二部分第三卷,页 468-470。海茵道夫是这样解释αὐτὰ τὰ ἴσα的:"相等(aequalitatis)或相同(similitudinis)概念之内涵并非一(unum),而确切地指向二(duo)"(有删节);如果我们问,理式(Idee)与相同性(Gleichheit)是不是一回事,人们必定有多种说法;Archer - Hind[中译按:即 Richard Archer - Hind, 1849—1910,英国古典学家,译注过柏拉图对话]也这样认为;伯内特(Burnet)[中译按:即 John Burnet, 1863—1928,苏格兰古典学家,由他编订的"牛津古典"《柏拉图全集》迄今仍为权威版本]和哈克福斯(Hackforth)类似,两人都猜测αὐτὰ τὰ ἴσα是数学的对象。关于这个("[…]对理解理式[Forms]理论至关重要的")段落的简短概述,参阅伽洛普(D. Gallop)译注,《柏拉图的〈斐多〉》(*Plato*, *Phaedo*, Oxford 1975),页 121 以下。新近 Wedin 与笔者的看法与施莱尔马赫差不多一致(但区分了ἰσότη[Eigenschaft,特性]与αὐτὸ τὸ ἴσον[Idee,理式])。

文的普通理解成为可能①);还有大量进一步的段落值得参考。下面只简单列举几例:

——关于《美诺》(Menon)中有关数学段落的评注;②

——关于《帕默尼德》文本校勘的注释和关于《智术师》244b 以下的整体(Ganze)概念的注释;③

——关于《王制》(Politeia)的注释,比如,关于勇敢(Tapferkeit,429a 以下),或关于好与兴趣的关系问题(505b 以下),以及关于辩证法段落的注解(525a 以下)。④

---

① 由艾格勒(G. Eigler)在科学出版社(Wissenschaftlichen Buchgesellschaft)编辑出版的柏拉图作品,迂腐地抓住施莱尔马赫的译本与 Budé 本原文之间的差异不放,然而,在人们硬说施莱尔马赫是 varia lectio[另类阅读]或误读之前,应当先看看他的注释。比如:由身体美所引导的热望(Begierde)从它的对象,即身体那里获得了自己的名字,被称为爱(Liebe),《斐德若》238c——这句话并没有按字面直译。施莱尔马赫手头当然没有另一种柏拉图文本,而是他想用德语的 Leib(身体)和 Liebe(爱)来重现希腊语中 ῥώμη[力]与 ἔρως[爱]之间拼写上的对应(Korrespondenz):"在原文中,ἔρως 与 ῥώμη,即爱与力,是一个文字游戏[……]。由于无法重现其原意,而这段话又不能省略,因此最好的办法就是模仿我们的一位诗人。参见小施勒格尔(A. W. Schlegel)[中译按:即 August Wilhelm von Schlegel, 1767—1845,德国诗人、翻译家、哲人,Karl Wilhelm Friedrich von Schlegel 之弟]的《诗集》[中译按:指 Gedichte, Tübingen 1800],页 205。"见《柏拉图文集》(Platons Werke, Berlin 1804),第一部分第一卷,页 374。

② 《柏拉图文集》(Platons Werke, Berlin 1805),第二部分第一卷,页 517-520;关于缪勒(J. W. Müller),《关于柏拉图作品中两个模糊段落的评注:一个出自〈泰阿泰德〉,另一个出自〈美诺〉》(Commentar über zwei dunkle Stellen in Plato's Schriften, wovon die eine im Teaetet und die andere im Meno vorkommt, Nürnberg 1797)。

③ 《柏拉图文集》(Platons Werke, Berlin 1807),第二部分第二卷,页 491 以下;亦参同上,页 495,关于辩证法段落 253d5 的注释。施莱尔马赫指点我们参阅 253c 和 254b,他正确地认识了存在(Sein)、差别(Verschiedenheit)、静止与运动(Ruhe und Bewegung)等概念。

④ 《柏拉图的〈王制〉》(Platons Staat, Berlin 1828),页 551 以下;页 570 以下(认为《斐勒布》的写作时间要早于《王制》!);页 578 以下。

通过对《斐勒布》30e 的解释,施莱尔马赫成为迄今仍在延续的评注传统的共同奠基人,①这个传统值得遵循。双桥版②在此并没有指出γενούστης的其他异文(Lesarten)。这明显是《斐勒布》30e1 中流传下来新柏拉图主义的生造词,而且仅此一例(牛津大学图书馆索引[Cod. Bodleianus]为γένους τῆς)。这个注解(Scholium)用ἔκγονος说明了γενούστης这个词(参阅斐奇诺[M. Ficino]的成果)。③ "形而上学的"或不加批评的柏拉图解释的代言人普莱辛(Plessing),也引证了前面的观点:"因此我们发现,柏拉图十分清楚地对理智(noys)与最高的本质(Wesen)做了区分,并将理智表述为一种依赖性的和产生出来的自然(Natur)。"④然而,对此异文(Lesung)并非没有争议;在 1789 年的匿名书评中,普莱辛选择替代γενούστης的是:γενός τι。⑤ 在谢林(Schelling)遗著中公开的、写于 1794 年的《〈蒂迈欧〉评注》中,提到了这场争论:他抓住γενούστης,却尝试做出新的解释:"[…]理智(Verstand)是一般的因果关系之一种(Kind),也就是说,理智源于这种因果关系(diesem[sic,原文如此]),在此因果关

---

① 《柏拉图文集》(*Platons Werke*, Berlin 1809),第二部分第三卷,页 482 以下。

② 前揭书,卷四,页 248。

③ 施塔尔鲍姆(G. Stallbaum)编,《柏拉图文集》(*Platonis opera* […] Editio stereotypa. Leipzig 1850),页 663。

④ 普莱辛《试论最古老的古代关于哲学的解释》(*Versuche zur Aufklärung der Philosophie des ältesten Altertums*, Leipzig 1788),卷 1,页 289 以下。

⑤ 《大众文学报》(*ALZ*),1789 年 3 月 7 日,第 72 期,572 – 576 栏,第 576 栏。法兰克福版(*Platonis opera omnia* […], Frankfurt 1602)有此异文,J. F. Fischer 也指出了此异文(*Platonis dialogi duo Philebus et Symposium* […], Leipzig 1776, z. St)。普莱辛在其研究的卷 2 中再次引证了双桥版的异文(前揭书,卷 2,第二部分,Leipzig 1790,页 744 以下)。亦参 J. G. A. Oelrichs,《关于柏拉图的神的学说的评注》(*Commentatio de doctrina Platonis de Deo* […], Marburg 1788),他否认理智(noys)和心灵(Psyche)是神性的本质(Hypostasen)。

系中是一个种概念(Gattungsbegriff)。我远为认可这种解释。"①施莱尔马赫主张是 γένους τῆς;②贝克(Bekker)则删除了τῆς;伯内特(Burnet)又接受了τῆς(或许还接受了 d3 的 αἰτίας,并首先予以采纳)。施塔尔鲍姆(Stallbaum)重又采用了 γενούστης;阿佩尔特(Apelt)也一样,他(就像丁道夫[Dindorf])认为要将这个异文视为柏拉图的"语言冒险"(sprachliches Wagnis),这就好比用德语的文字游戏,将 Verstand(理智)恢复为 Urvorstand(原初支配者)。哈克福斯(Hackforth)(就像巴德汉姆[Badham]在他之前)则读成了 γένεας τῆς("that mind belongs to the family of what we called the cause of all things"[理智属于我们称其为所有事物之原因的那个科]),并由此给出了对这个古老问题的不二解答,尽管也对文本产生了深刻影响。③

因此,施莱尔马赫"注释"的哲学内涵,当然是取之不尽的;但靠这些指点,也只能点出哲学的内涵而已,我们必须通过对柏拉图的文本的实际研究来经验其哲学内涵。"注释"另外也特别对人物、地方、事件、仪式与节日做出确凿说明;"注释"还指明了文学影射和箴言的内涵,记录了对话中的平行段落,并确定在何处另外使用第二手文献会富有成效。尤其是这些注释突显了施莱尔马赫译

---

① 谢林,《蒂迈欧》(Timaeus 1794, hg. von H. Buchner, Stuttgart 1994),页 66;谢林首先注意到:"γενούστης 这个异文,为最好的修订文本所认可。而 γενός 这个异文是出于一种误解[而并非 γενός 这个异文也非常有可能]。"

② "在进而提供另一个句子之前,没有人会被说服仅仅凭其表面就能接纳像 γενούστης 这样一个构形糟糕的词。这个词的确糟透了。"(前揭书,页 482 以下)

③ 哈克福斯(R. Hackforth),《柏拉图的〈斐勒布〉》(Plato's Philebus. Transl. with an Introduction and Commentary, Cambridge 1972 [1945]),页 57。Rivaud/Diès(Budé)认为是 γενούς τις,并用《智术师》235b5/6 为这个异文作了辩护(《斐勒布》中这个奇怪的属格[Genitiv]几乎不合规则,参阅《智术师》:τις εἰς);Gosling(施莱尔马赫前揭书,页 99)确定 γενούστης 这个异文是一种败坏,并读作:γένους τοῦ πάντων αἰτίου[作为所有事物的原因的属]。

作的重要性;因为,还没有谁在他之前像他一样就文本理解和解释问题做过说明。这些注释本身就意味着一种最初的承诺——以一个理解和评注的、博学的德语传统为根据,通过数代人就文本进行追根究底的对话,这个承诺能够也应当意味着具有典范性的哲思(das philosophieren)。因为,只有文本而非别的什么才是哲学的源泉和表达,根据康德的命令(Diktum),则无法了解这些文本,我们还必须补充一句来反对康德:这些文本也不是历史性的。因为,历史资料是流传下来的文本,必须予以把握、理解、注疏、解释,由此以求直接领会哲思(das philosophieren)。且不论施莱尔马赫身后,每一个承诺在何种程度上得到了履行,眼前这个版本([中译按]指Meiner版[1996]),无论如何是对此承诺的一个提醒——这是一项持久的任务。

研究文献选目

一、施莱尔马赫：文集、单篇文章和书简

F. D. E. Schleiermacher,《批评版全集》(*Kritische Gesamtausgabe*, hg. v. H. – J. Birkner, G. Ebeling, H. Fischer, H. Kimmerle, K. – V. Selge. Abt. I：Schriften und Entwürfe; Abt. V：Briefwechsel und biographische Dokumente. Berlin und New York 1980ff.)

——,《批评迄今为止的伦理学的基本方针》(*Grundlinien einer Kritik der bisherigen Sittenlehre*, Berlin 1803)

——,"关于柏拉图翻译的广告"(Anzeige, die Übersetzung des Platon betreffend), 见《大众文学报》的"知识界"专栏(*Intelligenzblatt der Allgemeinen Literaturzeitung*), 1804年2期, 13栏以下

——,"关于翻译的不同方法"(Über die verschiedenen Methoden Übersetzens, 1813), 见《施莱尔马赫文集 III》(*Schleiermacher Werke* III, 2 [1838]), 页207 – 245; 重印见 H. Störig 编,《翻译问题》(*Das Problem des Übersetzens*, Darmstadt 1963), 页38 – 70

——,"关于哲人苏格拉底的世界"(Über den Werth des Sokrates als Philosophen, 1818), 见《施莱尔马赫文集 III》, 页297以下; 重印见 A. Patzer 编,《历史上的苏格拉底》(Der historische Sokrates, Damstadt 1987), 页41 – 58

——,《解释与批评》(*Hermeneutik und Kritik*, hg. und eingl. von Manfred Frank, 1. Aufl. 1977)

——,《辩证法》(*Dialektik* (1811), hg. von Andreas Arndt, Hamburg 1986 (Philosophische Bibliothek Bd. 386))

——,《辩证法》(*Dialektik* (1814/15), Einleitung zur Dialektik,

hg. von Andreas Arndt, Hamburg 1988 (Philosophische Bibliothek Bd. 387))

《书简中的施莱尔马赫生平》(*Aus Schleiermacher's Leben*. In Briefen. Bd. 1 – 4, Berlin 1860 – 1863 [Bd. 1 und 2 in 2. Aufl.)]

《施莱尔马赫与盖斯的通信集》(*Fridrich Schleiermacher: Briefwechsel mit J. Chr. Gaß*, Berlin, 1852)

二、哲学史与引论诸版本

F. Schleiermacher,《施莱尔马赫全集·第三部分:哲学著作》:"第四卷第一部分:施莱尔马赫遗著,论哲学","第二卷第一部分:哲学史",出自由里特尔编辑的施莱尔马赫遗著手稿(*Friedrich Schleiermacher's Sämmtliche Werke. Dritte Abtheilung. Zur Philosophie. Vierten Bandes erster Theil. Friedrich Schleiermacher's Literaischer Nachlaß. Zur Philosophie. Zweiten Bandes erste Abtheilung. Geschichte der Philosophie. Aus Schleiermachers handschriftlichem Nachlasse herausgegeben von H. Ritter*, Berlin 1839)

Platon,《柏拉图文集》(*Platon – Werke*, übers. mit Einleitung und Anm. von F. Schleiermachr, 1. Aufl. 5 Bde., Berlin 1804 – 1810, 2. verb. Aufl. 6 Bde., Berlin 1817 – 1828, 3. unveränd. Aufl. 6 Bde., Berlin 1855)

F. Schleiermacher,《柏拉图对话引论》(*Introduction to the Dialogues of Plato*, translated from German by William Dobson, 1836, repr. New York 1874)

H. Conrad 编,《柏拉图作品选:施莱尔马赫德译》(*Platons Ausgewählte Werke*. dt. von Schleiermacher, München 1919)

K. Gaiser 编,《柏拉图形象:柏拉图理解十论》(*Das Platonbild. Zehn Beiträge zum Platonverständnis*, Olms in Hildsheim 1969),页 1 – 32(引论 I 1 据第三版)。

Platon,《柏拉图文集》(*Werke*, in der Übers. von F. D. E.

Schleiermachr, hg. i. Auftr. d. Zentralinst. für Philosophie d. Akad. d. Wissensch. der DDR, u. d. Leitung v. J. Irmscher, durchges. v. R. Steindl [u. C. Krebs. Bd. I 1], Berlin 1984 – 1989)

三、1800 年左右及此前的柏拉图文献

F. Ast,《论柏拉图的〈斐德若〉》(*De Platonis Phaedro*, Jena 1801)

——,《柏拉图的生平与著述》(*Platons Leben und Schriften*, Leipzig 1816)

I. Bekker,《柏拉图对话》(*Platonis Dialogi*, graece et latine, in drei Teilen und acht Bänden, Berlin 1816 – 1818)

A. Boeckh,"施莱尔马赫的《柏拉图文集》书评"(Rezension von Platon – Werke, F. Schleiermacher),见《海德堡文学年鉴》(*Heidelbergische Jahrbücher der Literatur*, 1. Jg., 5. Abt., 1 – 3 Heft, Heidelberg 1808),页 81 – 121

J. Brucker,《哲学批评史》(*Historia critica philosophiae*, tom. 1, Leipzig 1742)

J. G. Buhle,《哲学史教程》(*Lehrbuch der Geschichte der Philosophie* [⋯], 2. Th., Göttingen 1797)

J. Cornarius,《柏拉图对话全集章句》(*Eclogae in Dialogos Platonis omnes*, nunc primum separatism editae, cura J. F. Fischeri, Leipzig 1771)

R. Cudworth,《真正智性的世界体系》(*The True Intellectual System of the Universe*, London 1678, repr. Hildesheim 1977)

A. Dacier,《柏拉图全集》(*Les œuvres de Platon, traduites en François*, avec des remarques [= Bibliotheque des anciens philosophes], Bde. 1 – 2, Paris 1699, Bde. 3 – 5, Paris 1771)

J. F. Degen,《德译希腊文学作品》(*Litteratur der deutschen Übersetzungen der Griechen*, 2 Bde. Altenburg 1797)

J. A. Eberhard,《用于学术讲座的普通哲学史》(*Allgemeine Geschichte der Philosophie zum Gebrauch akademischer Vorlesungen*, Halle, 1. Aufl. 1788, 2. verb. Aufl. 1796)

J. J. Engel,《试论由柏拉图对话发展出一种理性学说的方法》(*Versuch einer Methode die Vernunftlehre aus platonischen Dialogen zu entwickeln*, Berlin 1780)

J. Geddes,《论古人尤其是柏拉图的写作结构与方式》(*An Essay on Composition and Manner of Writing of the Ancients, Particularly Plato*, Glasgow 1748)

G. W. F. Hegel,《哲学史讲演录》(*Vorlesungen über die Geschichte der Philosophie* II [= Werke Bd. 19], Frankfurt/M. 1971)

L. F. Heindorf,《柏拉图集释》(*Specimen contiecturam in Platonem*, Halle 1798)

——,《柏拉图对话选》(*Dialogi selecti*, 4 Bde., Berlin, 2. von I. Bekker bearb. Aufl. 1872 – 1829)

K. F. Hermann,《柏拉图哲学的历史与体系》(*Geschichte und System der Platonischen Philosophie*, Bd. 1, Heidelberg 1839)

——,"关于柏拉图的写作动机"(*Über Plato's schriftstellerische Motive*, 1849),见氏著,《论文集》(*Gesammelte Abhandlungen und Beiträge* XIII, Göttingen 1849),页 281 – 305

I. Kant,《纯粹理性批判》(*Kritik der reinen Vernunft*, 1. Aufl. Riga 1781, 2. Aufl. 1787)

——,"论哲学中新近甚嚣尘上的一个声音"(von einem neuerdings erhobenen vornehmen Ton in der Philosophie),见《柏林月刊》(*Berlin. Monatsschrift*, Bd. 27, 1796, 384 – 426 = AA VIII, S. 387 – 426)

J. K. Kleuker 译,《柏拉图文集》(*Platon – Werke*, 6 Bde., Lemgo 1778 – 1797)

G. W. Leibniz,《哲学著作集》(*Philosophische Schriften*, ed. Gerhardt Bd. VII)

J. W. Müller,《关于柏拉图作品中两个模糊段落的评注:一个出自〈泰阿泰德〉,另一个出自〈美诺〉》(*Commentar über zwei dunkle Stellen in Plato's Schriften, wovon die eine im Teaetet und die andere im Meno vorkommt*, Nürnberg 1797)

J. G. A. Oelrichs,《论柏拉图关于神的学说:基督教与近期柏拉图学者的种种解释和败坏》(*Commentatio de dectrina Platonis de Deo a Christianis et recentioribus Platonicis Varie explicata et corrupta*, Marburg 1788)

S. Parker,《对柏拉图哲学一个自由而公正的审查》(*A Free and Impartial Censure of the Platonick Philosophie*, Oxford 1666, repr. New York 1985)

Plato,《柏拉图全集》(*Platonis Opera*, Editio Bipontina (= Zweibücker Ausgabe, hg. von der Societas Bipontina), 11 Bde., Zweibückern 1781 – 1787),卷 12:《柏拉图对话之理据:揭示与阐明》(12 Bd. 12: *Dialogorum Platonis Argumenta Exposita et Illustrata*, von Dietrich Tiedemann 1786)

F. V. L. Plessing,《试论最古老的古代关于哲学的解释》(*Versuche zur Aufklärung der Philosophie des ältesten Altertums*, 1. Bd., Leipzig 1788)

F. W. J. Schelling,《论〈蒂迈欧〉》("*Thimaeus*", hg. von H. Buchner, 1794)。此著还附有 H. Krings 的一篇文章:"起源与文献"(Genesis und Materie [...], Stuttgart 1994)

F. Schlegel,"施托尔伯格的《柏拉图对话选》批评"(Kritik zur Stolbergs Auserlesene Gespräche des Platon, 1. Theil Königsberg 1796),见《哲学杂志》(*Philosophisches Journal*, hg. von J. G. Fichte und F. I. Niethammer, 5. Bd. 2. H. 1797, S. 192 – 196)

——,《批评版施勒格尔文集》(*Kritische Friedrich – Schlegel – Ausgabe*, hg. v. E. Behler unter Mitwirkung von J. – J. Anstett und H.

Eichner. Paderborn, München und Wien 1958ff.)

J. G. Schlosser 译,《柏拉图关于叙拉古城邦革命的书简:随附历史性引论和注释》(*Plato's Briefe über die Syrakusanische Staats - Revolution nebst einer historischen Einleitung und Anmerkungen*, Königsberg 1795)

[J.] Souverain,《柏拉图主义揭秘》(*Le Platonisme Devoilé. Ou Essai Touchant le Verbe Platonicien. Divisé en Deux Parties*, Köln 1700)

——,《试论教父的柏拉图主义或柏拉图哲学在一世纪对三位一体学说的影响》(*Versuch über den Platonismus der Kirchenväter. Oder Untersuchung über den Einfluß der Platonischen Philosophie auf die Dreyeinigkeitslehre in den ersten Jahrhunderten*, vermehre Auflage, übers. und bearb. von J. F. Chr. Löffler, Züllichau und Freystadt 1792),第二版附有一篇论文,简短介绍了三位一体学说的歪曲手法。

G. L. Spalding,"柏拉图论美德之基础:《王制》"(Plato über den Grund der Sittlichkeit, aus seiner Republik),见《柏林月刊》(*Berlinische Monatsschriften* 18 [1791]),页 62 - 95

G. Stallbaum 编,《柏拉图文集》(*Platonis opera* […] Editio stereotypa. Leipzig 1850)

F. Sydenham,《柏拉图作品纲要或概观》(*A Synopsis or General View of the Works of Plato*, London 1759)

Friedrich L. Graf zu Stolberg,《柏拉图对话精选》(*Auserlesenen Gespräche des Platon*, 3 Teile, Königsberg 1796 - 97)

W. G. Tennemann,"用表象能力理论尝试解释一段柏拉图的《蒂迈欧》"(Versuch, ein Stelle aus dem Timäus des Plato durch die Theorie des Vorstellungsvermögens zu erklären),见《新哲学杂志》(*Neues Philosophishes Magzin* […], Hg. von J. H. Abicht u. F. G. Born),卷 2,1790,页 1 - 70

——,《苏格拉底关于永生的教诲和判断》(*Lehren und Meinun-*

gen der Sokratiker über Unsterblichkeit, Jena 1791)

——,"论柏拉图哲学关于神的理解"(Ueber den göttlichen Vertand aus der Platonichen Philosophie),见《回忆：哲学 - 神学杂志》(Memorabilien. Eine philosophisch - theologische Zeitschrift […], hg. von H. E. G. Paulus, 1. Stück, Leipzig 1791, S. 36)

——,《柏拉图的哲学体系》(System der Platonischen Philosophie, 1. Bd., Leipzig 1792)

D. Tiedemann,《思辨哲学的精神》(Geist der spekulativen Philosophie, 2. Bd.：Sokrates bis Carneades, Marburg 1791)

——,《〈泰阿泰德〉，或论人的知识；论理性批判》(Theätet, oder über das menschliche Wissen; ein Beitrag zur Vernunftkritik, Frankfurt/M. 1794)

E. Zeller,《历史发展中的古希腊哲学》(Die Philosophie der Griechen in ihrer geschichtlichen Entwicklung, 2. Th. 1. Abth., 2. Aufl. Tübingen 1895)

四、二手文献

K. Albert,"论柏拉图的哲学概念"(Zum Philosophiebegriff),见《文科中学报》(Gymasium, 99 [1992]),页 17 - 33

A. Arndt,"感知与反思：施莱尔马赫在同时代的康德赫费希特批判处境中对待先验哲学的态度"(Gefühl und Reflexion. Schleiermachers Stellung zur Transzendentalphilosophie im Kontext der zeitgenössischen Kritik an Kant und Fichte),见《先验哲学与思辨：关于某种第一哲学之形式的争论》(Transzendentalphilosophie und Spekulation. Der Streit um die Gestalt einer ersten Philosophie [1799 - 1807], hg. v. W. Jaeschke, Hamburg 1993),页 105 - 126

E. Berti,"从新的研究视角看柏拉图的成文与未成文学说之关系"(Über das Verhältnis von literarischem Werk und ungeschriebener Lehre bei Platon in der Sicht der neueren Forschung),见 J. Wippern

编,《柏拉图的未成文学说问题:理解柏拉图的原则性哲学论集》(Das Problem der ungeschriebenen Lehre Platons. Beiträge zum Verständnis der platonischen Prinzipienphilosophie, Darmstadt 1972),页88-94

H. Birus,"解释学的转向？关于施莱尔马赫解释的注释"(Hermeneutische Wende? Anmerkungen zur Schleiermacher - Interpretation),见《健全的精神》(Euphorion 74 [1980])

H. Birus,"时代之交的施莱尔马赫作为现代解释学的经典作家"(Zwischen den Zeiten. Friedrich Schleiermacher als Klassiker der neuzeitlichen Hermeneutik),见《解释学观点》(Hermeneutische Positionen, hg. v. H. Birus, Göttingen 1982),页15-58

O. F. Bollnow,"何谓比一位著作家已有的自我理解更好地理解这位著作家?"(Was heißt, einen Schriftsteller besser verstehen, als er sich selber verstanden hat?),见氏著,《理解:精神科学理论三论》(Das Verstehen. Drei Aufsätze zur Theorie der Geisteswissenschaften, Mainz 1949),页7-33

Leonard Brandwood,《柏拉图对话编年》(The Chronology of Plato's Dialogues, Cambridge 1990)

F. Breithaupt, A. Brousse, A. Deligne, A. Desbordes,"论述起初与其创作者一样好,而后却比创作者理解得更好:这个解释学的表达形式说明了什么?",见 K. V. Selge 编,《1984年柏林国际施莱尔马赫会议论文集》(Internationaler Schleiermacher - Kongreß Berlin 1984, Bd.1, Berlin 1985),页601-611

L. Brisson,"柏拉图的口传教诲:(L'Enseigment Oral de Platon),见《哲学研究》(Etudes Philosophiques 1 [1990] 95-105)

R. Bubner,"柏拉图——所有迷狂之父:关于康德的论文《论哲学中新近甚嚣尘上的一个声音》"(Platon - der Vater aller Schwärmerei. Zu Kants Aufsatz, 'von einem neuerdings erhobenen vornehmen Ton in der Philosophie'),见氏著,《古典主题及其现代转

化》(Antike Themen und Ihre moderne Verwandlung, Frankfurt/M. 1992),页 80 – 93

——,《唯心主义的革新》(Innovation des Idealismus, Göttingen 1995)

H. Cherniss,《亚里士多德对柏拉图与学园的批评》(Aristotle's Criticism of Plato and Academy, Baldimore 1944),卷一(卷二未再出版)

——,《学园之谜》(The Riddle of the Academy, 1st ed. 1945, New York 1962)

Hartmut Erbse,"柏拉图与书写"(Platon und die Schriftlichkeit),见《古典与西方》(Antike und Abendland 9 [1962] 7 – 20)

W. Dilthey,《施莱尔马赫生平》(Leben Schleiermachers, Bd. 1, 2, Göttingen 3. Aufl. 1970)

R. Ferber,《柏拉图的好的理式》(Platos Idee des Guten, 2. erw. Aufl., St. Augustin 1989)

G. Figal,"恶战？思索柏拉图解释"(Riesenschlacht? Überlegungen zu Platoninterpretation),见《国际哲学杂志》(Internationale Zeischrift für Philosophie 1 [1994] S. 150 – 162)

J. N. Findlay,《成文与未成文的学说》(The Written and Unwritten Doctrines, London 1974)

H. - G. Gadamer,"施莱尔马赫作为柏拉图学者"(Schleiermacher als Platoniker),见氏著,《短论集》(Kleine Schriften, Bd. 3, Tübingen 1972),页 141 – 149

K. Gaiser,《柏拉图的为成文学说》(Platons ungeschriebene Lehre, Stuttgart 1. Aufl. 1963, 2. Aufl. 1968)

——,"柏拉图的秘传教诲"(Platons esoterische Lehre),见 P. Koslowski 编,《哲学史上的灵知与神秘》(Gnosis und Mystik in der Geschichter der Philosophie, Zürich 1988),页 13 – 40

——编,《柏拉图形象:柏拉图理解十论》(Das Platonbild. Zehn

Beiträge zum Platonverständnis, Hildesheim 1969)

  D. Gallop 译注,《柏拉图的〈斐多〉》(*Plato*, Phaedo, Oxford 1975)

  H. Gomperz,"柏拉图的哲学体系"(Plato's system of philosophy),见氏著,《哲学研究》(*Philosophical Studies*, Boston 1953),页119 - 149

  Ch. L. Griswold,《柏拉图式的写作 - 柏拉图式的阅读》(*Platonic Writings - Platonic Readings*, New York, London 1988)

  K. Gründer,"苏格拉底在十九世纪"(Sokrates im 19. Jahrhundert),见氏著,《对连续性的反思》(*Reflexion der Kontiniutäten*, Göttingen 1982)

  W. K. C. Guthrie,《希腊哲学史》(*History of Greek Philosophy*, Bde. 3 - 5, Cambridge 1969 - 1978)

  H. Heimsoeth,"康德与柏拉图"(Kant und Plato),见《康德研究》(*Kant - Studien* 56 [1965] 349 - 372)

  ——,"康德发展过程中的柏拉图"(Plato in Kants Werdegang),见《康德哲学发展研究》(*Studien zu Kants philosophischer Entwicklung* [= Studien und Materialien zur Geschichte der Philosophie, hg. v. H. Heimsoeth, D. Henrich, G. Tonelli, Bde. 6], Hildesheim 1967),页124 - 143

  E. Heitsch,《柏拉图论正确的言说与写作方式》(*Platon über die rechte Art zu reden und zu schreiben*, Stuttgart 1987)

  ——,"柏拉图对话与柏拉图的读者:关于一种柏拉图解释的疑问"(Platons Dialoge und Platons Leser. Zum Problem einer Platon - Interpretation),见《莱茵墨丘利》(*Rheinischer Merkur* 131 [1988] 216 - 238)

  E. Herms,《施莱尔马赫学术体系的渊源、发展及首要形态》(*Herkunft, Entfaltung und erste Gestalt des Systems der Wissenschaften bei Schleiermacher*, Gütersloh 1974)

E. Hoffmann,"关于柏拉图理解的文学解释"(Die literarischen Veraussetzungen des Platonverständnisses),见《哲学研究杂志》(*ZphF* 2〔1947/48〕465 – 480)

M. Isnardi Parente,"柏拉图的秘术"(L'akroasis di Platone),见《赫尔维西博物馆》(*Museum Helveticum* 46〔1989〕146 – 162)

Werner Jaeger,"柏拉图的形象在十九世纪的变迁"(Der Wandel des Platonbildes im 19. Jahrhundert),见氏著,《人文主义论文与演讲集》(*Humanistische Reden und Verträge*, Rom 1960),页 129 – 142

J. Jantzen,"柏拉图在后现代?"(Platon in Postmoderne?),见《哲学评论》(*Philosophische Rundshau* 35(1988)62 – 69)

——,《论"好"的道德含义的起源:柏拉图的〈希琵阿斯后篇〉评注,使用施莱尔马赫的译文》(*Über den Ursprung der moralischen Bedeutung von „gut". Kommentar zum Hippias minor von Platon, mit der Übersetzung von F. Schleiermacher*, Weinheim 1989)

F. Jürss,"柏拉图与书写"(Platon und Schriftlichkeit),见《古典语文学》(*Philologus ZkA* 135(1991)167 – 176)

R. Hackforth,《柏拉图的〈斐勒布〉》(*Plato's Philebus*. Transl. with an Introduction and Commentary, Cambridge 1972〔1945〕)

J. Körner,"弗里德里希·施勒格尔的语文学哲学"(Friedrich Schlegels Philosophie der Philologie),见《逻各斯》(*Logos* 17〔1928〕1 – 72)

H. J. Krämer,《柏拉图与亚里士多德的德性》(*Arete bei Platon und Aristoteles*, Heidelberg 1959)

——,《柏拉图与形而上学的奠基》(*Platone e i fondamenti della metafisica*, Milano 1982〔engl. Über. New York 1990〕)

——,"关于柏拉图的基本理论的新争论"(Neues zum Streit um Platons Prinzipientheorie),见《哲学评论》(*Philosophische Rundshau* 27〔1980〕1 – 38)

——,"费希特、西格尔与柏拉图解释中的无限性"(Fichte,

Schegel und der Infinitismus in der Platondeutung),见《德意志文学与精神科学季刊》(*Deutsche Vierteljahresschrift für Literatur - und Geisteswissenschaften* 62 [1988] 583 - 621)

——,"关于新的柏拉图形象的新文学作品"(Neue Literatur zum neuen Platonbild),见《大众哲学杂志》(*Allgemeine Zeitschrift für Philosophie* 14 [1989] 59 - 81)

——,"当前关于柏拉图的哲学概念的讨论"(Zur aktuellen Diskussion um den Philosophiebegriff Platons),见《哲学评论》(*Perspektiven der Philosophie* 16 (1990) 1 - 20)

G. A. Krapf,《柏拉图的辩证法与施莱尔马赫思想:对施莱尔马赫的再解释》(*Platonic Dialectics and Schleiermacher's Thought: an Essay towards the Reinterpretation of Schleiermacher*,Yale University Ph. D. 1953)

P. Kroker,《施莱尔马赫的德性学说:特别考虑到柏拉图的德性学说》(*Die Tugendlehre Schleiermachers mit spezieller Berücksichtigung der Tugendlehre Platons*, Diss., Erlangen 1889)

H. Kuhn,"柏拉图与哲学传达之界限"(Platon und die Grenze philosophischer Mitteilung),见 H. - G. Gadamer,《理式与数》(*Idee und Zahl*, 1968)

Y. Lafrance,"施莱尔马赫:柏拉图《斐德若》的阅读者"(F. Schleiermacher, Lecteur du Phédre de Platon),见 L. Rossetti,《理解〈斐德若〉:柏拉图的第二部〈会饮〉之进程》(*Understanding the Phaedrus: Proc. of the II Symposium Platonicum*, Sankt Augustin 1992)

A. Laks und A. Neschke 编,《解释学范式的复兴:施莱尔马赫、洪堡、波克、德罗伊森》(*La naissance du paradigme herméneutique. Schleiermacher, Humboldt, Boeckh, Droysen*, Lille 1990)

A. Lesky,《古希腊文学史》(Geschichte der griechischen Literatur, zweite neu bearb. u. erw. Aufl., Bern, München 1963)

W. Luther,"书写言词之无力"(Die Schwäche des geschriebenen

Logos),见《文科中学报》(*Gymnasium* 68〔1961〕536 ff.)

R. Marten,"'隐微论与显白论'或从哲学上确定合乎真理的公开度"(Esoterik und Exoterik oder die philosophische Bestimmung wahrheitsfähiger Öffentlichkeit),见 H. Holzhey 和 W. C. Zimmerli 编,《哲学的隐微论与显白论》(*Esoterik und Exoterik der Philosophie*, Basel, Stuttgart 1977)

G. Meckenstock,《决定论伦理学与批判神学:早期施莱尔马赫与康德和斯宾诺莎的论辩 1789-1794》(*Deterministische Ethik und kritische Theologie. Die Auseinandersetzung des frühen Schleiermacher mit Kant und Spinoza* 1789-1794, Berlin und New York 1988)

Ph. Merlan,"新的柏拉图形象评论"(Bemerkungen zum neuen Platonbild),见《哲学史档案》(*Archiv für Geschichte der Philosophie* 51〔1969〕111-126)

G. Mollowitz,"康德的柏拉图理解"(Kants Platoauffassung),见《康德研究》(*Kant-Studien* 40〔1935〕13-67)

G. Moretto,"柏拉图主义与浪漫主义:施莱尔马赫《论宗教》中的柏拉图"(Platonismo e romanticismo. Platone nei,,Discorsi sulla religione" di Schleiermacher),见《哲学档案》(*Archivio di Filisofia* 52〔1984〕233-269)

K. Oehler,"解密柏拉图"(Der entmythologisierte Platon),见《哲学研究杂志》(*ZphF* 19〔1965〕415)

H. Patsch,"施勒格尔的"语文学哲学"与施莱尔马赫的早期解释学构想"(Friedrich Schlegels "Philosophie der Philologie" und Schleiermachers frühe Entwürfe zur Hermeneutik),见《神学与教会杂志》(*Zeitschrift für Theologie und Kirche* 63〔1966〕434-427)

——,"伍尔夫与阿斯特:解释学作为语文学的附录"(Friedrich August Wolf und Friedrich Ast: Die Heumeneutik als Appendix der Philologie),见《解释学经典作家》(*Klassiker der Hermeneutik*, hg. v. U. Nassen, Paderborn 1982),页 76-107

——,"施勒格尔遗产中的阿斯特的《游叙弗伦》译作"(Friedrich Asts "Euthyphron" – Übersetzung im Nachlaß Friedrich Schlegels),见《自由德意志主教议事会年鉴1988》(*Jahrbuch des Freien deutschen Hochstifts* 1988),页 112 – 127

K. Pohl,《施莱尔马赫的辩证法研究》(*Studien zur Dialektik F. Schleiermachers*, Diss. Mainz 1954)

G. Reale,《对柏拉图的一项新解释》(*Zu einer neuen Interpretation Platons*, Paderborn etc. 1993),译自1989年意大利文版

K. M. Sayre,《柏拉图晚期的本体论解密》(*Plato's Late Ontology, A Riddle resolved*, Princeton/N. J. 1983)

C. Schildknecht,《哲学的面具:柏拉图,笛卡尔,伍尔夫和李希滕贝格哲学的文学形式》(*Philosophische Masken. Literarische Formen der Philosophie bei Platon, Descartes, Wolff und Lichtenberg*, Stuttgart 1990)

J. Schmidt,《如何看待施莱尔马赫的德性概念之于柏拉图的德性概念》(*Wie verhält sich der Tugendbegriff bei Schleiermacher zu dem Platonischen?* Aschersleben 1873)

H. Schimitz,《亚里士多德的理式论》(*Die Ideenlehre des Aristoteles*. Bd. 2: Platon und Aristoteles, Bonn 1985)

G. Scholtz,"施莱尔马赫与柏拉图的理式论"(Schleiermacher und die Platonische Ideenlehre),见《国际施莱尔马赫会议论文集1984》(*Internationaler Scheiermacher – Kongreß* 1984, hg. v. K. – V. Selge, Berlin und New York 1985),页 849 – 871

H. Schröpfer,"滕内曼关于哲学演变史的考察和描述之概略"(Der Entwurf zur Erforschung und Darstellung einer evolutionären Geschichte der Philosophie von W. G. Tennemann),见 F. Strack 编,《精神之演变:1800年之际的耶拿》(*Evolution des Geistes: Jena um 1800*, Stuttgart 1994),页 213 – 230

K. – V. Selge 编,《国际施莱尔马赫会议论文集1984》(Internationaler Scheiermacher – Kongreß 1984, Berlin und New York 1985)

H. v. Stein,《柏拉图主义史七论》(Sieben Bücher zur Geschichte des Platonismus, Göttingen 1862 – 1875, Neudr. Frankfurt/M. 1965)

P. M. Steiner,《柏拉图论灵魂》(Psyche bei Platon, Göttingen 1992)

——,《柏拉图〈礼法〉第十卷翻译与评注》(Übersetzung und Kommentar zu Platon, Nomoi X, mit einer Einleitung von Helmut Kuhn, Berlin 1992)

Th. A. Szlezák,"苏格拉底对保守秘密的嘲讽:论柏拉图的《欧蒂德谟》中的哲人形象"(Sokrates' Spott über Geheimhaltung. Zum Bild des philosophos in Platons Euthydemos),见《古典与西方》(Antike und Abendland 26 [1980] 75 – 89)

——,《柏拉图与哲学的书面表达》(Platon und die Schriftlichkeit der Philosophie, Berlin/New York 1985)

——,《阅读柏拉图》(Platon lessen (= legenda 1), Stuttgart – Bad Canstatt 1993)

——,"不对等的对话"(Gespräche unter Ungleichen. Zur Struktur und Zielsetzung der platonischen Dialoge),见 G. Gabriel, Chr. Schildknecht 编,《哲学的文学形式》(Literarische Formen der Philosophie, Stuttgart 1993)

——,"柏拉图"不民主的"对话"(Platons "undemokratische" Gespräche),《哲学观察》(Perspektiven der Philosophie 13 [1987] 347 – 368)

E. N. Tigerstedt,《新柏拉图主义的柏拉图解释之兴衰》(The Decline and Fall of the Neoplatonist Interpretation of Plato, Helsinki 1974)

W. Virmond,"虚构的作者:施莱尔马赫对柏拉图对话的技术性解释(1804)作为他的哈勒解释学(1805)的前奏"(Der fictive Autor. Schleiermachers technische Interpretation der platonischen Dialogue

(1804) als Vorstufe seiner Hallenser Hermeneutik [1805]),见《哲学档案》(*Archivio di Filisofia* 52 [1984] 225 – 232)

C. J. de Vogel,《柏拉图与柏拉图主义再思》(*Rethinking Plato and Platonism*, Leiden 1986)

K. Weimar,"阿斯特与施莱尔马赫"(Ast und Schleiermacher),见氏著,《文学解释学历史引论》(*Historische Einleitung zur literarischen Hermeneutik*, Tübingen 1975),页 11 – 135

W. Wieland,《柏拉图与认识之形式》(*Platon und die Formen des Wissens*, Göttingen 1982)

——,"读无字之书"(Ungeschriebens lessen),见《法兰克福大众杂志》(*Frankfurter Allgemeine Zeitung*, 15. März 1994 Nr. 62, Literaturbeilage, L18)

J. Wippern 编,《柏拉图的未成文学说问题:理解柏拉图的原则性哲学论集》(*Das Problem der ungeschriebenen Lehre Platons. Beiträge zum Verständnis der platonischen Prinzipienphilosophie*, Darmstadt 1972)

M. Wundt,"柏拉图在十八世纪的重新发现"(Die Wiederentdeckung Platons im 18 Jahrhundert),见《德意志哲学》(*Blätter für deutsche Philosopie* 15 [1941/42] 149 – 158)

五、目录学书目

W. S. Teuffel,《柏拉图式的文学概览》(*Übersicht der platonischen Literatur*, Tübingen 1874)

T. N. Tice,《施莱尔马赫著作目录》(*Schleiermacher Bibliography. With Brief Introductions, Annotations and Index*, Princeton/N. J. 1966)

M. v. Perger,"十八世纪最后二十五年间德语区对柏拉图的科学接受之书目——特别考虑到耶拿大学"(*Bibliographie der wissenschaftlichen Platon – Rezeption für den deutschsprachigen Raum im letz-*

ten Viertel des 18. Jahrhunderts, unter besonderer Berücksichtigung der Universität Jena, 3 Teile, Müchen 1987/88),未公开出版。

W. von Meding,《施莱尔马赫著作目录》(*Bibliographie der Schriften Schleiermachers*, Berlin und New York 1992)

图书在版编目(CIP)数据

论柏拉图对话／(德)施莱尔马赫著;黄瑞成译．－－2 版．－－北京:华夏出版社有限公司,2024.6

(西方传统:经典与解释)

ISBN 978－7－5222－0634－9

Ⅰ.①论… Ⅱ.①施… ②黄… Ⅲ.①柏拉图(Platon 前 427－前 347)－语录 Ⅳ.①B502.232

中国国家版本馆 CIP 数据核字(2024)第 018811 号

论柏拉图对话

作　　者	［德］施莱尔马赫
译　　者	黄瑞成
责任编辑	马涛红
美术编辑	赵萌萌
责任印制	刘　洋
出版发行	华夏出版社有限公司
经　　销	新华书店
印　　刷	北京汇林印务有限公司
装　　订	北京汇林印务有限公司
版　　次	2024 年 6 月北京第 2 版 2024 年 6 月北京第 1 次印刷
开　　本	880×1230　1/32
印　　张	11.5
字　　数	300 千字
定　　价	88.00 元

华夏出版社有限公司	地址:北京市东直门外香河园北里 4 号	邮编:100028
	网址:www.hxph.com.cn	电话:(010)64663331(转)

若发现本版图书有印装质量问题,请与我社营销中心联系调换。

西方传统：经典与解释
Classici et Commentarii
HERMES
刘小枫◎主编

古今丛编

欧洲中世纪诗学选译　宋旭红 编译
克尔凯郭尔　[美]江思图 著
货币哲学　[德]西美尔 著
孟德斯鸠的自由主义哲学　[美]潘戈 著
莫尔及其乌托邦　[德]考茨基 著
试论古今革命　[法]夏多布里昂 著
但丁：皈依的诗学　[美]弗里切罗 著
在西方的目光下　[英]康拉德 著
大学与博雅教育　董成龙 编
探究哲学与信仰　[美]郝岚 著
民主的本性　[法]马南 著
梅尔维尔的政治哲学　李小均 编/译
席勒美学的哲学背景　[美]维塞尔 著
果戈里与鬼　[俄]梅列日科夫斯基 著
自传性反思　[美]沃格林 著
黑格尔与普世秩序　[美]希克斯 等著
新的方式与制度　[美]曼斯菲尔德 著
科耶夫的新拉丁帝国　[法]科耶夫 等著
《利维坦》附录　[英]霍布斯 著
或此或彼（上、下）　[丹麦]基尔克果 著
海德格尔式的现代神学　刘小枫 选编
双重束缚　[法]基拉尔 著
古今之争中的核心问题　[德]迈尔 著
论永恒的智慧　[德]苏索 著
宗教经验种种　[美]詹姆斯 著
尼采反卢梭　[美]凯斯·安塞尔-皮尔逊 著
舍勒思想评述　[美]弗林斯 著
诗与哲学之争　[美]罗森 著

神圣与世俗　[罗]伊利亚德 著
但丁的圣约书　[美]霍金斯 著

古典学丛编

荷马笔下的诸神与人类德行　[美]阿伦斯多夫 著
赫西俄德的宇宙　[美]珍妮·施特劳斯·克莱 著
论王政　[古罗马]金嘴狄翁 著
论希罗多德　[古罗马]卢里叶 著
探究希腊人的灵魂　[美]戴维斯 著
尤利安文选　马勇 编/译
论月面　[古罗马]普鲁塔克 著
雅典谐剧与逻各斯　[美]奥里根 著
菜园哲人伊壁鸠鲁　罗晓颖 选编
劳作与时日（笺注本）　[古希腊]赫西俄德 著
神谱（笺注本）　[古希腊]赫西俄德 著
赫西俄德：神话之艺　[法]居代·德拉孔波 编
希腊古风时期的真理大师　[法]德蒂安 著
古罗马的教育　[英]葛怀恩 著
古典学与现代性　刘小枫 编
表演文化与雅典民主政制
[英]戈尔德希尔、奥斯本 编
西方古典文献学发凡　刘小枫 编
古典语文学常谈　[德]克拉夫特 著
古希腊文学常谈　[英]多佛 等著
撒路斯特与政治史学　刘小枫 编
希罗多德的王霸之辨　吴小锋 编/译
第二代智术师　[英]安德森 著
英雄诗系笺释　[古希腊]荷马 著
统治的热望　[美]福特 著
论埃及神学与哲学　[古希腊]普鲁塔克 著
凯撒的剑与笔　李世祥 编/译
伊壁鸠鲁主义的政治哲学　[意]詹姆斯·尼古拉斯 著
修昔底德笔下的人性　[美]欧文 著
修昔底德笔下的演说　[美]斯塔特 著
古希腊政治理论　[美]格雷纳 著

赫拉克勒斯之盾笺释 罗逍然 译笺
《埃涅阿斯纪》章义 王承教 选编
维吉尔的帝国 [美]阿德勒 著
塔西佗的政治史学 曾维术 编

古希腊诗歌丛编
古希腊早期诉歌诗人 [英]鲍勒 著
诗歌与城邦 [美]费拉格、纳吉 主编
阿尔戈英雄纪（上、下）
[古希腊]阿波罗尼俄斯 著
俄耳甫斯教祷歌 吴雅凌 编译
俄耳甫斯教辑语 吴雅凌 编译

古希腊肃剧注疏
欧里庇得斯与智术师 [加]科纳彻 著
欧里庇得斯的现代性 [法]德·罗米伊 著
自由与僭越 罗峰编译
希腊肃剧与政治哲学 [美]阿伦斯多夫 著

古希腊礼法研究
宙斯的正义 [英]劳埃德-琼斯 著
希腊人的正义观 [英]哈夫洛克 著

廊下派集
剑桥廊下派指南 [加]英伍德 编
廊下派的苏格拉底 程志敏 徐健 选编
廊下派的神和宇宙 [墨]里卡多·萨勒斯 编
廊下派的城邦观 [英]斯科菲尔德 著

希伯莱圣经历代注疏
希腊化世界中的犹太人 [英]威廉逊 著
第一亚当和第二亚当 [德]朋霍费尔 著

新约历代经解
属灵的寓意 [古罗马]俄里根 著

基督教与古典传统
保罗与马克安 [德]文森 著
加尔文与现代政治的基础 [美]汉考克 著
无执之道 [德]文森 著

恐惧与战栗 [丹麦]基尔克果 著
托尔斯泰与陀思妥耶夫斯基
[俄]梅列日科夫斯基 著
论宗教大法官的传说 [俄]罗赞诺夫 著
海德格尔与有限性思想（重订版）
刘小枫 选编
上帝国的信息 [德]拉加茨 著
基督教理论与现代 [德]特洛尔奇 著
亚历山大的克雷芒 [意]塞尔瓦托·利拉 著
中世纪的心灵之旅 [意]圣·波纳文图拉 著

德意志古典传统丛编
黑格尔论自我意识 [美]皮平 著
克劳塞维茨论现代战争 [澳]休·史密斯 著
《浮士德》发微 谷裕 选编
尼伯龙人 [德]黑贝尔 著
论荷尔德林 [德]沃尔夫冈·宾德尔 著
彭忒西勒亚 [德]克莱斯特 著
穆佐书简 [奥]里尔克 著
纪念苏格拉底——哈曼文选 刘新利 选编
夜颂中的革命和宗教 [德]诺瓦利斯 著
大革命与诗化小说 [德]诺瓦利斯 著
黑格尔的观念论 [美]皮平 著
浪漫派风格——施勒格尔批评文集 [德]施勒格尔 著

巴洛克戏剧丛编
克里奥帕特拉 [德]罗恩施坦 著
君士坦丁大帝 [德]阿旺西尼 著
被弑的国王 [德]格吕菲乌斯 著

美国宪政与古典传统
美国1787年宪法讲疏 [美]阿纳斯塔普罗 著

启蒙研究丛编
论古今学问 [英]坦普尔 著
历史主义与民族精神 冯庆 编
浪漫的律令 [美]拜泽尔 著
现实与理性 [法]科维纲 著

论古人的智慧　[英]培根 著
托兰德与激进启蒙　刘小枫 编
图书馆里的古今之战　[英]斯威夫特 著

政治史学丛编
驳马基雅维利　[普鲁士]弗里德里希二世 著
现代欧洲的基础　[英]赖希 著
克服历史主义　[德]特洛尔奇 等著
胡克与英国保守主义　姚啸宇 编
古希腊传记的嬗变　[意]莫米利亚诺 著
伊丽莎白时代的世界图景　[英]蒂利亚德 著
西方古代的天下观　刘小枫 编
从普遍历史到历史主义　刘小枫 编
自然科学史与玫瑰　[法]雷比瑟 著

地缘政治学丛编
地缘政治学的起源与拉采尔　[希腊]斯托杨诺斯 著
施米特的国际政治思想　[英]欧迪瑟乌斯/佩蒂托 编
克劳塞维茨之谜　[英]赫伯格-罗特 著
太平洋地缘政治学　[德]卡尔·豪斯霍弗 著

荷马注疏集
不为人知的奥德修斯　[美]诺特维克 著
模仿荷马　[美]丹尼斯·麦克唐纳 著

品达注疏集
幽暗的诱惑　[美]汉密尔顿 著

阿里斯托芬集
《阿卡奈人》笺释　[古希腊]阿里斯托芬 著

色诺芬注疏集
居鲁士的教育　[古希腊]色诺芬 著
色诺芬的《会饮》　[古希腊]色诺芬 著

柏拉图注疏集
挑战戈尔戈　李致远 选编
论柏拉图《高尔吉亚》的统一性　[美]斯托弗 著
立法与德性——柏拉图《法义》发微　林志猛 编
柏拉图的灵魂学　[加]罗宾逊 著

柏拉图书简　彭磊 译注
克力同章句　程志敏 郑兴凤 撰
哲学的奥德赛——《王制》引论　[美]郝兰 著
爱欲与启蒙的迷醉　[美]贝尔格 著
为哲学的写作技艺一辩　[美]伯格 著
柏拉图式的迷宫——《斐多》义疏　[美]伯格 著
苏格拉底与希琵阿斯　王江涛 编译
理想国　[古希腊]柏拉图 著
谁来教育老师　刘小枫 编
立法者的神学　林志猛 编
柏拉图对话中的神　[法]薇依 著
厄庇诺米斯　[古希腊]柏拉图 著
智慧与幸福　程志敏 选编
论柏拉图对话　[德]施莱尔马赫 著
柏拉图《美诺》疏证　[美]克莱因 著
政治哲学的悖论　[美]郝岚 著
神话诗人柏拉图　张文涛 选编
阿尔喀比亚德　[古希腊]柏拉图 著
叙拉古的雅典异乡人　彭磊 选编
阿威罗伊论《王制》　[阿拉伯]阿威罗伊 著
《王制》要义　刘小枫 选编
柏拉图的《会饮》　[古希腊]柏拉图 等著
苏格拉底的申辩（修订版）　[古希腊]柏拉图 著
苏格拉底与政治共同体　[美]尼柯尔斯 著
政制与美德——柏拉图《法义》疏解　[美]潘戈 著
《法义》导读　[法]卡斯代尔·布舒奇 著
论真理的本质　[德]海德格尔 著
哲人的无知　[德]费勃 著
米诺斯　[古希腊]柏拉图 著
情敌　[古希腊]柏拉图 著

亚里士多德注疏集
《诗术》译笺与通绎　陈明珠 撰
亚里士多德《政治学》中的教诲　[美]潘戈 著
品格的技艺　[美]加佛 著

亚里士多德哲学的基本概念　[德]海德格尔 著
《政治学》疏证　[意]托马斯·阿奎那 著
尼各马可伦理学义疏　[美]伯格 著
哲学之诗　[美]戴维斯 著
对亚里士多德的现象学解释　[德]海德格尔 著
城邦与自然——亚里士多德与现代性　刘小枫 编
论诗术中篇义疏　[阿拉伯]阿威罗伊 著
哲学的政治　[美]戴维斯 著

普鲁塔克集
普鲁塔克的《对比列传》　[英]达夫 著
普鲁塔克的实践伦理学　[比利时]胡芙 著

阿尔法拉比集
政治制度与政治箴言　阿尔法拉比 著

马基雅维利集
解读马基雅维利　[美]麦考米克 著
君主及其战争技艺　娄林 选编

莎士比亚绎读
莎士比亚的罗马　[美]坎托 著
莎士比亚的政治智慧　[美]伯恩斯 著
脱节的时代　[匈]阿格尼斯·赫勒 著
莎士比亚的历史剧　[英]蒂利亚德 著
莎士比亚戏剧与政治哲学　彭磊 选编
莎士比亚的政治盛典　[美]阿鲁里斯/苏利文 编
丹麦王子与马基雅维利　罗峰 选编

洛克集
上帝、洛克与平等　[美]沃尔德伦 著

卢梭集
致博蒙书　[法]卢梭 著
政治制度论　[法]卢梭 著
哲学的自传　[美]戴维斯 著
文学与道德杂篇　[法]卢梭 著
设计论证　[美]吉尔丁 著
卢梭的自然状态　[美]普拉特纳 等著

卢梭的榜样人生　[美]凯利 著

莱辛注疏集
汉堡剧评　[德]莱辛 著
关于悲剧的通信　[德]莱辛 著
智者纳坦（研究版）　[德]莱辛 等著
启蒙运动的内在问题　[美]维塞尔 著
莱辛剧作七种　[德]莱辛 著
历史与启示——莱辛神学文选　[德]莱辛 著
论人类的教育　[德]莱辛 著

尼采注疏集
尼采引论　[德]施特格迈尔 著
尼采与基督教　刘小枫 编
尼采眼中的苏格拉底　[美]丹豪瑟 著
动物与超人之间的绳索　[德]A.彼珀 著

施特劳斯集
苏格拉底与阿里斯托芬
论僭政（重订本）　[美]施特劳斯 [法]科耶夫 著
苏格拉底问题与现代性（第三版）
犹太哲人与启蒙（增订本）
霍布斯的宗教批判
斯宾诺莎的宗教批判
门德尔松与莱辛
哲学与律法——论迈蒙尼德及其先驱
迫害与写作艺术
柏拉图式政治哲学研究
论柏拉图的《会饮》
柏拉图《法义》的论辩与情节
什么是政治哲学
古典政治理性主义的重生（重订本）
回归古典政治哲学——施特劳斯通信集
　　　＊＊＊
追忆施特劳斯　张培均 编
施特劳斯学述　[德]考夫曼 著

论源初遗忘 [美]维克利 著
阅读施特劳斯 [美]斯密什 著
施特劳斯与流亡政治学 [美]谢帕德 著
驯服欲望 [法]科耶夫 等著

政治哲学与启示宗教的挑战
隐匿的对话
论哲学生活的幸福

施特劳斯讲学录
追求高贵的修辞术
——柏拉图《高尔吉亚》讲疏（1957）
斯宾诺莎的政治哲学

大学素质教育读本
古典诗文绎读 西学卷·古代编（上、下）
古典诗文绎读 西学卷·现代编（上、下）

施米特集
宪法专政 [美]罗斯托 著
施米特对自由主义的批判 [美]约翰·麦考米克 著

伯纳德特集
古典诗学之路（第二版） [美]伯格 编
弓与琴（重订本） [美]伯纳德特 著
神圣的罪业 [美]伯纳德特 著

布鲁姆集
巨人与侏儒（1960-1990）
人应该如何生活——柏拉图《王制》释义
爱的设计——卢梭与浪漫派
爱的戏剧——莎士比亚与自然
爱的阶梯——柏拉图的《会饮》
伊索克拉底的政治哲学

沃格林集
自传体反思录

朗佩特集
哲学与哲学之诗
尼采与现时代
尼采的使命
哲学如何成为苏格拉底式的
施特劳斯的持久重要性

迈尔集
施米特的教训
何为尼采的扎拉图斯特拉